Jiaotong Hangye Biaozhun Huibian

交通行业标准汇编

·公路工程仪器设备及试验方法卷·

本社汇编

人民交通出版社

内 容 提 要

本书是《交通行业标准汇编》之公路工程仪器设备及试验方法卷。它收录了2007年底前发布的、目前在用的公路工程仪器设备及试验方法方面的交通行业标准共30种。

本书是公路工程试验检测人员以及养护管理单位的从业人员必备的工具书。

图书在版编目(CIP)数据

交通行业标准汇编. 公路工程仪器设备及试验方法卷/人民交通出版社编. —北京:人民交通出版社,2008.11

ISBN 978-7-114-07444-8

Ⅰ. 交… Ⅱ. 人… Ⅲ. ①交通工程－标准－汇编－中国 ②道路工程－仪器设备－标准－汇编－中国 Ⅳ. U－65 U414－65

中国版本图书馆CIP数据核字(2008)第083506号

书　　名: 交通行业标准汇编・公路工程仪器设备及试验方法卷・
著 作 者: 本社汇编
责任编辑: 夏　迎
出版发行: 人民交通出版社
地　　址: (100011)北京市朝阳区安定门外外馆斜街3号
网　　址: http://www.ccpress.com.cn
销售电话: (010)59757969,59757973
总 经 销: 北京中交盛世书刊有限公司
经　　销: 各地新华书店
印　　刷: 北京密东印刷有限公司
开　　本: 880×1230　1/16
印　　张: 24
字　　数: 762千
版　　次: 2008年11月第1版
印　　次: 2008年11月第1次印刷
书　　号: ISBN 978-7-114-07444-8
印　　数: 0001—2000册
定　　价: 75.00元

目　　录

ICS 19.060;ICS 93.080
P 96
备案号:

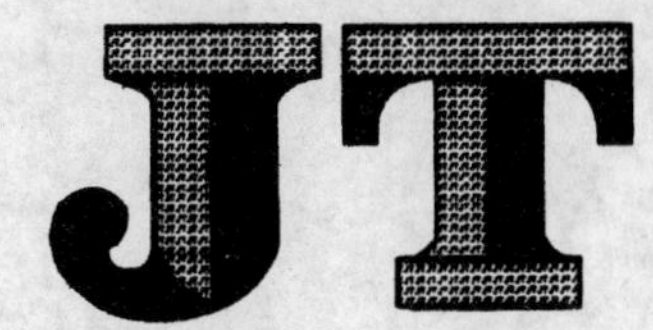

中华人民共和国交通行业标准

JT/T 119—2006
代替 JT/T 119—1993

马歇尔稳定度试验仪

Test apparatus of Marshall stability

2006-02-20 发布　　2006-05-01 实施

中华人民共和国交通部　发布

马歇尔稳定度试验仪

1 范围

本标准规定了马歇尔稳定度试验仪的产品分类与结构、技术要求、试验方法、检验规则、标志、包装、运输和贮存等内容。

本标准适用于公路工程沥青混合料马歇尔稳定度试验仪(以下简称马歇尔试验仪)的生产和检验。

2 规范性引用文件

下列文件中的条款通过本标准的引用而成为本标准的条款,凡是注明日期的引用文件,其随后所有的修改单(不包括勘误的内容)或修订版均不适用于本标准,然而,鼓励根据本标准达成协议的各方研究是否可使用这些文件的最新版本。凡是不注明日期的引用文件,其最新版本适用于本标准。

GB/T 191 包装储运图示标志(EQV ISO 780:1997)

GB/T 699 优质碳素结构钢

GB/T 1176 铸造铜合金技术条件(NEQ ISO 1338:1977)

GB/T 4879 防锈包装

GB/T 4892 硬质直方体运输包装尺寸系列(EQV ISO 3394:1984)

GB/T 5048 防潮包装

3 术语和定义

下列术语和定义适用于本标准。

3.1

马歇尔稳定度试验 Marshall stability test

对沥青混合料制作的标准圆柱体和大型圆柱体试件在60℃温度条件下用规定的加载速度进行破坏性试验的一种试验方法。

3.2

马歇尔稳定度 Marshall stability

进行马歇尔稳定度试验时沥青混合料试件受压达到破坏点时的极限压力值。

3.3

流值 flow value

进行马歇尔稳定度试验时沥青混合料试件受压达到破坏点时的垂直变形量。

4 产品分类与结构

4.1 分类

马歇尔试验仪分为:手动式和自动式。

——手动式马歇尔试验仪的动力源为电动机,由人工操作,试验数据通过操作者目测后读取、记录。

——自动式马歇尔试验仪的动力源为电动机,由控制装置控制,试验数据自动采集、储存,自动打印。

马歇尔试验仪的型号表示方法如下:

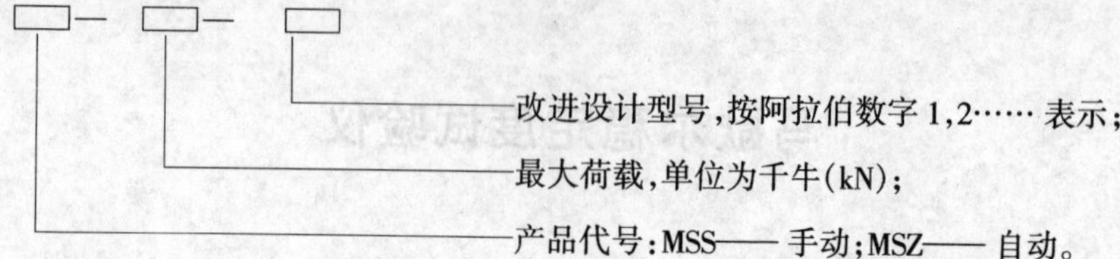

示例：第三次改进设计，最大荷载为 25kN 的马歇尔自动试验仪型号为：MSZ—25kN—3。

4.2 结构

马歇尔试验仪由加荷装置、测力装置、流值测量装置、上下压头、控制装置等部分组成。基本结构形式见图 1 和图 2。

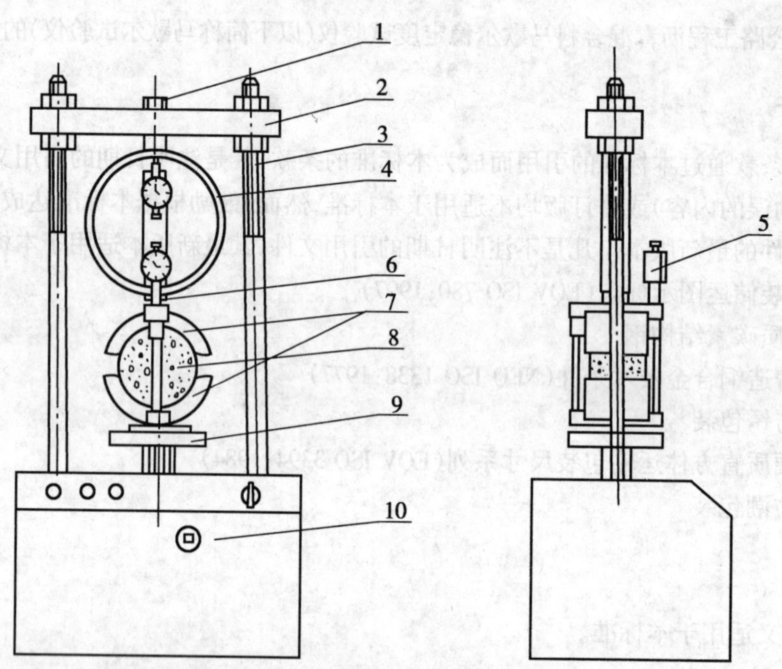

图 1 手动马歇尔试验仪

1-吊栓；2-横梁；3-立柱；4-工作测力仪；5-流值测量装置；6-钢球；7-上下压头；8-试件；9-托盘；10-变速箱

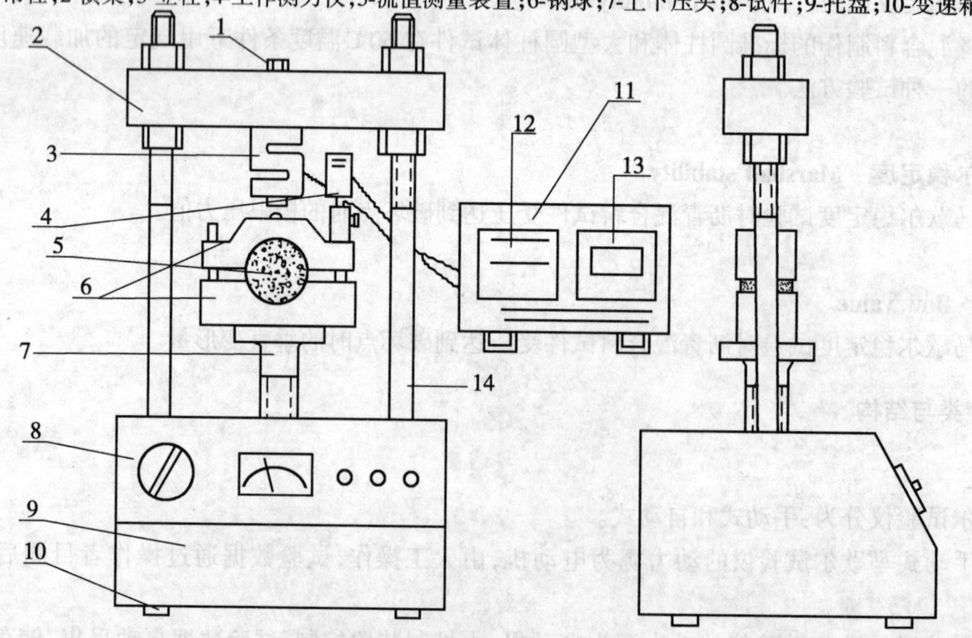

图 2 自动马歇尔试验仪

1-吊栓；2-横梁；3-测力传感器；4-流值测量装置；5-试件；6-上下压头；7-托盘；8-电器盘；9-变速箱；10-调平螺栓；11-控制装置；12-显示窗口；13-打印机；14-立柱

5 技术要求

5.1 外观要求

马歇尔试验仪的外观应平整、光洁。表面漆层应光滑，无凹凸感，无龟裂；表面电镀层不得有网纹、气泡、漏镀、划伤等缺陷。

5.2 整机性能

5.2.1 马歇尔试验仪托盘的垂直上升速度，在不加载荷时为 50mm/min ± 2mm/min，在加载荷时为 50mm/min ± 5mm/min。

5.2.2 最大荷载：做标准圆柱体试验时，马歇尔试验仪最大荷载不小于 25kN，示值允许误差 ± 0.1kN；做大型圆柱体试验时，马歇尔试验仪最大荷载不小于 50kN，示值允许误差 ± 0.1kN。

5.3 加荷装置

5.3.1 手动马歇尔试验仪加荷装置（见图 1），由吊栓、横梁、立柱、托盘、变速箱、上下压头、工作测力仪等构成。

5.3.2 自动马歇尔试验仪加荷装置（见图 2），由吊栓、横梁、立柱、托盘、变速箱、上下压头、测力传感器等构成。

5.3.3 上下压头由上压头、下压头、导杆、流值托架体组成，其结构形式如图 3 所示，尺寸要求见表 1。导杆应与下压头底面垂直，并过渡配合；导杆与上压头为间隙配合。上压头的上平面在中心位置，需加工可以安放 ϕ16mm 钢球的球形凹槽，其要求如图 3 所示。

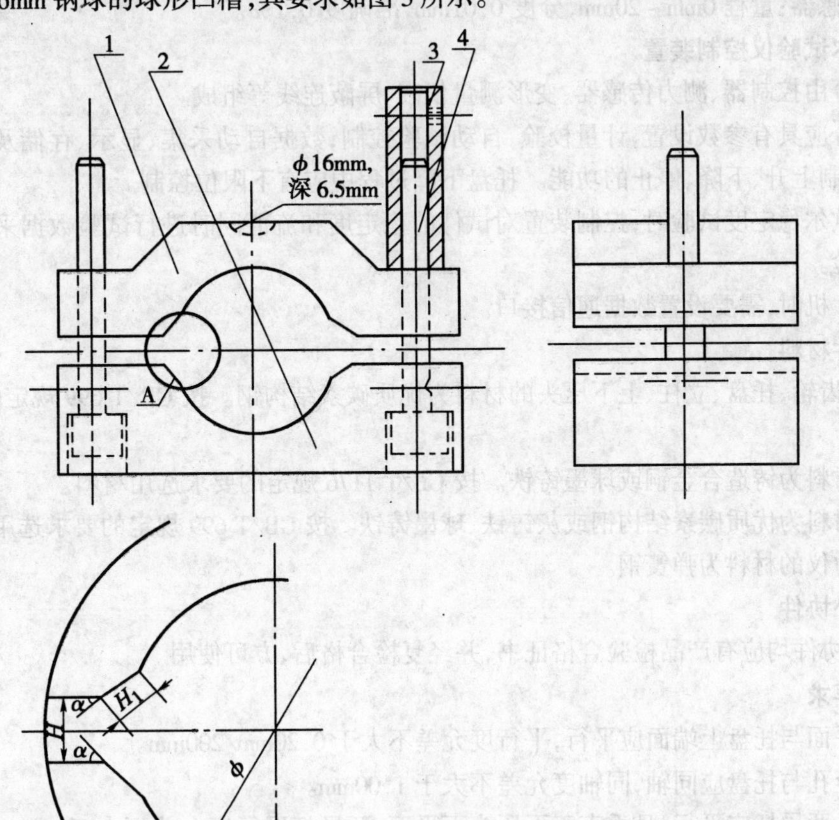

图 3 上下压头及尺寸

1-上压头；2-下压头；3-流值托架体；4-导杆

表1 上下压头尺寸要求

项目	类型		项目	类型	
	标准卡具	大型卡具		标准卡具	大型卡具
ϕ,mm	101.6±0.15	152.4±0.2	α,°	45	45
H_1,mm	9±0.2	13.5±0.3	H,mm	19±0.10	19±0.10

5.3.4 钢球直径为 ϕ16mm±0.05mm。

5.4 测力装置

5.4.1 应配置经过计量检定合格的工作测力仪或数字测力系统。

5.4.2 工作测力仪:规格为 25kN 或 50kN,准确度 0.3%,按需要配套。

5.4.3 数字测力系统:量程 0kN~50kN,准确度 1.0 级。

5.5 流值测量装置

5.5.1 流值测量装置由导杆、流值托架体及变形测量仪表组成。

5.5.2 流值托架体用于固定变形测量仪表。其内孔与导杆为间隙配合,可上下自由滑动。为保证变形测量值的可靠性,流值托架体允许固定在上压头上。

5.5.3 变形测量仪表可采用下列仪表之一:

——普通百分表:量程 0mm~10mm 或 0mm~20mm,分度 0.01mm,按需要配套;

——位移传感器:量程 0mm~20mm,分度 0.01mm,准确度 0.1%。

5.6 自动马歇尔试验仪控制装置

5.6.1 控制部分由控制器、测力传感器、变形测量仪表、屏蔽连线等组成。

5.6.2 控制部分应具有参数设置,计量校验,自动试验控制,数据自动采集、显示、存储及打印等功能,还应具有手动控制上升、下降、停止的功能。托盘下降过程中应有下限位控制。

5.6.3 进行马歇尔稳定度试验时,控制装置对试件的稳定度和流值同时进行试验数据采集,并自动判断峰值,结束试验。

5.6.4 采用单片机时,需要设置数据通信接口。

5.7 主要零部件材料

5.7.1 传动轴、齿轮、托盘、立柱、上下压头的材料为优质碳素结构钢。按 GB/T 699 规定的要求选用材料。

5.7.2 蜗轮的材料为铸造合金铜或球墨铸铁。按 GB/T 1176 规定的要求选用材料。

5.7.3 横梁的材料为优质碳素结构钢或灰铸铁、球墨铸铁。按 GB/T 699 规定的要求选用材料。

5.7.4 工作测力仪的材料为弹簧钢。

5.8 外购件和外协件

外购件和外协件均应有产品检验合格证书,并经复检合格后,方可使用。

5.9 装配精度要求

5.9.1 横梁下平面与托盘上端面应平行,平行度允差不大于 0.20mm/200mm。

5.9.2 横梁吊栓孔与托盘应同轴,同轴度允差不大于 1.00mm。

5.9.3 上下压头两导杆应平行,且垂直于下压头下平面;两导杆平行度允差不大于 0.15mm/100mm,两导杆与下压头下平面垂直度允差不大于 0.10mm/100mm。

5.9.4 上压头球形凹槽与上下压头内孔应同轴,同轴度允差不大于 0.15mm。

5.9.5 上压头与下压头"ϕ 尺寸"应同轴(见图 3),同轴度允差不大于 0.15mm。

5.10 绝缘性能

马歇尔试验仪的导电部分与仪器外表的绝缘电阻应不小于 2MΩ。

6 试验方法

6.1 试验仪器和器具

6.1.1 标准测力仪:额定载荷:50kN,精度:0.05%。

6.1.2 游标卡尺:量程 0mm ~ 300mm,分度 0.02mm;

量程 0mm ~ 150mm,分度 0.02mm;

高度尺:量程 0mm ~ 300mm,分度 0.02mm;

钢直尺:量程 0mm ~ 500mm,分度 1mm;

角度尺:量程 360°;

磁力表座:百分表量程 0mm ~ 10mm,分度 0.01mm。

6.1.3 表面粗糙度样块:车、铣、钳、磨 4 种工序样块。

6.1.4 标准量块:量值 1.001mm ~ 10.00mm,准确度等级 2 级。

6.1.5 秒表:分度 0.01s。

6.1.6 塞尺:量程 0.01mm ~ 2mm。

6.1.7 R 规:量程 5mm ~ 50mm。

6.1.8 标准样板:材料为合金钢;厚度 2.5mm ~ 3mm;淬火硬度 HRC45 ~ HRC50;准确度等级 3 级。具体尺寸要求见图 4 及表 1。

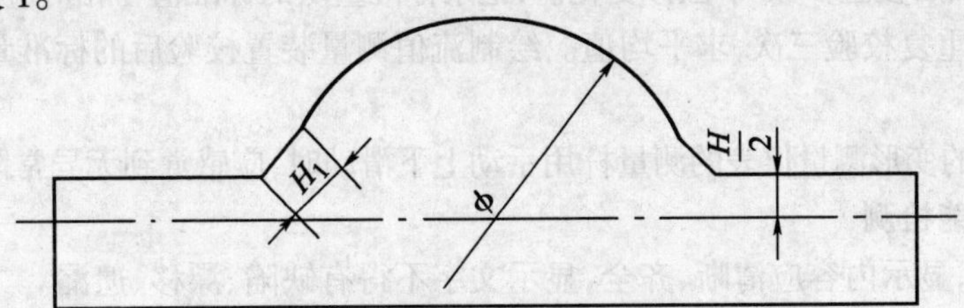

图 4 标准样板(尺寸参照表 1)

6.1.9 绝缘电阻测量仪:直流 500V。

6.1.10 测量轴:材料为优质碳素结构钢,具体尺寸要求见图 5。

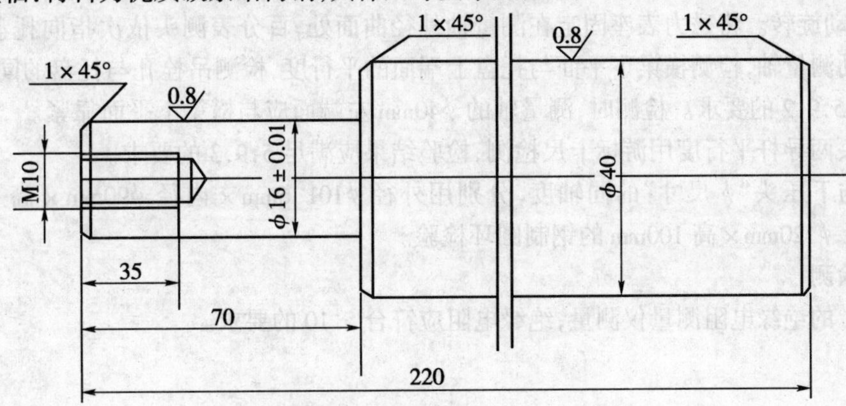

图 5 测量轴(尺寸单位:mm)

6.2 外观检查

用目测和手感检测马歇尔试验仪的外观,应符合 5.1 的规定要求。

6.3 加荷装置功能检测

6.3.1 托盘垂直上升速度

仅做电动机驱动、不加载荷时的托盘垂直上升速度的试验。

试验时,将托盘尽量降低位置,但不得使下限位开关发生作用。然后启动电动机,托盘开始上升的瞬间,略作停顿,用高度尺测量此时托盘的高度值;继续启动电动机,托盘上升,同时开启秒表;工作 60s 时,关闭电动机;用高度尺测量此时托盘的高度值,计算两个高度值之差,其差值与时间之比即为托盘的垂直上升速度。注意排除电动机惯性对垂直上升速度的影响。

试验应进行三次,求平均值,单位以毫米每分钟(mm/min)表示。

6.3.2 上下压头的检测

上下压头半圆孔尺寸用图4所示的标准样板和塞尺检测。上下压头需要检测的各部分尺寸与标准样板的间隙不得大于0.30mm。

将上压头沿导杆提起10mm~15mm,然后使其自由落下,检验上压头上下滑动是否自如。检验安放ϕ16mm钢球的球形凹槽,用R规及游标卡尺检验。

6.4 测力装置功能检测

6.4.1 用标准测力仪进行校验。将标准测力仪置于托盘与工作测力仪或测力传感器之间,用手动或电机驱动,使托盘上升,校验测力装置的最大荷载示值误差;记录后,完全卸掉载荷。

6.4.2 继续按照上述方法,使托盘上升,任意施加一组标准力,记录各个标准力值相对应的荷载显示示值;然后完全卸掉载荷。

6.4.3 统计校验结果中标准力值与显示示值的对应示值误差,并绘制测力装置校验后的标准力值和显示力值的校验曲线。

6.5 流值测量装置功能检测

6.5.1 用标准量块进行校验。将标准量块置于上压头下平面与下压头上平面之间,或放置在流值托架体与上压头接触面之间,然后校验5~6个位移变化值,记录标准量块的标准值与相对应的位移显示示值。

6.5.2 用同样的方法重复校验三次,求平均值。绘制流值测量装置校验后的标准量块标准值和位移显示示值的校验曲线。

6.5.3 马歇尔试验仪的变形测量仪表的测量杆用手动上下滑动时,应感觉到无异常阻力,停止位置回零。

6.6 自动控制装置功能检测

6.6.1 检查显示窗口,显示内容应清晰、齐全,显示文字不得有缺陷、漂移、遗漏。

6.6.2 各功能按键灵敏、可靠。

6.7 装配检测

6.7.1 将测量轴(图5所示)与横梁吊栓孔定位并联结,保证轴向间隙不大于0.10mm,要求测量轴在横梁吊栓孔内可滑动旋转。将磁力表座固定在测量轴外径曲面处,百分表测头依次指向托盘的上端面及侧面。然后,转动测量轴,检测横梁下平面与托盘上端面的平行度,检测吊栓孔与托盘的同轴度,检验结果应满足5.9.1、5.9.2的要求。检测时,测量轴的ϕ40mm左端面应与横梁下平面靠紧。

6.7.2 上下压头两导杆平行度用游标卡尺检测,检验结果应满足5.9.3的要求。

6.7.3 上压头与下压头“ϕ尺寸”的同轴度,分别用外径ϕ101.6mm×内径ϕ90mm×高60mm及外径ϕ152.4mm×内径ϕ120mm×高100mm的钢制圆环检验。

6.8 绝缘性能检测

用直流500V的绝缘电阻测量仪测量,绝缘电阻应符合5.10的要求。

7 检验规则

7.1 型式检验

7.1.1 有下列情况之一时,应进行型式检验:

a) 新投产或委托其他单位生产时;

b) 结构、材料、工艺有较大改进,可能影响其性能时;

c) 产品停产一年后,再恢复生产时;

d) 出厂检验结果与上次型式检验有较大差异时;

e) 国家行业管理部门提出进行型式检验要求时;

f) 正常生产时,两年应进行一次型式检验。

7.1.2 型式检验时,至少取两台样机进行检验。

7.1.3 型式检验项目及试验方法,应按表2进行。

7.1.4 型式检验的各项目中,表2的第二项至第七项,其中有一项不合格,即为不合格。

7.2 出厂检验

7.2.1 每台试验仪器都应经工厂质量检验部门检验合格,并签发合格证后方可出厂。

7.2.2 马歇尔试验仪出厂按表2中各项内容检验。其中任何一项不合格,即为不合格,不可出厂。

表2 型式检验项目及试验方法

序号	检验项目	试验方法	技术要求	序号	检验项目	试验方法	技术要求
1	外观	6.2	5.1	5	自动控制装置	6.6	5.6
2	加荷装置	6.3	5.3	6	装配精度	6.7	5.9
3	测力装置	6.4	5.4	7	绝缘性能	6.8	5.10
4	流值测量装置	6.5	5.5				

8 标志、包装、运输和贮存

8.1 标志

8.1.1 每台试验仪应在醒目的位置固定产品标牌。

8.1.2 产品标牌的内容应包括:

a) 制造厂厂名;

b) 产品名称和型号;

c) 制造日期及出厂编号;

d) 主要技术指标。

8.2 包装

8.2.1 仪器包装应符合 GB/T 4879 和 GB/T 5048 的要求。

8.2.2 包装箱尺寸应符合 GB/T 4892 的规定。仪器在箱内不得松动、磕碰。

8.2.3 包装箱外壁标志应符合 GB/T 191 的规定。外壁标志主要包括以下内容:

a) 制造厂厂名;

b) 产品名称;

c) 产品净质量与加包装后总质量;

d) 包装箱尺寸($l \times b \times h$);

e) 防雨淋、防磕碰、防倒置等标志。

8.2.4 随机文件应包括:

a) 产品使用说明书;

b) 产品合格证明书;

c) 装箱单。

8.3 运输和贮存

产品在运输过程中,应防雨淋、防磕碰、防倒置。

产品在贮存过程中,应存放于干燥的库房里,并避免接触腐蚀性气体和液体,远离易燃物质。

ICS 93.080
P 66
备案号:

中华人民共和国交通行业标准

JT/T 137—2005
代替 JT 137—1994

公路沥青库

The bitumen store house of highways

2005-09-21 发布　　2006-01-01 实施

中华人民共和国交通部　发布

公 路 沥 青 库

1 范围

本标准规定了公路沥青库的等级、类型和组成,技术要求,设备验收,沥青产品包装、留样及计量等要求。

本标准适用于公路沥青库。

2 规范性引用文件

下列文件中的条款通过本标准的引用而成为本标准的条款,凡是注日期的引用文件,其随后所有的修改单(不包括勘误的内容)或修订版均不适用于本标准。然而,鼓励根据本标准达成协议的各方研究是否可以使用这些文件的最新版本。凡是不注日期的引用文件,其最新版本适用于本标准。

GB/T 985 气焊、手工电弧焊及气体保护焊焊缝坡口的基本型式与尺寸
GB/T 4064 电气设备安全设计导则
GBJ 65 工业和民用电力装置的接地规范
GB 8978 污水综合排放标准
GB 13271 锅炉大气污染排放标准
GB 50057 建筑物防雷设计规范
GB 50074 石油库设计规范
GB 50168 电气装置安装工程电缆线路施工及验收规范
GB 50169 电气装置安装工程接地装置施工及验收规范
GB 50171 电气装置安装工程盘、椎及二次回路结线施工及验收规范
GB 50185 工业设备及管道绝热工程质量检验评定标准
GB 50235 工业金属管道工程施工中及验收规范
GB 50236 现场设备,工业管道焊接施工及验收规范
JB/T 10094 工业锅炉通用技术条件

3 等级、类型和组成

3.1 等级

沥青库的等级划分应符合表1的规定。

表1 沥青库等级划分

等级	沥青库总容量(TV),m^3	等级	沥青库总容量(TV),m^3
一级	TV≥100000	四级	1000≤TV<10000
二级	30000≤TV<100000	五级	TV<1000
三级	10000≤TV<30000		
注:表中总容量TV系指油罐容量和桶装油品设计存放量之总和,不包括零位罐和放空罐的容量。			

3.2 类型

公路沥青库的型式有导热油加热方式沥青库和热管直热方式沥青库。

3.3 组成

沥青库主要设备包括不同容量的沥青储罐、加热系统、加热炉、输油及热力管道、泵、阀、仪表、电气系统等。

4 技术要求

4.1 库址选择

4.1.1 沥青库库址选择应符合城乡规划、环境保护和防火安全要求，且交通方便。

4.1.2 沥青库的库址应具备良好的地质条件，不得选在有土崩、断层、滑坡、沼泽、流沙及泥石流的地区和地下矿藏开采后可能有其他潜在地质灾害的地区。

4.1.3 一、二、三级沥青库的库址，不得选在地震基本烈度为 9 度及以上的地区。

4.1.4 沥青库场地设计标高，应符合下列规定：

a) 当库址选在靠近江河、湖泊等地段时，库区场地的最低设计标高应高于计算洪水位 0.5m 以上。

b) 计算洪水位采用的防洪水标准应符合下列规定：

——一、二、三级沥青库洪水重现期 50 年；

——四、五级沥青库洪水重现期 25 年。

c) 当库址选在海岛、沿海地段或潮汐作用明显的河口段时，库区场地的最低设计标高应高于计算水位 1m 及以上；在无掩护海岸，还应考虑波浪超高；计算水位应采用高潮累积频率 10% 的潮位。

4.2 基本要求

4.2.1 沥青库的建设应按经规定程序批准的图样和技术制造，沥青库的设计应符合 GB 50074 的要求。

4.2.2 沥青库中配套用的材料和附件需有制造厂合格证明文件，所有零部件需经检查合格后方可使用。

4.2.3 各阀门应开启灵活、工作可靠、并在阀门显著位置设置操作指示铭牌。

4.2.4 输送泵工作可靠、运转平稳、噪声低，连接处无泄漏。

4.2.5 加热罐和输油及热力管道的保温材料应铺敷均匀，外蒙皮应紧贴牢靠、平整光顺，并保证铆钉在使用过程中不被外蒙皮与骨架剪切、损坏。

4.2.6 加热方式如下：

a) 整体加热，适用于发送量不小于 50% 单个储罐容积的沥青库；

b) 分层加热，适用于发送量不大于 1/5 储罐容量；

c) 局部加热，适用于急需的量少用户或需发送少量温度较高沥青的特殊要求用户。

4.2.7 焊接

4.2.7.1 建库施焊前焊接处应除净锈迹和油污，焊后除净熔渣。

4.2.7.2 所有焊缝形式和尺寸应符合 GB/T 985 的规定，焊缝表面应均匀整齐。

4.2.7.3 沥青贮罐、沥青加热罐的焊缝不得有影响强度及密封等性能的裂纹、气孔、烧穿以及漏焊、脱焊、错位等现象。

4.2.8 涂漆

4.2.8.1 涂漆前应先进行除锈、除油、除污处理，涂刷防锈漆后再涂面漆。

4.2.8.2 贮罐涂漆颜色符合防腐等的有关规定。

4.2.8.3 涂层表面均匀光滑，无脱落、起泡、漏漆及漆痕存在。

4.3 沥青贮罐

4.3.1 沥青贮罐应具有良好的保温性能，每 24h 沥青温度下降值不超过沥青温度与环境温度之差的 5%。

4.3.2 500t 沥青贮罐应具有足够的加热面积，保证环境温度在 25℃时额定容量的沥青加热 24h 后能连续供给 100℃以上的沥青。

4.3.3 沥青贮罐上应设置液位测量装置和在不同高度两个以上位置安装测温装置。

4.3.4　罐顶人孔应安装易拆卸的安全网，人孔周围应设置围栏和操作平台。

4.3.5　沥青贮罐可制成内置式，即在沥青贮罐内设置局部加热罐，能将罐内沥青加热到规定温度，并将罐外沥青加热到流动状态。

4.3.6　热管直热式沥青加热贮罐应能保证在4h内将局部加热罐内的30t沥青从25℃加热到160℃，以便向加热罐内外补充沥青，保证连续生产。

4.4　沥青高温加热罐

4.4.1　沥青高温加热罐应具有良好的保温性能，每小时沥青温度下降值不应超过沥青温度与环境温度之差的1%。

4.4.2　50t以内额定容量加热罐中的沥青在3h内应能从120℃加热到160℃以上，加热温度可任意调整。

4.4.3　加热罐应设置超温报警装置。

4.4.4　加热罐应设置液位报警装置，当液位达到规定位置时除自动报警外并自动停止沥青泵运转。

4.4.5　局部加热罐（罐中罐）在承受外压作用后不得有明显变形，自动补油阀应开启灵活。

4.5　导热油加热系统

4.5.1　导热油加热系统的供热能力应满足设备最大生产能力时的热量需求，热载体温度不低于所需沥青温度的1.3倍。

4.5.2　导热油加热炉炉体应由国家安检合格的单位制造，并具有该类产品的生产许可证。

4.5.3　导热油加热炉应具有自动控制工作功能，并具有全过程安全防护措施。

4.5.4　导热油罐的容积不应小于全系统油量的1.2倍，其上应设有液位计和排气管。

4.5.5　导热油循环系统至少安装两台电动循环泵，一台为工作泵，另一台为备用泵。

4.5.6　导热油管路连接应可靠、安全，不得有泄漏。

4.5.7　膨胀器的调节容积不应小于系统中导热油在工作温度下因受热膨胀而增加的容积的1.3倍。膨胀器内导热油温度在系统正常运行情况下应不高于60℃。

4.5.8　膨胀器上应有液位计、液位报警装置。报警时相应装置应能自动操作。

4.5.9　膨胀器溢流管直径不得小于膨胀管的直径，膨胀管直径不得小于表2所列的数值。

表2　膨胀管直径

额定热功率，MW	0.7	1.4	2.8	5.6	11.2	22.4	33.6
公称直径，mm	32	40	50	70	80	100	150

4.5.10　膨胀器安装位置应使底部高出加热炉顶部和系统中所有用热和供热设备的热油液面1m～1.5m。

4.5.11　导热油的主要技术指标应符合表3规定。

表3　导热油主要技术指标

最高使用温度，℃	300	320	330	340	350
运动粘度（50℃），mm²/s	16～21	18～23	20～25	22～27	24～31
闪点，℃	≥190	≥200	≥205	≥210	≥215
酸值，mgKOH/g	≤0.02	≤0.02	≤0.02	≤0.02	≤0.02
凝点，℃	≤－25	≤－30	≤－30	≤－30	≤－30
残炭，%	≤0.01	≤0.01	≤0.01	≤0.02	≤0.03
馏程（2%），℃	≥320	≥340	≥340	≥360	≥360
水分，%	无				

4.6　热管加热系统

4.6.1　热管加热系统的供热能力应满足设备最大生产能力时的热量需求。

4.6.2　传热元件热管的材质、管壳的型式，热管的等温性能、启动性能和最大传输功率等应符合设计要求，热管直热式加热器热管的寿命大于 10 年。

4.6.3　热管加热系统应具有自动控制功能，并具有全过程安全防护措施。

4.6.4　热管加热器与罐体的连接要安装补偿器。

4.6.5　热管的焊接应可靠、安全、不得有泄漏。

4.7　加热炉

4.7.1　加热炉的设计和制造应符合劳动部颁发的《有机载体炉安全技术监察规程》的有关要求。

4.7.2　加热炉的热效率应符合表 4 规定。

表 4　加热炉热效率

额定功率，MW	燃　料	热效率，%
≤0.4	褐煤	≥60
>0.4		≥62
≤0.7	烟煤	≥62
>0.7		≥73
≤1.1	油、气	≥80
>1.1		≥82

4.7.3　加热炉正常工作时，其噪声应符合 JB/T 10094 的规定。

4.7.4　加热炉应设置有超温报警装置、差压报警装置，并能准确、可靠地自动报警。当各报警装置报警时，相应系统应能自动调节保护。

4.7.5　加热炉大气污染物排放应符合 GB 13271 的规定。

4.8　输油及热力管道

4.8.1　管道应采用无缝钢管，管道的管径和壁厚应满足流量、压力和温度的要求。管道公称直径大于 25mm 时，连接方式采用法兰连接，不得采用螺纹连接，法兰许用公称压力不小于 1.6MPa。

4.8.2　供热管路密封垫片的材料应耐高温、耐腐蚀，采用金属网缠绕石墨垫片或膨胀石墨复合垫片。

4.8.3　距离较长的受热管道应采取热补偿措施。

4.8.4　靠近罐体拐弯的输油主管线在 0.5m 长度范围内不得安装阀门。

4.8.5　管路的最高点应设置放气阀，最低点应设置排泄阀。

4.8.6　管路应有保温措施，其保温层表面温度不大于环境温度 20℃。

4.8.7　管路和接头应清洁、畅通，不得有堵塞和漏油现象。

4.8.8　在有海水腐蚀的场合应采取防腐措施。

4.9　泵、阀

4.9.1　各泵工作应可靠无泄漏，不得有冲击和异常响声。泵的配置应满足使用温度和流量的要求。

4.9.2　各泵入口处应设置过滤器。

4.9.3　泵体不带安全阀的出口管道上应设置安全阀。

4.9.4　管道上的阀门应采用钢制阀门，各阀工作可靠无泄漏，阀的配置应满足使用温度和流量的要求。

4.10　仪表

4.10.1　沥青库配套的仪表等级、测量范围和精度应符合使用要求。

4.10.2　仪表安装牢固、连接可靠，易于观察，凡易碰撞的仪表应加装防护罩。

4.10.3　控制台的仪表、指示灯应齐全，布置应合理、便于维修。

4.11　电气系统

4.11.1　电气线路的布线合理、整齐，各元件连接牢固、可靠，其绝缘性和安全性应符合 GB/T 4064 的规定,电缆不得与输油管道、热力管道同沟敷设。

4.11.2 电控柜电源进线与机壳间绝缘电阻不小于 2MΩ,并应有明显的接地标志和安全可靠的接地装置。

4.11.3 一、二、三级沥青库应设置供信息系统使用的应急电源。

4.11.4 各控制按钮和开关的位置应便于操作。

4.11.5 室外的电气控制箱应严格按户外防水要求设计和安装。

4.12 防雷和防静电

4.12.1 防雷设计应符合 GB 50057。

4.12.2 防静电设计应符合 GBJ 65。

4.12.3 库区防雷接地、防静电接地、电气设备的工作接地、保护接地及信息系统的接地等宜共用接地装置,其接地电阻不应大于 4Ω。

4.13 消防

4.13.1 沥青库内生产性建筑物和构筑物的耐火等级不得低于 GB 50074 的规定。

4.13.2 沥青库储罐、加热炉附近应设置专用消防灭火设施。

4.13.3 沥青库内应设消防冷却水系统。

4.13.4 一、二、三、四级油库应设独立消防给水系统。

4.13.5 沥青库的控制室、电话间、化验室均应配置灭火器材,宜选用二氧化碳灭火器,其他场所宜选用干粉型或泡沫型灭火器。

4.13.6 一、二、三级沥青库的消防泵应设两个动力源。

4.14 污水处理

4.14.1 沥青库的含油与不含油污水,应采用分流制排放。含油污水应采用管道排放;未被油品污染的地面雨水和生产废水可采用明渠排放。但在排出石油库围墙之前应设置水封装置,水封装置与围墙之间的排水通道应采用暗渠或暗管。

4.14.2 沥青库的污水排放应符合 GB 8978,含油污水应经过处理达到现行的国家排放标准后方能排放。

4.14.3 油罐区防火堤内的含油污水管引出防火堤时,应在堤外采取防止油品流出罐区的切断措施。

4.14.4 含油污水处理应根据污水的水质进行相应的调节,采用隔油过滤等设施,对于间断排放的含油污水,应设调节池。

4.14.5 在沥青库污水排放处,应设置取样点或检测水质和测量水量的设施。

5 设备验收

验收设备有:沥青罐、输油及热力管道、加热炉和电气系统。

5.1 沥青罐

5.1.1 验收前技术资料的准备

5.1.1.1 沥青罐设计图纸及验收技术条件。

5.1.1.2 沥青罐体:基础复查、罐体壁板、底板、顶板、加热盘管的分项检测报告。

5.1.1.3 沥青罐相关部分:罐体除锈及除油、保温材料、外彩钢板、分项检测报告。

5.1.2 检测设备

X 射线机、水压机、水平仪和线盘等。

5.1.3 验收的方法

5.1.3.1 底板进行探伤。

5.1.3.2 壁板用 X 射线检测,检测比例按槽焊缝长度的 5%。

5.1.3.3 罐体进行充水沉降试验,并进行正压及负压试验。

5.1.3.4 罐体除锈、油漆、保温检测按 GB 50185。

5.2 输油及热力管道

5.2.1 验收前技术资料的准备

5.2.1.1 库区管线(含锅炉内)设计图纸及验收技术条件。

5.2.1.2 管道、焊材、钢管的合格证等分项检测文件。

5.2.1.3 管道的试验检测文件。

5.2.2 检测设备

X射线探伤机、水压机、空气压缩机、水平仪、压力表等。

5.2.3 验收的方法

5.2.3.1 加热盘管按焊接点长度的5%进行探伤检测。

5.2.3.2 按GB 50235规定,对加热盘管进行水压试验,水压为1.0MPa~1.3MPa。

5.2.3.3 管道保温工程按GB 50236规定验收。

5.2.3.4 热管的真空度在生产过程中逐根检验,热管充液后在常温下内部为负压的热管应存放72h后用听声法检验,"叮当"声为合格。

5.2.3.5 核验原始记录。验收时应提交以下记录:

a) 管道的压力试验原始记录;

b) 管道射线探伤检验报告;

c) 建造过程中隐蔽工程(封闭)记录;

d) 管道补偿设备安装记录;

e) 阀门试验记录。

5.3 加热炉

5.3.1 验收前技术资料的准备

5.3.1.1 加热炉的全套技术资料。

5.3.1.2 加热炉试验检测文件。

5.3.2 验收方法

向当地技术监督局锅炉处进行备案验收。

5.4 电气系统的验收

电气系统按GB 50168、GB 50169、GB 50171进行验收。

6 沥青产品包装、留样及计量

6.1 包装

沥青油液体产品贮运时,应装入油罐、油罐车、油船、铁桶等容器。油液注入上述容器时,应根据气温变化情况,考虑到油品的膨胀性,留出必要的安全空间,切不可充满。

6.2 留样

6.2.1 沥青产品交接验收的留样应由交接双方按沥青产品取样法规定,根据交货方式(如油罐、车船)采样。

6.2.2 保留样品的容器应清洁、干燥、标签上写明生产厂(矿、站)名称和发货单位、样品名称、批号、发出产品质量合格证号码、采样地点(油罐、管线、罐车、油船等的号码)、日期、编号及采样者的姓名,以备查考。

6.3 计量

沥青交货验收时使用的量具(流量计、密度计、温度计、卷尺、秤等)均应经国家计量机关鉴定,认为合格并附有校正表者方可使用。在不具备上述条件时,应采用交、接双方同意的计量量具。

ICS 91.220
R 19
备案号:

中华人民共和国交通行业标准

JT/T 270—2002
代替 JT/T 270——1995,JT/T 274——1995

强制间歇式沥青混合料搅拌设备

Batch type asphalt mixing plant

2002-12-24 发布 2003-03-01 实施

中华人民共和国交通部 发布

强制间歇式沥青混合料搅拌设备

1 范围

本标准规定了强制间歇式沥青混合料搅拌设备的整机技术性能指标、各总成技术要求、试验方法、安全与警示、检验规则、质量保证要求、标志、包装、运输及供应的成套性。

本标准适用于强制间歇式沥青混合料搅拌设备(以下简称搅拌设备)。

2 规范性引用文件

下列文件中的条款通过本标准的引用而成为本标准的条款。凡是注日期的引用文件,随后所有的修改单(不包括勘误的内容)或修订版均不适用于本标准,然而,鼓励根据本标准达成协议的各方研究是否可使用这些文件的最新版本。凡是不注日期的引用文件,其最新版本适用于本标准。

GB/T 985—1988　气焊、手工电弧焊及气体保护焊焊缝坡口的基本形式与尺寸

GB/T 4064—1983　电气设备安全设计导则

GB 7258—1997　机动车运行安全技术条件

GB/T 11352—1989　一般工程铸造碳钢件

GB/T 13384—1993　机电产品包装通用技术条件

GB 50092—1996　沥青路面施工及验收规范

JB/T 5937—1991　工程机械灰铸铁件通用技术条件

JB/T 5946—1991　工程机械　涂装通用技术条件

JTJ 052—2000　公路工程沥青及沥青混合料试验规程

JJG 731—1991　定量自动衡器

3 术语和定义

下列术语和定义适用于本标准。

3.1

强制间歇式　batch

设备的工作方式为间歇性按级配向搅拌锅内加入经计量的热骨料、粉料、沥青进行搅拌,在规定的时间内拌和成符合要求的沥青混合料,生产能力是按锅评定的。

3.2

固定式　fixed

设备没有自行移动或可拖行功能,需借助其他设备进行搬运的,称为固定式设备。

3.3

移动式　portable

设备全部或大部分总成可拖行的,称为移动式设备。

3.4

标准工况　standard operating mode

搅拌设备的标准工况:环境温度20℃,标准大气压、冷骨料平均含水量为5%,热骨料温度160℃,循环时间45s,成品料为中粒式时的工况。

3.5

中粒式沥青混合料　medium sized particle asphalt

按 GB 50092—1996　7.1.2 的规定，集料最大粒径为 16～19mm 的沥青混合料。

3.6

燃油消耗率　fuel consumption rate

在标准工况下，干燥滚筒生产 1t 热骨料所消耗的柴油量。

注：燃油消耗率：只考核干燥滚筒处燃烧器的燃油消耗，且燃料为柴油，热值为 46055kJ/kg。

4　分类

4.1　产品分类

4.1.1　强制间歇固定式沥青混合料搅拌设备

由冷料供给系统、干燥滚筒、燃烧系统、热骨料提升机、振动筛分系统、热骨料储料仓、沥青供给系统、粉料供给系统、计量系统、搅拌器、除尘系统、成品料仓、导热油供给系统、电气控制系统等组成，安装在固定场地生产沥青混合料的设备。

4.1.2　强制间歇移动式沥青混合料搅拌设备

具有 4.1.1 所述各工作系统，全部或大部分总成可拖行，安装在固定场地生产沥青混合料的设备。

4.2　产品型号

4.2.1　产品型号由组代号、型式代号、主参数代号、更新和变型代号组成。图示如下：

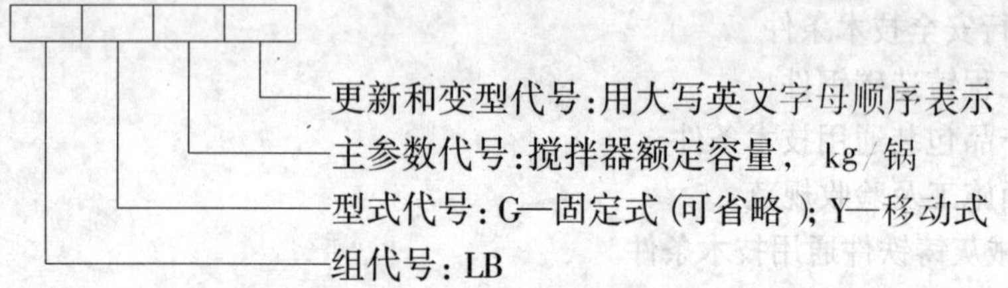

4.2.2　基本型号：1000 型；2000 型；3000 型；4000 型。

5　技术要求

5.1　搅拌设备整机技术性能指标及允许偏差

5.1.1　不同型号的搅拌设备在标准工况下额定生产率

不同型号的搅拌设备在标准工况下额定生产率见表 1。

表 1　不同型号搅拌设备在标准工况下额定生产率

循环时间 (s)	额定生产率(t/h)			
	1000 型	2000 型	3000 型	4000 型
45	80	160	240	320

5.1.2　整机技术性能指标

整机技术性能指标见表 2。

表 2　整机技术性能指标

序号	指标		单位	允许偏差
1	生产能力		t/h	标准工况下生产率等于额定生产率
2	标准砝码计量(静态)	沥青计量准确度	%	±0.25
3		粉料计量准确度	%	±0.50
4		骨料计量准确度	%	±0.50
5	物料计量(动态)	沥青计量准确度	%	±2.0
6		粉料计量准确度	%	±2.5
7		骨料计量准确度	%	±2.5

表 2(续)

序号	指标		单位	允许偏差
8	热骨料出料温度计计量准确度		℃	±3.0
9	成品料出料温度计计量准确度		℃	±3.0
10	热骨料出料温度稳定性		℃	±9.0
11	成品料出料温度稳定性		℃	±6.0
12	沥青温度计计量准确度		℃	±3.0
13	沥青温度稳定性		℃	±6.0
14	烟气温度计计量准确度		℃	±3.0
15	沥青含量偏差(1.96 标准差)		%	±0.3
16	沥青针入度损失率		%	≤15
17	燃油消耗率(标油)		kg/t	≤7
18	操作工位噪声		dB(A)	≤70
19	环境噪声		dB(A)	≤85
20	烟尘排放浓度(布袋除尘)		mg/Nm^3	≤100
21	烟气黑度(林格曼黑度)		级	≤I
22	可靠性	首次故障工作时间	h	≥100
23		平均无故障工作时间	h	≥100
24		可靠度	%	≥85

5.1.3 搅拌设备结构参数检测合格率及允许偏差

搅拌设备结构参数检测合格率应大于 85%,计算方法如下:

$$\mu = \frac{E_1}{E} \times 100\% \tag{1}$$

式中:μ——合格率%;

E_1——合格项数;

E——总检测项数。

搅拌设备结构参数允许偏差见表 3。

表 3 设备主要参数允许偏差

序号	参数	单位	允许偏差
1	设备的外型尺寸(长×宽×高)	m	不偏离设计值±2%
2	搅拌缸下通车高度	mm	不偏离设计值±2%
3	搅拌缸下通车宽度	mm	不偏离设计值±2%
4	成品料仓通车高度	mm	不偏离设计值±2%
5	成品料仓通车宽度	mm	不偏离设计值±2%
6	冷料供给装置上料高度	mm	不偏离设计值±2%
7	冷料供给装置上料宽度	mm	不偏离设计值±2%
8	冷料集料皮带宽度	mm	不偏离设计值±1%
9	干燥滚筒直径	mm	不偏离设计值±0.5%
10	干燥滚筒长度	mm	不偏离设计值±0.5%
11	干燥滚筒倾角	(°)	不偏离设计值±0.5%
12	干燥滚筒转速	r/min	不偏离设计值±2%
13	冷料集料皮带的转速	r/min	不偏离设计值±2%
14	热骨料提升机转速	r/min	不偏离设计值±2%
15	搅拌器转速	r/min	不偏离设计值±2%

5.1.4 搅拌设备生产沥青混合料的基本要求

搅拌设备生产的沥青混合料应符合 GB 50092—1996 规范的要求。

5.1.5 搅拌设备整机外观要求

5.1.5.1 焊缝应牢固平整、匀称、无缺陷,符合 GB/T 985—1988 的要求。

5.1.5.2 铸件表面应整洁,不得有气孔、疏松等缺陷,符合 GB/T 11352—1988、JB/T 5937—1991 的要求。

5.1.5.3 结构件、板金件应进行喷沙等表面除锈处理,表面应平整光滑。

5.1.5.4 喷漆质量应符合 JB/T 5946—1991 的要求,高温部位应涂高温漆。

5.1.5.5 各移动单元的尺寸界限为:总高不大于 4.5m(包括运输车辆高度),总宽不大于 3.5m,总长不大于 20m。

5.1.6 移动式搅拌设备拖行性能要求

5.1.6.1 当各移动单元由轮式牵引车拖行时,应能在三级路面上以 20km/h 的速度行驶。在最低行驶速度下进行 90°转向时,应机身稳定、各部件连接可靠、无松动、变形和损坏现象。

5.1.6.2 最小转弯半径不大于 30m。

5.1.6.3 最小离地间隙不小于 220mm。

5.1.6.4 当以 20km/h 速度行驶时,最大制动距离应符合 GB 7258—1997 的规定。

5.2 冷料供给系统

冷料供给系统由冷料仓、放料门、给料机、集料皮带机及倾斜皮带机等组成。

5.2.1 冷料供给系统的供料能力应满足设备最大生产能力的需要,供料量稳定可靠。

5.2.2 冷料供给系统的供料量能按需要进行调节,每个仓有一个独立的可调节流量的出料装置,并有控制杆及锁定机构。

5.2.3 冷骨料仓为多仓组合构成,单仓容量:1000 型不小于 $6m^3$;2000 型不小于 $8m^3$;3000 型不小于 $10m^3$;4000 型不小于 $12m^3$。

5.2.4 冷料皮带机应设有自洁装置,尾部应设有皮带张紧和调整装置。皮带机设有防跑偏机构,工作过程中,不允许皮带机跑偏或打滑。

5.2.5 冷料供给系统应设置超规格料剔除装置。

5.2.6 冷料仓的细料仓应安装仓壁振动装置。

5.2.7 冷料供给系统应配有紧急停车装置。

5.2.8 冷料仓和给料皮带机之间不得有漏料现象。

5.3 干燥滚筒

干燥滚筒由筒体、提料叶片、滚圈、支撑滚轮、止推滚轮、驱动装置、进出料箱和机架等组成。

5.3.1 干燥滚筒的生产能力应满足设备在标准工况下最大生产能力的要求。

5.3.2 干燥滚筒筒体不应有明显的变形,传动系统运转平稳、振动小,运转中筒体轴向窜动不大于 3mm。

5.3.3 干燥滚筒的支撑滚轮、止推滚轮的使用寿命不小于 5000h,滚圈的使用寿命不小于 10000h。

5.3.4 干燥滚筒筒体用不低于 16Mn 耐磨性好和抗热变型能力强的钢板制造。钢板厚度:1000 型不小于 8mm;2000 型不小于 10mm;3000 型不小于 12mm;4000 型不小于 14mm。直径大于 2m 的干燥滚筒筒体外部增加保温层。

5.3.5 干燥滚筒内的提料叶片设计合理,分区布置,易于更换,热交换效率高。

5.3.6 干燥滚筒两端不应漏料。

5.3.7 干燥滚筒出料口应安装测温装置,其精度应符合表 2 的要求。

5.3.8 干燥滚筒的安装倾角应在 3°~5°范围内。

5.3.9 干燥筒的热效率应不低于 70%。

5.4 燃烧系统

燃烧系统由燃烧器、燃油供给系统、电气控制系统等组成。

5.4.1 燃烧器的供热能力应满足设备在标准工况下最大生产能力的要求。

5.4.2 燃烧器工作可靠、点火迅速、风油比调整方便、燃烧充分、稳定,火焰的大小应可调,不允许火焰有明显偏斜,且必须有安全点火装置。

5.4.3 燃烧器供油管路中应设置过滤器、压力表和安全阀,燃油管路不得有泄漏。

5.4.4 燃烧器的前端应采用耐热不锈钢板制作。

5.4.5 重油燃烧器必须配置有重油加热、过滤和贮存装置。

5.5 热骨料提升机

热骨料提升机由提升链条、料斗、头轮、尾轮、传动系统和外壳等组成。

5.5.1 热骨料提升机的提升能力应能满足设备最大生产能力的要求。

5.5.2 热骨料提升机应完全密封,工作时无漏料和卡阻现象。

5.5.3 热骨料提升机传动系统要带有防逆转装置。

5.5.4 热骨料提升机的进料槽衬板和出料槽衬板要用耐磨材料制造,且易于更换。

5.5.5 热骨料提升机的头轮、尾轮、链条的使用寿命不小于 5000h。

5.6 振动筛分系统

振动筛分系统由筛箱、筛网和振动装置等组成。

5.6.1 振动筛的筛分能力应满足设备最大生产能力的要求。

5.6.2 经振动筛筛分的粒料规格应符合沥青混合料级配的要求。

5.6.3 振动筛的筛分效率不低于 85%。

5.6.4 振动筛的振幅应可调,振动筛箱两侧板上任意两对称点的振幅差不大于 0.5mm。

5.6.5 振动筛应能剔除超限骨料,振动筛网的使用寿命不低于 1000h,规格不少于四种,筛网联结牢固可靠,并保证更换方便。

5.6.6 振动筛的轴承能承受最大工作负荷,空运转 2h 后温升不大于 45℃。

5.7 热骨料贮料仓

5.7.1 热骨料贮料仓侧板钢板厚度不小于 6mm。

5.7.2 热骨料贮料仓存贮量不小于搅拌器 10 批次搅拌用料量,以保证设备连续生产。热骨料贮料仓要保证热骨料没有串仓现象。

5.7.3 各热骨料贮料仓均应有过量溢料口及取样口。

5.7.4 各热骨料贮料仓应分别配有料位器,至少砂料仓应配有测温装置。

5.7.5 各热骨料贮料仓放料门的开度应可调,关闭后无漏料现象。

5.8 计量系统

5.8.1 热骨料计量装置

5.8.1.1 热骨料的计量准确度应达到表 2 的规定,计量装置的最小显示感量值为 1kg。

5.8.1.2 热骨料称量斗的有效容量不得小于搅拌器额定搅拌容量。

5.8.1.3 热骨料称量斗在垂直方向要求的范围内应能自由移动,无卡阻现象。

5.8.2 粉料计量装置

5.8.2.1 粉料的计量准确度应达到表 2 的规定,计量装置的最小显示感量值为 0.1kg。

5.8.2.2 粉料称量斗的有效容量不小于搅拌器额定容量的 15%。

5.8.2.3 粉料称量斗在垂直方向要求的范围内应能自由移动,无卡阻现象。

5.8.3 沥青计量装置

5.8.3.1 沥青的计量准确度应达到表 2 的规定,计量装置的最小显示感量值为 0.1kg。

5.8.3.2 沥青称量斗的有效容量不小于搅拌器额定容量的 10%。

5.8.3.3　沥青称量斗在垂直方向要求的范围内应能自由移动,无卡阻现象,并装有防溢流装置。

5.8.3.4　沥青喷洒装置应满足拌和均匀性的要求。

5.9　搅拌器

搅拌器由壳体、搅拌轴、拌浆臂、拌浆头、衬板和驱动装置等组成。

5.9.1　搅拌器的搅拌能力应满足设备最大生产能力的要求。

5.9.2　搅拌器拌浆头、拌浆臂和衬板为可更换结构,用耐磨材料制造,使用寿命不低于 5×10^4 批次。

5.9.3　搅拌器卸料门关闭后无漏料。

5.9.4　搅拌器应安装有批次记数器。

5.9.5　搅拌器应安装有空气溢出通道。

5.10　粉料供给系统

5.10.1　粉料供给系统的供粉量应满足各种沥青混合料的级配要求。

5.10.2　粉料罐应有防雨水进入的防潮装置,并设有料位指示器和通气口,粉料罐的底部锥体处应装有防结拱的疏松器。

5.10.3　粉料罐顶部应有检查门及安全阀,下部应有放料阀门。

5.10.4　粉料罐顶部应配置除尘装置。

5.11　沥青供给系统

5.11.1　沥青罐的贮存量应保证搅拌设备连续工作时间不小于 8h。

5.11.2　沥青罐的加热装置应能保证将沥青加热到混合料拌和所要求的温度,其升温速度应达到(9～15)℃/h。

5.11.3　沥青罐、输送管道、阀门都应有加热及保温装置,沥青罐中沥青每小时温度下降值不大于初始温度与环境平均温度差值的 2.3%。

5.11.4　沥青罐应设置沥青液位显示器及温度测量装置。

5.11.5　沥青供给系统应设置沥青取样口。

5.12　导热油供热系统

5.12.1　导热油加热炉的供热能力应满足设备最大生产能力时的热量要求。

5.12.2　导热油加热炉应具有自动控制工作功能,并具有全过程安全防护措施。

5.12.3　导热油加热炉炉体应由国家安检合格的单位制造,并具有该类产品的生产许可证。

5.12.4　导热油管路连接必须可靠、安全、不得有泄漏。

5.13　除尘系统

除尘系统由引风机、烟囱、两级除尘器、控制系统和管道等组成。

5.13.1　除尘器的烟尘排放浓度和林格曼黑度均应达到表 2 的规定。

5.13.2　布袋除尘器布袋的耐温性能应满足搅拌设备温度要求,使用寿命不低于 3000 h。

5.13.3　布袋除尘器应具有低温、高温、超高温报警和保护装置,烟气温控器灵敏度不超过 ±9℃。

5.13.4　布袋除尘器应具有压力显示控制装置。

5.13.5　布袋除尘器引风机的风量和风压应能满足搅拌设备最大生产能力的要求,并具有风量调节装置。

5.14　成品料仓

5.14.1　成品料仓应设有保温及加热装置,其保温性能应达到 12h 内成品料仓温度下降值不超过成品料入仓温度与当日环境平均温度差值的 5%。

5.14.2　成品料仓内应有防沥青混合料进仓离析装置。

5.14.3　成品料仓下部放料高度不低于 3.3m,并应带有料位指示器和温度显示装置。

5.14.4　成品料的运料车应工作平稳、定位准确、工作可靠。

5.15　电气控制系统

电气控制系统由中心控制室、电力拖动系统、工业控制系统等组成。

5.15.1 中心控制室应具有良好的工作视野及合理的操作区域,应能隔热、隔潮、隔音、防雨、防尘,并装有空调设备。

5.15.2 电力拖动系统中电气元件应质量可靠、工作稳定、连接牢固,电缆线布置合理,并配有专门的走线装置或设施,其绝缘性、安全性应符合 GB/T 4064—1983 的规定,并具有良好的接地和保护装置。

5.15.3 大功率电机应具有合理的降压启动装置。

5.15.4 工业控制系统应具有手动、自动运行功能,并应具有配方输入、配方存储、时间调整、飞料修正、故障诊断、故障报警、连锁保护及生产数据报表的存储、打印等功能。

5.15.5 电气控制系统应具有良好的抗干扰性能及对供电电源的监测装置,如因电源引起的波动,其幅值超出标准偏差,应具有保护及报警功能。

5.16 气路控制系统

5.16.1 气路控制系统应布局合理、排列整齐,工作部件及管路接头等应有足够的耐压强度和寿命,所有气路接头应密封可靠。

5.16.2 气路控制系统应工作可靠,并应配置气路控制系统专用的过滤器、油雾器、减压阀和气压开关,用气量大的部位还应配置专门的贮气罐。

5.16.3 气路控制系统的气缸、电磁阀应设有防尘、防雨装置。

5.17 安全与警示

5.17.1 各运动部件应设有防护装置,指示警示牌应安装在显著位置并应清晰、易懂、防腐蚀。

5.17.2 搅拌设备在生产过程中,某一系统出现故障时,相应的系统应能根据设备工艺流程要求自动停止工作。

5.17.3 上下梯子及各层平台必须设有符合相关标准要求的防护栏。

6 试验方法

6.1 试验准备

6.1.1 试验场地及原材料

a) 作业性能试验场地

作业性能试验场地应为平整坚实的地面,应保证原材料及沥青混合料畅通运输和堆放(原材料);

b) 拖行试验场地

拖行试验场地应为平整、坚实的直线跑道,跑道的直线部分长度不小于样机以最高车速行驶 20s 的直线距离,外加 30m 的助跑距离,宽度不小于样机最大宽度的 2 倍。试验跑道两端应具有 180°转向区域。跑道纵向坡度不大于 0.5%,横向坡度不大于 1%。样机拖行状态试验在三级路面上进行;

c) 原材料准备

试验用骨料、粉料、沥青应符合 GB 50092—1996 标准要求;骨料的堆放应避免产生离析现象,骨料应尽量堆放在防雨、排水的料棚内;冷骨料的平均含水量为 5%,粉料的含水量小于 1%,并无结团现象。

6.1.2 试验仪器的准备

a) 试验用仪器必须经过国家法定的计量检定机构检定或认可,且在其检定周期内方可使用,试验前应对仪器进行校准和标定;

b) 测量准确度要求

各种直接测量参数,若无特殊说明,均取三次测量的平均值,测量准确度应符合表 4 的要求。

6.1.3 试验设备的准备

a) 设备制造企业应提供样机及出厂检验记录;

b) 按产品使用说明书的有关规定,对搅拌设备进行调试、磨合;磨合时间不得少于 50h。磨合结束后,按使用说明书的要求进行保养。

表4 测量准确度要求

被测参数	准确度要求	被测参数	准确度要求
长度尺寸	±0.2%	温度	±1.0℃
质量	±0.5kg	燃油消耗量	±1.0%
容积	±1.0%	大气压力	±0.5kPa
角度	±10′	声压级	±0.5dB(A)
时间	±0.1s	转速	±0.5%
烟度（林格曼黑度）	±0.5级	微压	±2.0%

6.1.4 试验设备的验收

a) 样机验收

样机磨合结束后,按出厂技术条件或有关文件的要求进行检查。磨合情况填入附录A表A.1,在各部件运行正常后,在额定负荷下连续运行不少于4h,检查结果按附录A表A.2填写;

b) 样机验收检查合格后,主要技术性能参数按附录A表A.3填写。

6.2 定置参数测试

6.2.1 主要几何参数测试

6.2.1.1 测试条件

a) 样机各总成、附件及附属装置(包括随机工具),按规定配备齐全。调整状况应符合样机技术条件的规定,并按规定加注润滑油;

b) 轮胎气压应符合样机技术条件的规定,误差不超过±9.8kPa;

c) 清洗样机,去除油污、污土或其他污物;

d) 样机外侧可动的附件或附属装置应处于正常工作状态(如拖挂钩等)。

6.2.1.2 测量场地

a) 样机几何参数测量场地:地面应清洁、平整。面积为6m×20m(根据主机外形尺寸,可适当增减)。场地与水平面的不平行度在全宽度范围内不大于±6mm,在全长范围内不大于20mm,场地表面上应画有1m×1m的方格线;

b) 样机其他几何参数测量场地按6.1.1a)的要求。

6.2.1.3 仪器设备

钢板尺、钢卷尺、角度仪、水准仪、线垂、流量计或称重仪等。

6.2.1.4 测试方法

a) 被测单元停放在测量场地上,前轮放正,机架横梁平行于方格线;

b) 水平尺寸:可直接测量,也可以借助于线垂将测量尺寸两端投影到地面,将纵向中心线与各轴中心线投影到地面,按地面上需测尺寸两端的投影点,以纵向中心线与各轴中心线为基准线进行测量;

c) 高度尺寸:可直接测量,也可利用测量架高度尺等专用量具进行测量;

d) 角度:可直接用角度仪测量,也可通过测定各特征点的位置,用作图法求得;

e) 直径及面积参数:可利用测量周长或边长进行换算;

f) 容量:可利用前面测得的参数进行计算,也可以用注水法进行测量,用流量计或称重仪测出的注水量,即为该装置的容量。

6.2.1.5 测试结果

按附录A表A.4填写。

6.2.2 被测单元质量及轴荷测试

6.2.2.1 测试条件

按6.2.1.1中a)、b)、c)执行。

6.2.2.2 仪器设备

地秤或压力测力计、三角金属支承、水平尺、起重设备、钢卷尺等。

6.2.2.3 质量测试方法

a) 直接测试方法

采用单台地秤,使被测单元置于台面中央(见图 1)直接测试样机质量;

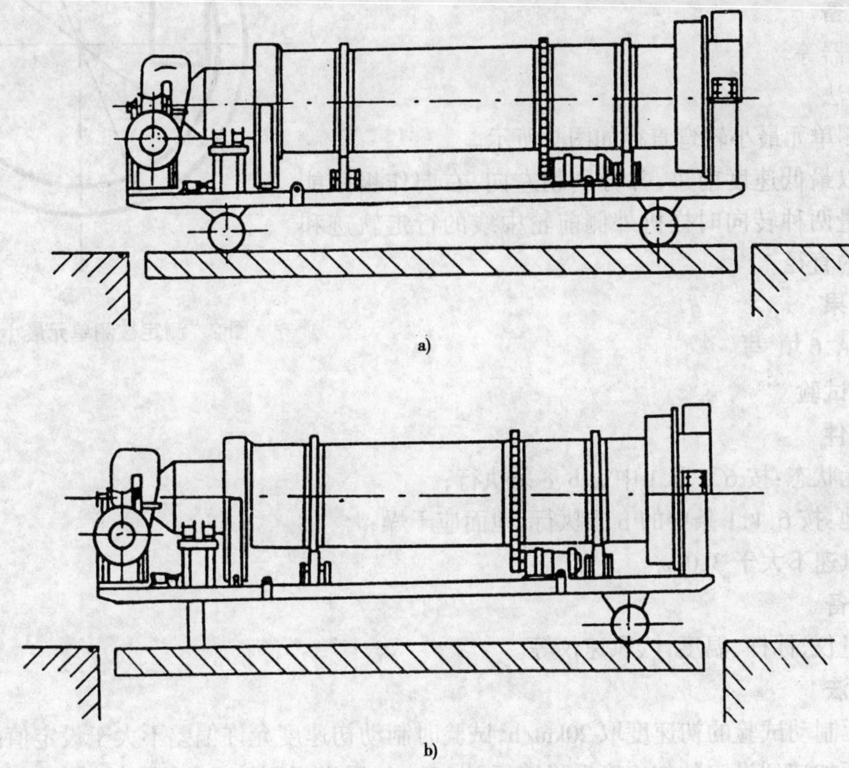

a)

b)

图 1 被测单元值量测试图

a)全挂式;b)半挂式

在不具备上述条件时,允许用压力测力计或拉力计测试,将所得样机重力按下式换算成被测单元的质量。

$$G = \frac{F}{g} \tag{2}$$

式中:G——被测单元质量,kg;

F——被测单元重力,N;

g——自由落体加速度,9.81m/s^2。

b) 间接测试方法

当被测单元质量或外形尺寸受到测试仪器或设备限制,不能采用直接测试方法时,可采用间接测试方法,即分左右侧或前后端两次测试相应部分质量;测试时应保持样机水平状态,样机质量为两次测试值之和。

6.2.2.4 质量测试结果

测得的质量减去地秤台面上所有辅助支承的质量,即为样机的质量 G,填入附录 A 表 A.5。

6.2.2.5 轴荷测试方法

分别测试被测单元前轴分质量和后轴分质量,测试方法同 6.2.2.3。

6.2.2.6 轴荷测试结果

按附录 A 表 A.5 填写。

6.3 拖行试验

6.3.1 转弯性能试验

6.3.1.1 试验条件

a) 样机状态:按6.2.1.1中a)、b)、c)执行;

b) 试验场地:50m×50m平整坚实的水平地面。

6.3.1.2 仪器设备

钢卷尺、喷迹器等。

6.3.1.3 试验方法

a) 测定被测单元最小转弯直径如图2所示。

b) 牵引车以最低速度前进,并分别朝左向、右向作极限能力转向。分别测量两种转向时样机外侧前轮中线的行走轨迹和外侧处运动轨迹的直径。

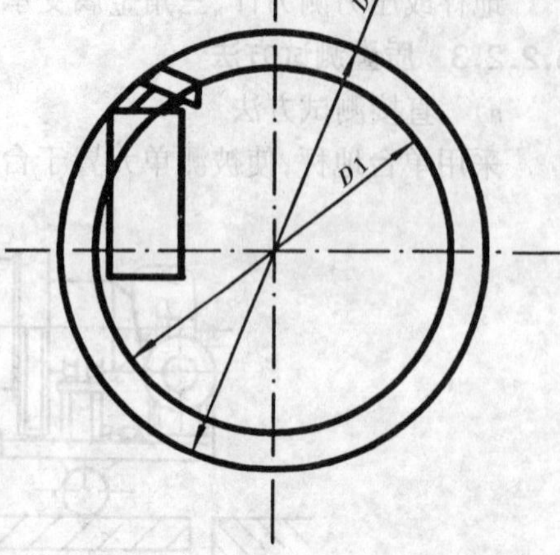

图2 测定被测单元最小转弯直径

6.3.1.4 试验结果

按附录A表A.6填写。

6.3.2 制动性能试验

6.3.2.1 试验条件

a) 被测单元状态:按6.2.1.1中a、b、c条执行;

b) 试验场地:按6.1.1条中的b条执行,地面应干燥;

c) 试验时风速不大于3.0m/s。

6.3.2.2 仪器设备

制动性能测量仪,标杆、温度计、风速仪等。

6.3.2.3 试验方法

a) 被测单元制动试验的初速度取20km/h,试验时制动初速度允许偏差不大于设定值的±5%;

b) 被测单元加速到设定的初速度后稳速行驶10m,然后进行制动,制动程度应达到被测单元极限制动能力;

c) 试验过程中测定被测单元的初速度和制动距离,试验往返重复两次,取其平均值作为测定值;

d) 实测制动距离按下式进行修正:

$$L_z = L'_z(V_0/V_0')^2 \tag{3}$$

式中:L_z——修正后的制动距离,m;

L'_z——实测制动距离,m;

V_0——设定初速度,km/h;

V'_0——实测初速度,km/h。

6.3.2.4 试验结果

按附录A表A.7填写。

6.3.3 拖行状态试验

6.3.3.1 试验条件

a) 被测单元状态:被测单元按6.2.1.1中a)、b)、c);牵引车按规定加注燃油、冷却液、润滑液、液压油等;发动机启动后,使水温、油温、油压达到规定值;

b) 试验场地:三级路面;

c) 试验时风速不得超过3.0m/s。

6.3.3.2 仪器设备

行驶速度测量仪(五轮仪或光电测速仪)、秒表、温度计、风速仪、卷尺。

6.3.3.3 试验方法

a) 试验过程中,被测单元拖行速度不低于 20km/h,总拖行距离不少于 10km;

b) 考查项目见附录 A 表 A.8,并测定拖行时间。

6.3.3.4 试验结果

按附录 A 表 A.8 填写。

6.4 运动参数检测

6.4.1 试验条件

样机在标准工况下稳定运转。

6.4.2 仪器设备

秒表、卷尺、转速计等。

6.4.3 试验方法

a) 冷料输送机载料部件移动速度及成品料运料车移动速度检测:采用定距计时法,试验重复进行三次,结果取其平均值;

b) 干燥滚筒转速检测:测定滚筒运转 10 圈所需的时间,试验进行三次,结果取其平均值;

c) 用接触式或非接触式转速计直接测量搅拌器转速。

6.4.4 试验结果

按附录 A 表 A.9 填写。

6.5 计量准确度检测

6.5.1 物料秤计量准确度检测

6.5.1.1 试验条件

a) 试验场地;按 6.1.1 中的 a);

b) 原材料准备:按 6.1.1 中的 c);

c) 样机置于标准工况稳定运转,主燃烧器不工作。

6.5.1.2 仪器设备

二级秤或二级测力计、相应等级的标准砝码、运料车、料斗、沥青桶等。

6.5.1.3 试验方法

a) 对于未经国家法定计量机构鉴定认可的骨料、粉料、沥青称量器检测参照 JJG 731—1991 定量自动衡器进行。

b) 对于经国家法定计量机构鉴定认可的骨料、粉料、沥青称量器,在各计量装置的使用范围内,取满量程、70%量程、半量程和 10%量程的骨料质量和标准砝码质量分别进行检测,并记录各自相应计量器显示值。试验重复进行三次,结果取均值。

6.5.1.4 试验结果

a) 按附录 A 表 A.10 填写。

b) 计量准确度按式(3)计算:

$$\Delta_i = \frac{G_i - G'_i}{G_i} \tag{4}$$

式中:Δ_i——某一次采样的计量准确度,%;

G_i'——某一次采样的骨料实测质量(标准砝码质量),kg;

G_i——某一次采样的称量器的设定质量(计量器显示值),kg。

6.5.2 温度计计量准确度检测

6.5.2.1 试验条件

a) 天气:无雨,风速不大于 3.0m/s;

b) 样机在标准工况下稳定作业。

6.5.2.2 仪器设备

温度计、秒表。

6.5.2.3 试验方法

将温度计安置在温度传感器附近，每隔 2min 读取温度值一次，并记录温度计量装置的指示值，试验进行三次，结果取其均值。

6.5.2.4 试验结果

按附录 A 表 A.11 填写。

6.6 保温性能试验

6.6.1 成品料仓保温性能试验

6.6.1.1 试验条件

a) 天气：无雨，风速不大于 3.0m/s；

b) 成品料仓内充满沥青混合料，其料温不低于 140℃，不高于 160℃（煤沥青混合料，其料温为 110℃～120℃）；

c) 加热装置正常工作。

6.6.1.2 仪器设备

温度传感器、温度记录仪、温度计、计时器等。

6.6.1.3 试验方法

a) 温度传感器应沿着侧壁方向平行布置，两者之间的距离为 100mm；

b) 保温试验 12h，同时记录环境温度。

6.6.1.4 试验结果

a) 画出温度—时间变化过程曲线；

b) 试验结果按附录 A 表 A.12 填写。

6.6.2 沥青保温罐加温速度及保温性能试验

6.6.2.1 试验条件

a) 天气：无雨，风速不大于 3.0m/s；

b) 沥青保温罐内充满约 110℃的沥青（煤沥青约 90℃）。

6.6.2.2 仪器设备

温度传感器、温度记录仪、温度计、计时器等。

6.6.2.3 试验方法

a) 将温度传感器垂直安置在沥青液面下 30cm 处；

b) 加温速度试验

沥青保温罐以额定速度进行加温，并打开循环阀使沥青循环，待沥青温度稳速上升后，开始记录温度，试验进行 1.5h；

c) 保温性能试验

在 b)的基础上将沥青加热至 160℃（煤沥青 120℃）后，加热装置停止工作，并关闭循环阀及各通孔，保温试验进行 12h，同时记录环境温度。

6.6.2.4 试验结果

a) 分别画出温度—时间变化过程曲线；

b) 试验结果按附录 A 表 A.13、表 A.14 分别填写。

6.7 作业性能试验

6.7.1 干燥滚筒性能试验

6.7.1.1 试验条件

a) 天气：无雨；

b） 样机在标准工况下连续稳定作业生产；

c） 生产的热骨料必须符合 GB 50092—1996 规范要求，其成品料级配应符合 GB 50092—1996 中 7.2.1中粒式料的要求。

6.7.1.2 仪器设备

地秤、秒表、温度计、运料车、天平（准确度 0.1g）、烘箱、取样盒等。

6.7.1.3 试验方法

a） 冷骨料含水量试验

在生产率试验时间内，在冷骨料集料皮带机出料口采冷骨料样约 8kg，拌匀后用四分法取约 2kg 作为一个样品，料样在 150℃下烘干不少于 8h，并秤量烘干前后的料样质量，试验共进行五次，结果取均值；

b） 热骨料残余含水量试验

在生产率试验时间内，在干燥滚筒出料口提取热骨料样约 8kg，拌匀后按四分法取 2kg 料样，在 150℃下烘干不少于 8h，同时秤量烘干前后料样的质量，试验共进行五次，结果取均值；

c） 热骨料温度及稳定性试验

样机连续作业生产，取样后 1min 内完成温度检测，每 2min 取样检测一次，在同等条件下连续检测 20 次料温，检测期间，样机须保持稳定状态；

d） 干燥滚筒生产率试验

记录试验期间内的冷骨料温度、热骨料温度、烟气温度、热骨料产量、燃油消耗量以及试验时间，试验进行三次，结果取均值。

热骨料产量：将各运料车编号，在装车前称空车质量，装车后测定满载车质量，满载车质量之和减去空车质量之和即为每次试验时间内的热骨料产量。（或用标定冷骨料输送机的供料生产量计算热骨料生产量）。

燃油消耗量：用流量计或称重仪测出试验段燃油用量。

6.7.1.4 计算公式

a） 热骨料及烟气温度特征值计算公式：

$$\sigma_1 = \sqrt{\frac{1}{n-1}\sum_{i=1}^{n}(T_i - \overline{T})^2} \tag{5}$$

式中：σ_1——标准差；

n——温度测量总次数；

T_i——第 i 次测取的温度值；

$\overline{T}$——温度平均值。

$$\overline{T} = \frac{1}{n}\sum_{i=1}^{n} T_i \tag{6}$$

$$\delta_1 = T_c - \overline{T} \tag{7}$$

式中：δ_1——系统偏差；

T_c——温度设定值。

$$W_1 = \frac{\sigma_1}{\overline{T}} \times 100\% \tag{8}$$

式中：W_1——稳定度。

$$S_1 = T_{max(min)} - T_c \tag{9}$$

式中：S_1——测试值极限偏差；

$T_{max(min)}$——所测温度最大值或最小值。

$$Y = \begin{cases} \delta + 1.96\sigma_1(\delta \geqslant 0) \\ \delta - 1.96\sigma_1(\delta < 0) \end{cases} \tag{10}$$

式中：Y——稳定性。

b) 干燥滚筒生产率及燃油消耗率计算公式：

1) 热骨料生产率计算公式如下：

$$Q = 3.6 \times \frac{M}{t} \tag{11}$$

式中：Q——热骨料生产率，t/h；

M——热骨料产量，kg；

t——试验时间，s。

2) 修正热骨料生产率计算公式如下：

$$Q_0 = KQ \tag{12}$$

式中：K——修正系数；

Q_0——修正生产率，t/h。

$$K = \frac{(2483.776 - 4.1868t_1 + 1.926t_3)\omega + 83.7(t_5 - t_1)}{23718.2 + 9.63t_3} \tag{13}$$

式中：t_1、t_3、t_5 见附录 A 表 A.19 中的说明。

$$m = \frac{m_i}{t} \times 3600 \tag{14}$$

3) 燃料消耗量计算公式如下：

式中：m——单位时间燃油消耗量，kg/h；

m_i——燃油质量，kg。

4) 燃料消耗率计算公式如下：

$$m_0 = \frac{m}{Q_0} \tag{15}$$

式中：m_0——燃料消耗率，kg/t。

6.7.1.5 试验结果

a) 冷骨料含水量试验结果按附录 A 表 A.15 填写。

b) 热骨料残余含水量试验按附录 A 表 A.16 填写。

c) 热骨料及烟气温度及稳定性试验按附录 A 表 A.17、附录 A 表 A.18 填写。

d) 干燥滚筒性能检测试验结果按附录 A 表 A.19 填写。

6.7.2 振动筛效率试验

6.7.2.1 试验条件

同 6.5.2.1。

6.7.2.2 仪器设备

天平(准确度 0.5g)、方孔标准筛、取样盒等。

6.7.2.3 试验方法

a) 在各热骨料仓下用取样盒直接取样，每种料采样五次，每次采样量规定为：最小筛孔径筛网约 5kg，依次从小号筛网递增 3kg 直至最大号筛网；

b) 根据振动筛筛孔尺寸，选择同样筛孔尺寸的方孔标准筛，分别对各种热骨料进行筛分试验。

6.7.2.4 试验结果

a) 按附录 A 表 A.20 填写；

b) 振动筛效率计算公式如下：

$$\eta_z = \frac{g_1}{g_0} \times 100\% \tag{16}$$

式中：η_z——振动筛效率，%；

g_0——试样总质量，g；

g_1——通过量，g。

6.7.3 骨料级配组成试验

6.7.3.1 试验条件

a) 同6.1.1中的c)；

b) 同6.5.2.1。

6.7.3.2 仪器设备

抽提仪、台秤、天平、离心机、温度计、标准筛等。

6.7.3.3 试验方法

骨料级配组成检查：按拌料配比，对各热骨料仓分别采样约8kg，烘干后拌和均匀，并按四分法从中取出2kg左右，进行筛分试验，分离出各级粒径的料组，称其质量后列表，试验进行五次，结果取均值。

6.7.3.4 试验结果

按附录A表A.21分别填写。

6.7.4 搅拌系统性能试验

6.7.4.1 试验条件

同6.7.1.1。

6.7.4.2 仪器设备

秒表、温度计、运料车、专用采样器(盛2kg左右的成品料)等。

6.7.4.3 试验方法

在成品料连续稳定生产期间内，每隔1~3个循环，采集沥青温度、成品料温度、搅拌容量、搅拌循环时间、并用专用采样器在成品料卸料口下，直接采样2kg左右，连续采集20组数据。按JTJ 052—2000对成品料料样进行抽提筛分试验，分析沥青含量偏差和成品料中矿料级配组成。

6.7.4.4 试验结果

a) 按附录A表A.22、表A.23、表A.24、表A.25、表A.26填写。

b) 画出级配曲线；

c) 成品料级配：计算其每档筛分质量通过百分率标准差的1.96倍；

d) 计算成品料及沥青温度的特征值。计算方法同热骨料及烟气温度特征值；

e) 计算公式

1) 生产率：

$$H = \frac{1}{1000} f \times \overline{D} \tag{17}$$

式中：H——成品料生产率，t/h；

f——搅拌时效，1/h；

$\overline{D}$——平均搅拌容量，kg。

$$f = 3600 \times \frac{1}{\overline{t}} \tag{18}$$

式中：$\overline{t}$——平均搅拌循环时间，s。

$$\overline{t} = \frac{1}{N}\sum_{i=1}^{N} t_i \tag{19}$$

式中：t_i——第i次搅拌周期的时间(即搅拌循环时间)，s；

N——成品料试样总数。

$$\overline{D} = \frac{1}{N}\sum_{i=1}^{N} D_{\mathrm{i}} \tag{20}$$

式中：D_{i}——第 i 次循环的搅拌容量，kg。

2） 沥青含量偏差：

$$\gamma = \begin{cases} \delta_2 + 1.96(\delta \geq 0) \\ \delta_2 - 1.96(\delta < 0) \end{cases} \tag{21}$$

式中：γ——沥青含量偏差，%；

δ_2——系统偏差，%。

$$\delta_2 = X - \overline{X} \tag{22}$$

式中：X——沥青含量设定值，%；

$\overline{X}$——沥青含量平均值，%。

$$\overline{X} = \frac{1}{N}\sum_{i=1}^{N} X_{\mathrm{i}} \tag{23}$$

式中：X_{i}——第 i 次沥青含量测试值，%。

$$W_2 = \frac{\sigma_2}{\overline{X}} \times 100\% \tag{24}$$

式中：W_2——稳定度，%；

σ_2——标准差，%。

$$S_2 = X_{\max(\min)} - X \tag{25}$$

式中：S_2——测试值极限偏差，%；

$X_{\max(\min)}$——所测沥青含量最大值或最小值，%。

$$\sigma_2 = \sqrt{\frac{1}{N-1}\sum_{i=1}^{N}(X_{\mathrm{i}} - \overline{X})^2} \tag{26}$$

6.8 沥青材料性能下降程度检测

6.8.1 试验条件

a） 同 6.5.2.1。

b） 检查原始沥青，其三项指标应符合 GB 50092—1996 的要求。

6.8.2 仪器设备

天平、温度计、针入度仪、延度仪、软化点仪等。

6.8.3 试验方法

a） 原始沥青：从沥青罐进口（沥青罐车出口）提取 1L 沥青直接进行路用性能三大指标试验；

b） 成品沥青：从搅拌缸沥青喷洒管出口提取 1L 沥青直接进行路用性能三大指标试验。

c） 沥青路用性能三大指标试验方法见 JTJ 052—2000 。

6.8.4 试验结果

a） 按附录 A 表 A.27 记录；

b） 指标变化率计算公式如下：

$$U = \frac{A - B}{A} \times 100\% \tag{27}$$

式中：U——指标变化率，%；

A——原始抽提沥青指标数值；

B——成品料抽提沥青指标数值。

6.9 干燥滚筒热效率测试

6.9.1 试验条件

同6.5.2.1。

6.9.2 仪器设备

地秤、秒表、温度计、运料车等。

6.9.3 试验方法

待样机连续稳定作业2h后，按附录A中表A.28所列项目同时进行试验，试验方法参照各项目相应的条款执行，试验总时间为1h。

6.9.4 试验结果

a) 按附录A表A.28填写；

b) 滚筒热效率定义为样机工作1h滚筒所需的有效总热量与主燃烧器燃烧1h燃油所发总热量之比，以百分率表示。计算公式如下：

$$\eta_c = \frac{e}{e_m} \times 100\% \tag{28}$$

式中：η_c——滚筒热效率，%；

e_m——1h燃油所发总热量，kJ；

e——1h有效总热量，kJ。

$$e_m = Q_e m_1 \tag{29}$$

式中：Q_e——燃油的发热值，kJ/kg；

m_1——1h燃油消耗量，kg。

$$e = (2483.776 - 4.1868t_1 + 1.926t_3)\frac{G\omega}{100+\omega} + 83.7(t_5 - t_1)\frac{G\omega}{100+\omega} \tag{30}$$

式中：G, ω, t_1, t_3, t_5见附录A中表A.28中的说明。

注1：式(30)均忽略残余含水量的影响。

6.10 环保参数测定

6.10.1 环境噪声测定

6.10.1.1 试验条件

a) 天气：晴，风速不大于3.0m/s；

b) 试验场地：以最大噪声源为中心、50m为半径的范围内无大的反射物的平坦空旷场地，测量噪声与本底噪声之差不低于6dB(A)，并保证测量不被偶然的其他声源干扰；

c) 为避免风噪声干扰，可用防风罩，但应注意放防风罩对声级计灵敏度的影响；

d) 声级计附近不应有其他人员，如不可缺少时，则必须在测量声源的背后。

6.10.1.2 试验工况

a) 样机在标准工况下稳定作业生产；

b) 样机带有的其他辅助设备亦是噪声源，测量时是否开动应按正常使用情况而定。

6.10.1.3 仪器设备

声级计、卷尺。

6.10.1.4 测量场地及测点位置

a) 测量场地如图3所示：

b) 测试时拾音器位于如图3所示半径$R = 30$m圆周上的A、B、C、D、E、F、G、H各测点，距地面1.2m，用三角架固定，并平行于地面对准最大噪声源。

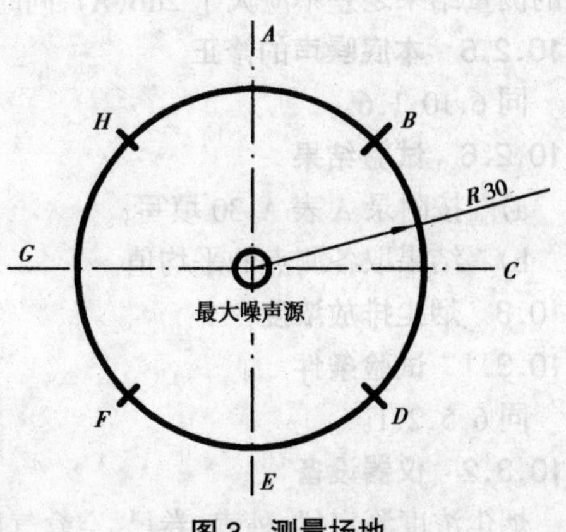

图3 测量场地

6.10.1.5 试验方法

a） 测量时声级计用“A”计权网络“快”档读取样机在标准工况下稳定作业生产时声级计表头的最大读数；

b） 试验时测出各测点的噪声，其各点的测量时间不应少于15s，试验重复进行三次，且同一测点任何二次的测量结果之差不应大于2dB(A)，同时测量各测点本底噪声，测量结果记入附录A表A.29。

6.10.1.6 本底噪声的修正

当被测声源工作时，从各测点测量到的“A”声压级与本底噪声“A”声压级之差小于10dB(A)时，应按表5进行本底噪声修正。

表5 本底噪声的修正 单位：dB

声源工作时测得“A”声压级与本底噪声“A”声压级之差	应减去的修正量	声源工作时测得“A”声压级与本底噪声“A”声压级之差	应减去的修正量
<6	测量无效	9	0.5
6	1.0	10	0.5
7	1.0	>10	0
8	1.0		

6.10.1.7 试验结果

a） 按附录A表A.29填写；

b） 结果取其八个测点平均值的最大值。

6.10.2 操作工位噪声测定

6.10.2.1 试验条件

a） 同6.10.1.1中的a)、b)；

b） 操作工位上除操作人员和测量人员外，不应有其他人员；

c） 控制室应关闭门窗。

6.10.2.2 试验工况

同6.10.1.2。

6.10.2.3 仪器设备

声级计、钢板尺等。

6.10.2.4 试验方法

a） 测点布置在操作人员耳旁100mm处，拾音器朝前；

b） 用声级计“A”计权网络“慢”档读取样机在标准工况下稳定作业生产时声级计表头的最大读数；

c） 试验时测出操作工位的噪声，其测量时间不应少于15s，试验重复进行三次，且同一位置任何二次的测量结果之差不应大于2dB(A)，同时测量各位置本底噪声，测量结果记入附录A表A.30。

6.10.2.5 本底噪声的修正

同6.10.1.6。

6.10.2.6 试验结果

a） 按附录A表A.30填写；

b） 结果取各测点的平均值。

6.10.3 烟尘排放浓度

6.10.3.1 试验条件

同6.5.2.1。

6.10.3.2 仪器设备

烟尘浓度测定仪、秒表、卷尺、空盒气压表等。

6.10.3.3 试验方法

a） 测点布置

在条件允许时，测孔的上游方向离开弯头、变径管等应有5倍直径，下游方向应有2倍直径；在条件不理想的情况下，测孔离开断面形状急剧变化的部分至少应有1.5倍的直径。

在弯道直径上开一个 $\phi 50$mm 的测孔，并垂直于管道焊上一个长50mm、内径 $\phi 50$mm 的短管，且带有丝堵。对于圆形烟道，可将烟道断面分成若干个等面积的圆环，见图4及表6。若为矩形烟道则将烟道断面分成若干个等面积的小矩形，见图5及表7所示，小矩形边长应小于300mm；

b） 采样方法

由于气流速度及烟尘浓度在排烟道断面上分布不均匀，因此在同一断面上作多点采样，以求平均值，总采样时间为3~10min，每点采样时间为0.5~2min，视含尘浓度而定，试验进行三次，结果取均值。

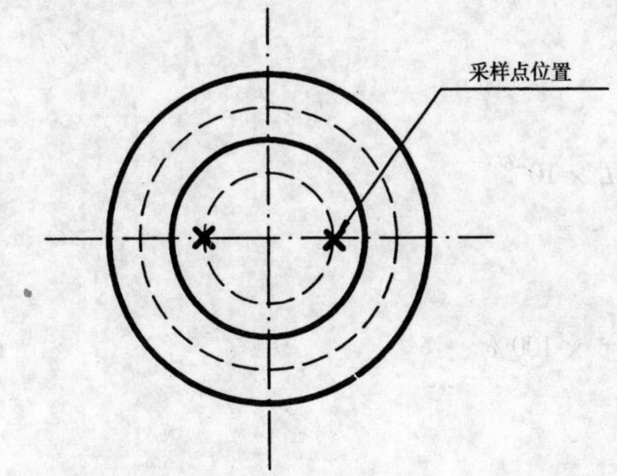

图4 圆形烟道

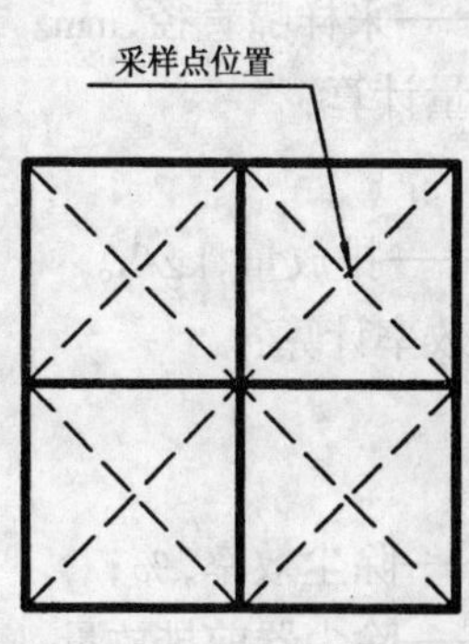

图5 矩形烟道

表6 圆形烟道断面划分表

断面环数		1	2	3
采样点至烟道管壁的距离	1	0.854D	0.937D	0.956D
	2	0.146D	0.75D	0.853D
	3	/	0.25D	0.704D
	4	/	0.063D	0.296D
	5	/	/	0.147D
	6	/	/	0.044D

表7 矩形烟道断面划分表

烟道直径(mm)	≤300	300~500	≥500
划分的环数	1	2	3

6.10.3.4 试验结果

a） 按附录A表A.31填写；

b） 计算公式：

烟尘排放浓度计算：

$$C = \frac{G_d(273 + t_d)p_0}{kX_d PT_0} \tag{31}$$

式中：C——烟尘排放浓度，mg/Nm^3；

G_d——烟尘质量，mg；

t_d——流量计前温度，℃；

p_0——101.32kPa；

k——校正系数,即 k = 浮子流量计读数/相应的累计流量表在 1min 的累计读数;

X_d——采样量,m^3;

T_0——273k。

烟气流量计算:

$$L = 119 \times 10^3 \times \frac{F_0 L_0}{d^2} \sqrt{\frac{P_d - P_b}{273 + t}} \tag{32}$$

式中:P_b——流量计前压力,kPa;

P_d——当地大气压力,kPa;

L——烟气流量,Nm^3;

F_0——烟道断面积,m^2;

L_0——浮子流量计读数,L/min;

d——采样嘴直径,mm。

排放量计算:

$$M_d = C \times L \times 10^{-6} \tag{33}$$

式中:M_d——排放量,kg/h。

除尘效率计算:

$$\eta_d = \frac{M_1 - M_2}{M_1} \times 100\% \tag{34}$$

式中:η_d——除尘效率,%;

M_1——除尘器前排放量,kg/h;

M_2——除尘器后排放量,kg/h。

6.10.4 烟气黑度测试

6.10.4.1 试验条件

同 6.5.2.1。

6.10.4.2 仪器设备

烟尘望远镜、卷尺等。

6.10.4.3 试验方法

在距离排烟道 30m 处,用烟尘望远镜对准排烟道刚排出的烟气,观察半分钟其黑度与标准黑度相当的级别,即为林格曼黑度级,每隔 15min 观察一次,试验重复进行三次,结果取均值。

6.10.4.4 试验结果

按附录 A 表 A.32 填写。

6.11 密封性能试验

搅拌设备在标准工况下工作 2h 后立即进行试验。

6.11.1 试验方法

6.11.1.1 减速器、燃料供给系统、沥青供给系统的静结合面手摸应无湿润,动结合面目测应无油迹或流痕为不渗油;油面积不超过 $200cm^2$ 或 10min 内无油滴滴下为渗油,否则为漏油。

6.11.1.2 在停机 30min 内检查目测气压表的压力有无下降,听或观察气路系统有无漏气。

6.11.2 试验结果

按附录 A 表 A.33 记录。

6.12 可靠性试验

6.12.1 试验目的

通过对样机进行累计 200h 的可靠性试验(结合施工进行,以工业性形式考核),考核样机在规定条件下作业生产的可靠程度和样机在使用过程中的有效程度。

6.12.2 故障定义及故障模式

6.12.2.1 故障定义:故障是指样机在200h可靠性试验过程中,在常规使用保养条件下,由于样机内在原因致使样机零部件、总成、整机丧失规定功能的现象。

6.12.2.2 故障模式:故障的表现形式。在评定样机可靠性时,按故障原因和影响样机正常作业的故障后果的严重性及故障的关联性,将样机故障分为Ⅰ级、Ⅱ级、Ⅲ级、Ⅳ级四类〔详见表8〕。

6.12.3 故障停机时间

6.12.3.1 排除在作业过程中发现故障所用的时间。

6.12.3.2 排除在执行日常保养和计划维修中发现故障和故障隐患所用的时间。

6.12.3.3 在试验期间已发现,但一直拖延到试验结束技术检查时才进行故障排除所用的时间。

表8 故障分类表

故障级别	故障类别	划分原则
Ⅰ级	致命故障	导致人身伤亡,引起主要总成报废。造成经济损失达样机价值的2.5%,或对周围环境造成严重危害
Ⅱ级	严重故障	主要零部件、总成损坏,不能用易损件、随机工具更换及在较短时间(4h)内排除
Ⅲ级	一般故障	作业性能下降,无主要零部件、总成损坏,可在短时间(4h)内用随机工具修复
Ⅳ级	轻微故障	不停止作业,不更换零件,用随机工具能及时(1h)排除

注:1.同时发生的相关故障只作一次故障计,故障排除后再次出现,应计算故障次数。

2.下列情况不作故障计:

a)违反产品使用说明书规定的操作保养规定所引起的故障;

b)外界意外事故所引起的故障;

c)更换易损件(如:保险丝、易损件等)日常维护。

6.12.4 保养时间

保养时间包括检查、正常维护时间以及使用说明书中规定的定期校准、检验等所用的时间。

6.12.5 试验条件

6.12.5.1 可靠性试验时间为200h(不包括整机磨合、性能试验及空载运行时间)。

6.12.5.2 试验中样机平均负荷不低于额定生产率的85%,负荷率按下式计算:

$$负荷率 = \frac{试验单位时间沥青混合料产量(t/h)}{额定单位时间沥青混合料产量(t/h)} \times 100\% \quad (35)$$

注:试验期间内须保持样机30%的作业时间工作在额定负荷工况。

6.12.5.3 试验中样机所生产的沥青混合料必须符合GB 50092—1996要求。

6.12.5.4 样机作业时须保持状态完好,并由有经验的技术人员按产品使用规定认真操作,杜绝违章作业。

6.12.6 试验场地

同6.1.1中的a)。

6.12.7 试验方法

6.12.7.1 样机先按6.1.3b)和6.1.4a)进行磨合与验收,经检查合格后,方可正式投入试验。

6.12.7.2 样机在试验场地进行正式试验，并按附录 A 表 A.34 所列项目记录每班试验情况。

6.12.7.3 在试验初期、中期及后期应对样机作班次作业性能测定，检查时间为一个班次(8h)。此期间样机状态应与正常试验状态一致，检测按附录 A 表 A.35 所列项目进行，各项目的试验方法按照前面的相应条款执行，结果填入附录 A 表 A.35。

6.12.7.4 试验期间样机出现故障应及时排除，并详细记录试验期间的零部件损坏、故障及各种异常现象，记录维修换件情况及其工时消耗等。对损坏件应及时进行技术分析和测量，并拍照存档。故障按附录 A 表 A.36 填写。

6.12.7.5 可靠性试验达到规定时间以后，必须按附录 A 表 A.37 所列项目对样机进行性能检测，试验方法参照各项目的相应条款执行，试验结果记入附录 A 表 A.37。

6.12.7.6 试验过程中若发生 I 级故障即中止全部试验，并做出相应结论报告，不得勉强继续进行试验，以免导致严重后果。

6.12.8 可靠性评价指标

6.12.8.1 当量故障次数(n_d)

计算公式如下：

$$n_d = \sum_{i=1}^{3} \varepsilon_i n_i \tag{36}$$

式中：n_d——当量故障次数，次；

ε_i——第 i 级故障的当量加权因子；

n_i——样机发生第 i 级故障总数。

II 级 $\varepsilon_2 = 3$；III 级 $\varepsilon_3 = 1.0$；IV 级 $\varepsilon_4 = 0.2$。

6.12.8.2 平均无故障工作时间(T)

样机在规定的试验时间内净作业时间与故障次数之比，称为平均无故障工作时间，其计算公式如下：

$$T = \frac{T_0}{n} \tag{37}$$

式中：T——平均无故障工作时间，h；

T_o——累计净作业时间，h；

6.12.8.3 可靠度(R)

样机包括维修作用在内能保持正常作业状况的概率，其计算公式如下：

$$R = \frac{T_0}{T_0 + T_1} \times 100\% \tag{38}$$

式中：R——可靠度，%；

T_1——累计故障停机时间，h。

6.12.8.4 首次故障工作时间(MTBF)

为从试验开始到发生 III 级故障的间隔时间内的净作业时间，该参数用(MTBF)表示，单位为 h。

6.12.9 试验报告格式

可靠性试验各项统计参数填入附录 A 表 A.38。

7 检验规则

7.1 型式检验

7.1.1 有下列情况之一时，应进行型式检验：

a) 新产品或老产品转厂生产的试制定型鉴定；

b) 正式生产后，如结构、材料、工艺有较大变化，可能影响产品质量；

c) 停产两年以上再次生产的产品；

d) 发生严重事故或抽检不合格的产品。

7.1.2 样机抽样

a) 提供试验的样机必须是经生产企业检验合格的近期产品；

b) 提供试验样机的台数：

按随机法进行抽样，凡型号小于1000型(含1000型)的产品，企业应提供三台样机；凡型号小于2000型(含2000型)的产品，企业必须提供二台样机；其余大型搅拌设备产品，企业至少提供一台样机。检测单位根据需要抽取一台或多台进行检测；

c) 搅拌设备制造企业应提供出厂检验记录、与试验有关的技术文件。

7.1.3 型式检验项目

型式检验包括全部项目试验或检验，其中可靠性试验可在工地进行。

7.2 出厂检验

7.2.1 每套搅拌设备必须进行出厂检验。

7.2.2 出厂检验项目

a) 外观质量检验；

b) 移动式搅拌设备的拖行性能试验；

c) 各总成空载试验；

d) 沥青供给系统、燃油供给系统、气路控制系统的密封及压力检验；

e) 成套性包装质量检验；

f) 拌和楼体合套；

g) 物料计量秤校准检验(允许在工地进行)；

h) 整机空载和负载试验(允许在工地进行)，负载试验时间应为(10～50)h。

8 质量保证要求

8.1 生产条件

8.1.1 企业具有独立开发设计能力，产品有完整的技术资料(设计图纸、使用说明书等)，并符合有关标准及规定的要求。

8.1.2 企业应具备一定的生产制造能力，拥有专门的下料切割设备，表面除锈设备、剪板机、折弯机、卷板机及车、铣、刨、磨机加工等设备。

8.1.3 在管理上，企业应通过质量体系认证，并具有国家定级计量资格。

8.1.4 企业应设有专职的质量检验部门，生产场地不小于20 000m^2。

8.1.5 企业应贯彻相应的国标和行业标准，并制定有企业的产品标准。

8.1.6 有严格的外购件配套选用制度，质量可靠并具有产品合格证书的配套件方可使用。

8.2 销售的产品应经过有关部门的鉴定及检测部门的检测

8.3 售后服务

企业具有专门的售后服务队伍和专门的配件供应部门。

9 标志、包装、运输

9.1 搅拌设备应在明显位置固定产品标牌和商标，产品标牌应包括下列内容：

a) 产品名称、型号；

b) 产品主要技术参数；

c) 制造日期；

d) 出厂编号；

e） 制造企业名称。

9.2 包装件符合 GB/T 13384—1993 的要求，装箱工具、附件、备件和随机技术文件必须采取防雨、防潮措施。

9.3 销往国外的搅拌设备，其包装要求应符合 GB 13384—1993 的规定。

9.4 搅拌设备的运输必须符合国家《公路货物运输规则》、《铁路货物运输规则》和《水路货物运输规则》的要求。

10 供应的成套性

10.1 按订货合同规定的全套设备；

10.2 随机备件和附件；

10.3 随机专用工具；

10.4 随机技术文件；

a） 产品合格证；

b） 搅拌设备及主要配套件的使用说明书；

c） 易损件图册；

d） 随机备件和专用工具清单；

e） 装箱清单。

附 录 A
(规范性附录)
沥青混合料搅拌设备试验记录

A.1 磨合履历记录见表 A.1

表 A.1 磨合履历记录表

样机型号: 出厂编号:
记录人员: 校核人员:

序 号	作业内容	负荷率(%)	作业时间(h)	作业日期	作业地点
1					
2					
N					
合计作业时间(h)					

A.2 样机验收检查记录见表 A.2

表 A.2 样机验收检查记录表

样机型号: 测试日期:
出厂编号: 天气气温:
测试地点: 测试人员:

机构名称	运行状态	故障情况	排除措施
冷料供给装置			
冷料输送机			
干燥系统			
热骨料提升机			
振动筛			
热料仓			
粉料供给系统			
沥青供给系统			
计量系统			
控制系统			
搅拌器			
除尘装置			
成品料提升机			
成品料仓			

检查结论: 试验负责人:

A.3 样机主要性能参数(设计值)见表 A.3

表 A.3 样机主要性能参数(设计值)表

样机型号: 制造厂名:

参数名称		单位	参数值	备注
整机质量		t		
额定生产率		t/h		
骨料计量准确度		%		
粉料计量准确度		%		
沥青计量准确度		%		
沥青含量偏差		%		
热骨料最高出料温度		℃		
热骨料温度稳定性		℃		
成品料温度稳定性		℃		
热骨料温度计量准确性		℃		
成品料温度计量准确性		℃		
搅拌缸下通车高度×宽度		m		
成品料仓通车高度×宽度		m		
冷料仓容积		m^3		
热骨料仓容积		m^3		
成品料仓容积		m^3		
振动筛效率		%		
燃油消耗率		kg/t		
总装机容量		kW		
额定负荷运行功率		kW		
额定负荷运行电流		A		
空载运行电流		A		
振动筛效率		%		
移动单元	质量	t		
	前轴荷	kN		
	后轴荷	kN		
	外形尺寸:长×宽×高	mm		
	最大拖行速度	km/h		
	制动距离	m		
	最小转弯直径	m		
	最小离地间隙	mm		
	前后轴距	mm		
	前轮距	mm		
	后轮距	mm		
冷料输送机	外形尺寸:长×宽×高	mm		
	提升高度	mm		
	有效长度	mm		

表 A.3(续)

参数名称		单位	参数值	备注
成品料提升机	外形尺寸:长×宽×高	mm		
	提升高度	mm		
	有效长度	mm		
干燥滚筒	外形尺寸:长×宽×高	mm		
	安装倾角	(°)		

A.4 主要几何参数测试记录见表 A.4

表 A.4 主要几何参数测试记录表

样机型号: 测试日期:

出厂编号: 天气气温:

测试地点: 测试人员:

参数名称		单位	参数值	备注
移动单元	外形尺寸:长×高×宽	mm		
	最小离地间隙	mm		
	前后轴距	mm		
	前轮距	mm		
	后轮距	mm		
冷料输送机	外形尺寸:长×高×宽	mm		
	提升高度	mm		
	有效长度	mm		
成品料提升机	外形尺寸:长×高×宽	mm		
	提升高度	mm		
	有效长度	mm		
干燥滚筒	外形尺寸:长×高×宽	mm		
	安装倾角	(°)		
烟囱	高度	m		
	有效截面积	m^2		
沥青保温罐容积		m^3		
成品料仓容积		m^3		
冷料供给装置外形尺寸		mm		
成品料卸料高度×通道宽度		mm		

A.5 被测单元质量及轴荷测试数据见表 A.5

表 A.5 被测单元质量及轴荷测试数据表

被测单元: 测试日期:
出厂编号: 天气气温:
测试地点: 测试人员:

项目	单位	测试值	设计值	备注
被测单元质量	kg			
前轴荷	kN			
后轴荷	kN			
注:若被测单元轴数超过两个该表可下延使用。				

A.6 转弯性能试验记录见表 A.6

表 A.6 转弯性能试验记录表

被测单元: 测试日期:
出厂编号: 天气气温:
轮胎气压: 地面状况:
驾驶员: 测试地点:
测试人员:

转弯方向	转弯直径(D_1)m			水平通过直径(D_2)m			备注
	测定值		设计值	测定值		设计值	
左转	1			1			
	2			2			
	3			3			
	平均			平均			
右转	1			1			
	2			2			
	3			3			
	平均			平均			

A.7 制动性能试验记录见表 A.7

表 A.7 制动性能试验记录表

被测单元: 测试日期:
出厂编号: 天气气温:
轮胎气压: 风速风向:
路面状况: 驾驶员:
测试地点: 测试人员:

行驶方向	设定初速度(km/h)	实测初速度(km/h)	实测制动距离(mm)	修正制动距离(mm)	备注
平均					

A.8 拖行状态试验记录见表 A.8

表 A.8 拖行状态试验记录表

被测单元： 测试日期：
出厂编号： 天气气温：
轮胎气压： 风速风向：
路面状况： 驾 驶 员：
测试地点： 测试人员：

项目名称		检查结果及参数	备注
拖行条件	拖行速度(平均值)		
	拖行工况		
检查项目	横向稳定性		
	干燥滚筒、除尘器与车架间的联接		
	辅助件的安装与联接		
检查周期及路况	试验行驶里程		
	试验行驶时间		
	道路情况		

A.9 运动参数检测记录见表 A.9

表 A.9 运动参数检测记录表

样机型号： 测试日期：
出厂编号： 天气气温：
测试地点： 测试人员：

参数名称	序号	测定值	设计值	备注
冷料输送机载料部件移动速度 (m/s)	1			
	2			
	3			
	平均			
成品料提升机载料部件移动速度 (m/s)	1			
	2			
	3			
	平均			
干燥滚筒转速 (r/min)	1			
	2			
	3			
	平均			
搅拌器转速 (r/min)	1			
	2			
	3			
	平均			

A.10 物料秤计量准确度检测记录见表 A.10

表 A.10　物料秤计量准确度检测记录表

样机型号：　　　　　　　　　　　　　　　　　　　　　　　　　　　　　　　测试日期：

出厂编号：　　　　　　　　　　　　　　　　　　　　　　　　　　　　　　　天气气温：

测试地点：　　　　　　　　　　　　　　　　　　　　　　　　　　　　　　　测试人员：

<table>
<tr><th rowspan="2">参数名称</th><th rowspan="2">序号</th><th colspan="4">设定值(表显值)kg</th><th colspan="4">实测值(标准砝码值)kg</th><th colspan="4">计量准确度%</th></tr>
<tr><th>满量程</th><th>70%量程</th><th>半量程</th><th>10%量程</th><th>满量程</th><th>70%量程</th><th>半量程</th><th>10%量程</th><th>满量程</th><th>70%量程</th><th>半量程</th><th>10%量程</th></tr>
<tr><td rowspan="4">骨料计量准确度</td><td>1</td><td></td><td></td><td></td><td></td><td></td><td></td><td></td><td></td><td></td><td></td><td></td><td></td></tr>
<tr><td>2</td><td></td><td></td><td></td><td></td><td></td><td></td><td></td><td></td><td></td><td></td><td></td><td></td></tr>
<tr><td>3</td><td></td><td></td><td></td><td></td><td></td><td></td><td></td><td></td><td></td><td></td><td></td><td></td></tr>
<tr><td>平均</td><td></td><td></td><td></td><td></td><td></td><td></td><td></td><td></td><td></td><td></td><td></td><td></td></tr>
<tr><td rowspan="4">粉料计量准确度</td><td>1</td><td></td><td></td><td></td><td></td><td></td><td></td><td></td><td></td><td></td><td></td><td></td><td></td></tr>
<tr><td>2</td><td></td><td></td><td></td><td></td><td></td><td></td><td></td><td></td><td></td><td></td><td></td><td></td></tr>
<tr><td>3</td><td></td><td></td><td></td><td></td><td></td><td></td><td></td><td></td><td></td><td></td><td></td><td></td></tr>
<tr><td>平均</td><td></td><td></td><td></td><td></td><td></td><td></td><td></td><td></td><td></td><td></td><td></td><td></td></tr>
<tr><td rowspan="4">沥青计量准确</td><td>1</td><td></td><td></td><td></td><td></td><td></td><td></td><td></td><td></td><td></td><td></td><td></td><td></td></tr>
<tr><td>2</td><td></td><td></td><td></td><td></td><td></td><td></td><td></td><td></td><td></td><td></td><td></td><td></td></tr>
<tr><td>3</td><td></td><td></td><td></td><td></td><td></td><td></td><td></td><td></td><td></td><td></td><td></td><td></td></tr>
<tr><td>平均</td><td></td><td></td><td></td><td></td><td></td><td></td><td></td><td></td><td></td><td></td><td></td><td></td></tr>
</table>

A.11　温度计计量准确度检测记录见表 A.11

表 A.11　温度计计量准确度检测记录表

样机型号：　　　　　　　　　　　　　　　　　　　　　　　　　　　　　　　测试日期：

风　　速：　　　　　　　　　　　　　　　　　　　　　　　　　　　　　　　天气气温：

测试地点：　　　　　　　　　　　　　　　　　　　　　　　　　　　　　　　测试人员：

参数名称	序号	指示值(℃)	实测值(℃)	偏差(℃)
热骨料温度计计量准确度	1			
	2			
	3			
	平均			
沥青温度计计量准确度	1			
	2			
	3			
	平均			
烟气温度计计量准确度	1			
	2			
	3			
	平均			
成品料温度计计量准确度				

A.12　成品料仓保温性能试验记录见表 A.12

表 A.12　成品料仓保温性能试验记录表

样机型号:　　　　　　　　　　　　　　　　　　　　　　测试日期:
风　　速:　　　　　　　　　　　　　　　　　　　　　　天气气温:
测试地点:　　　　　　　　　　　　　　　　　　　　　　测试人员:

<table>
<tr><td colspan="2">时　　间</td><td>1</td><td>2</td><td>3</td><td>4</td><td>5</td><td>6</td><td>7</td><td>8</td><td>9</td><td>10</td><td>11</td><td>12</td></tr>
<tr><td rowspan="3">料温(℃)</td><td>测点 1</td><td></td><td></td><td></td><td></td><td></td><td></td><td></td><td></td><td></td><td></td><td></td><td></td></tr>
<tr><td>测点 2</td><td></td><td></td><td></td><td></td><td></td><td></td><td></td><td></td><td></td><td></td><td></td><td></td></tr>
<tr><td>测点 3</td><td></td><td></td><td></td><td></td><td></td><td></td><td></td><td></td><td></td><td></td><td></td><td></td></tr>
<tr><td colspan="2">环境温度(℃)</td><td></td><td></td><td></td><td></td><td></td><td></td><td></td><td></td><td></td><td></td><td></td><td></td></tr>
<tr><td colspan="2" rowspan="3">总　温　降
(℃)</td><td colspan="2">测温点 1</td><td colspan="3"></td><td colspan="3" rowspan="3">总　平　均</td><td colspan="4" rowspan="3"></td></tr>
<tr><td colspan="2">测温点 2</td><td colspan="3"></td></tr>
<tr><td colspan="2">测温点 3</td><td colspan="3"></td></tr>
<tr><td colspan="2" rowspan="3">12h 温降百分率
(%)</td><td colspan="2">测温点 1</td><td colspan="3"></td><td colspan="3" rowspan="3">总　平　均</td><td colspan="4" rowspan="3"></td></tr>
<tr><td colspan="2">测温点 2</td><td colspan="3"></td></tr>
<tr><td colspan="2">测温点 3</td><td colspan="3"></td></tr>
<tr><td colspan="14">注:12h 温降百分率:即保温 12h,成品料总温降除以成品料入仓温度与当日周围环境平均温度差值,以百分率表示。</td></tr>
</table>

A.13　沥青保温罐加温速度试验记录见表 A.13

表 A.13　沥青保温罐加温速度试验记录表

样机型号:　　　　　　　　　　　　　　　　　　　　　　测试日期:
风　　速:　　　　　　　　　　　　　　　　　　　　　　天气气温:
测试地点:　　　　　　　　　　　　　　　　　　　　　　测试人员:

<table>
<tr><td>时间(h)</td><td>0</td><td>15</td><td>30</td><td>45</td><td>60</td><td>75</td><td>90</td><td rowspan="3">备　注</td></tr>
<tr><td>沥青温度(℃)</td><td></td><td></td><td></td><td></td><td></td><td></td><td></td></tr>
<tr><td>总温升(℃)</td><td colspan="2"></td><td colspan="3">加温速度(℃/h)</td><td colspan="2"></td></tr>
</table>

A.14　沥青保温罐保温性能试验记录见表 A.14

表 A.14　沥青保温罐保温性能试验记录表

样机型号:　　　　　　　　　　　　　　　　　　　　　　测试日期:
风　　速:　　　　　　　　　　　　　　　　　　　　　　天气气温:
测试地点:　　　　　　　　　　　　　　　　　　　　　　测试人员:

<table>
<tr><td>时间(h)</td><td>1</td><td>2</td><td>3</td><td>4</td><td>5</td><td>6</td><td>7</td><td>8</td><td>9</td><td>10</td><td>11</td><td>12</td></tr>
<tr><td>沥青温度(℃)</td><td></td><td></td><td></td><td></td><td></td><td></td><td></td><td></td><td></td><td></td><td></td><td></td></tr>
<tr><td>环境温度(℃)</td><td></td><td></td><td></td><td></td><td></td><td></td><td></td><td></td><td></td><td></td><td></td><td></td></tr>
<tr><td>总温降(℃)</td><td></td><td></td><td></td><td></td><td></td><td></td><td></td><td></td><td></td><td></td><td></td><td></td></tr>
<tr><td colspan="13">注:每小时温降百分率:每小时沥青温度下降值除以沥青初始温度与环境平均温度差值,以百分率表示。</td></tr>
</table>

A.15　冷骨料含水量试验记录见表 A.15

表 A.15　冷骨料含水量试验记录表

样机型号:　　　　　　　　　　　　　　　　　　　　　测试日期:
风　　速:　　　　　　　　　　　　　　　　　　　　　天气气温:
测试地点:　　　　　　　　　　　　　　　　　　　　　测试人员:

序　号	冷骨料质量(g)	干骨料质量(g)	含水量	平　均　值	备　　注
1					
2					
3					
4					
5					

A.16　热骨料残余含水量试验记录见表 A.16

表 A.16　热骨料残余含水量试验记录表

样机型号:　　　　　　　　　　　　　　　　　　　　　测试日期:
风　　速:　　　　　　　　　　　　　　　　　　　　　天气气温:
测试地点:　　　　　　　　　　　　　　　　　　　　　测试人员:

序　　号	热骨料质量(g)	干骨料质量(g)	含　水　量	平　均　值	备　注
1					
2					
3					
4					
5					

A.17　热骨料及烟气温度试验记录见表 A.17

表 A.17　热骨料及烟气温度试验记录表

样机型号:　　　　　　　　　　　　　　　　　　　　　测试日期:
风　　速:　　　　　　　　　　　　　　　　　　　　　天气气温:
测试地点:　　　　　　　　　　　　　　　　　　　　　测试人员:

序　　号	1	2	3	4	5	6	7	8	9	10	11	12	…	…	20
热骨料温度(℃)															
烟气温度(℃)															

A.18　热骨料及烟气温度特征值见表 A.18

表 A.18　热骨料及烟气温度特征值表

参数名称	温度设定值 (℃)	平均出料温度 (℃)	系统偏差 (℃)	标准差 (℃)	稳定度 (%)	极限偏差 (℃)	稳定性 (℃)
热骨料							
烟气							

A.19　干燥滚筒性能检测结果见表 A.19

表 A.19 干燥滚筒性能检测结果表

样机型号: 检测日期:
生产能力: 检测地点:
制造企业: 天 气:
燃料种类: 风 速:
燃料低热值: 检测人员:

项目			测试值			平均值	备注
			1	2	3		
骨料供给量(t/h)							
冷骨料含水率(%)							
筛分通过质量百分率%	骨料粒度mm	19.0					
		16.0					
		13.2					
		9.5					
		4.75					
		2.36					
		1.18					
		0.60					
		0.30					
		0.15					
		0.075					
冷骨料温度 t_1		(℃)					
热骨料温度 t_5		(℃)					
热骨料残余含水量		(%)					
烟气温度 t_3		(℃)					
燃油消耗量		(kg/h)					
修正系数							
修正热骨料供给量		(kg/h)					
燃油消耗率		(kg/t)					

A.20 振动筛效率试验记录见表 A.20

表 A.20 振动筛效率试验记录表

样机型号: 测试日期:
出厂编号: 天气气温:
测试地点: 测试人员:

筛孔尺寸(mm)		试样总质量(g)	通过量(g)	振动筛效率(%)	平均值(%)	备注
	1					
	…					
	5					

表 A.20(续)

筛孔尺寸(mm)		试样总质量(g)	通过量(g)	振动筛效率(%)	平均值(%)	备　注
	1					
	…					
	5					
	1					
	…					
	5					
	1					
	…					
	5					
	1					
	…					
	5					

A.21　骨料级配组成试验记录见表 A.21

表 A.21　骨料级配组成试验记录表

样机型号:　　　　　　　　　　　　测试日期:

骨料种类:　　　　　　　　　　　　天气气温:

采样地点:　　　　　　　　　　　　测试地点:

测试人员:

项　目		测 试 值					平　均
筛分通过质量百分率%	骨料粒度(mm)	1	2	3	4	5	
	19						
	16						
	13.2						
	9.5						
	4.75						
	2.36						
	1.18						
	0.6						
	0.3						
	0.15						
	0.074						

A.22　搅拌系统性能试验记录见表 A.22

表 A.22　搅拌系统性能试验记录表

样机型号：　　　　测试日期：
生产能力：　　　　天气气温：
搅拌器额定容量：　　　　测试地点：
测试人员：

项　目	测试值				备　注
	1	2	……	20	
沥青温度(℃)					
成品料温度(℃)					
搅拌容量(kg)					
搅拌循环时间(s)					
搅拌时效					
生产率					
额定生产率					

A.23　沥青及成品料温度特征值见表 A.23

表 A.23　沥青及成品料温度特征值表

参数名称	温度设定值(℃)	平均出料温度(℃)	系统偏差(℃)	标准差(℃)	稳定度(%)	极限偏差(℃)	稳定性(℃)
沥青							
成品料							

A.24　成品料沥青含量试验记录见表 A.24

表 A.24　成品料沥青含量试验记录表

样机型号：　　　　测试日期：
成品料种类：　　　　天气气温：
采样地点：　　　　测试地点：
测试人员：

项　目	测试值														备注
	1	2	3	4	5	6	7	8	9	10	11	12	…	…	20	
成品料质量　(g)																
骨料质量　(g)																
沥青质量　(g)																
沥青含量　(%)																
均值　(%)																
设定值　(%)																
系统偏差　(%)																
标准差　(%)																
稳定度　(%)																
测试值极限偏差　(%)																
沥青含量偏差　(%)																

A.25　成品料级配分析试验记录见表 A.25

表 A.25　成品料级配分析试验记录表

样机型号：　　　　　　　　　　　　　　　　　　　　　　　测试日期：
成品料种类：　　　　　　　　　　　　　　　　　　　　　　天气气温：
采样地点：　　　　　　　　　　　　　　　　　　　　　　　测试地点：
测试人员：

项　目		测　试　值															平　均
	骨料粒度(mm)	1	2	3	4	5	6	7	8	9	10	11	12	…	19	20	
筛分通过质量百分率 %	19																
	16																
	13.2																
	9.5																
	4.75																
	2.36																
	1.18																
	0.6																
	0.3																
	0.15																
	0.074																
	粉料																

A.26　级配对比试验记录见表 A.26

表 A.26　级配对比试验记录表

样机型号：　　　　　　　　　　　　　　　　　　　　　　　测试日期：
天气气温：　　　　　　　　　　　　　　　　　　　　　　　测试地点：
测试人员：

项　目		测　试　值		偏　差
	骨料粒度(mm)	骨　料	成 品 料	
筛分通过质量百分率 %	19			
	16			
	13.2			
	9.5			
	4.75			
	2.36			
	1.18			
	0.6			
	0.3			
	0.15			
	0.074			

A.27　沥青材料性能下降程度试验记录见表 A.27

表 A.27　沥青材料性能下降程度试验记录表

样机型号：　　　　　　　　　　　　　　　　　　　　　　测试日期：
沥青标号：　　　　　　　　　　　　　　　　　　　　　　天气气温：
测试地点：　　　　　　　　　　　　　　　　　　　　　　测试人员：

沥青类别			试验项目		
			针入度(1/10mm)	延度(cm)	软化点(℃)
原始沥青					
原始抽提沥青					
成品料提取沥青	组号	1号			
		2号			
		3号			
	平均值				
指标变化率(%)					

A.28　干燥滚筒热效率试验记录见表 A.28

表 A.28　干燥滚筒热效率试验记录表

样机型号：　　　　　　　　　　　　　　　　　　　　　　测试日期：
操作人员：　　　　　　　　　　　　　　　　　　　　　　天气气温：
测试地点：　　　　　　　　　　　　　　　　　　　　　　测试人员：

项目		测试值			平均
		1	2	3	
冷骨料初始温度(t_1)	(℃)				
烟气温度(t_3)	(℃)				
冷骨料含水量(ω)	(%)				
热骨料温度(t_5)[(t_4)]	(℃)				
热骨料残余含水量	(%)				
燃油消耗量(m_1)	(kg)				
冷料供给量(G)	(kg)				
测试时间(t)	(s)				
沥青用量(G_L)	(kg)				
滚筒热效率(η_c)	(%)				

A.29　环境噪声试验记录见表 A.29

表 A.29　环境噪声试验记录表

样机型号：　　　　　　　　　　　　　　　　　　　　　　测试日期：
风速风向：　　　　　　　　　　　　　　　　　　　　　　天气气温：
测试地点：　　　　　　　　　　　　　　　　　　　　　　测试人员：

测点	序号	测量值 dB(A)	本底噪声 dB(A)	测点	序号	测量值 dB(A)	本底噪声 dB(A)
A	1			B	1		
	2				2		
	3				3		
	平均				平均		

表 A.29(续)

测　　点	序　　号	测量值 dB(A)	本底噪声 dB(A)	测　　点	序　　号	测量值 dB(A)	本底噪声 dB(A)
C	1			F	1		
	2				2		
	3				3		
	平均				平均		
D	1			G	1		
	2				2		
	3				3		
	平均				平均		
E	1			H	1		
	2				2		
	3				3		
	平均				平均		
最大噪声值 dB(A)							

A.30　操作工位噪声试验记录见表 A.30

表 A.30　操作工位噪声试验记录表

样机型号:　　　　　　　　　　　　测试日期:

操作人员:　　　　　　　　　　　　天气气温:

测试地点:　　　　　　　　　　　　测试人员:

测 试 位 置	噪 声 测 试 值　dB(A)				本底噪声 dB(A)
	1	2	3	平均	
操作工位					

A.31　烟尘排放浓度记录见表 A.31

表 A.31　烟尘排放浓度记录表

样机型号:　　　　　　　　　　　　测试日期:

大气压力:　　　　　　　　　　　　天气气温:

烟道尺寸:　　　　　　　　　　　　烟道断面积:

测试地点:　　　　　　　　　　　　测试人员:

测　点		滤筒号	采样嘴直径 (mm)	采样时间 (min)	浮子流量计读数 (L/min)	流量计前压力 (kPa)	流量计前温度 (℃)	烟气流量 (Nm^3/h)	采样量 (m^3)	烟尘质量 (mg)	排放量 (kg/h)	烟尘排放浓度 (mg/Nm^3)
除尘器前												
	平均											

表 A.31(续)

测点		滤筒号	采样嘴直径 (mm)	采样时间 (min)	浮子流量计读数 (L/min)	流量计前压力 (kPa)	流量计前温度 (℃)	烟气流量 (Nm^3/h)	采样量 (m^3)	烟尘质量 (mg)	排放量 (kg/h)	烟尘排放浓度 (mg/Nm^3)
除尘器后												
	平均											
除尘效率 %												

A.32 烟气黑度测试记录见表 A.32

表 A.32 烟气黑度测试记录表

样机型号: 测试日期:

大气压力: 天气气温:

测试地点: 测试人员:

序号	时间(min)	林格曼黑度"级"	平均值"级"	备注
1				
2				
3				

A.33 密封性能试验记录见表 A.33

表 A.33 密封性能试验记录表

设备型号: 试验地点:

试验日期:

出厂编号: 试验人员:

检验项目		检验结果	备注
渗、漏油	渗油处数		
	漏油处数		
漏气	30min 内压力下降值(kPa)		

A.34 班次试验记录见表 A.34

表 A.34 班次试验记录表

样机型号: 测试日期:

出厂编号: 天气气温:

工地环境: 测试地点:

操作人员: 测试人员:

项目	测定值	故障情况
试验起始时间		
成品料种类		
拌和质量		

表 A.34(续)

项　目	测 定 值	故 障 情 况
沥青标号		
沥青含量　(%)		
冷骨料含水量　(%)		
班生产量　(t)		
作业时间　(h)		
生产率　(t/h)		
负荷率　(%)		
班燃油消耗量　(kg)		
热骨料温度　(℃)		
故障停机时间　(h)		
保养时间　(h)		
其他时间　(h)		

A.35　可靠性试验班次测定结果汇总情况见表 A.35

表 A.35　可靠性试验班次测定结果汇总表

样机型号:　　　　出厂编号:
操作人员:　　　　测试地点:
测试人员:

项　目	测 试 值		
	试验初期	试验中期	试验末期
试验日期			
天气、气温　(℃)			
成品料种类			
成品料沥青含量偏差　(%)			
累计净作业时间　(h)			
沥青标号			
拌和质量			
冷骨料含水量　(%)			
热骨料温度　(℃)			
班生产量　(t)			
班燃油消耗率　(kg/h)			
作业时间　(h)			
作业率　(t/h)			
负荷率　(%)			
单位时间燃油消耗率　(kg/h)			
燃油消耗率　(kg/t)			

A.36 可靠性试验样机故障情况汇总情况见表 A.36

表 A.36 可靠性试验样机故障情况汇总表

样机型号: 出厂编号:

测试地点: 测试人员:

序号	故障出现日期	损坏零部件			故障出现时累计作业时间(h)	故障情况及其原因	故障排除方法	故障停机时间(h)	故障级别
		名称	代号	件数					
1									
⋮									
n									
注:依故障出现的先后顺序排列。									

A.37 可靠性试验样机性能指标变化汇总情况见表 A.37

表 A.37 可靠性试验样机性能指标变化汇总表

样机型号: 出厂编号:

测试地点: 测试人员:

项 目		测 试 值		变化率(%)
		试验前 月 日	试验后 月 日	
生产率	(t/h)			
燃油消耗率	(kg/t)			
热骨料、成品料温度稳定性	(℃)			
热骨料、成品料温度计量准确度	(℃)			
沥青含量偏差	(%)			
骨料计量准确度	(%)			
沥青计量准确度	(%)			
干燥滚筒转速	(r/min)			
环境噪声	dB(A)			
操作工位噪声	dB(A)			
烟尘浓度	(mg/Nm^3)			
注:变化率是试验后的指标同试验前的指标的比较,增大者用"+",降低者用"-"				

A.38 可靠性试验综合汇总情况见表 A.38

表 A.38 可靠性试验综合汇总表

样机型号: 制造厂家:

序号	参 数 名 称	单 位	参 数 值	备 注
1	额定生产率	t/h		
2	总生产量	T		
3	总试验时间	h		
4	净作业时间	h		
5	故障停机时间	h		
6	保养时间	h		
7	平均生产率	t/h		
8	平均负荷率	%		
9	平均单位时间燃油消耗率	kg/h		
10	当时故障次数	次		
11	平均无故障作业时间	h		
12	作业率	%		
13	首次故障时间	h		

ICS 91.220
R 19
备案号:

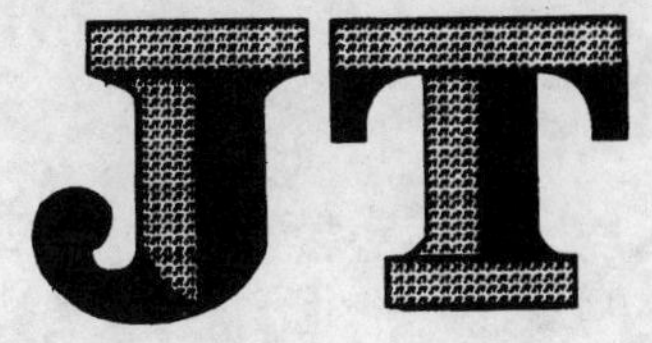

中华人民共和国交通行业标准

JT/T 276—2004
代替 JT/T 276—1995 JT/T 2—1993

沥青洒布车/机

Bintuminous binder distributor

2004-04-16 发布　　2004-07-15 实施

中华人民共和国交通部　发布

沥青洒布车/机

1 范围

本标准规定了沥青洒布车/机的产品分类、技术要求、产品质量指标、试验方法、检验规则及标志、包装、贮存和运输。

本标准适用于定型汽车底盘改装的各种洒布、运输路用沥青(以下简称沥青)的自行式沥青洒布车及半挂汽车式沥青洒布车/机。

2 规范性引用文件

下列文件中的条款通过本标准的引用而成为本标准的条款。凡是注日期的引用文件,其随后所有修改单(不包括勘误的内容)或修订版均不适用于本标准,然而,鼓励根据本标准达成协议的各方研究是否可使用这些文件的最新版本。凡是不注日期的引用文件,其最新版本适用于本标准。

GB/T 1359 汽车与挂车气制动接头型式与尺寸
GB 1495 汽车加速行驶车外噪声限值及测量方法
GB 1589 汽车外廓尺寸限界
GB/T 3766 液压系统通用技术条件
GB/T 4606 道路车辆半挂车鞍座 50 号牵引销主要尺寸和安装、互换性尺寸
GB 4785 汽车及挂车外部照明和信号装置的安装规定
GB/T 6420 货运挂车系列型谱
GB 7258 机动车运行安全技术条件
GB 11567.1 汽车和挂车侧面防护要求
GB 11567.2 汽车和挂车后下部防护要求
GB/T 13384 机电产品包装 通用技术条件
GB 14761.5 汽油车怠速污染物排放标准
GB 14761.6 柴油车自由加速烟度排放标准
GB/T 18411 道路车辆 产品标牌
GB 50092 沥青路面施工及验收规范
JB/T 5943 工程机械 焊接通用技术条件
JB/T 5945 工程机械 装配通用技术条件
JB/T 5946 工程机械 涂装通用技术条件
JB/T 9723 工程机械 最小入口尺寸
QC/T 252 专用汽车定型试验规程
CNCA—02C—023:2002《机动车辆类(汽车产品)强制式认证实施规则》

3 产品分类

3.1 结构形式

沥青洒布车/机由汽车底盘和具有保温性能的罐体及加热、洒布沥青等装置组成。其结构形式分汽车式和半挂汽车式两种。

3.2 产品型号

3.2.1 产品型号编写规则采用二类汽车底盘改装的沥青洒布车/机及专用半挂式沥青洒布车/机，产品型号符合如下规定，见图1。

3.2.2 拖挂式沥青洒布车，产品型号由企业自行制订。

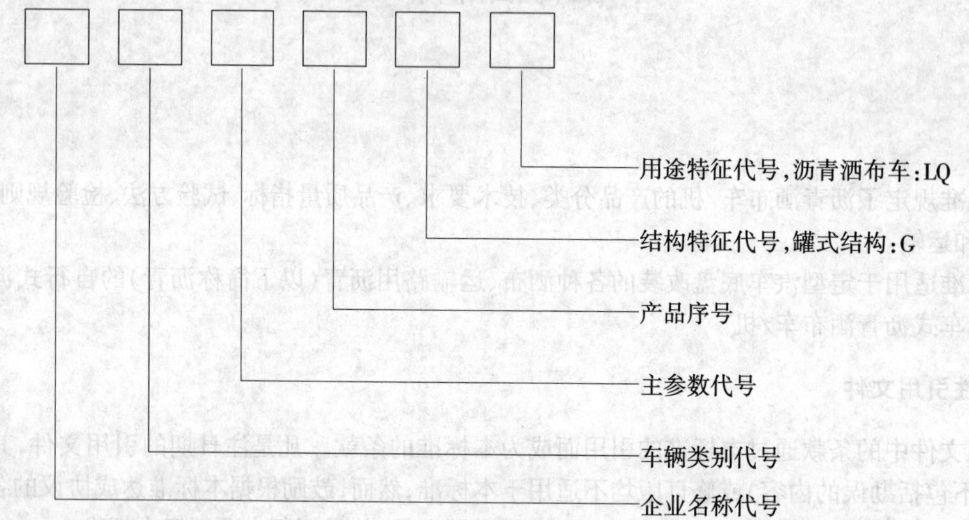

图1 产品型号

4 技术要求

4.1 基本作业性能要求

沥青洒布车/机的基本作业性能指标应符合表1要求

表1 基本作业性能指标

序 号	项 目	计量单位	指 标
1	最大洒布宽度	m	≥3
2	最小洒布量	L/m^2	≤0.5
3	沥青横向洒布量偏差	%	≤±9
4	沥青纵向洒布量偏差	%	≤±6
5	静态保温性能	℃/8h	20

4.2 整车

4.2.1 应按规定程序批准的图样及技术文件制造。

4.2.2 应符合国家CNCA—02C—023:2002的相关技术要求。

4.2.3 符合QC/T 252的要求。

4.2.4 外购件应是国家有关部门鉴定的定型产品，符合国家有关规定，并有制造厂的合格证，所有零、部件应检验合格后方可组装。

4.2.5 半挂汽车洒布车/机主要技术参数应符合GB/T 6420的规定。

4.2.6 制动装置、制动性能、侧倾稳定角应符合GB 7258中的规定。

4.2.7 允许噪声应符合GB 1495的规定。

4.2.8 排放标准应符合GB 14761.5或GB 14761.6的规定。

4.2.9 外部照明和信号装置的数量、安装位置应符合GB 4785的规定及相关技术要求。

4.2.10 整车外形尺寸、外廓尺寸与后悬应符合GB 1589、GB 7258的规定。

4.2.11 整车重心位置应符合产品设计规定，满足车辆行驶稳定性要求。

4.2.12 沥青洒布车/机侧面及后下部安全防护应符合 GB 11567.1 和 GB 11567.2 的规定。

4.2.13 焊接质量应符合 JB/T 5943 的规定。

4.2.14 油漆涂层质量应符合 JB/T 5946 的规定。

4.2.15 装配质量应符合 JB/T 5945 的规定。

4.2.16 整机累计平均故障间隔时间为 150h。

4.3 专用装置

4.3.1 罐体

4.3.1.1 沥青洒布车/机罐体的总容量限值应符合国家有关文件规定的公式要求：

$$总容量(m^3) \leqslant \frac{最大装载质量(含驾驶室准乘人员质量)(kg)}{700(kg/m^3)} \times 1.05$$

4.3.1.2 沥青洒布车/机的沥青罐的实测容积不超过总容积的 ±3%。

4.3.1.3 罐体沥青洒布车/机必须具有保温性能，洒布车装满沥青，在沥青初始温度为 150℃，环境温度为 15℃～20℃，静置 8h 后，沥青的温降不得大于 20℃。

4.3.1.4 沥青洒布车/机应具有给罐内沥青加热的装置。

4.3.1.5 罐体内部结构，应能减少在运输状态下罐内液体对罐壁的冲击，并要求罐体有足够的强度和刚度。

4.3.1.6 罐体在额定工作压力进行密封性检查时，应无渗漏。

4.3.1.7 罐体外蒙皮应紧贴、平整、无明显凹凸不平的现象，确保不渗入水等液体。

4.3.1.8 沥青罐上部设置的圆形人孔直径应符合 JB/T 9723 的要求。

4.3.1.9 车辆经过 QC/T 252 要求的道路行驶里程后，罐体应达到下述要求：

a) 各连接部位连接牢固，罐体无显著变形；

b) 罐体的保温性能降低值为不得大于原指标值的 20%。

4.3.1.10 罐体应配备罐内沥青容量指示器、沥青温度显示器及沥青罐过滤装置。

4.3.1.11 罐体应设计确保产品安全使用的溢流管或呼吸管(阀)。

4.3.2 取力传动系统

4.3.2.1 取力装置应符合：

a) 从汽车发动机或从其传动系统直接取力时，应在原汽车允许的取力范围内。

b) 采用专置发动机取力，其发动机功率应满足专用装置的工作要求。

c) 取力传动系统的制造、装配精度、噪声和使用寿命，应按相应的技术条件检查。

4.3.2.2 挂档机构应保证位置准确、换档方便、定位可靠。不允许出现自动脱档、跳档和卡滞现象。

4.3.2.3 齿轮箱密封可靠，不得有渗漏现象。

4.3.3 气压系统

4.3.3.1 安全阀应调至设定安全压力值。

4.3.3.2 压力表的精度不低于 2.5 级，安装位置应便于观察。

4.3.3.3 阀门及气动系统零部件应作防锈处理。

4.3.3.4 气压式洒布车喷洒压力应达到 0.1MPa～0.5MPa。

4.3.4 液压系统

4.3.4.1 液压系统应符合 GB/T 3766 的规定。

4.3.4.2 压力流量稳定，工作可靠，系统不得产生明显的振动、冲击、爬行、气穴等现象。

4.3.4.3 系统在工作压力下不得出现滴漏。

4.3.5 沥青洒布系统

4.3.5.1 沥青泵应符合下列规定：

a) 泵的吸入真空度不低于 55kPa；

b） 满足洒布压力要求；

c） 沥青泵应设有卸荷装置。

4.3.5.2 具有能关闭喷嘴的装置，开关通道设计合理，开关定位正确，启闭灵活、可靠。

4.3.5.3 安装好的洒布管轴心线应呈水平，不得向上翘曲，测点相对于洒布管长度方向的对称中心的允许下沉量不大于 3mm/m。

4.3.5.4 喷嘴开口中心线应与洒布管轴心线呈同斜向装配。

4.3.5.5 洒布管全长上的工作压力偏差值不得超过工作压力值的 ±7.5%。

4.3.5.6 沥青应呈扇形均匀喷出，不允许出现流条状。

4.3.5.7 喷嘴启闭灵活可靠，无滴漏。

4.3.5.8 出厂前，喷洒系统应进行清洗和防锈处理。

4.3.5.9 沥青洒布系统应具有以下功能：

a） 沥青应在系统中作内循环；

b） 洒布宽度可以调节；

c） 能手提洒布沥青；

d） 洒布管的高度可以调整；

e） 具有洒布管道的清洗功能。

4.3.5.10 采用另置发动机系统驱动沥青泵，其各项参数应符合发动机有关标准规定。

4.3.6 加热系统

4.3.6.1 采用火焰加热方式加热，加热装置应符合：

a） 以喷燃压力油方式加热，其燃料罐应在工作压力下无渗漏；

b） 喷燃器应保证点火方便，火焰大小应能调节，工作时不得自行熄灭。

4.3.6.2 采用其他加热方式，加热装置应符合国家有关规定。

4.3.7 半挂车系统

4.3.7.1 半挂车系统应符合汽车行业有关标准规定，牵引销应符合 GB/T 4606 的规定。

4.3.7.2 牵引车与挂车的气制动接头应符合 GB/T 1359 的规定。

5 试验方法

5.1 试验前的准备

5.1.1 样机技术资料

5.1.1.1 样机使用说明书及设计技术参数；

5.1.1.2 样机出厂验收技术条件、检验合格证书；

5.1.1.3 样机配置的另置发动机、主要液压元件(泵、马达)的台架性能试验报告；

5.1.1.4 样机主要零部件图纸。

5.1.2 测量仪器

试验用仪器必须经过国家法定机构检定在其合格周期内方可使用，并应在试验前进行校准和标定。

5.1.3 试验场地

5.1.3.1 定置试验场地和行驶性能试验场地符合国家有关技术要求。

5.1.3.2 作业性能试验场地应为平整、坚实的新筑路基或旧沥青路面。试验用直线路段不应小于 300m，宽度应为样机最大洒布宽度的 1.5 倍，场地纵向坡度不大于 0.5%。

5.2 气候条件

检测应在晴天或阴天进行，若无特殊说明，风速不大于 3m/s。

5.3 测量精度

各直接测量参数，若无特殊说明，均取三次测量的算术平均值，测量精度应符合表 2 的要求。

表2 测量精度要求

<table>
<tr><th>被量参数</th><th colspan="2">精度要求</th><th>被量参数</th><th>精度要求</th></tr>
<tr><td>长度尺寸</td><td colspan="2">±0.5%</td><td>温　度</td><td>±0.5℃</td></tr>
<tr><td>质　量</td><td colspan="2">±1%</td><td>燃油消耗量</td><td>±2%</td></tr>
<tr><td>转　速</td><td colspan="2">±0.5%</td><td>容　积</td><td>±1.5%</td></tr>
<tr><td rowspan="2">操纵力</td><td>±5%</td><td rowspan="2">取大值</td><td>大气压力</td><td>±0.13kPa</td></tr>
<tr><td>±5N</td><td>流体压力</td><td>±2%</td></tr>
<tr><td rowspan="2">牵引力</td><td colspan="2" rowspan="2">±2%</td><td>烟　度</td><td>±0.3R_B</td></tr>
<tr><td>声压级</td><td>±1dB(A)</td></tr>
<tr><td>时　间</td><td colspan="2">±0.1s</td><td>角　度</td><td>±0.5°</td></tr>
</table>

5.4 样机的磨合与验收

5.4.1 提供的试验样机应该是经厂方检验合格的近期产品。

5.4.2 磨合规范符合有关技术要求。

5.4.3 按规定进行一定的行驶磨合。

5.4.4 工作装置磨合按使用说明书的要求仔细操作,避免使用过大的负荷与过高的转速进行磨合。磨合时间不少于50h,其中满负荷不少于25h。

5.4.5 样机应由检测单位根据出厂技术条件或有关文件的要求进行验收检查。

5.4.6 样机的主要总成型式和参数

样机经验收合格后,样机和专用装置的验收检查记录填入附录A表A.1、A.2。

5.5 定型试验与强制性认证

5.5.1 由国家指定的专用汽车质量监督检验中心进行检测。

5.5.2 定型试验按汽车行业有关要求进行。

5.5.3 强制性认证按国家CNCA—02C—023:2002进行检验。

5.6 液压系统试验

5.6.1 液压油温升试验

5.6.1.1 试验条件:

a) 在作业性能试验场地进行试验。

b) 天气:无雨,风速不大于3m/s。

c) 样机液压马达设定在额定转速进行连续的内循环作业。

5.6.1.2 仪器设备:

温度计、转速仪、风速仪、空盒气压表。

5.6.1.3 试验方法:

a) 在液压油油箱内设置温度计。

b) 每5min测量一次液压油温度。

c) 当连续三次测量液压油温的上升不超过1℃或者液压油温度超过最高允许使用温度时,试验停止。

5.6.1.4 试验结果:

a) 按附录A表A.3记录温度的上升过程。

b) 据记录,在图2上绘制液压系统热平衡图。

5.6.2 液压系统压力试验

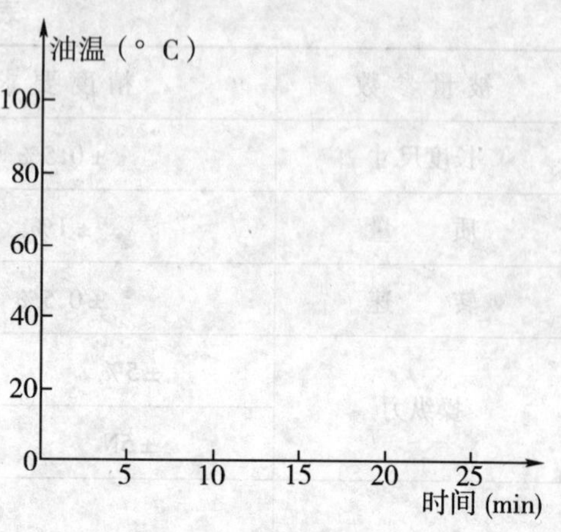

图 2 液压系统热平衡图

5.6.2.1 液压系统空载试验

5.6.2.1.1 试验条件：

a) 在定置试验场地进行试验；

b) 样机原地停置，发动机启动；

c) 液压系统工作。

5.6.2.1.2 仪器设备：压力计、温度计、转速仪、空盒气压表。

5.6.2.1.3 试验方法：

a) 液压油预热至 45℃ ± 5℃；

b) 发动机调至额定转速运转；

c) 液压系统的各操作阀处于卸荷位，液压油直接回油；

d) 将压力表分别安装在泵出口和油箱回油口，直接检测各压力值。

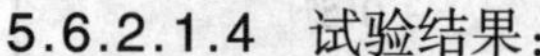

5.6.2.1.4 试验结果：

a) 按附录 A 表 A.4 记录试验数据；

b) 按式(1)计算液压系统空载压力损失；

$$P_R = P_P - P_b \tag{1}$$

式中：P_R——液压系统空载压力损失，kPa；

P_p——泵出口压力，kPa；

P_b——油箱回油口压力，kPa。

5.6.2.2 液压系统额定载荷试验

5.6.2.2.1 试验条件：

a) 在作业试验场地进行试验；

b) 样机在最大洒布能力下进行洒布作业。

5.6.2.2.2 仪器设备同 5.6.2.1.2

5.6.2.2.3 试验方法：

a) 将液压油预热至 45℃ ± 5℃；

b) 液压系统在额定负荷下工作；

c) 按附录 A 表 A.5 所列项目，利用压力计检测各压力值，同时用转速仪测定发动机转速。

5.6.2.2.4 试验结果：按附录 A 表 A.5 记录。

5.6.2.3 液压系统超载试验

5.6.2.3.1 试验条件：

a) 在定置试验场地进行试验；

b) 样机原地停置，发动机起动。

5.6.2.3.2 仪器设备同 5.6.2.1.2。

5.6.2.3.3 试验方法：

a) 液压系统以最高允许压力或额定压力的 1.5 倍(选择其中高者)运行，保压 2min，目测各元件是否有渗漏。卸压后，检查各元件是否有永久变形。同时用转速仪测定发动机转速；

b) 按附录 A 表 A.5 所列项目，利用压力计检测各压力值。

5.6.2.3.4 试验结果：按附录 A 表 A.5 记录。

5.7 作业性能试验

5.7.1 洒布能力试验

5.7.1.1 试验条件：

a) 试验前样机应充分预热,使水温和机油温度达到规定值;

b) 样机应由技术熟练的操作人员进行操纵;

c) 应准备充足的沥青;

d) 样机在最大洒布能力条件下工作;

e) 试验场地:按 5.1.3,也可以在可靠性试验专用试验场地进行试验。

5.7.1.2 仪器设备:流量计(或地秤)、秒表、转速表等。

5.7.1.3 试验方法:

a) 流量测量法

将流量计安装在沥青泵出口的某一部位,连续计量 5min 以上的流量,试验进行三次,结果取均值。

洒布能力按式(2)计算:

$$Q = \frac{V}{t} \tag{2}$$

式中:Q——洒布能力,L/min;

V——沥青流出量,L;

t——测量时间,min。

b) 称重法

将样机的沥青罐内加满液态沥青,并称其质量后进行洒布,连续洒布时间不少于 5min,洒布结束再称其质量,两次质量之差即为洒出的沥青量,试验进行三次,结果取均值。洒布能力按式(2)计算,沥青质量按式(3)换算成体积:

$$V = \frac{W}{\rho} \tag{3}$$

式中:W——洒出的沥青质量,kg;

ρ——沥青在该温度下的密度,kg/L。

5.7.1.4 试验结果:按附录 A 表 A.6 记录。

5.7.2 喷嘴洒布量检测

5.7.2.1 试验条件:

a) 样机定置,将各喷嘴开口中心线与洒布管轴线夹角调至 90°;

b) 同 5.7.11 中的 a)、b)、c)。

5.7.2.2 仪器设备:秒表,转速表,天平,采样容器(500mm × 50mm × 200mm)等。

5.7.2.3 试验方法:

按最大洒布宽度设置喷嘴,在各喷嘴正下方置一采样容器,直接收存喷嘴射出的液态沥青,用天平称量采样容器和沥青试样总质量,此值减去空容器质量,即为试样质量值。

5.7.2.4 试验结果:

a) 画出各喷嘴洒布量分布直方图;

b) 按附录 A 表 A.7 填写各喷嘴洒布量特征参数值。

5.7.3 洒布均匀度试验

5.7.3.1 试验条件:

a) 同 5.7.1.1;

b) 洒布管距地面的高度应为设计值;

c) 样机按设定行驶速度匀速通过采样区。

5.7.3.2 仪器设备:秒表、转速表、卷尺、标杆、天平,采样板(200mm × 200mm)等,采样板应为对沥青有较强吸收能力的材料制成。

5.7.3.3 试验方法:

a) 进行横向洒布匀度采样时，沿横向(与前进方向垂直)采样板在有效洒布宽度内留出车轮通道后连续布置，具体布置见图3。

b) 进行纵向洒布均匀度采样时，采样板沿纵向(前进方向)连续布置16块，具体布置见图4。

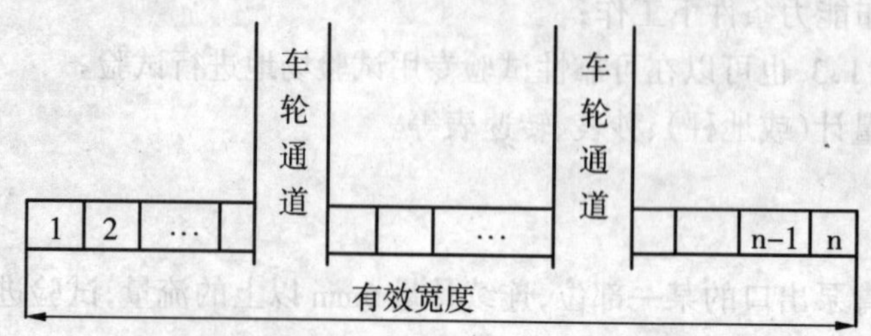

图3 横向洒布均匀度采样测点布置图

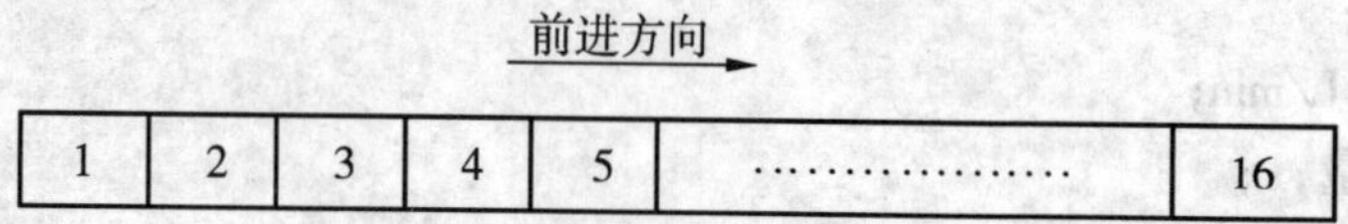

图4 纵向洒布均匀度采样测点布置图

5.7.3.4 试验结果：

a) 画出洒布作业横向、纵向分布直方图；

b) 按附录A表A.8填写洒布均匀度试验数据。

5.7.4 洒布管洒布压力试验

5.7.4.1 试验条件：同5.7.3.1

5.7.4.2 仪器设备：秒表，卷尺，压力传感器，应变仪，记录仪等。

5.7.4.3 试验方法：

采用单边测定，以洒布管中点为界向右(或左)每隔五只喷嘴设置压力测点，压力传感器安装在各测点上，并采用风冷维持恒温，样机匀速通过试验区，连续记录压力值。

5.7.4.4 试验结果：

a) 画出洒布管压力分布图；

b) 按附录A表A.9填写洒布管洒布压力试验参数值。

5.7.5 最大洒布量与最小洒布量试验

5.7.5.1 试验条件：

a) 同5.7.3.1；

b) 洒布量按基本洒布宽度和最大洒布宽度两种工况分别进行测定。

5.7.5.2 仪器设备：同5.7.3.2。

5.7.5.3 试验方法：

测点布置同5.7.3.3b)，图5为测点布置图。样机以最大洒布能力和最小洒布能力洒布，测量值分别为各测点的平均值。

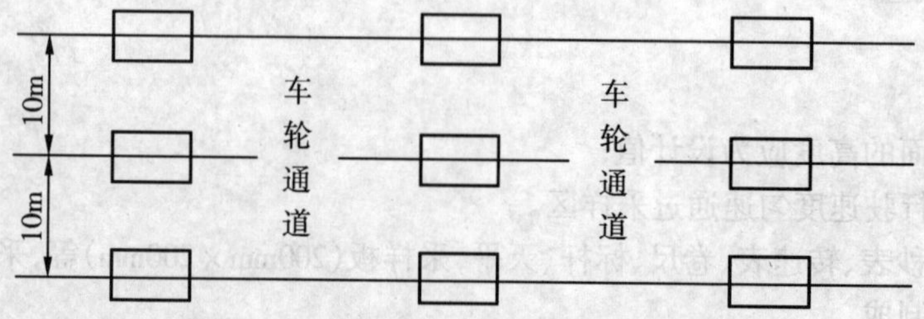

图5 最大洒布量与最小洒布试验测点布置图

5.7.5.4 试验结果:按附表 A 表 A.10 填写。

5.8 沥青罐热性能试验

5.8.1 定置保温性能试验

5.8.1.1 试验条件:

a) 在定置试验场地进行试验;

b) 天气无雨,风速不大于 3m/s;

c) 沥青罐内注满液态沥青,温度 150℃ ~ 160℃;

d) 加热装置不工作。

5.8.1.2 仪器设备:温度传感器,温度记录仪,温度计,计量器等。

5.8.1.3 试验方法:

a) 测点布置

按罐内油温分布采用两点测量,A 点为上层测点,位于沥青液面下 200mm 处,B 点为下层测点位于加热管之间。具体测点安排见图 6。

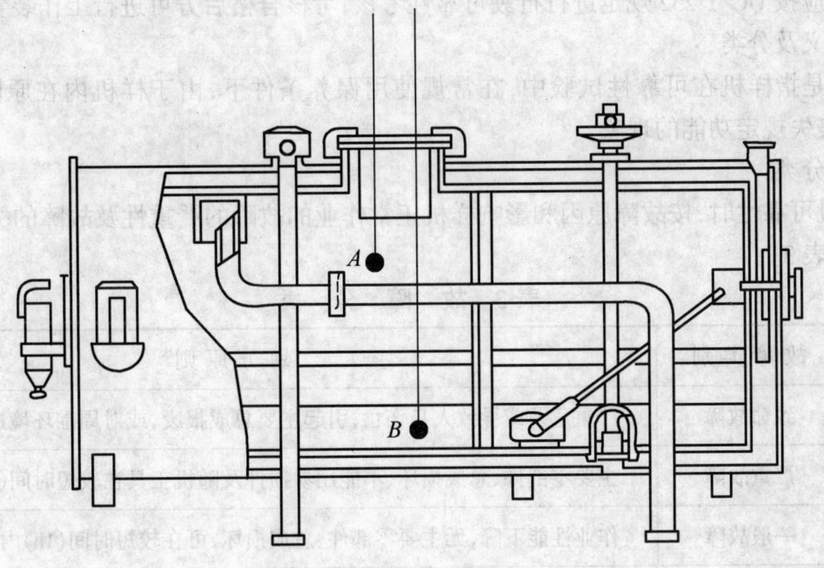

图 6 温度测点安排示意图

b) 保温试验 24h,连续记录沥青温度,同时记录环境温度变化及降温时间。

5.8.1.4 试验结果:

a) 画出时间—温度变化过程曲线;

b) 试验结果按附录 A 表 A.11 填写。

5.8.2 行车保温性能试验

5.8.2.1 试验条件:

a) 车速 40km/h ~ 60km/h;

b) 同 5.8.1.1 中 b)、c)、d)。

5.8.2.2 仪器设备:同 5.8.1.2。

5.8.2.3 试验方法:同 5.8.1.3。

5.8.2.4 试验结果:同 5.8.1.4。

5.8.3 沥青罐升温性能试验

5.8.3.1 试验条件:

a) 在定置试验场地进行试验;

b) 燃料罐装满燃油,保证喷燃器连续工作时间不少于 3h;

c) 沥青罐按规定注满沥青。

5.8.3.2 仪器设备:

温度计、计量器、温度传感器、温度记录仪等。

5.8.3.3 试验方法:

a) 测点布置同 5.8.1.3a);

b) 沥青罐内的沥青温度从 110℃左右开始进行升温试验,每 30min 测量一次温度值,试验终了沥青温度为 160℃ ± 5℃;

c) 画出温升过程曲线;

d) 试验结果按附录 A 表 A.12 填写。

5.9 可靠性试验

5.9.1 试验的说明

5.9.1.1 本标准只规定样机工作装置可靠性试验方法。

5.9.1.2 样机应按 QC/T 252 规定进行行驶可靠性考核,考核合格后方可进行工作装置可靠性试验。

5.9.2 故障定义及分类

5.9.2.1 故障是指样机在可靠性试验中,在常规使用保养条件下,由于样机内在原因致使样机零部件、总成、整机丧失规定功能的现象。

5.9.2.2 故障分类:

在评定样机可靠性时,按故障原因和影响样机正常作业的故障的严重性及故障的关联性,将样机故障分为四级,见表 3。

表 3 故 障 分 类

故障级别	故障类别	划分原则
I	致命故障	严重危及或导致人身伤亡,引起主要总成报废,或对周围环境造成严重污染
II	严重故障	主要零部件、总成损坏、不能用易损件及随机工具在较短时间(1h)内修复
III	一般故障	作业性能下降,无主要零部件、总成损坏,可在较短时间(1h)内用随机工具修复
IV	轻微故障	在确保安全的条件下,不停止作业,不换零件,用随机工具能在(0.5h)内排除
注 1:同时发生的相关故障只作一次计,故障排除后再次出现应计算故障次数; 注 2:下列情况不作故障计: a)违反产品使用说明书所规定的操作、保养方法引起的故障; b)外界意外事故所引起的故障; c)更换易损件等日常维护		

5.9.3 试验条件

5.9.3.1 可靠性试验总时间为 500h(不包括整机磨合、性能试验及空负荷运行时间)。

5.9.3.2 试验中样机平均负荷不低于最大洒布能力的 85%;负荷率按式(4)计算。

$$\eta = \frac{Q}{Q_0} \times 100\% \qquad (4)$$

式中:η——负荷率,%;

Q——平均洒布能力,L/min;

Q_0——最大洒布能力,L/min。

试验期间样机须保持 30% 的作业时间工作在最大洒布能力工况。

5.9.3.3 试验中所用的沥青必须符合 GB 50092 标准要求。

5.9.3.4 样机作业时须保持状态完好,并按产品使用规定认真操作,不能带病作业。

5.9.4 试验场地

工作装置可靠性试验采用图 7 所示专用场地进行。

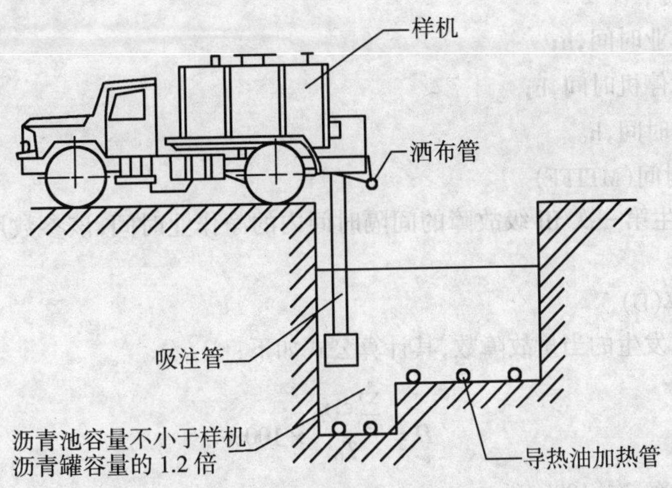

图 7 可靠性试验专用场地

5.9.5 试验方法

5.9.5.1 样机开始试验以前,应按规定进行磨合。

5.9.5.2 试验作业过程按实际作业循环设置,其中应包括:抽注、洒布、各阀开启、关闭和切换等工作环节。

5.9.5.3 沥青抽注、洒布工作环节,样机的作业负荷率不应低于额定负荷率的 85%。

5.9.5.4 各类沥青阀门,应按实际作业要求进行操作,其动作允许使用辅助机构取代手工操作。

5.9.5.5 试验过程以每 8h 为一个班次,每班应按附录 A 表 A.13 记录试验状况。

5.9.5.6 在试验初期、中期及后期对样机做班次作业性能检测,检查时间为一个班次(8h),此间样机状态应与正常试验状态一致,检测附录 A 表 A.14 所列项目,各项目的试验方法按照本标准规定的相应条款执行,结果填入附录 A 表 A.14。

5.9.5.7 试验期间出现故障应及时排除,详细记录试验期间的零部件损坏、故障及各种异常现象,记录维修换件情况及其工时消耗等,对损坏件应及时进行技术分析和测量,并拍照存档,故障情况按附录 A 表 A.15 填写。

5.9.5.8 可靠性试验达到规定时间后,必须按附录 A 表 A.16 所列项目对样机进行性能试验,试验方法参照各项目相应的条款执行,试验结果记入附录 A 表 A.16。

5.9.5.9 试验过程中若发生 I 级故障即终止全部试验,并做出相应的结论报告。

5.9.6 可靠性评价指标

5.9.6.1 平均故障间隔时间(MTBF)

样机在规定的试验时间内净作业时间与故障次数之比,称为平均故障间隔时间。其计算公式如下:

$$\mathrm{MTBF} = \frac{T_0}{n} \tag{5}$$

式中:MTBF——平均故障间隔时间,h;

T_0——累计净作业时间,h;

n——故障次数(不计 IV 级故障。若整个试验过程无故障情况,即 $n=0$ 时,按平均故障间隔时间大于累计净作业时间处理)。

5.9.6.2 作业率(A)

样机包括维修使用在内能保持正常作业状况的机械利用率,称为作业率。其计算公式如下:

$$A = \frac{T_0}{T_0 + T_1 + T_2} \times 100\% \tag{6}$$

式中:A——作业率,%;

T_0——累计净作业时间,h;

T_1——累计故障停机时间,h;

T_2——累计保养时间,h。

5.9.6.3 首次故障时间(MTTFF)

从试验开始到发生第一次Ⅲ级故障的间隔时间内的净作业时间,该参数用(MTTFF)表示,单位为h。

5.9.6.4 当量故障率(D)

考核样机每100h发生的当量故障数,其计算公式如下:

$$D = \frac{\sum_{i=1}^{4} \varepsilon_i \eta_i}{T_0} \times 100\% \tag{7}$$

式中:D——当量故障率,次/100h;

η_i——样机发生第 i 级故障总数,次;

ε_i——第 i 级故障的当量加权因子。

Ⅰ级 $\varepsilon_1 = 100$ Ⅱ级 $\varepsilon_2 = 10$

Ⅲ级 $\varepsilon_3 = 1$ Ⅳ级 $\varepsilon_4 = 0.2$

5.9.6.4.1 试验结果

将可靠性试验各项统计参数记入附录A表A.17。

6 检验规则

6.1 型式检验

6.1.1 凡属下列情况之一者,需作型式检验:

a) 新产品或老产品转厂生产的试制定型鉴定;

b) 正式生产后,如结构、材料、工艺有较大改变可能影响产品性能时;

c) 正常生产时,定期或积累一定产量后,应周期性进行一次检验;

d) 产品长期停产后,恢复生产时;

e) 出厂检验结果与上次型式试验有较大差异时;

f) 国家质量监督机构提出进行型式试验的要求时。

注:b)、c)、e)情况下,不作可靠性试验。

6.1.2 型式检验项目按第4章要求进行。

6.2 出厂检验

6.2.1 沥青洒布车/机必须逐台进行出厂检验。

6.2.2 正常生产的产品,制造厂的质量检验部门应按产品图样、技术条件检验产品质量。检验合格后方可出厂。

6.2.3 出厂检验项目为:

a) 行驶性能与制动;

b) 空运转试验;

c) 专用装置的试验;

d) 沥青喷洒系统试验(用水代替沥青);

e) 渗漏检验(含油、水、气、电);

f) 仪器仪表及电器系统检验;

g) 外观质量。

7 抽样

进行型式检验的沥青洒布车/机采取随机抽样法抽取一台试验样机。

8 标志、包装、运输及贮存

8.1 标志

8.1.1 在沥青洒布车/机明显且平整的部位钉上产品标牌。标牌应符合 GB/T 18411 的规定。

8.1.2 出口产品示牌,操作手柄的指标牌的内容应分别用中、英文标示。

8.2 包装

8.2.1 沥青洒布车/机在出厂检验合格后,裸装出厂。

8.2.2 对裸露的标志牌表面应涂覆防腐油膜。

8.2.3 压力表、温度表等仪表应用防水材料封扎。

8.2.4 裸露的另置发动机应覆盖防水套。

8.2.5 各金属软管、加长洒布管、手提喷燃器、手提喷洒器等应按设定位置装牢。

8.2.6 所有装箱的工具、备件、购件和随车/机供应的技术文件应妥善包装。

8.2.7 出口产品的包装应符合 GB/T 13384 的规定。

8.3 运输

8.3.1 整车/机运输应符合国家公路、铁路、水路货物运输规则的要求。

8.3.2 冬季运输应在水箱内注满防冻液或将水箱和发动机缸体内的水放净,并挂出无水标志。

8.3.3 铁路、水路运输,锁闭驾驶室,并打上铅封。

8.4 贮存

8.4.1 沥青洒布车/机长期停放(一个月以上)时,应将冷却液(水或防冻液)、燃料油放干净。停放在通风、防潮、防暴晒和有消防设施的场地。

8.4.2 沥青洒布车/机长期停放后,在使用前,应按使用说明书规定进行检查维修和保养。

8.5 随车技术文件

a) 产品合格证明书;

b) 使用说明书;

c) 专用工具、附件、备件、易损件图册、装箱单;

d) 汽车使用说明书。

附 录 A
（规范性附录）
沥青洒布车/机试验记录表

A.1 样机验收检查记录表见表A.1。

表A.1 样机专用装置验收检查记录表

样机名称： 样机型号：

出厂编号： 验收日期：

验收地点： 验收人员：

序 号	结构名称	工作状态	故 障	排除排施	备 注
1	液压系统				
2	电气系统				
3	气压系统				
4	沥青罐				
5	沥青加热系统				
6	沥青洒布系统				
	检查结论：		试验负责人：		

A.2 样机专用装置的主要性能参数（设计值）表见表A.2。

表A.2 样机的主要性能参数（设计值）表

序 号	项 目		单 位	数 值	备 注
1	最大洒布能力		L/min		
2	基本洒布宽度		mm		
3	最大洒布宽度		mm		
4	洒布管洒布压力		kPa		
5	沥青最小洒布量		kg/m^2		
6	沥青最大洒布量		kg/m^2		
7	沥青最大洒布量与最小洒布量之比				
8	沥青罐容量	m^3			
9	洒布管两端下沉量		mm/m		
10	喷嘴的喷洒角度		°		
11	喷嘴开口中心线与洒布管轴线夹角		°		
12	沥青罐顶部罐口直径		mm		
13	专用装置采用的另置发动机	型号			
	专用装置采用的另置发动机	额定功率	kW		
		冷却方式			
		燃油消耗率	g/kW·h		
14	外形尺寸	全长（L）	mm		
		全宽（B）	mm		
		全高（H）	mm		

A.3 液压油温升试验记录表见表 A.3。

表 A.3 液压油温升试验记录表

样 机 型 号：　　　　大气压力：　　　　天气、气温：
出 厂 编 号：　　　　试验地点：　　　　风　　速：
发动机转速：　　　　试验日期：　　　　试 验 人 员：

序　号	时　间 (min)	温　度(℃)		备　注

A.4 液压系统空载试验记录表见表 A.4。

表 A.4 液压系统空载试验记录

样 机 型 号：　　　　试 验 地 点：　　　　大气压力：
液 压 油 温：　　　　试 验 日 期：
发动机转速：　　　　天气、气温：

序　号	测量泵名称	测　量　项　目		
		油泵出口压力 (kPa)	油箱回油口压力 (kPa)	压力损失 (kPa)
1				
2				
3				
…				

A.5 液压系统额定/超载试验记录表见表 A.5。

表 A.5 液压系统额定/超载试验记录表

样 机 型 号：　　　　试验地点：　　　　天气、气温：
液 压 油 温：　　　　试验人员：　　　　大 气 压 力：
发动机转速：　　　　试验日期：　　　　液 压 油 温：

序　号	元 件 名 称	测 定 位 置	压力(kPa)		工 作 状 态	备　注
			实测值	设计值		
1	油泵					
2	马达					

表 A.5(续)

序号	元件名称	测定位置	压力 (kPa)		工作状态	备注
			实测值	设计值		
3	冷却器					
4	过滤器					
5	控制阀					
6	油缸					

A.6 洒布能力试验记录表见表 A.6。

表 A.6 洒布能力试验记录表

样机型号: 试验地点: 沥青温度:
出厂编号: 试验日期:
沥青泵转速: 天气、气温:

序号	沥青量(L)	测定时间(min)	洒布能力(L/min)	备注
1				
2				
3				
平均				

A.7 喷嘴洒布量特征参数值记录表见表 A.7。

表 A.7 喷嘴洒布量特征参数值记录表

样机型号: 试验地点: 天气、气温:
出厂编号: 采样时间: 沥青温度:
沥青泵转速: 试验日期: 试验人员:

序号	试样质量(g)	偏差(g)	相对偏差(%)	备注
1				
2				
3				
⋮				
n				
平均值(g)				
标准差(g)				
离差系数(%)				
最大偏差(g)				

A.8 洒布均匀度试验数据表见表 A.8。

表 A.8 洒布均匀度试验数据表

样机型号： 沥青泵转速： 试验地点：
出厂编号： 试 验 日 期： 沥青温度：
车　　速： 天气、气温： 试验人员：

序　号	横　向			纵　向		
	试样质量（kg）	采样板面积（m^2）	洒布量（kg/m^2）	试样质量（kg）	采样板面积（m^2）	洒布量（kg/m^2）
1						
2						
3						
⋮						
n						
平均值(kg/m^2)						
设定值(kg/m^2)						
系统偏差(kg/m^2)						
标准差(kg/m^2)						
离差系数(%)						
最大偏差(kg/m^2)						

A.9 洒布管洒布压力试验记录表见表 A.9。

表 A.9 洒布管洒布压力试验记录表

样机型号： 试 验 地 点： 沥青泵转速：
出厂编号： 试 验 日 期：
车　　速： 天气、气温： 试 验 人 员：

序　号	测点压力(kPa)					平均值（kPa）
	A	*B*	*C*	*D*	*E*	
1						
2						
3						
偏差						
相对偏差(%)						

A.10　最大洒布量与最小洒布量试验记录表见表 **A.10**。

表 A.10　最大洒布量与最小洒布量试验记录表

样机型号：　洒布宽度：　沥青温度：
出厂编号：　试验地点：　沥青泵档位：
车　　速：　试验日期：　主变速器档位：
沥青泵转速：　天气、气温：　试验人员：

序号	试样质量(kg)					
	最大洒布量试验			最小洒布量试验		
	左	中	右	左	中	右
1						
2						
3						
平均						
最大洒布量(kg/m^2)						
最小洒布量(kg/m^2)						
最大洒布量与最小洒布量之比						

A.11　定置/行车保温性能试验结果表见表 **A.11**。

表 A.11　定置/行车保温性能试验结果表

样机型号：　试验时间：　风速、风向：
保温时间：　天气、气温：
大气压力：　试验地点：　试验人员：

项目		时间 (h)																								总温降
		1	2	3	4	5	6	7	8	9	10	11	12	13	14	15	16	17	18	19	20	21	22	23	24	(℃)
温度(℃)	测点*A*																									
	测点*B*																									
	平均值																									
	环境温度																									

项目			总平均	
平均小时温降(℃)	测点 *A*		总平均	
	测点 *B*			
24h 温降百分率(%)	测点 *A*		总平均	
	测点 *B*			
静态 8h 温降(℃/8h)				

A.12 沥青罐升温性能试验记录表见表 A.12。

表 A.12 沥青罐升温性能试验记录表

样机型号: 试 验 日 期: 风速、风向:
升温时间: 天气、气温:
大气压力: 试 验 地 点: 试 验 人 员:

<table>
<tr><td colspan="2" rowspan="2">项　目</td><td colspan="7">时　　间(h)</td><td rowspan="2">总温升
(℃)</td></tr>
<tr><td>0</td><td>0.5</td><td>1</td><td>1.5</td><td>…</td><td>…</td><td>n</td></tr>
<tr><td rowspan="3">温度
(℃)</td><td>测点 A</td><td></td><td></td><td></td><td></td><td></td><td></td><td></td><td></td></tr>
<tr><td>测点 B</td><td></td><td></td><td></td><td></td><td></td><td></td><td></td><td></td></tr>
<tr><td>平均值</td><td></td><td></td><td></td><td></td><td></td><td></td><td></td><td></td></tr>
<tr><td rowspan="2">平均小时温升
(℃/h)</td><td colspan="2">测点 A</td><td colspan="3"></td><td colspan="2" rowspan="2">总平均</td><td colspan="2" rowspan="2"></td></tr>
<tr><td colspan="2">测点 B</td><td colspan="3"></td></tr>
</table>

A.13 班次试验情况记录表见表 A.13。

表 A.13 班次试验情况记录表

样 机 型 号: 操 作 人 员: 沥 青 温 度:
出 厂 编 号: 试 验 地 点: 沥青泵转速:
沥 青 标 号: 试 验 日 期: 试 验 人 员:
最大洒布能力: 天气、气温: 洒 布 宽 度:

检 测 项 目	单　位	检 测 值	故 障 情 况
时间	h		
时间	h		
时间	h		
时间	h		
时间	h		
班洒布量	L		
洒布能力	L/min		
负荷率	%		
班燃油消耗量	kg		
作业油耗	kg/L		

A.14 可靠性试验班次检查结果表见表 A.14。

表 A.14 可靠性试验班次检查结果表

样机型号: 试验地点: 操作人员:
出厂编号: 试验日期: 试验人员:

检测项目	试验初期	试验中期	试验末期
	检测结果		
环境温度(℃)			
大气压力(kPa)			
沥青标号			
沥青洒布宽度(m)			
沥青泵转速(r/min)			
沥青温度(℃)			
班洒布量(L)			
洒布作业时间(h)			
班耗油量(kg)			
洒布能力(L/min)			
负荷率(%)			
作业油耗(kg/L)			

A.15 可靠性试验样机故障汇总表见表 A.15。

表 A.15 可靠性试验样机故障汇总表

样机型号: 出厂日期:
试验地点: 试验人员:

序号	故障出现日期	损坏零部件			故障出现时累计作业时间(h)	故障情况及其原因	故障排除方法	故障停机时间(h)	故障级别
		名称	代号	件数					
注:依故障出现的先后顺序排列									

A.16 可靠性试验样机性能指标变化汇总表见表 A.16。

表 A.16 可靠性试验样机性能指标变化汇总表

样机型号: 出厂编号:

检测地点: 检测人员:

检 测 项 目	可靠性试验开始 年 月 日	可靠性试验结束后 年 月 日	指标变化率 (%)
	检 测 值		
洒布能力(L/min)			
作业油耗(kg/L)			
沥青标号			
沥青温度(℃)			
沥青泵转速(r/min)			
大气压力(kPa)			
液压油温度(℃)			
洒布管洒布压力(kPa)			
注:指标变化率指试验结束后的指标同试验前指标的比较,增大者用"+";降低者用"-"。			

A.17 可靠性试验综合汇总表见表 A.17。

表 A.17 可靠性试验综合汇总表

样机型号: 制造厂名: 出厂编号:

序 号	参数名称	计量单位	参数值	备注
1	最大洒布能力	L/min		
2	总洒布量	L		
3	总试验时间	h		
4	净作业时间	h		
5	故障停机时间	h		
6	保养时间	h		
7	平均洒布能力	L/min		
8	平均负荷率	%		
9	平均作业油耗	kg/L		
10	故障次数	次		
11	平均故障间隔时间	h		
12	作业率	%		
13	首次故障时间	h		
14	当量故障率	次/100h		

ICS 93.080.30
R 19
备案号:

中华人民共和国交通行业标准

JT/T 277—2005
代替 JT/T 277—1995,JT/T 41—1993

沥青混合料摊铺机

Asphalt paver

2005-09-21 发布　　　　2006-01-01 实施

中华人民共和国交通部　发布

沥青混合料摊铺机

1 范围

本标准规定了沥青混合料摊铺机的产品分类、技术要求、试验方法、检验规则、标志、包装、运输和贮存等。

本标准适用于自行式沥青混合料摊铺机(以下简称摊铺机)。

2 规范性引用文件

下列文件中的条款通过本标准的引用而成为本标准的条款,凡是标注日期的引用文件,其后所有修改单(不包括勘误的内容)或修订版均不适用于本标准。然而,鼓励根据本标准达成协议的各方研究是否使用这些标准的最新版本。凡是不注日期的引用文件,其最新版本适用于本标准。

GB/T 3766 液压系统通用技术条件
GB/T 3846 柴油车自由加速烟度测量方法
GB 4094 汽车操纵件、指示器及信号装置的标志
GB/T 4798.5 电工电子产品应用环境条件 地面车辆使用
GB 5959.1 电热设备的安全 第一部分:通用要求
GB 7258 机动车运行安全条件
GB/T 13802 工程机械辐射噪声测量的通用方法
GB/T 13325 机器和设备辐射的噪声 操作者位置噪声测量的基本准则(工程级)
GB/T 18411 道路车辆 产品标牌
GB 50092 沥青路面施工及验收规范
JG/T 69 液压油箱液样抽取法
JG/T 70 油液中固体颗粒污物的显微镜计数法
JG/T 5035 建筑机械设备用油液固体污染清洁度分级
JG/T 5079.1 建筑机械与设备 噪声限值
JG/T 5011.12 建筑机械与设备 涂漆通用技术条件
JB/T 5943 工程机械焊接通用技术条件
JB/T 5945 工程机械装配通用技术条件
QC/T 413 汽车电气设备基本技术条件
JTJ 052 公路工程沥青及沥青混合料试验规程

3 术语和定义

下列术语和定义适用于本标准。

3.1

沥青混合料 bituminous material

由矿料与沥青结合料拌和而成的混合料的总称。

3.2

料斗 hopper

摊铺机接受并存放沥青混合料的装置。

3.3

刮板输送器　bar feeder

摊铺机前料斗的沥青混合料向后输送的工作系统。

3.4

螺旋布料器　spreader screw

摊铺机对沥青混合料的横向输送布料的工作系统。

3.5

熨平装置　screed unit

摊铺机对铺筑的沥青混合料进行平整和密实的工作装置。

3.6

自动调平系统　auto leveling system

自动保持摊铺机摊铺路面平整度的工作系统。

4　分类

4.1　型式

摊铺机按行走型式划分为：

a）履带式摊铺机；

b）轮胎式摊铺机。

4.2　摊铺机主参数

摊铺机以最大摊铺宽度为主参数，主参数系列为：

1500、2000、2500、3000、4000、4500、5000、6000、7000、7500、8000、8500、9000、9500、12000，单位为 mm。

5　技术要求

5.1　作业性能要求

5.1.1　摊铺机主要工作参数及允许误差应符合表 1 的规定。

表 1　摊铺机主要工作参数及允许误差

主要作业参数		技术要求	允许误差
基本摊铺宽度		达到产品规定值	±0.2%
最大摊铺宽度			±0.2%
最小摊铺圆直径			±1%
最低稳定摊铺速度			±3%
最高摊铺速度（无级调速）			±3%
各档摊铺速度（有级调速）			
最大摊铺拱度	正向		±10%
	负向		
最大摊铺横坡度（双向）			

5.1.2　摊铺机在不大于 6% 坡度的基层上顶推自卸车以最大摊铺宽度、不大于 50mm 的摊铺厚度和不低于 3m/min 的摊铺速度的组合工况下进行摊铺作业时，应符合下列要求：

a）摊铺成型精度应符合表 2 的规定；

b）摊铺机在最大摊铺宽度及厚度时，其平整度、密实度及密实度不匀率、成型质量应符合表 3 的规定；

c) 铺层外观不允许有拉痕、裂缝和面层组织不均等缺陷。

表2 摊铺成型允许误差

项目	允许误差
摊铺宽度	±20mm
摊铺厚度	±5mm
成型拱度、横坡度	±0.3%

表3 平整度和密实度指标值

项目	指标	说明
平整度	≤3mm/3m	平整度指标值($p = h + 1.645s$)
密实度	≥75%	普通型熨平装置(最小值)
	≥85%	标准型熨平装置(最小值)
	≥90%	强力型熨平装置(最小值)
密实不匀率	≤5%	
注:p 为平整度;h 为最大间隙;s 为样本的标准差。		

5.2 基本要求

5.2.1 摊铺机的外形尺寸应符合交通运输的有关规定。

5.2.2 摊铺机的制造材料应具有合格证明。

5.2.3 摊铺机应包括作业系统、传动系统、行驶系统和操纵系统等,摊铺机整机的质量符合设计要求。

5.2.4 摊铺机经常检修的部位,应具有足够的作业空间。

5.2.5 摊铺机应设置有明确标识的起吊点和起吊、运输固定专用的挂钩、环等。

5.3 整机外观要求

5.3.1 焊缝应均匀平整,无裂纹、焊瘤、弧坑及飞溅等缺陷,焊接质量符合 JB/T 5943 的规定。

5.3.2 铸件应表面平整,无分型痕迹、砂眼、气孔、疤痕等铸造缺陷。

5.3.3 钣金件等结构件的表面应光滑、平整、美观,装配质量符合 JB/T 5945 的规定。

5.3.4 漆膜质量应均匀、光亮、无流痕,符合 JG/T 5011.12 的规定。

5.4 作业系统

作业系统包括:料斗、刮板输送器、螺旋布料器、熨平装置和自动调平装置。

5.4.1 料斗

5.4.1.1 料斗的容量应满足摊铺机最大生产能力的需要。

5.4.1.2 左右料斗的翼板应可独立或同时折翻,折翻及回位时间应符合设计要求。

5.4.1.3 料斗底板高度不大于 600mm,料斗前端须装有挡料板和顶推辊。

5.4.2 刮板输送器

5.4.2.1 可采用单双刮板输送器,其送料能力应满足摊铺机最大摊铺作业能力的需要,采用左右刮板输送器的机型应能分别独立控制和操作。

5.4.2.2 刮板输送器输料能力应能进行调节。

5.4.3 螺旋布料器

5.4.3.1 左右螺旋布料器应能在最大宽度上均匀地布料。

5.4.3.2 布料器布料能力应能随摊铺宽度、厚度和摊铺速度的变化进行调节。

5.4.3.3 布料器的最小离地高度可根据不同摊铺厚度的需要进行调整。

5.4.4 熨平装置

5.4.4.1 熨平板的作业宽度应能在基本作业宽度的基础上进行有级加宽或无级展宽,并可实现单侧独立进行,有级加宽单元长度应符合表 4 的要求。

表 4 熨平板有级加宽单元长度

系列	加宽单元长度(m)
第一系列	0.25、0.5、0.75、1、1.5
第二系列	0.625、0.875、1.125、1.375

5.4.4.2 装有振捣压实机构熨平装置的振捣锤应可更换,冲击次数允许误差为 ±5%,冲击行程允许误差为 ±5%。

5.4.4.3 装有振动密实熨平装置的振动工作频率和振幅应达到规定值,振幅允许误差为 ±7.5%;熨平板加长段应同步振动,振动器应有防水和防尘措施。

5.4.4.4 配有熨平后压实装置的压实梁应可更换,并有伸长段以适应熨平板宽度的变化,振动频率允许误差为 ±5%,冲击行程允许误差为 ±10%。

5.4.4.5 熨平板设有摊铺厚度调节机构,并能进行无级调节。

5.4.4.6 熨平板设有拱度调节机构,并能进行无级调节,调节范围不小于 4% ~ -2%。

5.4.4.7 熨平装置的加热器应能在全宽度和其加长段上均匀加热,加热温度应大于 100℃。环境温度 5℃ ~ 15℃时加热时间不大于 30min,环境温度高于 15℃时加热时间不大于 20min。

5.4.4.8 熨平装置的上部覆盖件和行走平台应是防滑平台。

5.4.4.9 熨平装置分类参见附录 A 的规定。

5.4.5 自动调平装置

5.4.5.1 自动调平装置应配有纵向调平和横向调平装置,自动调平装置应能满足 GB 50092 对摊铺机的作业要求。

5.4.5.2 自动调平装置纵向高度分辨率不大于 0.2mm。

5.4.5.3 自动调平装置横向坡度分辨率不大于 0.01%。

5.5 传动系统

5.5.1 机械传动系统

5.5.1.1 闭式传动润滑油的最高温度不得大于规定值。

5.5.1.2 闭式传动润滑油的清洁度不得大于规定值。

5.5.2 液压系统

5.5.2.1 液压系统应符合 GB/T 3766 的有关规定。

5.5.2.2 液压系统液压油的温升不得大于 40℃。

5.5.2.3 液压系统液压油的固体污染清洁度不得大于 18/15,清洁度符合 JG/T 5035 的规定。

5.5.2.4 液压系统应具有良好的密封性能,不允许有渗漏。

5.6 行驶系统

5.6.1 摊铺机的最高行驶速度和各档的行驶速度应达到产品设计值,误差不得大于 ±3%。

5.6.2 摊铺机的通过性能应符合表 5 的规定。

表 5 摊铺机通过性能表

项目	轮胎式	履带式
最小转弯直径(m)	不大于八倍轮距	不大于四倍轨距
最小离地间隙(mm)	≥80	

5.6.3 履带式摊铺机以最高行驶速度行驶停车时,制动距离不得大于 1m。

5.6.4 轮胎式摊铺机以最高行驶速度为制动初速度,其制动距离不得大于公式(1)的计算值。

$$S_z = \frac{v_z^2}{68} + \frac{v_z^2}{124}\left(\frac{m_z}{32000}\right) + 0.1(32 - v_z) \quad (1)$$

式中：

S_z——许用制动距离，m；

v_z——制动初速度，km/h；

m_z——摊铺机整机质量，kg。

5.6.5 摊铺机应能空载双向(前进、后退)通过坡度不小于12%的坡道，并能可靠地在坡道上实现停车和起动；双向坡道停车时，摊铺机的位移量为零。

5.6.6 履带式摊铺机直线行驶的跑偏量不得大于直线测量距离的1.5%，恒速控制时不大于0.5%。

5.6.7 轮胎式摊铺机的方向盘自中位向左右两侧自由转动的行程(转角)不得大于15°。

5.7 操纵系统

5.7.1 摊铺机应设置防晒、防淋的驾驶篷或驾驶室。

5.7.2 驾驶员座椅应能进行前后、高低调节，并具有良好的舒适性和减振性能。

5.7.3 摊铺机操作台应具有良好的视野和合理的操作空间，踏板必须用防滑材料制造。

5.7.4 操作仪表台应可在操作台上左右移动，以适应操作人员左右位操作。

5.7.5 各独立调节机构应设置直观的调整指示装置。

5.7.6 摊铺机操作系统，应操作方便，灵活，准确到位，液压阀组排列整齐、易于观察、无渗漏现象。

5.7.7 行驶操作件图形应直观易辨，作业操作件的图形标志应符合GB 4094的规定。

5.7.8 摊铺机操作件的操作力应符合表6规定。

表6 摊铺机操作力

操作对象	操作力(N)	
	经常	非经常
按钮	≤10	≤20
手柄	≤50	≤150
机械操作杆	≤150	≤200
踏板	≤100	≤250
注：经常操作力指操作人员操纵摊铺机行驶和摊铺作业时的操作力；其他情况时的操作力为非经常操作力。		

5.8 电气系统

5.8.1 电气元件应质量可靠、工作稳定、排列整齐、连接牢固，电气系统应符合QC/T 413的规定。

5.8.2 当使用电振动时，须有独立的220V供电系统并隔离于摊铺机的基本电气系统，且有超载保护装置，并符合GB/T 5959.1的规定。

5.8.3 熨平板电加热系统的电气系统应符合GB 5959.1的规定。

5.8.4 摊铺机基本电气系统安全可靠性应符合GB/T 4798.5的规定。

5.8.5 摊铺机的电磁波发射、敏感特性及抗干扰能力应符合相关规定。

5.8.6 摊铺机转运行驶的外部光声信号和照明应符合GB 7258的规定。

5.9 可靠性要求

5.9.1 摊铺机整机作业可靠性考核累计作业时间规定为300h。

5.9.2 整机作业可靠性指标按表7规定。

表7 可靠性指标值

可靠性考核项目	考核指标
首次故障前工作时间	≥100h
平均无故障工作时间	≥100h
可靠度	≥85%

5.10　安全和环保

5.10.1　安全

5.10.1.1　摊铺机旋转或往复运动及高温的零部件应有护罩。

5.10.1.2　燃油箱和发动机之间应有一定的距离，溢出燃油不允许流到排气管或电气设备上。

5.10.1.3　电气设备应绝缘、全封闭或有罩盖。

5.10.1.4　发动机排气管应对操作人员的视线无阻挡。

5.10.1.5　作业人员上下通道和作业位置应设置扶手和护栏，踏板应防滑。

5.10.1.6　摊铺机上应安装夜间作业强光灯，分别照向料斗、螺旋布料器和熨平装置；或设有照明装置的供电端子，满足用户配套使用。

5.10.1.7　摊铺机应在涉及人身及设备安全的地方设置醒目的安全警示标志。

5.10.2　环保

5.10.2.1　发动机自由加速烟度排放极限应不大于 R_b5.0 波许单位。

5.10.2.2　摊铺机的噪声限值应符合 JG/T 5079.1 的规定。

6　试验方法

6.1　基本要求

6.1.1　试验场地

6.1.1.1　根据试验项目及内容要求，准备外形及重量、行驶性能、作业性能和可靠性试验场地，试验场地可以是专用试验场地，也可以是符合要求的其他场地。

6.1.1.2　试验场地应平坦、坚实、清洁、干燥的地面。

6.1.2　试验仪器

6.1.2.1　试验所用的仪器应是经有关法定计量部门检定合格的仪器，使用前应进行校准和标定。

6.1.2.2　所用的仪器设备的规格应与试验样机规格相当。

6.1.3　试验样机

6.1.3.1　提供试验的样机至少为一台，试验前样机技术状态应正常，提交试验的摊铺机由主持试验部门进行登记和验收，按附录 B 表 B.1 填写摊铺机履历表等文件。

6.1.3.2　样机试验前先进行以下工作：

a)　进行调试、磨合，磨合后按使用说明书的要求进行保养，各部分应清洁、干净，无污物；

b)　按规定加足燃油、液压油、润滑油、冷却水和熨平板的加热源，蓄电池充电；

c)　按试验项目规定装备附件、加装件。

6.1.4　试验要求

6.1.4.1　试验时摊铺机的操作应严格按使用说明书的规定进行，不允许带故障试验。

6.1.4.2　试验过程中，摊铺机发生故障应立即停止试验。

6.1.4.3　各种直接测量参数在无特殊说明时，取三次测量的平均值。

6.2　外形尺寸、整机质量及外观

6.2.1　外形尺寸及外观

6.2.1.1　仪器设备：钢直尺、卷尺、水平仪、线坠等。

6.2.1.2　测量项目：

a)　测量摊铺机运输状态外形尺寸边界长、宽、高，按 5.3 要求检验外观质量；

b)　测量履带式摊铺机的履带宽度、履带接地长度和履带中心距；

c)　测量轮胎式摊铺机的轮距、轴距。

6.2.1.3　测量结果按附录 B 表 B.2 记录。

6.2.2　整机质量

6.2.2.1 仪器设备:地中衡(应能一次直接测定摊铺机的重量,精度为0.5%)。

6.2.2.2 测量步骤:

a) 摊铺机停置于地中衡之上,发动机熄火,制动器制动;

b) 所有人员离开地磅,测定摊铺机的整机重量。

6.2.2.3 测量结果按附录B表B.3记录。

6.3 作业系统参数

6.3.1 仪器设备

转速测量仪、位移计、加速度计、测振仪、磁带记录仪、温度计、计时器、钢直尺等。

6.3.2 试验准备

6.3.2.1 摊铺机停置于试验场地,启动发动机,3min后调至额定转速,待液压系统油温上升到规定的工作温度。

6.3.2.2 熨平装置按最大作业宽度装备,并以浮动状态放置于平放的橡胶垫块之上。

6.3.3 料斗折翻动作时间的测定

6.3.3.1 测量料斗从初始平放位置至最大倾斜位置所需时间,按附录B表B.4记录。

6.3.3.2 测量料斗从最大倾斜位置至初始平放位置所需时间,按附录B表B.4记录。

6.3.4 刮板输送器运行速度的测定

6.3.4.1 采用定距离测量运行时间的方法,测量时间不得少于1min。

6.3.4.2 对各档运行速度分别进行测量,按附录B表B.5记录。

6.3.5 螺旋布料器转速的测定

用接触或非接触式转速测量仪直接测定螺旋布料器各工作档位的转速,按附录B表B.6记录。

6.3.6 熨平装置升降时间的测定

6.3.6.1 测量熨平装置从地面上升至最高位置所需时间,按附录B表B.7记录。

6.3.6.2 测量熨平装置从最高位置下降到地面所需时间,按附录B表B.7记录。

6.3.7 液压伸缩熨平板展宽伸缩时间的测定

6.3.7.1 测量自动伸缩部分从初始(全缩)位置至全伸位置所需时间,按附录B表B.7记录。

6.3.7.2 测量自动伸缩部分从全伸位置至初始(全缩)位置所需时间,按附录B表B.7记录。

6.3.8 振捣装置工作参数的测定

6.3.8.1 沿熨平板的长度方向等距离布置六个测点,各测点间距不小于底板全长的1/6。

6.3.8.2 同时测定各个测点在各工作档位的振动参数,按附录B表B.8记录。

6.3.9 振动装置工作参数的测定

用直接或间接法测量振捣装置在各工作档位的振捣工作参数,按附录B表B.9记录。

6.3.10 熨平板加热装置工作参数的测定

6.3.10.1 同6.3.8.1。

6.3.10.2 按5.4.4.7规定的预热时间加热。

6.3.10.3 完成预热后,同时测量各测点的温度值,按附录B表B.10记录。

6.3.11 试验数据处理

6.3.11.1 刮板输送器的运行速度按公式(2)计算,其结果记入附录B表B.6。

$$v_s = 0.06\frac{L_s}{t_s} \tag{2}$$

式中:

v_s——刮板输送器平均速度,m/min;

t_s——测量时间,s;

L_s——规定距离,mm。

6.3.11.2　振捣梁的冲击次数：

a)　采用直接法测量时，振捣梁偏心轴的转速即为振捣梁的冲击次数；

b)　采用间接法测量时，取10个～15个连续完整的冲击周期记录波形，采集各周期值，按公式(3)求出周期的算术平均值，然后按公式(4)计算振捣梁的冲击次数，并记入附录B表B.9。

$$T_d = \frac{1}{n}\sum_{i=1}^{n} T_{di} \tag{3}$$

式中：

T_d——冲击周期的算术平均值，s；

T_{di}——采集的各周期值，s；

n——数据采样点数，$n = 10 \sim 15$。

$$Z = 60\,\frac{1}{T_d} \tag{4}$$

式中：

Z——振捣梁的冲击次数，min^{-1}。

6.3.11.3　振捣梁的冲击行程：

a)　采用直接法测量时，振捣梁对应于偏心轴上下两止点的位置差即为振捣梁的冲击行程。

b)　采用间接法测量时，连续采集10个～15个振捣梁冲击幅度值，按公式(5)计算冲击行程，并记入附录B表B.9。

$$A_d = \frac{1}{n}\sum_{i=1}^{n} A_{di} \tag{5}$$

式中：

A_d——振捣梁的冲击行程，mm；

A_{di}——采集的幅度值，mm；

n——数据采样点数，$n = 10 \sim 15$。

6.4　传动系统

6.4.1　闭式机械传动润滑油温度试验

6.4.1.1　试验条件：结合作业性能试验进行，环境温度变化不得大于5℃，风速不得大于3m/s。

6.4.1.2　仪器设备：红外测温仪、计时器、钢卷尺、钢直尺等。

6.4.1.3　试验程序为：

a)　摊铺机投入作业前对各闭式机械传动装置(主离合器、变速箱、驱动桥等)的润滑油油温进行首次测量；

b)　摊铺机连续摊铺作业1h后进行第二次测量，以后每隔20min测量一次；

c)　当连续三次测量的温度波动值不大于3℃时，停止试验；

d)　测量时，红外测温仪距油箱壁不小于50mm，允许停机测量，每次停机时间不得超过3min。

6.4.1.4　试验结果按附录B表B.11记录。

6.4.2　闭式机械传动润滑油清洁度试验

6.4.2.1　仪器设备：量杯(1000mL)、耐热玻璃过滤器、滤网(120目)、精密天平(感量1mg)、低温烘箱、玻璃棒等。

6.4.2.2　试验程序：

a)　发动启动机，各机械传动部分空载运行；

b)　用过滤后的轻质油清洗量杯和滤网，滤网再经丙酮清洗后放入烘箱加热至110℃±5℃，保温0.5h后取出，用精密天平称量其重量；

c)　待各传动机构空载运行20min后，分别从各传动装置(变速箱、驱动桥等)的放油口各取出

500mL润滑油，加入轻质油稀释至1000mL，并用玻璃棒搅拌均匀，经滤网过滤后，再经过丙酮进行清洗，然后将该滤网连同污物一起放入烘箱内，加热至110℃±5℃，保温1h烘干后取出，用精密天平称量污物和滤网的总重量。

6.4.2.3 润滑油的清洁度按公式(6)计算：

$$\gamma = \frac{m_1 - m_0}{500} \times 1000 \tag{6}$$

式中：

γ——润滑油的清洁度，mg/L；

m_1——污物和滤网的总重量，mg；

m_0——滤网的重量，mg。

6.4.2.4 试验结果按附录B表B.12记录。

6.4.3 液压传动系统液压油温度试验

6.4.3.1 试验条件：结合作业性能试验进行，环境温度变化不得大于5℃，风速不得大于3m/s。

6.4.3.2 仪器设备：温度计、计时器等。

6.4.3.3 试验程序为：

a) 在液压油箱内设置温度计；

b) 每间隔20min观察记录一次温度；

c) 当连续三次测量的温度波动值不大于3℃时，停止试验。

6.4.3.4 试验结果按附录B表B.13记录。

6.4.4 液压油固体颗粒污染试验

6.4.4.1 仪器设备：液样瓶、耐热玻璃过滤器、显微镜等。

6.4.4.2 试验程序

a) 启动发动机，液压系统空载运行；

b) 保持液压泵在额定转速运转，所有液压执行元件空载运行20min，具有双向运动的执行元件应交替进行正反向运行(液压缸作全行程的往复动作)；

c) 执行元件停止运行，保持液压泵在额定转速运转；

d) 在液压油油箱内取液样，取样操作规程按JG/T 69规定；

e) 对液样进行显微镜计数，统计液压油中的固体颗粒污物数量，具体操作规程按JG/T 70的规定。

6.4.4.3 试验结果按附录B表B.14记录。

6.5 操作力、噪声、排气烟度试验

6.5.1 操作力

6.5.1.1 仪器设备：测力计、钢卷尺、钢直尺等。

6.5.1.2 试验程序：

a) 在各操作件的操作位置标定测试点；

b) 以正常操作速度操作，测量各操作件在位移全程中所需的最大操作力。

6.5.1.3 试验结果按附录B表B.15记录。

6.5.2 噪声

摊铺机的机外噪声和驾驶员耳边噪声的测定。

6.5.2.1 试验条件：

a) 试验应在无雨(雪)，风速不大于3m/s的天气进行；

b) 摊铺机按规定加注润滑油、液压油及燃油；

c) 摊铺机按基本摊铺宽度作业状态装备，停置于试验场，试验场地按GB/T 13802的规定，并将熨

平装置以浮动状态全部底面放置于橡胶垫块之上。

6.5.2.2 仪器设备：

a) 机外噪声测量用仪器设备按 GB/T 13802 的规定；

b) 驾驶员耳边噪声测量用仪器设备按 GB/T 13325 的规定。

6.5.2.3 试验程序：

a) 按图 1 所示在试验场地标定机外噪声的测点；

b) 按 GB/T 13325 规定，标定相应于驾驶员、随机操作人员的耳边噪声测点；

c) 在机外噪声的各个测点，按 GB/T 13802 规定测量摊铺机辐射的噪声和背景噪声；

d) 在各操作位置噪声测点，按 GB/T 13325 规定测量摊铺机辐射的噪声和背景噪声。

注 1：测量摊铺机辐射噪声时，摊铺机为开机状态，发动机调置最大供油状态，各工作装置以最高工作速度空载运行，熨平加热装置不加热，行驶系统不运转。

注 2：测量背景噪声时，摊铺机为停机状态，发动机熄火。

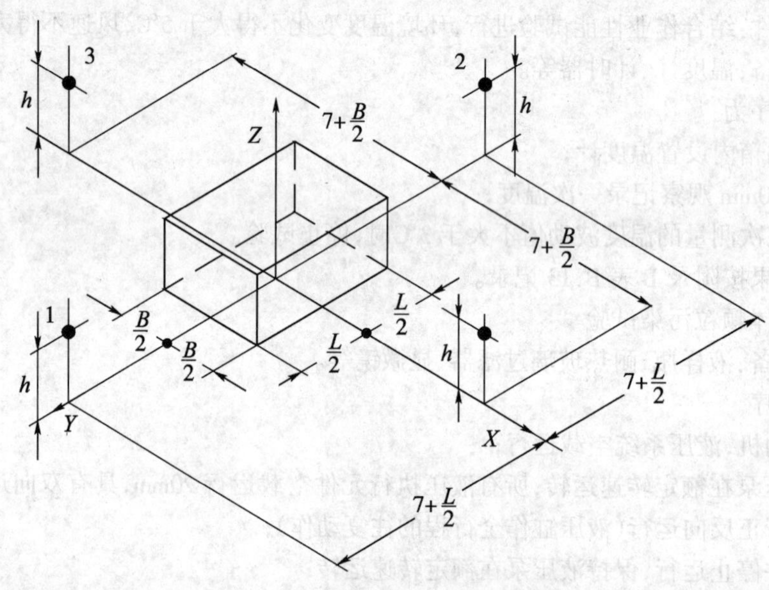

图 1

"·"-机外噪声测点；L、B-按 6.2.1 测定的摊铺机长、宽尺寸；h-测点距底面高，h = 1.5m

6.5.2.4 数据处理：

a) 按 GB/T 13802 规定，对机外噪声测点的测量数据进行修正并计算表面 A 声级；

b) 按 GB/T 13325 规定，对各操作位置噪声测点的测量数值进行计算和修正。

6.5.2.5 试验结果按附录 B 表 B.16 记录。

6.5.3 排气烟度

按 GB 3846 的规定进行试验。

6.6 行驶性能

6.6.1 试验条件

6.6.1.1 试验应在无雨(雪)天的天气进行，风速不得大于 3m/s。

6.6.1.2 行驶速度试验跑道为干硬砂土路面，跑道的直线部分长度应满足测量距离的要求，宽度不小于摊铺机行驶状态宽度的 2 倍，跑道两端应具有摊铺机的转向区域，跑道纵向坡度不大于 1%，横向坡度不大于 1.5%。

6.6.1.3 燃油加注到规定量的三分之二以上。

6.6.2 行驶速度

6.6.2.1 仪器设备：行驶速度测量仪(五轮仪或光电测速仪)、钢卷尺、计时器、转速表、风速表、标杆等。

6.6.2.2 试验程序：

a) 在试验跑道上标定起动加速区间和测量区间，起动加速区间长度不小于 20m，测量区间长度不小于 20m；

b) 发动机以最高转速空载运转，并测定其转速；

c) 摊铺机平行于跑道中心线行驶，测定通过测量区间的时间；

d) 逐档往返，各档测量两次，取其平均值。

6.6.2.3 试验数据处理：各档行驶速度按公式(7)计算：

$$v_x = 3.6\frac{L_x}{t_x} \tag{7}$$

式中：

v_x——行驶速度，km/h；

L_x——测量区间长度，m；

t_x——通过测量区间的时间，s。

6.6.2.4 试验结果按附录 B 表 B.17 记录。

6.6.3 行驶制动试验

6.6.3.1 仪器设备：制动性能测量仪(或配套有制动同步控制器的五轮仪)、标杆、温度计、风速表等。

6.6.3.2 试验程序：

a) 在道路上标定起动加速区间和测量区间，起动加速区间长度不小于 20m，测量区间长度不小于 20m；

b) 摊铺机在起动加速区间内达到最高行驶速度，保持最高行驶速度稳定行驶，进入测量区间后，以最大负加速度进行制动(制动时，应同时将行驶动力切断)；

c) 试验应在试验跑道上的正反两个方向各进行一次，两次制动的最少间隔时间为 10min；

d) 测量摊铺机的制动初速度和制动距离；

e) 制动初速度和制动距离取两次试验的平均值。

6.6.3.3 试验数据处理：

a) 当制动初速度在最高行驶速度 ±1% 范围内时，制动距离取试验的平均值为测定值；

b) 当制动初速度在最高行驶速度 ±10% 范围内时，制动距离按公式(8)进行修正。

$$L_z = L'_z(v_z/v'_z)^2 \tag{8}$$

式中：

L_z——修正后的制动距离，m；

L'_z——实测制动距离，m；

v_z——最高行驶速度，km/h；

v'_z——实测制动初速度，km/h。

6.6.3.4 试验结果按附录 B 表 B.18 记录。

6.6.4 直线行驶性能

本项试验仅适用于履带式摊铺机。

6.6.4.1 仪器设备：钢卷尺、标杆等。

6.6.4.2 试验程序：

a) 在试验跑道上取 50m 测量区间，画出横向始端线、终端线和纵向中心线；

b) 摊铺机位于始端线处,并使摊铺机中心线与跑道中心线重合;

c) 摊铺机以作业行驶速度行驶,在不调整转向操作装置的情况下通过试验区间;

d) 以初始履带前接地履带板中心与后接地履带板中心连线的延长线为基准线,测量在试验末端端线处履带前接地履带板中心与后接地履带板中心与基准线的偏移量,按图2所示,计算出摊铺机跑偏量。

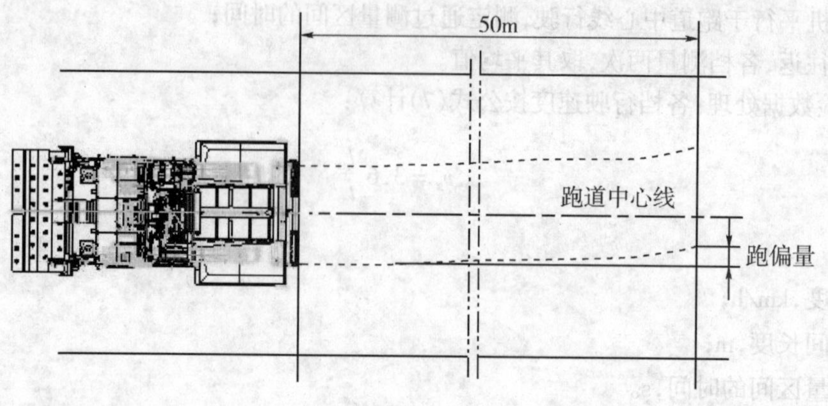

图 2

6.6.4.3 试验结果按附录B表B.19记录。

6.6.5 最小转弯直径

6.6.5.1 仪器设备:钢卷尺、喷迹器、标杆等。

6.6.5.2 试验程序:

a) 摊铺机分别以最低行驶速度进行前进、后退方向的极限位置的左转弯和右转弯;

b) 当摊铺机的轮(轨)迹形成一封闭圆环后停止转向行驶;

c) 分别测量各种转向状态的外侧前轮(或外侧履带)外沿的行驶轨迹和熨平装置外侧后角处运动轨迹的直径,如图3所示。

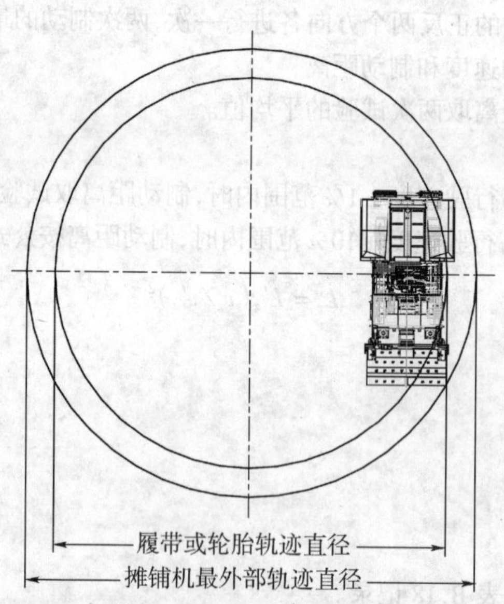

图 3

6.6.5.3 试验结果按附录B表B.20记录。

6.6.6 爬坡试验

6.6.6.1 试验条件:

a） 坡度为不小于12%的干硬性试验坡道；

b） 摊铺机按行驶状态装备；

c） 燃油加注到规定的三分之二以上；

d） 履带摊铺机的履带张紧度、轮胎摊铺机的轮胎气压符合产品使用说明书的规定；

e） 摊铺机应充分预热，行驶系统工作应稳定；

f） 制动器在沾水或在恶劣条件下使用后，不能进行试验。

6.6.6.2 仪器设备：五轮仪、风速仪、钢卷尺、标杆、计时器、气压表等。

6.6.6.3 试验程序：

a） 摊铺机位于坡下助跑路段的始端，待发动机运转稳定后以最低行驶速度起动，至坡底时将发动机调至最大供油状态开始爬坡，测定摊铺机通过测试路段的时间和距离，见图4；

b） 在中途爬不上时，将原因填入附录B表B.21备注栏内；若摊铺机输出功率和附着力有潜力，可提高行驶速度重复试验，直至发动机达到最大输出功率或履带、轮胎滑移为止，按测定的最高爬坡速度折算爬坡角度。

6.6.6.4 试验数据处理：

a） 爬坡功率，按公式(9)计算：

$$N_p = \frac{m_p \cdot L_p \cdot \sin\alpha_p \cdot g}{t_p} \times 10^{-3} \tag{9}$$

式中：

N_p——爬坡所需功率，kW；

m_p——摊铺机重量，kg；

L_p——测定距离，m；

α_p——坡道坡度，°；

t_p——通过测定距离所需时间，s；

g——重力加速度，m/s²。

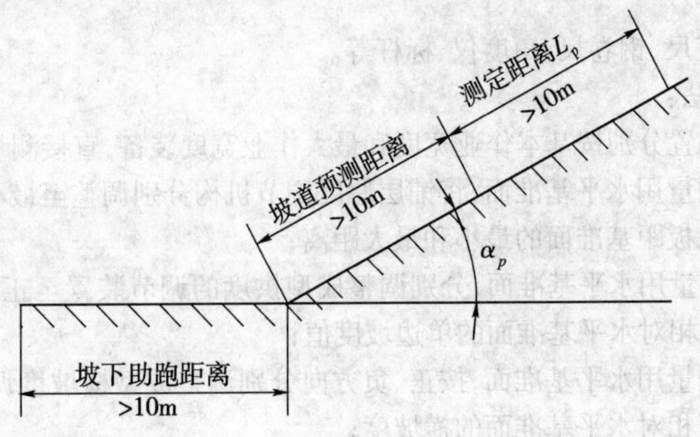

图 4

b） 爬坡速度，按公式(10)计算：

$$v_p = 3.6\frac{L_p}{t_p} \tag{10}$$

式中：

v_p——爬坡速度，km/h。

c）折算爬坡度，按公式(11)计算：

$$a = \arcsin\left(\frac{v_{p2}}{v_{p1}} \times \sin\alpha_p\right) \tag{11}$$

式中：

α——折算爬坡度，°；

v_{p2}——提高行驶速度爬坡时的爬坡速度，km/h，按公式(10)计算；

v_{p1}——摊铺机以最低行驶速度爬坡时的爬坡速度，km/h，按公式(10)计算。

6.6.6.5 试验结果按附录B表B.21记录。

6.6.7 坡道停车试验

试验在空载状态下进行，分别进行上坡和下坡方向的停车试验。

6.6.7.1 仪器设备：计时器、钢卷尺、钢直尺等。

6.6.7.2 试验程序：

a) 将摊铺机行驶到试验的坡道上，分别进行停车、起动试验，停车时仅用停车制动系统制动；

b) 测量停车5min后，摊铺机在坡道上的位移量；

c) 观察摊铺机的停车、起动情况。

注：摊铺机停车、起动的操作过程按使用说明书规定，停车时发动机停机。

6.6.7.3 试验结果按附录B表B.22记录。

6.6.8 方向盘中位自由行程试验

本项试验仅适用于轮胎式摊铺机。

6.6.8.1 仪器设备：角度仪等。

6.6.8.2 试验程序：

a) 启动发动机，转向系统处于工作状态；

b) 方向盘自中位分别向两侧作自由转动；

c) 测量方向盘双向自由转动量。

注：转动方向盘时，转动轮胎不允许移动。

6.6.8.3 试验结果按附录B表B.23记录。

6.7 作业性能

6.7.1 主要作业参数

6.7.1.1 仪器设备：钢直尺、钢卷尺、角度仪、标杆等。

6.7.1.2 测量内容及方法：

a) 摊铺机的熨平装置分别按基本作业宽度和最大作业宽度装备，直接测量各作业宽度的数值；

b) 在地面上设置测量用水平基准面，将铺层厚度调节机构分别调整至最小和最大摊铺厚度位置，测量熨平装置底板距基准面的最小和最大距离；

c) 在地面上设置测量用水平基准面，分别调整成型拱度的调节装置至正、负拱度的最大位置，测量熨平装置底板相对水平基准面的单边坡度值；

d) 在地面上设置测量用水平基准面，按正、负方向分别调整成型横坡度调节装置至最大位置，测量熨平装置底板相对水平基准面的横坡度；

e) 测量摊铺机各档的摊铺速度；

f) 测量摊铺机的最低稳定摊铺速度及其变化率，试验反复进行五次，计算其极限值与规定值的相对误差，用加速度计或速度计测取摊铺机最低摊铺速度的变化率。

6.7.1.3 试验结果按附录B表B.24记录。

6.7.2 作业能力

通过本试验检查摊铺机分别在最大摊铺宽度、最大摊铺厚度和最大摊铺速度作业状态下，各作业系统的匹配、协调性能和摊铺机的作业能力。

6.7.2.1 试验条件：

a) 铺筑稳定层材料的施工工地；

b) 道路工程专用的稳定材料；

c) 摊铺机不装备自动找平装置,熨平板加热装置不加热。

6.7.2.2 仪器设备:计量器、钢卷尺、钢直尺、计量器等。

6.7.2.3 试验程序:

a) 自卸车向摊铺机供料;

b) 摊铺机分别以最大摊铺宽度、最大摊铺厚度和最高摊铺速度为主的工况下,进行摊铺作业;

c) 检查各工作装置在摊铺过程中的运转情况,有无异常声响;

d) 检查摊铺机的发动机、机械传动系统、液压系统有无过热现象;

e) 检查摊铺机的作业行驶情况,有无打滑等现象;

f) 检查在各摊铺状态的铺层宽度、厚度及面层有无明显缺料等缺陷。

6.7.2.4 试验结果按附录 B 表 B.25 记录。

6.7.3 摊铺作业

6.7.3.1 试验场地

试验场地应选择符合 GB 50092 规定且满足下列具体要求的施工工地:

a) 所需摊铺的路面型式应是面层为二层式(上、下层)或三层式(上、中、下层)结构的沥青混合料或沥青碎石路面;

b) 试验在面层的中、下层进行;

c) 试验层铺筑的沥青混合料应为中粒式,铺层厚度不小于 50mm;

d) 路面铺筑层的全幅宽度应大于或等于所试验摊铺机的最大摊铺宽度;

e) 试验路段的直线长度不小于 50m,纵坡不大于 3%;

f) 基层的密实度不小于 95%,平整度不大于 6mm(3m 直尺测量值)。

6.7.3.2 仪器设备

划线器、标杆、钢卷尺、3m 直尺、塞规、密度取样器、计时器、水准仪和测微尺等。

6.7.3.3 试验程序

6.7.3.3.1 作业性能

摊铺机在试验路段按施工要求进行连续摊铺作业,摊铺长度不得小于 50m,计时器计量摊铺作业时间,统计沥青混合料用量,按附录 B 表 B.26 记录作业性能试验情况。

a) 铺筑试验结束后,按图 5 所示在试验路段划分铺层宽度、厚度、拱度或横坡度、平整度、密实度的测量采样区、测量中心线;

b) 在 1 ~ 10 各测量区内,测量铺层的摊铺宽度、摊铺拱度或摊铺横坡度,按附录 B 表 B.27 记录测量数据。

6.7.3.3.2 摊铺平整度

在 A ~ G 各平整度测量区(见图 5)沿中心线按 3m 直尺头尾相距不小于 1.5m 的间距随机选取 10 处 3m 直尺测量位置,共计 30 处 ~ 70 处测量位置。用 3m 直尺法测定。亦可用水准仪和塔尺测定 3m 长度内等距 11 个测点的高度,用最小二乘法计算出相应的最大间隙,按附录 B 表 B.28 记录测量值。

6.7.3.3.3 摊铺密实度

摊铺密实度试验程序为:

a) 在 A_i ~ G_i 各密实测量区随机选取一处密度采样点,共计 25 个 ~ 70 个采样点。按有关规定取样,并测量样本密度值,取样深度不大于 50mm,按附录 B 表 B.29 记录;

b) 在铺筑试验层时,按 JTJ 052 规定从自卸车上取沥青混合料样、制备马歇尔标准试件五件,击实次数为 75 次、测量试件的密度值、计算出平均密度,按附录 B 表 B.30 记录。

6.7.3.3.4 铺层厚度

铺层厚度试验程序为:

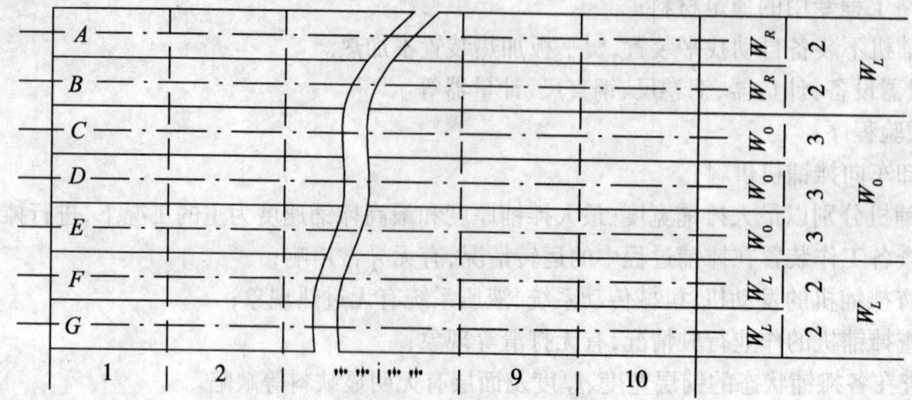

图 5

W_0-基本摊铺宽度;1～10-铺层宽度、拱度或横坡度测量区;W_L-左侧加宽宽度;A～G-平整度测量区域;W_R-右侧加宽宽度;—·—-平整度测量线;A_i～G_i-厚度、密度采样区

a) 铺层厚度试验应在平整度为 3mm(3m 直尺测量值)的面层上进行,摊铺机熨平装置的拱度或横坡度定在零位。

b) 试验时,将熨平装置先放置在厚度为铺层设定厚度 1.1 倍的垫板上,对铺层厚度调节机构进行相应的调整。摊铺 2m～3m 时,测量铺层厚度,并作相应的调整。当铺层厚度达到设定要求后,锁定铺层厚度调节机构,连续摊铺 20m。

c) 在 20m 的铺层上按图 5 所示,划分铺层厚度测量区。在 A～G 各测量区内按不小于 3.5m 的间距随机选取 5 个测量点,总计 35 个测量点。用去除铺层材料方法或水准仪高差法测量各测量点的铺层厚度,按附录 B 表 B.31 记录测量数据。

注:以上测量、采样均在碾压工序之前进行。

6.7.3.3.5 试验数据处理

试验数据处理包括:

a) 铺层宽度误差,按公式(12)计算:

$$\delta_w = W_b - W_s \tag{12}$$

式中:

δ_w——铺层宽度误差,mm;

W_b——摊铺机设定的摊铺宽度,mm;

W_s——铺层宽度的平均值,mm,按公式(13)计算:

$$W_s = \frac{1}{n}\sum_{i=1}^{n} W_i \tag{13}$$

式中:

W_i——各测量区铺层宽度的测量值,mm;

n——样本数。

b) 铺层厚度误差,按公式(14)计算:

$$\delta_h = h_b - h_s \tag{14}$$

式中:

δ_h——铺层厚度误差,mm;

h_b——摊铺机设定的摊铺厚度,mm;

h_s——铺层厚度的平均值,mm,按公式(15)计算:

$$h_s = \frac{1}{n}\sum_{i=1}^{n} h_{si} \tag{15}$$

式中:

h_{si}——各测量区铺层厚度的测量值,mm。

c) 铺层拱度、铺层横坡度的误差,按公式(16)计算:

$$\delta_a = \frac{|\alpha_b - \alpha_s|}{\alpha_b} 100\% \tag{16}$$

式中:

δ_a——铺层拱度(或铺层横坡度)误差,%;

α_b——摊铺机设定的摊铺拱度(或摊铺横坡度),%;

α_s——铺层拱度(或铺层横坡度)的平均值,%,按公式(17)计算:

$$\alpha_s = \frac{1}{n}\sum_{i=1}^{n} \alpha_{si} \tag{17}$$

式中:

α_{si}——各测量区铺层拱度(或铺层横坡度)的测量值,%。

d) 平整度,按公式(18)计算:

$$p = \bar{h} + 1.645 s_1 \tag{18}$$

式中:

p——平整度,mm;

s_1——样本的标准差,mm,按公式(19)计算:

$$s_1 = \sqrt{\frac{1}{n-1}\sum_{i=1}^{n} (h_i - \bar{h})} \tag{19}$$

式中:

$\bar{h}$——最大间隙平均值,mm,按公式(20)计算:

$$\bar{h} = \frac{1}{n}\sum_{i=1}^{n} h_i \tag{20}$$

式中:

h_i——单个样本的最大间隙测量值,mm。

e) 密实度,按公式(21)计算:

$$\alpha = \frac{1}{n}\sum_{i=1}^{n} \alpha_i \tag{21}$$

式中:

α——密实度,%;

α_i——单个样本密度,%;

$$\alpha_i = \frac{\gamma_i}{\gamma_0} \times 100\% \tag{22}$$

式中:

γ_i——单个样本密度,g/cm^3;

γ_0——马歇尔试件标准密度,g/cm^3。

f) 密实不匀率,按公式(23)计算:

$$\delta = \frac{s_2}{\alpha} \times 100\% \tag{23}$$

式中：

δ——密实不匀率，%；

s_2——样本的标准差，按公式(24)计算：

$$s_2 = \sqrt{\frac{1}{n-1}\sum_{i=1}^{n}(\alpha_i - \alpha)^2} \tag{24}$$

6.7.3.4 试验结果

试验数据填入附录B表B.32。

6.8 可靠性试验

6.8.1 试验条件

试验条件为：

a) 摊铺机可靠性试验场地应符合GB 50092规定的机械摊铺作业的沥青路面施工工地；

b) 摊铺机应按施工要求进行摊铺作业，每作业班次累计作业时间不得少于5h；

c) 试验期间应按摊铺机使用说明书的规定进行例行保养和维修；

d) 摊铺机在试验过程中发生故障时，应及时排除故障，不允许带故障作业；

e) 可靠性试验应做好每班的试验记录，班次记录、故障原始记录按附录B表B.33记录。

6.8.2 试验时间及计时

可靠性试验时间由作业时间、故障时间和维护保养时间三项组成：

a) 作业时间：摊铺机作业时间的累计值，单次计时从摊铺机起步摊铺开始，到停机为止，摊铺过程中的停机待料时间不计入作业时间；

b) 故障时间：故障时间的累计值，单次计时从故障发生开始到故障排除，并确定摊铺机可正常运转为止。其中包括查找、分析、处理、修整、调试等时间，用于等待等非排除故障时间不计；

c) 维修保养时间：按摊铺机使用说明书规定进行的技术性例行保养时间的累计值，单次计时在保养工作开始到结束为止，未影响正常作业和未占用作业时间而进行的日常性保养工作时间不计。

6.8.3 故障

6.8.3.1 故障判定

故障判定如下：

a) 可靠性试验中由于摊铺机自身潜在因素和固有缺陷的故障，计为可靠性考核故障；

b) 由外界原因或操作人员违反操作规程而致的故障，不计为可靠性考核故障；

c) 试验过程中同时发生的两个以上的故障时，若故障之间有直接联系，按其中最严重的故障类别计，若无直接联系则分别记录。

6.8.3.2 故障分类

摊铺机在可靠性试验期间所发生的故障，按其对人身安全、零部件损坏程度、功能降低程度及修复难易等因素分为四类，故障特征及故障危害度系数按表8规定。

6.8.4 可靠性数据处理

a) 平均无故障工作时间，按公式(25)计算：

$$\text{MTBF} = \frac{T}{N} \tag{25}$$

式中：

MTBF——平均无故障工作时间，h；

T——累计作业时间，h，$T = \sum t_i$；

t_i——单次作业时间,h;

N——当量故障次数,$N=\sum \varepsilon_i \cdot n_i$;

ε_i——I 类故障的危害度系数;

n_i——I 类故障次数。

注:当 $N=0$ 或 $N<1$ 时,令 $N=1$,但应在试验报告中予以说明。

表 8　摊铺机故障特征及故障危害度系数表

故障类别	故障特征	故障举例	危害度系数
致命故障	严重危及或导致人身伤亡,引起重要总成损坏、主要部件严重报废的故障	发动机烧坏,车架、臂架断裂,车轮脱落等	—
严重故障	严重影响摊铺机功能,性能指标超出规范以外,必须停机修理,需对重要零部件进行更换或修理的故障	主要性能下降 5%,能耗上升超过 10%,传动轴、齿轮损坏等	3
一般故障	明显影响摊铺机的主要性能,需对一般零部件进行更换或修理的故障	渗漏严重,零件开焊或开裂,电器开关烧坏等	1.0
轻度故障	轻度影响摊铺机功能,不需更换或修理零件,用随机工具排除的故障	离合器因行程变化分离不彻底,轻度渗油、渗水,螺栓松动等	0.2

b) 可靠度,按公式(26)计算:

$$R=\frac{T}{T+T_1}\times 100\% \tag{26}$$

式中:

R——可靠度,%;

T_1——累计故障时间,h。

6.8.5 试验结果

试验结果按附录 B 表 B.34 记录。

7 检验规则

7.1 检验分类

摊铺机产品检验分为出厂检验和型式检验。

7.2 出厂检验

7.2.1 摊铺机的出厂检验由质量检验部门逐台检验,检验合格后方准出厂。

7.2.2 出厂检验的项目见表 9。

7.2.3 出厂检验的项目应全部合格,不合格者应返修、复检。

7.3 型式检验

7.3.1 属下列情况之一者,应进行型式检验:

a) 新产品试制或老产品转厂生产的定型鉴定;

b) 变型、重大改进、原材料及工艺等方面的较大变动可能影响产品性能时;

c) 正常生产的定期检验;

d) 国家质量监督机构进行全面质量检验时。

7.3.2 摊铺机的型式检验为抽样检验,采取随机抽取一台试验样机。

7.3.3 摊铺机型式检验的项目见表 9。

7.3.4 型式检验的检验结果达到本标准的要求,判定为合格品。

表9 检验项目

序号	检验项目	技术要求	试验方法	出厂检验	型式检验
1	外观质量	5.2.1、5.3	6.2.1	√	√
2	整机质量	5.2.3	6.2.2		√
3	料斗折翻	5.4.1.2	6.3.3	√	√
4	刮板输送器工作速度	5.4.2	6.3.4	√	√
5	螺旋布料器工作速度	5.4.3	6.3.5	√	√
6	熨平装置升降展宽	5.4.4.1	6.3.6/6.3.7	√	√
7	振捣锤振动频率和冲程	5.4.4.2	6.3.9	√	√
8	熨平板振动装置振动频率和振幅	5.4.4.3、5.4.4.4	6.3.8	√	√
9	熨平板加热装置	5.4.4.7	6.3.10	√	√
10	闭式机械传动系统温度	5.5.1.1	6.4.1		√
11	闭式机械传动系统润滑油清洁度	5.5.1.2	6.4.2		√
12	液压油温	5.5.2.2	6.4.3		√
13	液压油固体颗粒污染等级	5.5.2.3	6.4.4		√
14	操作力	5.7.8	6.5.1		√
15	发动机烟度排放	5.10.2.1	6.5.3		√
16	噪声	5.10.2.2	6.5.2		√
17	各档行驶速度和最高行驶速度	5.1.1	6.6.2	√	√
18	最小转弯直径	5.6.1	6.6.5		√
19	制动距离	5.6.2/5.6.3	6.6.3	√	√
20	爬坡能力	5.6.4	6.6.6		√
21	坡道停车性能	5.6.4	6.6.7		√
22	直线行驶跑偏量(履带式)	5.6.5	6.6.4	√	√
23	方向盘中位自由转动量(轮胎式)	5.6.6	6.6.8	√	√
24	摊铺宽度	5.1.2a)	6.7.3.3.1		√
25	摊铺拱度、横坡度	5.1.2a)	6.7.3.3.1		√
26	平整度	5.1.2b)	6.7.3.3.2		√
27	密实度	5.1.2b)	6.7.3.3.3		√
28	摊铺厚度	5.1.2a)	6.7.3.3.4		√
29	密实度不匀率	5.1.2b)	6.7.3.3.5		√
30	可靠性	5.9	6.8		√

8 标志、包装、运输和贮存

8.1 标志

8.1.1 摊铺机的标牌应符合 GB/T 18411 的规定,包括下列内容:

a) 商标;

b) 产品名称;

c) 产品型号;

d) 产品主要参数(包括:最大摊铺宽度、基本摊铺宽度、最大摊铺厚度、摊铺速度、料斗容量、理论生产率、行驶速度、发动机功率、整机重量、整机外形尺寸等);

e) 制造日期;

f) 生产批号;

g) 制造厂名称。

8.1.2 摊铺机的包装标志应包括下列内容:

a) 储运图示标志;

b) 吊位标志;

c) 收发货标志。

8.1.3 标志应设置在易于观察的位置,文字内容、图案提示应易于识别。

8.2 包装

8.2.1 摊铺机一般采用裸装(特殊要求除外)。

8.2.2 摊铺机包装应根据防护要求和运输要求进行,包装应牢固可靠,确保摊铺机在存放和运输中不受损害,对易损及易失落的零部件,应从主机上拆下,单独采用包装箱包装。

8.2.3 随机工具、备件、附件应进行防潮、防锈保护,并采用包装箱包装。

8.2.4 下列文件随机包装,随机文件应采取防潮、防水等防护措施。

a) 产品合格证;

b) 摊铺机使用说明书;

c) 发动机使用说明书;

d) 随机备件、易损件清单;

e) 随机工具清单;

f) 产品零件图册;

g) 装箱单。

8.3 运输

8.3.1 整机装运时,对整机应有可靠的固定防护措施和吊装防护措施,并采用遮篷防护。

8.3.2 摊铺机短距离运输时可自行运行,轮胎式摊铺机运行距离大于15km、履带式摊铺机运行距离大于2km时用平板车拖运。

8.4 贮存

8.4.1 摊铺机应存放在通风、干燥的库房内,否则应采取防晒、防雨、防潮、防腐蚀等措施。

8.4.2 摊铺机长期停放时应用支架垫平,存放之前,应对其防护密封及零件的完好情况进行全面细致的检查。

8.4.3 摊铺机的各种调整孔、加油孔、进排气孔等应用帽、塞或其他方法严加封闭。

8.4.4 蓄电池应断路,电解液的浓度和液面高度应符合制造厂的规定。当摊铺机存放期限超过两个月时,应将蓄电池拆下,放入专用仓库保存。

8.4.5 各油(水)箱的燃油、润滑油、液压油、冷却液和水应按产品使用说明书的规定添加或排放。

8.4.6 长期存放时,应定期检查存放情况。检查间隔期按下列规定:

a) 气候温暖时,每六个月检查一次;

b) 在炎热、寒冷以及沿海地带每三个月检查一次。

附 录 A
(资料性附录)
熨平装置分类

A.1 熨平装置的类型

A.1.1 按密实方式分:

a) 简易型:无振动、振捣密实机构;

b) 普通型:具有振动密实机构;

c) 标准型:具有振捣和振动组合的熨平密实机构;

d) 强力型:具有双振捣、振动和振捣、高强压脉冲振动相组合的熨平密实机构。

A.1.2 按加宽方式分:

a) 机械连接加宽式;

b) 液压伸展式。

A.1.3 按加热方式分:

a) 燃气加热式;

b) 燃油加热式;

c) 电加热方式。

附　录　B
（规范性附录）
沥青混合料摊铺机试验记录表

B.1　摊铺机履历表见表 B.1

表 B.1　摊铺机履历表

摊铺机型号：＿＿＿＿＿＿＿＿　　制造厂名称：＿＿＿＿＿＿＿＿

出 厂 编 号：＿＿＿＿＿＿＿＿　　生 产 日 期：＿＿＿＿＿＿＿＿

项目	年月日	作业地点	时间	记事
运行时间合计				

注 1：项目栏：包括总装调整、跑合运行、修理等，按年月日顺序记入；

注 2：时间栏：记入每项所花的时间；

注 3：记事栏：按新制、改制记入跑合、作业各档速度及调整修理（部位、程度、更换零部件）等事项。

B.2　摊铺机外形尺寸及外观记录表 B.2

表 B.2　摊铺机外形尺寸及外观记录表

摊铺机型号：＿＿＿＿＿＿＿＿　　试验地点：＿＿＿＿＿＿＿＿

出 厂 编 号：＿＿＿＿＿＿＿＿　　试验日期：＿＿＿＿＿＿＿＿

试验人员：＿＿＿＿＿＿＿＿

测量项目	测量值（mm）			平均值（mm）	测量位置（状态）说明
	1	2	3		
整机长度					
整机宽度					
整机高度					
转向轮轮距					
驱动轮轮距					
轴距					
履带宽度					
履带接地长度					
履带中心距					
外观质量					

B.3 摊铺机整机质量测量记录见表 B.3

表 B.3 摊铺机整机重量测量记录

摊铺机型号:________________ 试验地点:________________

出 厂 编 号:________________ 试验日期:________________

试 验 人 员:________________

单位为千克

项目	测量值			平均值	备注
	1	2	3		
样机重量					
摊铺机状态说明					
量具说明					

B.4 料斗折翻动作时间测定记录见表 B.4

表 B.4 料斗折翻动作时间测定记录

摊铺机型号:________________ 试验地点:________________

出 厂 编 号:________________ 试验日期:________________

试验人员:________________

发动机转速 (r/min)	动作方向	折翻动作时间测定值(s)			平均值 (s)	备注
		1	2	3		
	折翻					
	回位					

B.5 刮板输送器运行速度测定记录见表 B.5

表 B.5 刮板输送器运行速度测定记录

摊铺机型号:________________ 试验地点:________________

出 厂 编 号:________________ 试验日期:________________

试验人员:________________

发动机转速 (r/min)	档位	测定距离 (m)	测定时间 (min)	运行速度测量值(m/min)			平均值 (m/min)	备注
				1	2	3		

B.6 螺旋布料器转速测定记录见表 B.6

表 B.6 螺旋布料器转速测定记录

摊铺机型号:________________ 试验地点:________________

出 厂 编 号:________________ 试验日期:________________

试验人员:________________

发动机转速 (r/min)	档位	转速测量值(r/min)			平均值 (r/min)	备注
		1	2	3		

B.7 熨平装置升降展宽时间测定记录见表B.7

表B.7 熨平装置升降展宽时间测定记录

摊铺机型号:________ 试验地点:________
出 厂 编 号:________ 试验日期:________
试验人员:________

发动机转速 (r/min)	动作方向	升降时间测定值(s)			平均值 (s)	备注
		1	2	3		
	上升					
	下降					

发动机转速 (r/min)	动作方向	伸缩时间测定值(s)			平均值 (s)	备注
		1	2	3		
	伸出					
	缩回					

B.8 振动装置振动参数测定记录见表B.8

表B.8 振动装置振动参数测定记录

摊铺机型号:________ 试验地点:________
出 厂 编 号:________ 试验日期:________
试验人员:________

发动机转速 (r/min)	档位	振动参数测定结果		备注
		频率(Hz)	振幅(mm)	

B.9 振捣装置振动参数测定记录见表B.9

表B.9 振捣装置振动参数测定记录

摊铺机型号:________ 试验地点:________
出 厂 编 号:________ 试验日期:________
试验人员:________

发动机转速 (r/min)	档位	工作参数测定结果		备注
		冲击次数(次/min)	冲击行程(mm)	

B.10 熨平加热装置工作参数测定记录见表 B.10

表 B.10 熨平加热装置工作参数测定记录

摊铺机型号:________ 试验地点:________
出 厂 编 号:________ 试验日期:________
试验人员:________

加热方式	预热时间(min)	各测点温度测量值(℃)						平均值(℃)	备注
		1	2	3	4	5	6		

B.11 闭式机械传动润滑油油温试验记录见表 B.11

表 B.11 闭式机械传动润滑油油温试验记录

摊铺机型号:________ 试验地点:________
出 厂 编 号:________ 试验日期:________
试验人员:________

测定位置		发动机转速(r/min)	备注
环境温度(℃)		混合料温度(℃)	
摊铺机作业状态说明			
测量顺序	间隔时间(min)	油温测量值(℃)	备注
1			
2			
…			
n			

B.12 闭式机械传动润滑油清洁度试验记录见表 B.12

表 B.12 闭式机械传动润滑油清洁度试验记录

摊铺机型号:________ 试验地点:________
出 厂 编 号:________ 试验日期:________
试验人员:________

测点名称(取样位置)	样液数量(mL)	滤网重量(mg)	滤网和杂质的重量(mg)	清洁度测定值(mg/L)	备注

B.13 液压传动系统油温试验记录表 B.13

表 B.13 液压传动系统油温试验记录

摊铺机型号:________ 试验地点:________

出 厂 编 号:________ 试验日期:________

试验人员:________

系统型式		发动机转速(r/min)	
环境温度(℃)		混合料温度(℃)	
摊铺机作业状态			
测量顺序	间隔时间(min)	油温测量值(℃)	备注
1			
2			
…			
n			

B.14 液压系统固体颗粒污染试验记录见表 B.14

表 B.14 液压系统固体颗粒污染试验记录

摊铺机型号:________ 试验地点:________

出 厂 编 号:________ 试验日期:________

试验人员:________

系统型式	测量位置 (取样位置)	每 100mL 液压油固体颗粒数		备注
		> 5μm	> 15μm	

B.15 操作力试验记录表 B.15

表 B.15 操作力试验记录

摊铺机型号:________ 试验地点:________

出 厂 编 号:________ 试验日期:________

试验人员:________

操作装置	操作方式	操作力测定值(N)			平均值(N)	备注
		1	2	3		

B.16 噪声试验记录表 B.16

表 B.16 噪声试验记录

摊铺机型号＿＿＿＿ 试验地点＿＿＿＿ 试验日期＿＿＿＿

出厂编号＿＿＿＿ 试验人员＿＿＿＿

场地状况＿＿＿＿

天气状况＿＿＿＿ 风速＿＿＿＿m/s

声级计型号＿＿＿＿ 精度＿＿＿＿dB(A) 频率范围＿＿＿＿Hz

机外测点说明＿＿＿＿

司机耳边测点说明＿＿＿＿

备注＿＿＿＿

一、机外噪声测量记录

单位为 dB(A)

项目	测量次数	机外测点编号			
		1	2	3	4
背景噪声测量值	1				
	2				
	3				
	平均值				
机外噪声测量值	1				
	2				
	3				
	平均值				
各测点机外噪声与背景噪声的差值					
按差值修正后各测点的实际 A 声级					
修正后的实际表面 A 声级					
噪声特性说明					
备注					

二、司机耳边噪声测量记录

单位为 dB(A)

项目	测量噪声值		各操作位置		
			驾驶员位置	随机操作人员位置	
				1	2
背景噪声测量值	1				
	2				
	3				
	平均值				
司机耳边噪声测量值	1				
	2				
	3				
	平均值				
司机耳边噪声与背景噪声的差值					
修正后的实际 A 声级					
备注					

B.17 行驶速度试验记录见表 B.17

表 B.17 行驶速度试验记录

摊铺机型号:＿＿＿＿＿＿＿＿　　天气、气温:＿＿＿＿＿＿℃
出 厂 编 号:＿＿＿＿＿＿＿＿　　风向、风速:＿＿＿＿＿＿m/s
试 验 地 点:＿＿＿＿＿＿＿＿　　驾 驶 员:＿＿＿＿＿＿
试 验 日 期:＿＿＿＿＿＿＿＿　　试 验 人 员:＿＿＿＿＿＿

行驶方向	档位	发动机转速(r/min)	测定距离(m)	测定时间(s)				行驶速度(km/h)					备注
				去向		回向		去向		回向		平均值	
				1	2	1	2	1	2	1	2		

B.18 行驶制动试验记录见表 B.18

表 B.18 行驶制动试验记录

摊铺机型号:＿＿＿＿＿＿＿＿　　天气、气温:＿＿＿＿＿＿℃
出 厂 编 号:＿＿＿＿＿＿＿＿　　风向、风速:＿＿＿＿＿＿m/s
试 验 地 点:＿＿＿＿＿＿＿＿　　路 面 状 况:＿＿＿＿＿＿
试 验 日 期:＿＿＿＿＿＿＿＿　　试 验 人 员:＿＿＿＿＿＿

行驶方向	规定初速度(km/h)	实测值				修正制动距离(m)
		距离(m)	时间(s)	制动初速度(km/h)	制动距离(m)	
去向						
回向						

B.19 直线行驶性能试验记录见表 B.19

表 B.19 直线行驶性能试验记录

摊铺机型号:＿＿＿＿＿＿＿＿　　履 带 挠 度:＿＿＿＿＿＿mm
出 厂 编 号:＿＿＿＿＿＿＿＿
试 验 地 点:＿＿＿＿＿＿＿＿　　驾 驶 员:＿＿＿＿＿＿
试 验 日 期:＿＿＿＿＿＿＿＿　　试 验 人 员:＿＿＿＿＿＿

行驶方向	档位	测定距离(m)	跑偏量(mm)	偏移量(%)

B.20 最小转弯直径试验记录见表 B.20

表 B.20 最小转弯直径试验记录

摊铺机型号:＿＿＿＿＿＿＿＿　　试 验 日 期:＿＿＿＿＿＿
出 厂 编 号:＿＿＿＿＿＿＿＿　　驾 驶 员:＿＿＿＿＿＿
试 验 地 点:＿＿＿＿＿＿＿＿　　试 验 人 员:＿＿＿＿＿＿

行驶方向	行驶速度(km/h)	转弯方向	最小转弯直径(m)								备注
			外侧前轮(履带)外沿轨迹				外侧后角轨迹				
			1	2	3	平均值	1	2	3	平均值	
前进		左转									
		右转									
后退		左转									
		右转									

B.21 爬坡性能试验记录表 B.21

表 B.21 爬坡性能试验记录

摊铺机型号：＿＿＿＿ 试验日期：＿＿＿＿
天气、气温：＿＿＿＿℃ 出厂编号：＿＿＿＿
试验人员：＿＿＿＿ 风向、风速：＿＿＿＿m/s
试验地点：＿＿＿＿ 轮胎气压或履带挠度：＿＿＿＿kPa,mm

次数	坡度 (°)	制动距离 (m)	所需时间 (s)	爬坡速度 (km/h)	爬坡功率 (kW)	发动机转速 (r/min)	备注

B.22 坡道停车制动试验记录表 B.22

表 B.22 坡道停车制动试验记录

摊铺机型号：＿＿＿＿ 天气、气温：＿＿＿＿℃
出厂编号：＿＿＿＿ 路面状况：＿＿＿＿
试验地点：＿＿＿＿ 驾驶员：＿＿＿＿
试验日期：＿＿＿＿ 试验人员：＿＿＿＿

停车方向	坡道(%)	位移量测量值(m)	备注

B.23 方向盘中位自由行程试验记录表 B.23

表 B.23 方向盘中位自由行程试验记录

摊铺机型号：＿＿＿＿ 试验地点：＿＿＿＿
出厂编号：＿＿＿＿ 试验日期：＿＿＿＿
试验人员：＿＿＿＿

转动方向	转角测量值(°)			平均值 (°)	备注
	1	2	3		

B.24 主要作业参数试验记录表 B.24

表 B.24 主要作业参数试验记录

摊铺机型号：＿＿＿＿ 试验日期：＿＿＿＿
天气、气温：＿＿＿＿℃ 出厂编号：＿＿＿＿
风向、风速：＿＿＿＿m/s 试验地点：＿＿＿＿
试验人员：＿＿＿＿

一、摊铺机作业参数静态测定记录

测量项目		测量值			平均值	备注
		1	2	3		
摊铺宽度(mm)	基本					
	最大					
最大摊铺厚度(mm)						
摊铺拱度(%)	正向最大					
	负向最大					
摊铺横坡度(%)	正向最大					
	负向最大					

二、摊铺速度试验记录

行驶方向	档位	发动机转速(r/min)	测定距离(m)	测定时间(s)		摊铺速度(m/min)			备注
				去向	回向	去向	回向	平均值	

B.25 摊铺机作业能力试验记录表 B.25

表 B.25 摊铺机作业能力试验记录

摊铺机型号:________ 出厂编号:________ 试验地点:________

试验日期:________ 试验人员:________

天气:________ 气温:________℃ 风向:________ 风速:________m/min

试验用物料:________

摊铺机作业状态:________

摊铺机摊铺宽度:________mm 摊铺厚度:________mm 摊铺速度:________m/min

摊铺机成型拱度:________% 成型横坡度:________% 作业时间:________h

铺层宽度:________m 铺层厚度:________mm 累计摊铺沥青混合料量:________t

铺层表面缺陷:________

摊铺机工作装置运转情况:________

作业行驶情况:________

导致停机的故障:________

其他:________

B.26 摊铺机作业试验记录表 B.26

表 B.26 摊铺机作业试验记录

摊铺机型号:________ 出厂编号:________ 试验地点:________

试 验 日 期:________ 试验人员:________ 试验工地全称:________

天气:________ 气温:________℃ 风向:________ 风速:________m/min

试验路段基层平整度:________mm 密实度:________% 纵坡:________%

面层结构:________ 型式:________ 设计宽度:________m

第一层层厚:________mm 混合料级配:________

第二层层厚:________mm 混合料级配:________

第三层层厚:________mm 混合料级配:________

摊铺机配套自卸车型号:________ 载重量:________t

摊铺机作业装备:________ 操作人员熟练程度:________

摊铺机摊铺宽度:________m 摊铺速度:________m/min

试验摊铺长度:________m 累计作业时间:________h

试验混合料累计用量:________t

试验层说明:________

其他:________

B.27 铺层宽度、拱度、横坡度误差测量记录表 B.27

表 B.27 铺层宽度、拱度、横坡度误差测量记录

测量层:________ 测量日期:________ 试验人员:________

测量项目		宽度测量值(mm)	拱度测量值(%)	横坡度测量值(%)
测量区	1			
	2			
	3			
	4			
	5			
	6			
	7			
	8			
	9			
	10			
平均值				
设定值				
平均值与设定值之差				
测量层说明				
铺面情况及摊铺机工作情况				

B.28 铺层平整度测量记录表 B.28

表 B.28 铺层平整度测量记录

摊铺机型号:________ 试验地点:________

测 量 层:________ 试验日期:________

出 厂 编 号:________ 试验人员:________

测量区域	各区 3m 直尺最大间隙测量值
A	
B	
C	
D	
E	
F	
G	
平均最大间隙(mm)	
标准差(mm)	
平整度	
测量层说明	

B.29 铺层密度测量记录表 B.29

表 B.29 铺层密度测量记录

摊铺机型号:________ 试验地点:________

测 量 层:________ 试验日期:________

出 厂 编 号:________ 试验人员:________

采样区域	各测点样本密度测量值 (g/cm^3)									
A	1	2	3	4	5	6	7	8	9	10
B										
C										
D										
E										
F										
G										
测量层说明										

B.30 标准马歇尔试件密度测量记录表 B.30

表 B.30 标准马歇尔试件密度测量记录

取样地点:________ 试验日期:________

取 样 人:________ 试验人员:________

试件编号	试件密度测量值 (g/cm^3)	
1	击实 50 次	击实 75 次
2		
3		
4		
5		
6		
平均值		

B.31 铺层厚度误差测量记录表 B.31

表 B.31 铺层厚度误差测量记录

测 量 层:________ 测量层厚度设定值:________mm

测量日期:________ 试 验 人 员:________

纵向测量区	*A*	*B*	*C*	*D*	*E*	*F*	*G*
采样点编号	1						
	2						
	3						
	4						
	5						
各测量区厚度平均值 (mm)							
各测量区厚度与设定值之差 (mm)							
铺层厚度误差平均值 (mm)							
测量层说明							

B.32 作业性能试验结果汇总表 B.32

表 B.32 作业性能试验结果汇总

摊铺机型号：＿＿＿＿＿＿＿＿＿＿ 出厂编号：＿＿＿＿＿＿＿＿＿＿

试 验 地 点：＿＿＿＿＿＿＿＿＿＿ 试验日期：＿＿＿＿＿＿＿＿＿＿

试验项目	试验结果	备注
铺层宽度误差 (mm)		
铺层厚度误差 (mm)		
铺层拱度误差 (%)		
铺层横坡度误差 (%)		
平整度(三米直尺法) (mm)		
密实度 (g/cm^3)		
密实不匀率 (%)		
面层外观评价		

B.33 可靠性考核试验班次记录表 B.33

表 B.33 可靠性考核试验班次记录

试验日期：＿＿＿＿＿＿＿＿＿＿ 试验人员：＿＿＿＿＿＿＿＿＿＿

操作人员：＿＿＿＿＿＿＿＿＿＿ 作业班次：＿＿＿＿＿＿＿＿＿＿

<table>
<tr><td colspan="2">工作起止时间</td><td rowspan="2">作业时间
(h)</td><td rowspan="2">故障时间
(h)</td><td rowspan="2">养护时间
(h)</td></tr>
<tr><td>开始</td><td>结束</td></tr>
<tr><td></td><td></td><td></td><td></td><td></td></tr>
<tr><td colspan="3">摊铺机作业状态</td><td rowspan="2">混合料用量
(t)</td><td rowspan="2">摊铺长度
(m)</td></tr>
<tr><td>摊铺宽度(m)</td><td>摊铺厚度(m)</td><td>摊铺速度(m/min)</td></tr>
<tr><td></td><td></td><td></td><td></td><td></td></tr>
<tr><td colspan="5">故障情况：</td></tr>
</table>

B.34 可靠性试验结果报告表 B.34

表 B.34 可靠性试验结果报告

摊 铺 机 型 号：＿＿＿＿＿＿＿＿＿＿ 出 厂 编 号：＿＿＿＿＿＿＿＿＿＿

试验起止日期：＿＿＿＿＿＿＿＿＿＿ 数据整理人员：＿＿＿＿＿＿＿＿＿＿

项目	可靠性试验数据
试验班次	
累计作业时间 (h)	
累计故障时间 (h)	
累计养护时间 (h)	
累计摊铺混合料 (t)	
折算故障次数 (次)	
首次故障前工作时间 (h)	
平均无故障工作时间 (h)	
可靠度 (%)	
备注	

ICS 91.220
R 19
备案号:

中华人民共和国交通行业标准

JT/T 499—2004

稀浆封层机

Slurry seal machine

2004-04-06 发布　　2004-07-15 实施

中华人民共和国交通部　发布

ICS 91.220
R 19
备案号：

中华人民共和国交通行业标准

JT/T 499—2004

稀浆封层机

Slurry seal machine

2004-04-06 发布　　2004-07-15 实施

中华人民共和国交通部　发布

稀浆封层机

1 范围

本标准规定了稀浆封层机的术语和定义、分类、技术要求、试验方法、检验规则及标志、包装、运输、贮存等。

本标准适用于稀浆封层机。

2 规范性引用文件

下列文件中的条款通过本标准的引用而成为本标准的条款。凡是注日期的引用文件,随后所有修改单(不包括勘误的内容)或修订版均不适用于本标准,然而,鼓励根据本标准达成协议的各方研究是否可使用这些文件的最新版本。凡是不注日期的引用文件,其最新版本适用于本标准。

GB 1495 机动车辆允许噪声

GB 1589 汽车外廓尺寸限界

GB/T 3766 液压系统 通用技术条件

GB/T 3845 汽油车排气污染物的测量 怠速法

GB/T 3846 柴油车自由加速烟度的测量 滤纸烟度法

GB 4785 汽车及挂车外部照明和信号装置的安装规定

GB/T 6420 货运挂车系列型谱

GB 7258 机动车运行安全技术条件

GB 11567.1 汽车和挂车侧面防护要求

GB 11567.2 汽车和挂车后下部防护要求

GB/T 12536 汽车滑行试验方法

GB/T 12537 汽车牵引性能试验方法

GB/T 12538 汽车重心高度测定方法

GB/T 12539 汽车爬陡坡试验方法

GB/T 12540 汽车最小转弯直径测定方法

GB/T 12543 汽车加速性能试验方法

GB/T 12544 汽车最高车速试验方法

GB/T 12545 汽车燃料消耗量试验方法

GB/T 12547 汽车最低稳定车速试验方法

GB/T 12676 汽车制动性能试验方法

GB 14761.5 汽油车怠速污染物排放标准

GB 14761.6 柴油车自由加速烟度排放标准

GB/T 16277—1996 沥青混凝土摊铺机

JT/T 5943 工程机械 焊接件通用技术条件

JT/T 5945 工程机械 装配通用技术条件

JB/T 5946 工程机械 涂装通用技术条件

JT/T 271—1995 稳定土厂拌设备试验方法

3 术语和定义

下列术语和定义适用于本标准。

3.1 乳化沥青 asphalt emulsion

沥青以细小的微滴状态分散于含有乳化剂的水溶液之中,形成水包油或油包水状态的沥青乳液。

3.2 稀浆封层 slurry seal

用适当级配的石屑或沙、填料(水泥、石头、粉煤灰、石灰等)与乳化沥青、添加剂和水,按一定比例拌和而成的流动状态的沥青混合料,将其均匀地摊铺在路面上形成的沥青封层。

3.4 稀浆封层机 slurry seal machine

能够生产稀浆混合料并对路面等进行表面封层施工的机械。

3.5 集料仓 aggregate bin

盛装施工所需集料并连续向搅拌器输送集料的敞口料仓。

3.6 搅拌器 mixer

用于连续搅拌制备稀浆混合料的装置。

3.7 摊铺箱 pave box

将稀浆混合料摊铺成一定宽度和厚度层的装置。

4 分类

4.1 按行走方式可分为:

——自行式稀浆封层机;

——拖式稀浆封层机。

4.2 按施工方式可分为:

——不带前置上料斗的稀浆封层机;

——带前置上料斗的稀浆封层机。

5 技术要求

5.1 整机要求

5.1.1 稀浆封层机应按规定程序批准的图样及技术文件制造。

5.1.2 外构件应是国家有关部门鉴定的定型产品,符合国家有关规定,并有制造厂的合格证,所有零、部件必须检验合格后组装。

5.1.3 使用汽车底盘的稀浆封层机最大总质量和最大轴载分配应符合所选汽车底盘的规定。

5.1.4 半挂汽车式稀浆封层机最大总质量、最大装载质量、整备质量和轴载级别、牵引参数应符合 GB/T 6420 的规定。

5.1.5 制动装置和制动性能应符合 GB 7258 的规定。

5.1.6 允许噪声应符合 GB 1495 的规定。

5.1.7 排放标准应符合 GB 14761.5 或 GB 14761.6 的规定。

5.1.8 外部照明和信号装置的数量、位置和光色应符合 GB 4785 的规定。

5.1.9 整车外型尺寸应符合 GB 1589 的规定。

5.1.10 整车重心位置应符合产品设计规定,满足车辆行驶稳定性要求。

5.1.11 稀浆封层机侧面及后下部安全防护,应符合 GB 11567.1 和 GB 11567.2 的规定。

5.1.12 稀浆封层机的标记及后悬应符合 GB 7258 的要求。

5.1.13 焊接质量应符合 JB/T 5943 的规定。

5.1.14 装配质量应符合 JB/T 5945 的规定。

5.1.15　油漆涂层质量应符合 JB/T 5946 的规定。

5.1.16　稀浆封层机的油、水、气系统，应工作正常，密封可靠，不应有漏油、漏水现象。

5.1.17　液压系统应符合 GB/T 3766 的要求。

5.1.18　操作控制系统，应操作方便、转向灵活、制动可靠，手柄、按钮、踏板、仪表布置合理，并在操作者易于操作的范围之内，各操纵机构的工作位置应有指示标牌。

5.1.19　最大稀浆生产率应不低于额定值。

5.1.20　最大封层宽度应不小于额定值。

5.1.21　摊铺速度：自行式底盘或拖式牵引车的作业速度应符合作业要求。

5.1.22　摊铺厚度应在 3mm ~ 15mm 的范围内可调；横向断面厚度误差小于 2mm。

5.1.23　稀浆封层机应能在环境温度为 10℃以上正常工作。

5.1.24　稀浆封层机在纵向坡度 12%、横向坡度 6%的范围内，应能正常工作。

5.1.25　稀浆封层机操作人员耳旁噪声不得超过 95dB，环境噪声不得超过 90dB。

5.1.26　稀浆封层机可靠性试验，首次故障前工作时间不少于 100h，平均无故障时间应不小于 100h，可靠度应不低于 85%。

5.2　作业装置

5.2.1　集料给料系统

5.2.1.1　集料仓容积误差不超过设计值的 ± 10%。料仓应有破拱装置。

5.2.1.2　出料仓门的开度应可调，关闭后无漏料现象。

5.2.1.3　集料输送皮带机的输送能力应不小于最大生产率时所需的集料量；输送皮带应带有集料计量装置，集料计量装置的输送误差为 ± 3%。

5.2.1.4　输送皮带应为无接缝环形带，应有张紧装置和侧边防漏料装置。

5.2.2　乳化沥青供给系统

5.2.2.1　乳化沥青系统输出流量应可调，用泵驱动的系统其乳化沥青泵体应有预热功能。

5.2.2.2　乳化沥青的输送量误差为设定值的 ± 3%；乳化沥青计量误差为实际值的 ± 2%。

5.2.2.3　乳化沥青系统应设置料位指示器或缺料报警装置。

5.2.2.4　乳化沥青系统应安装管道及泵的清洗装置。

5.2.3　供水系统

5.2.3.1　水箱焊接牢固，密封可靠，加满水静置 12h 无渗漏。

5.2.3.2　搅拌器供水系统应装有水量调节装置，供水系统的计量误差应为实际值的 ± 3%。

5.2.3.3　供水系统应设置液位指示器或缺水报警装置。

5.2.3.4　稀浆封层机应具有高压清洗装置。

5.2.4　添加剂系统

5.2.4.1　添加剂罐和添加剂泵应采用耐腐蚀材料制作。

5.2.4.2　添加剂的输送量误差为 ± 3%，计量误差为 ± 2%。

5.2.5　矿物细料系统

5.2.5.1　矿物细料的计量误差不大于 ± 3%。

5.2.5.2　矿物细料仓内，应有破拱装置。

5.2.6　搅拌系统

5.2.6.1　搅拌系统的搅拌能力应满足设备最大生产率的要求。

5.2.6.2　搅拌叶片应采用耐磨材料制成，正常磨损寿命不低于 1000h。

5.2.6.3　搅拌后的混合料稀浆，各样本的密度值误差为 3%。

5.2.7　摊铺系统

5.2.7.1　摊铺宽度应不小于设计值，误差不大于 ± 20mm。

5.2.7.2 摊铺厚度调节机构应可靠灵活,调整摊铺宽度的伸缩机构应灵活自如。

5.2.7.3 摊铺箱作业时,四周无漏料现象。

6 试验方法

6.1 样机

试验样机应该是经厂方检验合格的近期产品。

6.2 试验前的准备

6.2.1 技术资料

6.2.1.1 样机设计技术参数、主要零部件图纸及使用说明书。

6.2.1.2 样机装机的另置发动机、主要液压元件(泵、马达)的合格证或说明书。

6.2.1.3 样机出厂技术条件及检验合格证书。

6.2.2 测量仪器

试验用仪器必须经过国家法定机构检定,并在其合格周期内,试验前应进行校准和标定。

6.2.3 场地

6.2.3.1 定置试验场地应为平整坚实的地面,地面各向坡度不大于1%,平面度要求为每 m^2 不大于3mm。

6.2.3.2 行驶性能试验场地应为平整坚实的直线跑道,长度不小于3000m,纵向坡度不大于0.5%、横向坡度不大于0.2%。

6.2.3.3 作业性能试验场地应为平整、坚实、清洁、干燥的地面。

6.2.4 气候条件

检测应在无雨、无雪天气进行,气温10℃以上;若无特殊说明,风速不大于3m/s。

6.2.5 测量精度

各种直接测量参数,若无特殊说明,均取三次测量的算术平均值。测量精度应符合表1的要求。

表1 测量精度要求

测量参数	精度要求	测量参数	精度要求
长度尺寸	±0.5%	温度	±0.5℃
质量	±1%	容积	±1.5%
转速	±0.5%	时间	±0.1s
牵引力	±2%	大气压力	±0.13kPa
声压级	±1dB(A)	烟度	$\pm 0.3R_B$

6.3 样机的磨合与验收

6.3.1 磨合准则

磨合期间应严格按样机使用说明书的要求操作,不允许使用过大的负荷与过高的转速运行。

6.3.2 行驶磨合

按样机所用汽车底盘的说明书规定进行,一般行驶磨合里程不少于2500km。

6.3.3 工作装置磨合

工作装置磨合时间不少于20h,其中满负荷运行不少于10h。磨合记录参照附录A表A.1填写。

6.3.4 检查与验收

样机应由检测单位根据出厂技术条件或有关文件的要求进行验收检查,验收结果参照附录A表A.2填写。

6.3.5 样机的主要总成型式和参数

样机验收合格后,主要总成型式和参数参照附录 A 表 A.3 填写。

6.4 定置试验

6.4.1 主要几何参数检测

6.4.1.1 检测条件:

a) 样机处于运输状态,各总成、部件、附件及附属装置(包括随车工具与备胎),必须按规定装备齐全,并装在规定的位置上,作业装置安装在运输的位置上,调整状况应符合该样机技术条件的规定,并按规定加注燃油及润滑油;

b) 轮胎气压应符合该样机技术条件的规定,误差不超过 ±9.8kPa;

c) 样机应按规定保持额定满载,样机乘员人数按规定执行,每人体重按 65kg 计算,可用相同质量的砂袋代替;

d) 清洗样机,去除油污、泥土或其他污物。

6.4.1.2 检测场地:同 6.2.3.1。

6.5.1.3 检测仪器:钢卷尺、直尺、水平仪、角度仪、线锤等。

6.5.1.4 检测内容:参照附录 A 表 A.4 的项目测定。

6.5.1.5 检测结果:参照附录 A 表 A.4 填写。

6.5 质量、轴荷分配检测

6.5.1 检测条件

a) 样机空载:样机应携带随机附件、工具;燃油、润滑油、液压油及水按规定加注;

b) 样机满载:按额定装载量装载;

c) 以上两种工况,驾驶室按规定乘员数乘坐人员(允许用沙袋等质量代替,每人代换质量为 65kg),测量时样机应停稳,发动机熄火,变速器空挡,制动器松开。

6.5.2 检测仪器:地秤或测力计等。

6.5.3 检测方法:

a) 样机先从一个方向驶上秤台,依次称量前轴负荷、整机质量、后轴负荷,然后样机掉头,从相反方向驶上秤台测定前轴负荷、整机质量、后轴负荷。

b) 样机左侧和右侧分别先从一个方向驶上秤台,称量整机左侧负荷、整机右侧负荷,然后样机掉头,从相反方向以左侧和右侧分别驶上秤台测定整机左侧负荷、整机右侧负荷。

6.5.4 检测结果:参照附录 A 表 A.5 填写。

6.6 质心位置检测

6.6.1 质心高度位置检测:检测方法按照 GB/T 12538 执行,检测结果参照附录 A 表 A.5 填写。

6.6.2 质心水平位置检测

6.6.2.1 检测条件:同 6.5.1。

6.6.2.2 检测仪器:钢卷尺、直尺、水平仪、角度仪、线锤等。

6.6.2.3 检测内容:参照附录 A 表 A.5 的项目进行。

6.6.2.4 检测结果:参照附录 A 表 A.5 填写。

6.7 行驶性能检测

6.7.1 滑行试验:按照 GB/T 12536 执行,测定参数:滑行距离、滑行阻力及滑行时间。

6.7.2 最低稳定车速测定:按照 GB/T 12547 执行。

6.7.3 加速性能试验:按照 GB/T 12543 执行,测定参数:直接挡及与直接挡邻近一挡的加速性能、起步连续换挡的加速性能。

6.7.4 最高稳定车速测定:按照 GB/T 12544 执行。

6.7.5 最大爬坡能力试验:按照 GB/T 12539 执行。

6.7.6 最大牵引力试验：按照 GB/T 12537 执行。

6.7.7 燃料消耗量试验：按照 GB/T 12545 执行。

6.7.8 制动性能试验：按照 GB/T 12676 的规定方法进行。

6.7.9 最小转弯直径试验：按照 GB/T 12540 执行，测定参数：前外轮轨迹中心直径及最外点水平通过直径。

6.8 料仓容积检测

6.8.1 检测条件：

a） 集料及粉料仓容积为平装容积；

b） 溶液箱容积为有效容积。

6.8.2 检测仪器：流量计等。

6.8.3 检测方法：比重法或几何法测量。检测项目参照附录 A 表 A.6 进行。

6.8.4 检测结果：参照附录 A 表 A.6 填写。

6.9 供料稳定性检测

6.9.1 检测条件：

a） 按施工要求配备物料及溶液；

b） 各供料量按额定生产率及配比设定。

6.9.2 检测仪器：秒表、台秤、集料容器等。

6.9.3 检测方法：按 JT/T 271—1995 的 7.1.3 执行。

6.9.4 检测项目及结果：检测项目参照附录 A 表 A.7，检测结果参照附录 A 表 A.7 填写。

6.10 搅拌系统性能检测

6.10.1 搅拌系统搅拌轴转速检测

6.10.1.1 检测条件：样机在额定工况下稳定运转。

6.10.1.2 检测仪器：转速表。

6.10.1.3 检测方法：用接触式或非接触式转速表直接测量搅拌系统搅拌轴转速。

6.10.1.4 检测结果：参照附录 A 表 A.8 填写。

6.10.2 生产率检测

6.10.2.1 检测条件：

按规定的配料比例装载集料、填料、乳化沥青和水，集料出料闸开至最大，填料、乳液、水按配比调节好出排量，启动整机至稳定运行。

6.10.2.2 检测仪器：盛料箱、天平，秒表等。

6.10.2.3 检测方法：

在整机稳定运行工况下，用盛料箱接盛稀浆混合料，同时用秒表测量盛接时间。待盛到 2/3 容量，移出料箱，称量其出料质量，计算其生产率。

6.10.2.4 检测结果：参照附录 A 表 A.9 填写。

6.10.3 搅拌均匀性检测

6.10.3.1 检测条件：

a） 样机以额定生产率摊铺作业；

b） 摊铺宽度及厚度按施工要求设定；

c） 油石比（乳石比）及集料配比按施工要求设定。

6.10.3.2 检测仪器：取样模板，天平、抽提仪，烘箱。

6.10.3.3 检测方法：

a） 在所摊铺路段按图 1 所示位置共取 15 个试样，每个试样取样面积为 500mm × 500mm。

b） 将所取试样进行抽提试验，计算油石比。

A1	A2	A3	A4	A5
B1	B2	B3	B4	B5
C1	C2	C3	C4	C5

注:取样面积:500mm×500mm;取样个数:15;纵向间距:40m;靠边距离:100m。

图1 搅拌均匀性及摊铺均匀性取样示意图

6.10.3.4 检测结果:参照附录 A 表 A.10 填写。

6.11 摊铺系统性能检测

6.11.1 搅拌轴转速检测

6.11.1.1 检测条件:样机在额定工况下稳定运转。

6.11.1.2 检测仪器:转速表。

6.11.1.3 检测方法:用接触式或非接触式转速表直接测量摊铺系统搅拌轴转速。

6.11.1.4 检测结果:参照附录 A 表 A.8 填写。

6.11.2 摊铺宽度和最大摊铺厚度检测

6.11.2.1 检测条件:按 GB/T 16277—1996 的 6.7.1.2 规定。

6.11.2.2 检测仪器:钢板尺、钢卷尺、直尺、角度仪、标杆等。

6.11.2.3 检测方法:按 GB/T 16277—1996 的 6.7.1.4 进行。

6.11.2.4 检测结果:参照附录 B 表 B.11 填写。

6.11.3 摊铺速度检测

6.11.3.1 检测条件:按 GB/T 16277—1996 的 6.7.1.2 规定。

6.11.3.2 检测仪器:钢卷尺、直尺、秒表等。

6.11.3.3 检测方法:按 GB/T 16277—1996 的 6.7.1.4 进行。

6.11.3.4 检测结果:参照附录 A 表 A.12 填写。

6.11.4 摊铺均匀性检测

6.11.4.1 检测条件:

a) 样机以额定生产率摊铺作业;

b) 摊铺宽度及厚度按施工要求设定;

c) 油石比(乳石比)及矿料配比按施工要求设定。

6.11.4.2 检测仪器:取样模板,台秤。

6.11.4.3 检测方法:

a) 在所摊铺路段按图 1 所示位置共取 15 个试样,每个试样取样面积为 500mm×500mm;

b) 将所取试样称量并计算单位面积摊铺量。

6.11.4.4 检测结果:参照附录 A 表 A.13 填写。

6.12 发动机排放检测

发动机排放检测包括以下两点:

a) 柴油发动机按 GB/T 3846 测量其自由加速烟度值;

b) 汽油发动机按 GB/T 3845 测量怠速污染物含量。

6.13 噪声检测

6.13.1 操作人员工作位置噪声

6.13.1.1 试验条件;

a) 天气:无雨,风速不大于 3m/s;

b) 试验场地：噪声试验场地应平坦空旷，25m 半径的范围内不应有大的反射物，测量噪声与本底噪声之差不小于 10dB(A)；

c) 车上除操作人员、驾驶员和测量人员外，不应有其他人员；

d) 试验工况：样机以额定生产率摊铺作业。

6.13.1.2 仪器设备：声级计、卷尺、风速仪、温度仪等。

6.13.1.3 试验方法：

a) 测点布置见图 2，通常在驾驶员耳旁附近布置测点，拾音器朝车辆前进方向；

b) 声级计用 A 计权网络“慢”挡测量，读取大读数，结果取 3 次测量的平均值。

6.13.1.4 测量结果：参照附录 A 表 A.14 填写。

6.13.2 环境噪声

6.13.2.1 试验条件：

a) 同 6.13.1.1 a)和 b)；

b) 为避免噪声干扰，可采用防风罩，但应注意防风罩对声级计灵敏度的影响；

c) 声级计附近不应有其他人员，如不可缺少时，则必须在拾音器背后。

6.13.2.2 试验工况：

a) 样机以额定生产率摊铺作业；

b) 测量时发动机应处于正常使用温度，样机带有的其他辅助设备亦是噪声源，测量时能开动的应全部开动。

6.13.2.3 仪器设备：声级计、卷尺、温度计、风速仪等。

6.13.2.4 测量场地及测点位置：

a) 测量场地如图 3 所示；

b) 测试拾音器位于 20m 跑道中心点 0 两侧，距中线 7.5m，距地面 1.2m，用三角架固定，拾音器平行于路面，其轴线垂直于样机行驶方向。

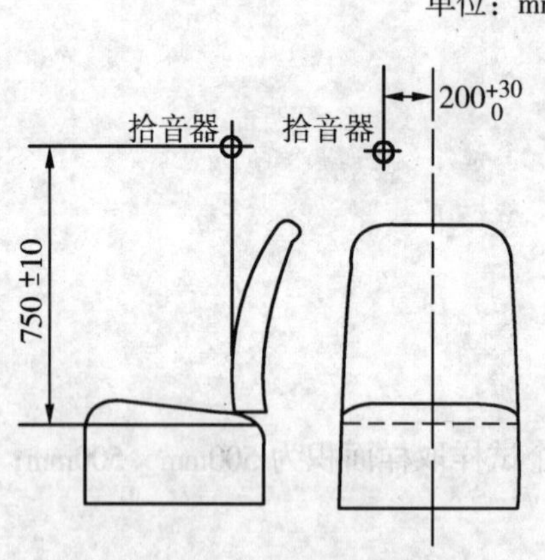

图 2 驾驶员工作位置噪声测点布置

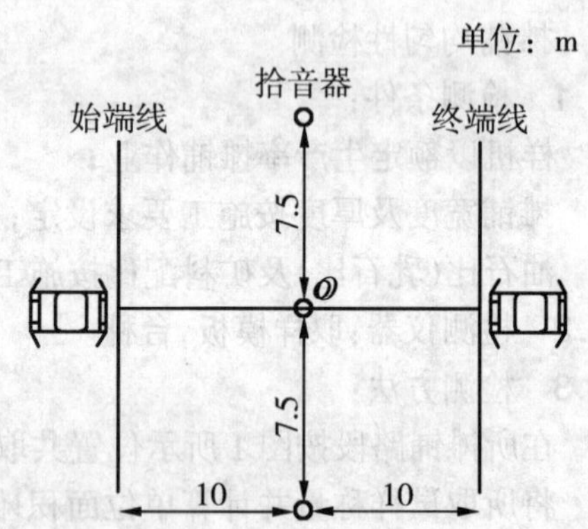

图 3 环境噪声测点布置

6.13.2.5 试验方法：

测量时声级计用“A”计权网络“快”挡，读取样机驶过时声级计的最大读数。

6.13.2.6 测量结果：参照附录 A 表 A.15 填写。

6.14 可靠性试验

6.14.1 行驶可靠性试验

按汽车有关规定进行。

6.14.2 作业可靠性试验

稀浆封层机进行250h的作业可靠性试验(不包括整机磨合、性能试验及空负荷运行时间),试验期间出现故障应及时排除,并将故障情况记入附录A表A.16中,根据试验所得到的数据,计算出可靠性特征量,并记入附录A表A.17中。

6.14.2.1 首次故障前工作时间

稀浆封层机在规定的条件下和规定的时间内出现当量故障数为1或大于1的工作时间。

6.14.2.2 平均无故障工作时间MTBF

稀浆封层机在规定的试验时间内的累计作业时间与当量故障次数之比,称为平均无故障工作时间,按公式(1)、(2)计算。

$$\mathrm{MTBF} = \frac{t_0}{r_\mathrm{b}} \tag{1}$$

式中:t_0——累计作业时间,h;

r_b——当量故障数,(当 $r_b<1$ 时,取 $r_b=1$);

$$r_\mathrm{b} = \sum_{i=1}^{4} \varepsilon_\mathrm{i}\,\eta_\mathrm{i} \tag{2}$$

式中:ε_i——第 i 类故障危害度系数,见附录B;

η_i——第 i 类故障数。

6.14.2.3 可靠度 R

稀浆封层机在规定的条件下和规定的时间内完成规定功能的概率。按公式(3)计算。

$$R = \frac{t_0}{t_0 + t_1} \times 100\% \tag{3}$$

式中:R——可靠度;

t_1——累计修复时间(按两名熟练技工测算),h。

7 检验规则

7.1 出厂检验

7.1.1 每台封层机均应进行出厂检验。

7.1.2 出厂检验项目:

a) 外观质量检验;

b) 各总成空载试验;

c) 沥青系统、添加剂系统、水系统、气路系统的密封性试验;

d) 液压系统的压力及泄露试验;

e) 控制、操纵系统试验;

f) 传动平稳性试验。

7.2 型式试验

7.2.1 有下列情况之一时,应进行型式试验:

a) 新产品或老产品转厂生产的试制定型鉴定时;

b) 正常生产后,如结构有重大改进,可能影响产品性能时;

c) 产品停产三年以上恢复生产时;

d) 发生严重事故或抽样不合格时。

7.2.2 型式检验项目:

a) 整机性能试验,按第5章规定的项目进行;

b) 工业性考核的工作量不得少于50000m^2。

7.3 抽样原则

7.3.1 出厂检验应逐台进行。

7.3.2 进行型式检验的封层机应在制造厂三台以上的产品中随机抽取一台。

7.4 判定规则

7.4.1 在7.1.1所列出厂检验项目,应全部符合要求方为合格,准予出厂。

7.4.2 整机性能试验中,凡有下列情形之一者,均判为不合格产品:

a) 乳化沥青输送量误差不合格;

b) 集料输送量误差不合格;

c) 搅拌匀质性不合格;

d) 最大稀浆生产率不合格;

e) 作业速度不合格;

f) 添加剂的输送误差不合格;

g) 矿物细料计量误差不合格;

h) 封层厚度不合格;

i) 封层宽度不合格;

j) 集料仓容量超差。

8 标志、包装、运输和贮存

8.1 标志

封层机应在机身的明显位置固定产品标牌,标牌上应标明:

a) 制造厂名称;

b) 产品型号和名称;

c) 主要参数(集料仓容积、空载质量、作业速度、发动机型号、额定功率、额定转速、外形尺寸等);

d) 产品编号;

e) 制造日期。

8.2 包装

8.2.1 包装要求:

a) 随车备件及工具应作防锈处理;

b) 各润滑部位加注润滑油或润滑脂;

c) 放净发动机燃油箱中的燃油,水箱中的冷却水;

d) 液压油缸外露活塞杆应涂防锈脂,并用防潮纸包好,液压油箱加注液压油;

e) 随车文件应用防潮纸或塑料袋装好封口后放入箱内。

8.2.2 随机文件

产品出厂时应包括下列随机文件:

a) 产品合格证书;

b) 使用说明书(包括发动机使用说明书和底盘随机文件);

c) 随机备件及清单;

d) 随机工具及清单。

8.3 运输

整机或解体运输必须稳妥的固定,摊铺箱可放在集料仓上并固定好,以确保运输安全。

8.4 贮存

8.4.1 封层机最好放在车库内,露天放置须加遮雨棚,并妥善保管。

8.4.2 贮存期较长时,按规定进行定期检查,维护保养。

附 录 A
（资料性附录）
稀浆封层机试验记录

A.1 磨合过程记录见表 A.1。

表 A.1 磨合过程记录表

样机名称：　　　　样机型号：
出厂编号：　　　　日　　期：

序 号	磨合项目	磨合时间(里程)	磨合地点	备 注
1				
2				
3				
…				
合计				

A.2 样机验收检查记录见表 A.2。

表 A.2 样机验收检查记录表

样机名称：　　　　样机型号：
出厂编号：　　　　验收日期：
验收地点：　　　　验收人员：

序 号	总成名称	工作状态	故障及排除措施	备 注
1	底盘系统			
2	供料系统			
3	搅拌系统			
4	摊铺系统			
5	操纵系统			
6	其　余			
验收结论：		试验负责人：		

A.3 封层机的主要总成型式和参数(设计值)见表 A.3。

表 A.3 封层机的主要总成型式和参数(设计值)表

序号	项目		单位	参数或型式	备注
1	工作发动机	型号			
		额定转速	r/min		
		额定功率	kW		
2	整机质量(空载)		kg		
3	整机质量(满载)		kg		
4	整机外形尺寸(运输状态)	长	mm		
5		宽	mm		
6		高	mm		
7	整机长		mm		
8	轴距		mm		
9	轮距	前轮	mm		
10		后轮	mm		
11	最高车速		km/h		
12	最小离地间隙		mm		
13	接近角		(°)		
14	离去角		(°)		
15	前悬		mm		
16	后悬		mm		
17	摊铺宽度	基本宽度	mm		
18		最大宽度	mm		
19	摊铺厚度		mm		
20	摊铺速度		km/h		
21	稀浆生产率		kg/min		
22	集料仓容量		m^3		
23	乳化沥青箱容积		l		
24	水箱容积		l		

表 A.3(续)

序号	项目	单位	参数或型式	备注
25	矿物细料箱容积	m^3		
26	纤维箱容积	m^3		
27	添加剂罐容积			
28	集料输送带线速度	m/s		
29	供水系统最大排量	l/min		
30	乳化沥青最大排量	l/min		
31	搅拌轴额定转速	r/min		
32	摊铺箱螺旋额定转速	r/min		

A.4　主要几何参数检测记录见表 A.4。

表 A.4　主要几何参数检测记录表

样机名称：　　　　样机型号：

出厂编号：　　　　检测日期：

检测地点：　　　　天气状况：

检测人员：

序号	检测项目		单位	测量值	设计值	备注
1	整机外形尺寸(运输状态)	长	mm			
2		宽	mm			
3		高	mm			
4	整机长		mm			
5	轴距		mm			
6	轮距	前轮	mm			
7		后轮	mm			
8	最小离地间隙		mm			
9	接近角		(°)			
10	离去角		(°)			
11	后悬		mm			
12	摊铺箱内部净宽度		mm			
13	矿料装载高度		mm			
14	前悬		mm			

A.5 样机质量、轴荷分配检测记录见表 A.5。

表 A.5 样机质量、轴荷分配检测记录表

样机名称: 样机型号:
出厂编号: 检测日期:
检测地点: 天气状况:
检测人员:

序 号	检 测 项 目			单 位	检 测 值	设 计 值	备 注
1	样机空载	整机质量		kg			
2		前轴	负荷	kN			
			负荷率	%			
3		后轴	负荷	kN			
			负荷率	%			
4		左侧轮	负荷	kN			
			负荷率	%			
5		右侧轮	负荷	kN			
			负荷率	%			
6	样机满载	整机质量		kg			
7		前轴	负荷	kN			
			负荷率	%			
8		后轴	负荷	kN			
			负荷率	%			
9		左侧轮	负荷	kN			
			负荷率	%			
10		右侧轮	负荷	kN			
			负荷率	%			
11	质心高度			mm			距水平地面
12	质心水平位置		纵向	mm			距后桥中心水平位置
			横向	mm			距样机纵向中心面

A.6 样机料仓容积参数检测记录见表 A.6。

表 A.6 样机料仓容积参数检测记录表

样机名称：　　　　　　　　样机型号：
出厂编号：　　　　　　　　检测日期：
检测地点：　　　　　　　　天气状况：
检测人员：

序 号	检 测 项 目	单 位	检 测 值	设 计 值	备 注
1	集料仓容积				
2	乳化沥青箱容积				
3	水箱容积				
4	矿物细料仓容积				
5	添加剂罐容积				

A.7 样机供料稳定性检测记录见表 A.7。

表 A.7 样机供料稳定性检测记录表

样机名称：　　　　　　　　样机型号：
出厂编号：　　　　　　　　检测日期：
检测地点：　　　　　　　　天气状况：
检测人员：

序 号		1	2	3	4	5	6	7	8	9	10	平均值 (t/h)	设定值 (t/h)	标准差 (t/h)	离散系数 (%)	备 注
集料	取样质量(kg)											/	/	/	/	
	取样时间(s)											/	/	/	/	
	流量(t/h)															
矿物细料	取样质量(kg)											/	/	/	/	
	取样时间(s)											/	/	/	/	
	流量(t/h)															
乳液	取样质量(kg)											/	/	/	/	/
	取样时间(s)											/	/	/	/	/
	流量(t/h)															

表 A.7(续)

序号		1	2	3	4	5	6	7	8	9	10	平均值(t/h)	设定值(t/h)	标准差(t/h)	离散系数(%)	备注
添加剂	取样质量(kg)											/	/	/	/	
	取样时间(s)											/	/	/	/	
	流量(t/h)															
水	取样质量(kg)											/	/	/	/	
	取样时间(s)											/	/	/	/	
	流量(t/h)															

A.8 样机运动参数检测记录见表 A.8。

表 A.8 样机运动参数检测记录表

样机名称： 样机型号：
出厂编号： 检测日期：
检测地点： 天气状况：
检测人员：

序号	检测项目	单位	检测值	设计值	备注
1	搅拌系统搅拌轴转速	r/min			
2	摊铺系统搅拌轴转速	r/min			

A.9 样机生产率检测记录见表 A.9。

表 A.9 样机生产率检测记录表

样机名称： 样机型号：
出厂编号： 检测日期：
检测地点： 天气状况：
检测人员：

序号	检测时间(s)	稀浆混合料质量(kg)	生产率(t/h)	备注
1				
2				
3				
4				
5				
平均	/	/		

A.10　样机搅拌均匀性检测记录见表 **A.10**。

表 A.10　样机搅拌均匀性检测记录表

样机名称：　　　　　　　　　　　　样机型号：
出厂编号：　　　　　　　　　　　　检测日期：
检测地点：　　　　　　　　　　　　天气状况：
摊铺宽度：　　　　　　　　　　　　摊铺厚度：
生 产 率：　　　　　　　　　　　　检测人员：

序　号	试 样 编 号	混合料质量(g)	矿料质量(g)	油石比(%)	备　注
1	A1				
2	A2				
3	A3				
4	A4				
5	A5				
6	B1				
7	B2				
8	B3				
9	B4				
10	B5				
11	C1				
12	C2				
13	C3				
14	C4				
15	C5				
16	平均值	/	/		
17	标准差	/	/		
18	离散系数	/	/		

A.11 摊铺宽度和最大摊铺厚度检测记录见表 A.11。

表 A.11 摊铺宽度和最大摊铺厚度检测记录表

样机名称： 样机型号：
出厂编号： 检测日期：
检测地点： 天气状况：
检测人员：

序号	检测项目		单位	检测值	设计值	备注
1	摊铺宽度	基本	mm			
2		最大	mm			
3	最大摊铺厚度(与集料有关)		mm			
4	摊铺拱度	正向最大	%			
5		负向最大	%			
6	摊铺横坡度	正向最大	%			
7		负向最大	%			

A.12 样机摊铺速度检测记录见表 A.12。

表 A.12 样机摊铺速度检测记录表

样机名称： 样机型号：
出厂编号： 检测日期：
检测地点： 天气状况：
摊铺厚度： 摊铺宽度：
检测人员：

项目	测定距离(m)	测定时间(s)	摊铺速度(m/min)	备注
1				
2				
3				
平均	/	/		

A.13 样机摊铺均匀性检测记录见表 A.13。

表 A.13 样机摊铺均匀性检测记录表

样机名称：　　　　　　　　　　样机型号：
出厂编号：　　　　　　　　　　检测日期：
检测地点：　　　　　　　　　　天气状况：
摊铺宽度：　　　　　　　　　　摊铺厚度：
生 产 率：　　　　　　　　　　检测人员：

序 号	试 样 编 号	取样质量(kg)	取样面积(0.25m²)	摊铺量(kg/m²)	备 注
1	A1				
2	A2				
3	A3				
4	A4				
5	A5				
6	B1				
7	B2				
8	B3				
9	B4				
10	B5				
11	C1				
12	C2				
13	C3				
14	C4				
15	C5				
16	平均值	/	/		
17	标准差	/	/		
18	离散系数	/	/		

A.14 驾驶员工作位置噪声试验记录见表 A.14。

表 A.14 驾驶员工作位置噪声试验记录表

样机型号: 出厂编号: 试验日期:
试验地点: 路面状况: 风速、风向:
天气压力: 大气、气温:
驾驶员: 试验人员:

车速 (km/h)	测量位置	次数	噪声级 dB(A)	平均值 dB(A)	本底噪声 dB(A)
	右侧	1			
		2			
		3			
	左侧	1			
		2			
		3			

A.15 环境噪声记录见表 A.15。

表 A.15 环境噪声记录表

样机型号: 出厂编号: 试验日期:
试验地点: 路面状况: 风速、风向:
天气压力: 天气、气温:
驾驶员: 试验人员:

车速 (km/h)	测量位置	次数	噪声级 dB(A)	平均值 dB(A)	本底噪声 dB(A)
	右侧	1			
		2			
		3			
	左侧	1			
		2			
		3			

A.16　作业可靠性试验样机故障记录见表 A.16。

表 A.16　作业可靠性试验样机故障记录表

样机型号：　　　　　　　　　　　　出厂日期：

试验地点：　　　　　　　　　　　　试验人员：

序号	故障出现日期	损坏零部件			故障出现时累计作业时间(h)	故障情况及其原因	故障排除方法	故障停机时间(h)	故障级别
		名称	代号	件数					
注:依故障出现的先后顺序排列									

A.17　作业可靠性试验记录见表 A.17。

表 A.17　作业可靠性试验记录表

样机型号：　　　　　　　　　　　　出厂编号：

试验地点：　　　　　　　　　　　　检测人员：

试验日期	气候	气温(℃)	作业内容	作业时间(h)	维护保养			累计维护时间(h)	故障			累计修复时间(h)	备注
					内容	时间(h)	人数		内容及修理情况	修理时间(h)	人数		
首次故障前工作时间(h)													
平均无故障工作时间(h)													
可靠度(%)													

附 录 B
（规范性附录）
故障类别及危害度系数

稀浆封层机在可靠性试验中如发生故障，其故障的性质和危害程度见表B.1。

表B.1 故障类别及危害度系数

故障类别	故障名称	故障特征	故障示例	危害度系数（ε）	备 注
1	致命故障	严重危及人身与设备安全，主要部件严重损坏，造成严重经济损失	1.发动机严重损坏 2.转向、换向机构失灵 3.离合器、变速器、制动器严重损坏 4.重要构件损坏	∞	
2	严重故障	严重影响稀浆封层机的作业功能，主要性能指标超出规定之外，需较长时间停机修理(4h)，维修费用较高	1.主要性能下降 2.主要液压元件损坏 3.传动齿轮、轴承等主要零部件损坏 4.沥青泵、摊铺螺旋损坏 5.搅拌系统不能正常工作	3	
3	一般故障	导致稀浆封层机作业功能下降或停机，且用更换易损件和用随机工具在1.5h内不能排除，维修费用中等	1.当气温在5℃以上时，发动机连续三次不能启动 2.变速、换向齿轮不能正常啮合 3.离合器不能正常结合及脱开 4.漏油、漏水及漏气 5.加热保温系统性能下降 6.沥青系统性能下降 7.管道接头及密封件损坏 8.仪器、仪表失灵或损坏 9.发动机连续二次自动熄火停机	1	用随机工具在1.5h内排除者降为4级
4	轻度故障	对稀浆封层机的使用性能有轻度影响，但用更换易损件和用随机工具能够排队维修费用低廉	1.渗油、渗水 2.沥青输送量轻微波动 3.照明灯、转向灯不亮 4.非重要部位紧固件松动	0.2	

ICS 91.220
R 19
备案号:

中华人民共和国交通行业标准

JT/T 500—2004

路 面 铣 刨 机

Road milling machine

2004-04-16 发布 2004-07-15 实施

中华人民共和国交通部 发布

路面铣刨机

1 范围

本标准规定了路面铣刨机的术语和定义、技术要求、试验方法、检验规则及标志、包装、运输和贮存等。

本标准适用于轮胎式铣刨机和履带式铣刨机(以下简称铣刨机)。

2 规范性引用文件

下列文件中的条款通过本标准的引用而成为本标准的条款。凡是注日期的引用文件,其随后所有的修改单(不包括勘误的内容)或修订版均不适用于本标准,然而,鼓励根据本标准达成协议的各方研究是否可使用这些文件的最新版本。凡是不注日期的引用文件,其最新版本适用于本标准。

GB/T 7920.1　建筑机械与设备通用术语

GB/T 8190.4　往复式内燃机　排放测量　第4部分　不同用途发动机的试验循环

GB 9969.1　工业产品使用说明书　总则

GB/T 13306　标牌

GB/T 17299　土方机械　最小入口尺寸

GB/T 17300　土方机械　通道装置

JB 8891　中小功率柴油机　排气污染物排放限值

JG/T 81　土方机械　舒适的操纵区域和操作装置的可及范围

JT/T 5035—1993　建筑机械与设备用油液固体污染清洁度等级

JG/T 5079.1　建筑机械与设备　噪声限值

JG/T 5089　油液固体颗粒污染物自动颗粒计数法

3 术语和定义

GB/T 7920　确立的以及下列术语和定义适用于本标准。

3.1 工作质量　operating mass

铁刨机按使用说明书的规定加入润滑油、液压油、冷却水;燃油注入到箱体容积的三分之二;配齐随车工具,并包括一名驾驶员(按75kg计),此时得出的质量。

3.2 铣刨机　milling machine

利用旋转刀具,进行除去路面铺层材料作业的设备。

3.3 铣刨鼓　milling drum

装有刀具,并和刀具一同旋转进行作业的主工作装置。

3.4 铣刨宽度　milling width

铣刨鼓旋转时,由铣刨鼓两端最外侧刀具的最外侧点所形成的圆柱两端面之间的距离。

3.5 铣刨深度　milling depth

除去路面铺层材料后的最深点距路面表面之间的垂直距离。

4 技术要求

4.1 基本要求

4.1.1 铣刨机的技术参数应符合设计要求。

4.1.2 铣刨机的结构布局应能保证方便地进行维修和更换易损件，其最小入口尺寸应符合 GB/T 17299 的规定。

4.1.3 铣刨机上的踏脚、梯子、阶梯、走道、平台、扶手或扶栏、抓手、护栏及出入口的尺寸及要求应符合 GB/T 17300 的规定。

4.1.4 铣刨机上操纵装置的舒适区域与可及范围应符合 JG/T 81 的规定。

4.1.5 铣刨机上的各种仪表、标牌、标记应醒目、清晰，便于观察。

4.1.6 铣刨机上应设置醒目的警告和安全标志。

4.1.7 铣刨机上的制造商名称、商标、指示、警告和安全标志应与所在表面的涂漆颜色有显著区别。

4.1.8 铣刨机的电气系统线路应联接良好，各种仪表、开关、按钮应布置合理，便于操作，工作正常。

4.1.9 外观质量应符合下列要求：

a) 机身罩壳应平整，其边缘不得有皱折、裂纹；罩壳安装应牢固、可靠；

b) 焊缝应均匀，无裂纹、焊瘤、弧坑及飞溅等缺陷；

c) 外露铸件表面应平整，分型痕迹及浇冒口应铲磨平整，无飞刺、疤痕、气孔等缺陷；

d) 外观涂漆层应均匀、细致、光亮、不得有流痕和露底的现象，主体漆色应鲜艳明亮，配色线条清晰，两色交界外应界限分明，不得有相互交错现象，漆膜应粘附牢固，并具有一定的弹性。

4.2 性能要求

4.2.1 工作质量应符合设计要求，允许编差为 ±5%。

4.2.2 铣刨宽度应符合设计要求，允许偏差为 ±6mm。

4.2.3 铣刨深度应符合设计要求，设定铣刨深度后，允许偏差为：

a) 有自动找平装置的铣刨机为 ±3mm；

b) 无自动找平装置的铣刨机为 ±5mm。

4.2.4 最小离地间隙应符合下列要求：

a) 轮胎式铣刨机，应不小于 120mm；

b) 履带式铣刨机，应不小于 190mm。

4.2.5 铣刨机的爬坡能力应不小于 15%。

4.2.6 铣刨机的最小转弯直径应不大于设计值的 2%。

4.2.7 铣刨机的行驶速度和工作速度应符合设计要求，允许偏差为 ±3%。

4.2.8 铣刨机的各操作手柄操作力应不大于 200N，脚踏板操作力应不大于 300N。

4.2.9 履带式铣刨机直线行驶的跑偏量应不大于直线测量距离的 3%。

4.2.10 铣刨鼓转速应符合设计要求，允许偏差为 ±3%，工作时应运转平稳。

4.2.11 输送带工作时应无跑偏及打滑现象，左右摆动角、线速度和输送能力应符合设计要求，其左右摆动角度允许偏差为 ±2%。

4.2.12 铣刨机不应有漏油、漏水现象，其渗油、渗水不应大于两处。

4.2.13 铣刨机液压系统工作 60min（包括铣刨鼓工作时间不少于 30min）后，液压油油温应不高于 80℃，固体污染清洁度等级应不大于 JG/T 5035 中规定的 19/16。

4.2.14 铣刨机分别各档速度共行驶 60min，传动系统内的润滑油固体污染清洁度应不大于 JG/T 5035—1993 中 C 分级制的 108 级，油温应不高于 80℃。

4.2.15 铣刨机机身升降油缸的沉降量应不大于 1mm/h。

4.2.16 铣刨机在完成 300h 可靠性试验（或工业性考核）后，可靠性指标应符合下列要求：

a) 首次故障前工作时间应不小于 150h；

b) 平均无故障工作时间应不小于 150h；

c) 可靠度应不小于 85%。

4.3 安全和环境保护要求

4.3.1 铣刨机的制动性能应满足：

a) 在坡度为15%的坡道上进行双向驻车制动时，停稳后不得有下滑现象；

b) 轮胎式铣刨机以最高行驶速度进行行车制动时，其制动距离应不大于公式(1)的计算值。

$$S = \frac{v^2}{68} + \frac{v^2}{124}\left(\frac{m}{3200}\right)\frac{v^2}{44} + 0.1 \times (32 - v) \qquad (1)$$

式中：S——制动距离，m；

v——行驶速度，km/h；

m——工作质量，kg。

4.3.2 铣刨机的排气可见污染物限值应符合JB 8891的规定。

4.3.3 铣刨机的噪声限值应符合JG/T 5079.1的规定。

5 试验方法

5.1 试验前准备

5.1.1 试验样机技术资料准备

5.1.1.1 样机应备齐使用说明书和有关技术标准。

5.1.1.2 样机准备好主要配套件技术文件。

5.1.1.3 样机出厂验收技术条件和验收合格证。

5.1.2 样机的准备

5.1.2.1 样机应由负责试验单位根据出厂验收技术条件或有关文件填写样机主要性能参数表，参见附录A表A.1。

5.1.2.2 样机试验前应按产品使用说明书的规定进行跑合试验，并参照附录A表A.2记录。

5.1.3 试验场地

5.1.3.1 静态试验场地应为平坦的坚实地面，在样机最小外形尺寸范围内，地面各向坡度不得大于0.5%，平面度要求每m^2不得大于3mm。

5.1.3.2 牵引、行驶及制动试验场地，应为平坦附着性能良好的地面，纵向坡度不得大于1.0%，横向坡度不得大于1.5%；试验路面的直线部分不得少于100m，宽度不应小于被测样机宽度的两倍。

5.1.3.3 最小转弯直径试验场地应为平坦、坚实、清洁的地面。其面积应能允许样机作全圆周运动。

5.1.3.4 爬坡和坡道制动试验场地应为平整而坚固的沥青混凝土或水泥混凝土路面，坡度不应小于15%，坡道的测量距离为样机长度的1.5倍以上，前后辅助距离各为样机轴距的1.5倍，允许在坚实土质坡道试验。

5.1.3.5 噪声测试场地应符合下列要求：

a) 测试场地应平坦而空旷，在测试中心以30m为半径的范围内，不得有大的反射物，如建筑物、围墙等；

b) 测试场地跑道长度应为有20m以上平直的沥青或水泥混凝土路面；

c) 本底噪声应低于被测样机的噪声10dB(A)以上，并保证不被偶然的其他声源所干扰。

5.1.3.6 铣刨性能测试场地为沥青混凝土路面，其长度不得小于15m，其宽度应大于样机宽度。

5.1.4 试验用仪器

5.1.4.1 试验前，所有试验用仪器设备均需经过标定并获得法定计量部门的认可。

5.1.4.2 各种直接测量参数，无特殊说明时，均取三次测量的平均值，其仪器精度应符合表1的规定。

5.2 静态测试

5.2.1 主要几何尺寸测定

表1 仪表精度

被测参数	仪器精度要求	被测参数	仪器精度要求
距离和长度尺寸	±0.5%	发动机转速	±1%
质量	±0.5%	驱动轮转速	±0.5%
角度	±1	燃油消耗量	±2%
温度	±1℃	扭矩	±2%
操纵力	±0.5%或±2.0N(取大值)	牵引力	±0.5%或±50N(取大值)
时间	±0.2s	油压	±2%

5.2.1.1 试验条件:样机按标准状态装备,停置于试验场地上,制动器制动,轮胎式(四履带式)铣刨机转向轮的转向角应调整至零位,铣刨装置升至最高极限位置,保持样机处于直线状态。

5.2.1.2 试验仪器设备:钢尺、卷尺、重锤、水平仪等。

5.2.1.3 将试验结果记入附录A表A.3。

5.2.2 质量及有关参数测定

5.2.2.1 试验条件:

a) 样机处于工作质量状态;

b) 发动机熄火。

5.2.2.2 试验仪器设备:称重仪(地秤)、钢尺、卷尺、重锤、水平仪、垫木等。

5.2.2.3 试验方法;

a) 轮胎式铣刨机:样机先从一个方向驶上地秤,依次称量整机质量 G_1,前轴分配质量 G_{f1},后轴分配质量 G_{r1},左侧和右侧分配质量 G_{L1} 和 G_{H1};然后样机调头,从相反方向称量整机质量 G_2,前轴分配质量 G_{f2},后轴分配质量 G_{r2},左侧和右侧履带分配质量 G_{L2} 和 G_{H2};

b) 履带式铣刨机:样机先从一个方向驶上地秤,依次分别称量整机质量 G_1、左侧和右侧履带分配质量 G_{L1} 和 G_{H1};然后样机调头,从相反方向依次分别称量整机质量 G_1、左侧和右侧履带分配质量 G_{L2} 和 G_{H2}。

按公式(2)~(6)计算整机质量和有关参数,将结果记入附录A表A.4。

$$G = \frac{G_1 + G_2}{2} \tag{2}$$

$$G_f = \frac{G_{f1} + G_{f2}}{2} \tag{3}$$

$$G_r = \frac{G_{r1} + G_{r2}}{2} \tag{4}$$

$$G_L = \frac{G_{L1} + G_{L2}}{2} \tag{5}$$

$$G_H = \frac{G_{H1} + G_{H2}}{2} \tag{6}$$

式中:G——整机质量,kg;

G_f——前轴分配质量,kg;

G_r——后轴分配质量,kg;

G_L——左侧履带分配质量,kg;

G_H——右侧履带分配质量,kg。

5.2.3 重心位置测定

5.2.3.1 试验条件:同5.2.2.1

5.2.3.2 试验仪器设备:地秤或其他称量装置、角度仪、钢尺、卷尺、重锤等。

5.2.3.3 试验方法:

a) 按公式(7)、(8)计算重心纵向和横向位置,将结果记入附录A表A.5。

$$C_x = \frac{G_r}{G} L_0 \tag{7}$$

$$G_Y = \frac{B_0}{2}\left(\frac{G_H - G_L}{G_H + G_L}\right) \tag{8}$$

式中:C_x——重心到前桥的纵向水平距离,mm;

C_Y——重心到车架纵向中心线横向水平距离(规定以车行方向右侧为正,左侧为负),mm;

L_0——轴距,mm;

B_0——前后轮距的算术平方值,mm。

b) 测定重心高度时,应将前桥支承或吊起(也可将后桥支承或吊起),使车体与水平面成8°~15°的倾角α见图1,待钢丝绳与地面保持铅垂状态时,测取各数据,按公式(9)计算,并将结果记录入附录A表A.5。

$$C_{、} = \frac{L(G_f - G_\alpha) + G_\alpha(r_1 - r_2)\tan\alpha}{G \cdot \tan\alpha} + r_2 \tag{9}$$

式中:C_x——重心距地面的垂直高度,mm;

C_α——前轴分配质量(样机倾斜角为α时),kg;

r_1、r_2——前后轮静力半径,mm。

c) 履带式铣刨机:四履带铣刨机参照以上方法,两履带不做重心高度。

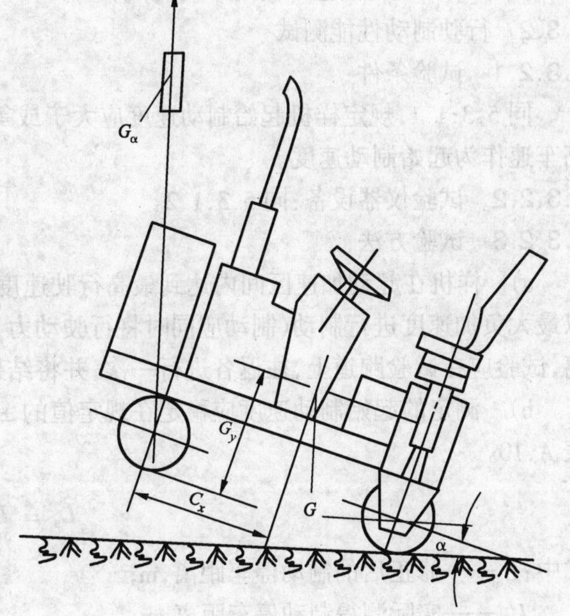

图 1

5.2.4 操纵机构操作力和行程测定

5.2.4.1 试验条件:样机发动机处于怠速状态,样机不行驶。

5.2.4.2 试验仪器设备:测力计、卷尺、直尺等。

5.2.4.3 试验方法:

测力计定点应在操纵杆或踏板的着力点处。测定时,操纵杆或踏板以正常的速度操作,行程为测定点的直线移动距离。

5.2.4.4 将试验结果记入附录A表A.6。

5.2.5 转向盘转动圈数及转向盘自由转角(自由行程)

5.2.5.1 试验条件:发动机处于怠速状态,样机不行驶。

5.2.5.2 试验方法:

a) 转动转向盘,测定转向轮从一侧极限位置转至另一极限位置的转向盘圈数;

b) 转动转向盘,测定转向盘从中位向左或向右转动而不使转向轮转动的转角。

5.2.5.3 将试验结果记入附录A表A.7。

5.2.6 输送装置性能测试

5.2.6.1 试验条件:发动机为标定转速状态,样机不行驶。

5.2.6.2 试验仪器设备:秒表、卷尺、重锤等。

5.2.6.3 试验方法:

a) 测试时,操纵输送装置转向手柄,使输送装置动作,测出其摆动范围(左右最大摆动角度和相对地面的最大摆动高度),将试验结果记入附录 A 表 A.8;

b) 起动输送装置空转,测出输送带最大线速度,将试验结果记入附录 A 表 A.8。

5.3 行驶性能测试

5.3.1 行驶速度测试

5.3.1.1 试验条件:

a) 样机处于整机质量状态,铣刨装置升至最高极限位置;

b) 测试应选择无雨天气,风速不超过 3m/s。

5.3.1.2 试验仪器设备:五轮仪、风速仪或秒表、卷尺、标杆等。

5.3.1.3 试验方法:

a) 测试时发动机油门处于最大供油位置;

b) 待样机行驶速度平稳后,进入测试路段,测定其各档速度,往返各两次。

c) 按公式(10)计算行驶速度,并将结果记入附录 A 表 A.9。

$$u_{\max} = \frac{3.6L}{t} \tag{10}$$

式中:$u_{\max}$——最高实际车速,km/h;

L——实际测量距离,m;

t——通过测量距离的平均时间,s。

5.3.2 行驶制动性能测试

5.3.2.1 试验条件:

同 5.3.1.1,规定样机起始制动速度应大于或等于 10km/h,当样机最高车速低于该规定值,则以最高车速作为起始制动速度。

5.3.2.2 试验仪器设备:同 5.3.1.2。

5.3.2.3 试验方法:

a) 样机在起动加速区间内达到最高行驶速度后,保持最高行驶速度稳定行驶,进入测量区间后,以最大负加速度进行制动(制动应同时将行驶动力切断),然后测量从发出信号到完全停车所行驶的距离,试验应在试验跑道上,往返各进行一次,并将结果记入附录 A 表 A.10。

b) 测定的起始制动速度应稳定在规定值的 ± 10% 范围内,并按公式(11)修正,将结果记入附录 A 表 A.10。

$$L_s = L'_s\left(\frac{u}{u_1}\right)^2 \tag{11}$$

式中:L_s——修正后的制动停车距离,m;

L'_s——实际测得制动停车距离,m;

u——规定起始制动车速,km/h;

u_1——试验时测起始车速,km/h。

5.3.3 最小转弯直径测试

5.3.3.1 试验条件:样机状态同 5.3.1.1a)。

5.3.3.2 试验仪器设备:卷尺、划线器(喷迹器)等。

5.3.3.3 试验方法:

将样机的转向操作机构分别移至左、右转向的极限位置保持不变,待行驶稳定后,用划线器(如喷水针)在测定位置对划线行驶一周,将样机开出轨迹之处。在行驶迹圆周均布的三个位置上测量轨迹最大直径,取其平均值为最小转弯直径 ϕ_2;量取样机最外侧一点的水平投影轨迹圆周直径作为样机水平通

过直径 ϕ_1。测试情况如图 2,试验结果记入附录 A 表 A.11。

5.3.4 直线行驶性能试验

本项试验仅适用于履带式铣刨机

5.3.4.1 试验条件:同 5.3.1.1。

5.3.4.2 试验仪器设备:同 5.3.1.2。

5.3.4.3 试验方法:

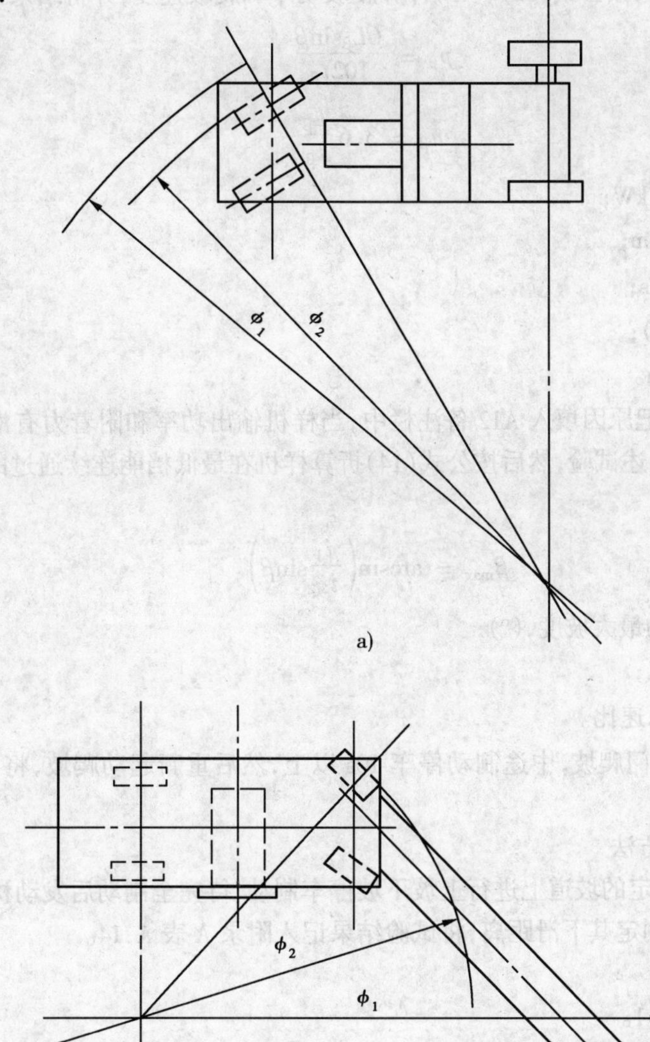

图 2

a)不带输送装置;b)带输送装置

a) 在试验跑道上取 50m 测量区,画出横向始端线,始端线和纵向中心线;

b) 铣刨机位于始端线处,并使铣刨机中心线与跑道纵向中心线重合;

c) 铣刨机以作业速度行驶,在不调节转向操作装置的情况下通过试验区;

d) 以初始铣刨机履带轨迹切线延长线为准,测量在末端端线处履带跑偏量。

5.3.4.4 将试验结果记入附录 A 表 A.12。

5.3.5 爬坡性能试验

5.3.5.1 试验条件:同 5.3.1.1

5.3.5.2 测试用仪器设备:同 5.3.1.2。

5.3.5.3 试验方法:

a) 样机以最低速度接近爬坡起点后,发动机油门置于最大供油位置开始爬坡,直至爬坡终了,记录通过测试区的时间和距离,按公式(12)、(13)计算爬坡功率和爬坡速度,并将结果记入表 A.13;

$$p_{\beta} = \frac{GL_{\beta}\sin\beta}{102t_{\beta}} \tag{12}$$

$$u_{\beta} = 3.6\frac{L_{\beta}}{t_{\beta}} \tag{13}$$

式中:p_{β}——爬坡消耗功率,kW;

L_{β}——爬坡区段距离,m;

t_{β}——通过区段时间,s;

β——平均坡度角,(°);

u_{β}——爬坡速度,km/h。

b) 在中途爬不上时,把原因填入 A12 备注栏中,当样机输出功率和附着力有潜力时,可在同一坡道上用高一档的速度重复上述试验,然后按公式(14)折算样机在最低档能连续通过的最大坡度,将结果记入附录 A 表 A.13;

$$\beta_{max} = \arcsin\left(\frac{i_1}{i_{实}}\sin\beta\right) \tag{14}$$

式中:β_{max}——最低挡能爬的最大坡度,(°);

i_1——最低挡总速比;

$i_{实}$——试验时实际总速比。

c) 样机以低速最大油门爬坡,中途制动停车 10s 以上,然后重新起动爬坡,将试验结果记入附录 A 表 A.13。

5.3.6 坡道停车制动试验方法

样机在符合 5.1.4.4 规定的坡道上进行上坡下坡停车制动,待完全制动后发动机熄火,变速箱处于空档状态。观察 10min 后,测定其下滑距离,将试验结果记入附录 A 表 A.14。

5.4 最大牵引力测试

5.4.1 试验条件:同 5.3.1.1。

5.4.2 试验用仪器设备:负荷车、拉力传感器、示波仪、钢丝绳等。

5.4.3 试验方法:

如图 3 所示,样机发动机油门处于最大供油位置,以最低档速度拖动负荷车,待速度稳定后,负荷车

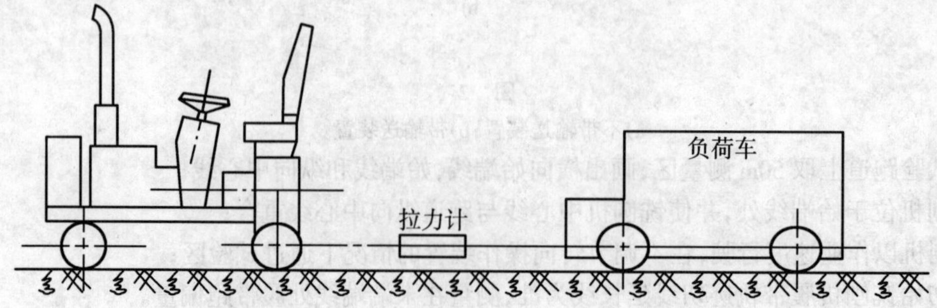

图 3

开始平稳地加载直到样机不能行走,此时测取 3s 内牵引力的平均值作为最大牵引力。试验应往返各进行一次,将试验结果记入附录 A 表 A.15。

5.5 铣刨性能试验

5.5.1 铣刨装置非作业工况试验

5.5.1.1 试验条件:样机处于最大工作质量状态。

5.5.1.2 试验用仪器设备:卷尺、转速传感器、示波器、秒表。

5.5.1.3 试验方法:

a) 在发动机处于标定转速时,测定铣刨鼓额定转速,测试稳定时间不少于 10s,将试验结果记入录 A 表 A.16;

b) 测定铣刨鼓最大提升高度和最大铣刨深度及升降时间(铣刨鼓最大铣刨深度至极限提升高度的时间),将试验结果记入附录 A 表 A.16;

c) 将铣刨鼓提升到最高极限位置时停机,1h 后测量升降油缸的沉降量,将试验结果记入附录 A 表 A.16。

5.5.2 铣刨作业性能试验

5.5.2.1 试验条件:样机处于最大工作质量状态。

5.5.2.2 试验用仪器设备:应变仪、示波仪、秒表、力矩传感器、集流环、卷尺、油压表、流量表、测速仪等。

5.5.2.3 试验方法:

a) 试验时,发动机油门处于最大供油位置,整机处于水平运行状态,样机以最低挡速度进入测试区,分别以不同铣刨深度(可根据该样机最大铣刨深度的设计值,平均分成 3 至 4 挡次)进行铣刨作业,测出铣刨鼓输入轴扭矩。对于液压传动的样机,则测出工作状态下铣刨鼓驱动马达的工作油压和流量,同时测量铣刨距离,铣刨宽度和各挡铣刨深度,各工况有效记录时间不少于 30s。

按公式(15)或(16)计算各工况铣刨功率,将结果记入附录 A 表 A.17。

$$N = \frac{M \cdot n}{9\,550} \tag{15}$$

$$n = \frac{1000 \cdot Q}{q} \cdot \eta_y \cdot i \cdot \eta \tag{16}$$

式中:N——铣刨功率,kW;

M——铣刨鼓输入轴扭矩,N·m;

n——铣刨鼓转速,r/min;

q——马达排量,mL/r;

Q——马达通过流量,L/min;

η_y——铣刨液压马达总效率;

η——铣刨鼓减速器总传动效率;

i——铣刨鼓减速器传动比。

按公式(17)、(18)、(19)计算各工况下的生产率,小时作业油耗及燃油消耗率,并将结果记入附录 A 表 A.18。

$$W = \frac{V_W}{T} \times 3\,600 \tag{17}$$

$$G_W = \frac{G_Y}{T} \times 3\,600 \tag{18}$$

$$g_W = \frac{G_Y}{W} \tag{19}$$

式中:W——生产率,m^3/h;

V_W——所铣过路面的体积,m^3;

T——铣刨时间,s;

G_W——小时作业油耗,kg/h;

G_Y——耗油量,g;

g_W——燃油消耗率,kg/m^3。

b) 铣刨深度试验应按以下规定单独进行;

铣刨深度试验应在平整度为3mm/3m(3m直尺测量值)的沥青混凝土面层上进行,待铣刨机在设定铣刨深度工况下稳定工作,厚度自动调整机构工作正常后,将铣刨机锁定在自动铣刨工作状态下铣刨工作,连续铣刨20m以上,随机在整个铣刨面上,以自动找平基准面为基准面,测量35个铣刨厚度,并记入附录A表A.19。

5.6 噪声测试

5.6.1 试验条件:

a) 声级计的传声器和样机之间不应有人或其他障碍物,传声器附近不应有影响声场的障碍物,试验人员应在不影响声级计读数的地方观测;

b) 铣刨机处于整机质量状态,发动机油门处于最大供油位置;

c) 天气无雨,风速不大于3m/s。

5.6.2 测点位置:

a) 驾驶员耳旁;

b) 距被测样机中心7.5m的两侧,离地面高1.5m处。

5.6.3 试验仪器设备:精密声级计、转速表、风速表。

5.6.4 试验方法:

a) 用声级"A"计权网络"快"档进行测定;

b) 测定本底噪声;

c) 分别测定样机停驶,以最高速度通过测试区和二分之一全深铣刨深度铣刨作业时各测点的噪声,将试验结果记入附录A表A.20。

5.7 发动机污染物排放测定

按GB/T 8190.4的规定进行,并将试验结果记入附录A表A.21。

5.8 密封性能检测

5.8.1 试验条件:在样机工作1.5h后立即进行密封性能检测。

5.8.2 试验方法:

齿轮箱、燃油箱、发动机、液压油箱、液压元件各油管接头、油塞部位。静结合面手摸无湿润,动结合面处目测无油迹或流痕则为不渗油;渗油面积不超过200cm^2或10min内无渗油,否则为漏油。将检查结果记入附录A表A.22。

水箱、水管接头当5min内有水珠滴下,则为漏水;若5min内无水珠滴下,而渗水浸湿面积不超过200cm^2渗水,如超过200cm^2则为漏水。将检查结果记入附录A表A.22。

5.9 机械传动系统中润滑油油温和清洁度检测

5.9.1 试验条件:在样机工作1.5h后立即进行润滑油油温和清洁度检测。

5.9.2 试验用仪器设备:

a) 天平:感量0.001g;

b) 量杯:容量1000ml;

c) 滤网:120目;

d) 其他:烘箱、汽车机油滤油器、玻璃棒等。

5.9.3 试验方法：

a) 用温度计测量齿轮箱内润滑油的温度，将结果记入附录 A 表 A.23；

b) 润滑油的清洁度检测采用质量法。如下：

用汽车机油滤油器将轻质油过滤，用过滤后的轻质油清洗量杯和 120 目滤网，滤网再经丙酮清洗后放入烘箱加温至 110℃ ± 5℃，保温 0.5h 后取出，在天平上称其质量 W_0；

从齿轮箱的放油口取出 500mL 润滑油，加入轻质油稀释至 1000mL，并用玻璃棒搅拌均匀，经 120 目滤网过滤后，再经丙酮进行清洗，然后将该滤网连同污物一起放入烘箱内，加温到 110℃ ± 5℃，保温 1h，烘干后取出，用精密天平称出污物和滤网的总质量 W_1，按公式(20)计算出润滑油的清洁度 r，并将结果记入附录 A 表 A.23。

$$r = \frac{W_1 - W_0}{500} \times 1000 \tag{20}$$

式中：r——清洁度，mg/L；

W_1——总质量，mg；

W_0——滤网质量，mg。

5.10 液压系统中液压油油温和清洁度检测

5.10.1 试验条件：在样机工作 1.5h 后立即进行液压油的油温和清洁度检测。

5.10.2 试验方法：

a) 用温度计测定液压油油温；

b) 液压油清洁度的检查方法按 JG/T 5089 的规定进行。

5.10.3 将试验结果记入附录 A 表 A.23 中。

5.11 外观检查

5.11.1 机身外壳、焊缝、铸件、油漆外观质量及 4.1 的有关要求用目测检验。

5.11.2 漆膜检验按下列方法进行：

a) 硬度：用指甲在漆膜上划一下，无陷划痕；则漆膜的硬度合可；

b) 粘附牢固性：用利刀在漆膜上纵横各划五条刀痕，刀痕间隔 1mm，呈井字状，深度达金属层，手摸刀痕处，漆膜不脱落为合格；

c) 弹性：用利刀刮下漆膜，刮层为碎末则太脆，整块粘在一起则太软，如刮屑有弹性地卷曲为弹性合格。

5.12 电气系统检查

在试验样机正常运行时，检查各指示仪表是否正常工作，电器控制和照明系统是否符合设计要求。

5.13 可靠性试验

5.13.1 试验场地：样机可靠性试验场地为专用试验场地或施工现场。

5.13.2 试验环境：气温不低于 5℃，试验应在无雨天气进行(当对人和样机影响不大时，小雨天气也可以进行)。

5.13.3 驾驶员及维修保养人员：

a) 参加试验的样机操作人员应是经培训考核合格并取得操作许可证的技术工人；

b) 参加试验的维修保养人员应熟悉铣刨机的构造，并且有熟练的维修技术。

5.13.4 可靠性试验的步骤和方法：

a) 试验前，按本标准的规定编写试验大纲，制定试验计划，对试验日期、场地、设备及人员作出详细的安排；

b) 备齐以下技术资料：

——试验中必须执行有关标准；

——样机使用说明书；

——试验记录表格；

——试验中所需的图纸、资料。

5.13.5 循环作业及试验记录：

a) 可靠性试验采取连续循环作业的方式进行，平均每日不应少于一个工作班，每工作班累计作业时间不应少于 4h；

b) 样机每连续工作 2h 后，允许停机 15min，每工作班累计工作 4h 后，允许停机 30min，在此停机时间内，允许给样机加油，加水或按使用说明书的规定进行例行维护保养；

c) 在进行可靠性试验过程中，试验人员应注意观察样机各部位是否有异常现象或故障，并将其试验、故障、维修等情况详细记入附录 A 表 A.24。

5.13.6 维护保养与修理：

a) 维护保养工作应按样机使用说明书规定的内容和时间进行，所用时间计入累计维护保养时间；

b) 在规定的作业时间内，当需进行维护保养，造成停机时间不足 30min 时，作维护保养处理，所用时间计入维护保养时间，超过 30min 时，作故障修理处理，30min 计入维护保养时间，超过部分的时间记入故障修理时间；

c) 参加维护保养及维修人员均按两名技术熟悉工人计算，即当有三个参加，每用 1h，折算为1.5h，当有四人参加，每用去 1h，折算为 2h；

d) 样机在作业时发生故障，应及时停机检查修理，不得带故障运行，其检查修理时间应按实际用去的人时数记入附录 A 表 A.24 中。

5.13.7 故障次数的判定

5.13.7.1 当量故障次数

根据故障的性质和危害程度，将故障划分为致命故障、严重故障、一般故障和轻微故障四类，见附录 B，并用当量故障次数作为总故障次数，当量故障次数按公式(21)计算：

$$r_b = \sum_{i=1}^{3} n_i \varepsilon_i \tag{21}$$

式中：r_b——当量故障次数；

n_i——第 i 类故障次数；

ε_i——第 i 类故障危害系数，见附录 B 表 B.1。

5.13.7.2 轻度故障不计入首次故障，但应作记录。

5.13.7.3 一次故障应判定为一个故障次数，且只能判定为故障类别中的一类。

5.13.7.4 产品在可靠性试验中出现致命故障，则该产品可靠性判定为不合格。

5.13.7.5 按例行维护保养更换到期的易损件不计入故障次数。

5.13.7.6 同时发生有因果关系的故障只作一次故障计算，其危害系数按大者计；但同时发生的故障项目应作详细的记录。若同时发生无因果关系的故障，则分别计算。

5.13.7.7 由于意外事故(不是样机本身的原因)发生的故障，不作为故障次数，其修复时间也不计入修理时间，但应作记录。

5.13.7.8 由于意外事故造成可靠性试验中断，允许重新抽样和试验。

5.13.7.9 试验数据的整理：

a) 根据记录表，将试验获得的数据进行整理和统计；

b) 按公式(21)、(22)、(23)分别计算出平均无故障工作时间和可靠度等可靠性特征量。

$$\mathrm{MTBF} = \frac{t_c}{r_b} \tag{22}$$

$$K = \frac{t_c}{t_c + t_1} \times 100\% \tag{23}$$

式中:MTBF——平均无故障工作时间,h;

t_c——可靠性试验内的累计作业时间,h

r_b——在可靠性试验累计作业时间内出现的当量故障数,当 $r_b<1$ 时,按 $r_b=1$ 计算。

K——可靠度;

t_1——故障停机累计时间,h。

6 检验规则

6.1 出厂检验

6.1.1 铣刨机应经制造厂质量检验部门检验合格,并签发合格证书后方可出厂。

6.1.2 出厂检验的内容按表 2 规定。

表 2 出厂检验内容

序 号	检验项目	合格要求	试验方法
1	空运转	运转正常,不得有异常响声	铣刨机以各档速度行驶,累计时间不少于 60min,铣刨轮运转不少于 30min
2	电气系统	4.1.8	5.12
3	外观质量	4.1.9	5.11
4	爬坡能力	4.2.5	5.3.6
5	渗漏	4.2.12	5.8
6	制动	4.3.1	5.3.2、5.3.5

6.2 型式检验

6.2.1 铣刨机型式检验为性能试验和可靠性试验(或 300h 工业性试验)。有下列情况之一时,应进行型式检验:

a) 新产品或老产品转厂生产的试制定型或鉴定;

b) 正式生产后,如结构、材料、工艺有较大改变,可能影响产品性能时;

c) 停产两年,恢复生产时;

d) 国家质量监督机构提出进行型式检验的要求时。

6.2.2 型式检验的项目为第 4 章的全部内容。

6.3 抽样

进行型式检验的铣刨机采取随机抽样法抽取一台试验样机。

6.4 判定规则

经型式检验,铣刨机全部达到 4.2.2、4.2.3、4.2.5、4.2.12、4.2.13、4.2.14、4.2.16 和 4.3 主要性能指标的要求,则判定为合格品,否则,判定为不合格品;已达到上述主要性能指标的要求,但其他项目有三项或三项以上未达到本标准要求时,亦判定为不合格品。

7 标志、使用说明书、包装、运输、贮存

7.1 标志、使用说明书

7.1.1 标志

应在铣刨机的显著位置上喷涂或粘贴以下标志:

a) 注册商标;

b） 安全警示标志；

c） 起吊标志；

d） 润滑指示标志；

e） 操作及工作位置指示标志；

f） 产品标牌。

7.1.2 产品标牌

铣刨机产品标牌的型式和尺寸规格应符合 GB/T 13306 的规定。产品标牌的内容规定如下：

a） 制造厂名称；

b） 产品型号及名称；

c） 产品主要技术参数，至少应包括：

——发动机的制造商、型号、额定功率、额定转速；

——工作质量，kg；

——铣刨宽度，mm；

——铣刨深度，mm；

——铣刨刀具数量，(个)；

——最小转弯直径，mm；

——行驶速度，km/h；

——工作速度，m/min；

——爬坡能力，(%)；

——输送带生产率，m^3/h；

——外形尺寸(长×宽×高)，mm。

d） 产品出厂日期和出厂编号。

7.1.3 使用说明书

铣刨机使用说明书按 GB 9969.1 的规定编制。主要技术参数项目按 7.1.2c)的规定。

7.2 包装、运输和贮存

7.2.1 包装

7.2.1.1 铣刨机产品采用敞装或裸装(特殊要求除外)，需要防护的部位应有局部保护措施。随机工具、备件和技术文件用备件箱包装，应有防雨、防潮措施，应随主机一起出厂。

7.2.1.2 铣刨机出厂时，应按装箱单配齐全部备件、附件及随机工具，并附有下列技术文件：

a） 产品合格证明书；

b） 铣刨机和发动机使用说明书；

c） 易损件目录；

d） 装箱单。

7.2.2 运输

7.2.2.1 运输铣刨机时，应在铣刨装置下方放置一木质垫块，调节升降机构使铣刀尖端接触垫块后，锁闭升降机构。

7.2.2.2 装有输送装置的铣刨机，可整体装车，也可将输送装置拆去运输；整体运输时，输送装置应与车架固定，不得有相互运动。

7.2.3 贮存

铣刨机应存放在通风、干燥的库房内，若露天存放应采取防雨措施。长期存放应采取防锈措施，并将燃油和水放净。对轮胎式铣刨机的轮胎，应定期充气。

附　录　A
（资料性附录）
测试记录表

A.1　铣刨机主要性能参数见表 A.1。

表 A.1　铣刨机主要性能参数

样机型号：　　　　　　　制造厂名称：

<table>
<tr><td colspan="5">项　　目</td><td>设 计 值</td></tr>
<tr><td colspan="5">整机质量(kg)</td><td></td></tr>
<tr><td colspan="5">最大牵引力(N)</td><td></td></tr>
<tr><td rowspan="8">行驶速度</td><td rowspan="4">前进</td><td rowspan="2">铣刨速度</td><td>一挡</td><td rowspan="2">m/min</td><td></td></tr>
<tr><td>二挡</td><td></td></tr>
<tr><td colspan="2">三挡</td><td rowspan="2">km/h</td><td></td></tr>
<tr><td colspan="2">四挡</td><td></td></tr>
<tr><td rowspan="4">后退</td><td colspan="2">一挡</td><td rowspan="2">m/min</td><td></td></tr>
<tr><td colspan="2">二挡</td><td></td></tr>
<tr><td colspan="2">三挡</td><td rowspan="2">km/h</td><td></td></tr>
<tr><td colspan="2">四挡</td><td></td></tr>
<tr><td colspan="2" rowspan="2">最小转弯直径</td><td colspan="2">车轮最外缘轨迹</td><td rowspan="2">m</td><td></td></tr>
<tr><td colspan="2">转向轮外缘轨迹</td><td></td></tr>
<tr><td colspan="5">爬坡能力(%)</td><td></td></tr>
<tr><td colspan="4">最小离地间隙</td><td rowspan="9">mm</td><td></td></tr>
<tr><td colspan="4">前轮直径</td><td></td></tr>
<tr><td colspan="4">后轮直径</td><td></td></tr>
<tr><td colspan="4">前轮距</td><td></td></tr>
<tr><td colspan="4">后轮距</td><td></td></tr>
<tr><td colspan="4">轴距</td><td></td></tr>
<tr><td colspan="4">履带板宽度</td><td></td></tr>
<tr><td colspan="4">履带板中心距</td><td></td></tr>
<tr><td colspan="4">履带接地长度</td><td></td></tr>
<tr><td colspan="2" rowspan="4">发动机</td><td colspan="2">型号</td><td></td><td></td></tr>
<tr><td colspan="2">标定功率(净功率)</td><td>kW</td><td></td></tr>
<tr><td colspan="2">标定转速</td><td>r/min</td><td></td></tr>
<tr><td colspan="2">燃油消耗率</td><td>g/(kW·h)</td><td></td></tr>
</table>

表 A.1(续)

项目			设计值
外形尺寸	长	mm	
	宽		
	高		
铣刨装置	最大铣刨宽度		
	最大铣刨深度		
	铣刀尖轨迹直径		
	最大提升高度		

A.2 样机履历表见表 A.2。

表 A.2 样机履历表

样机型号: 样机编号:

测定地点: 测定日期:

试验人员:

项目	年 月 日	作业地点	作业时间	备注
运行总时间				

A.3 主要几何尺寸测量见表 A.3。

表 A.3 主要几何尺寸测量表

样机型号: 样机编号:

测定地点: 测定日期:

试验人员:

项目		测定值				备注
		1	2	3	平均	
包括输送装置	总长					
	总宽					
	总高					
不包括输送装置	总长					
	总宽					
	总高					
最前端到前轴距离						
铣刨鼓轴线到前轴距离						
铣刀尖离地面高度						
车架高总宽						
前轮轮距						
后轮轮距						

表 A.3(续)

项目		测定值				备注
		1	2	3	平均	
轴距						
履带板宽度						
履带板中心距						
履带接地长度						
铣刨装置	最大铣刨宽度					
	最大铣刨深度					
	铣刀尖轨迹直径					
	最大提升高度					
输送带几何尺寸	长度					
	宽度					
	高度					

A.4 质量及有关参数测定见表 A.4。

表 A.4 质量及有关参数测定表

样机型号: 样机编号:

测定地点: 测定日期:

试验人员:

项目		符号	测定值				备注
			1	2	3	平均值	
整机质量(kg)		G					
前轴	分配质量(kg)	G_r					
后轴	分配质量(kg)	G_r					
左侧	分配质量(kg)	G_L					
右侧	分配质量(kg)	G_H					
平均接地比压(kPa)		P_0					

A.5 重心位置测定记录见表 A.5。

表 A.5 重心位置测定记录表

样机型号: 样机编号:

测定地点: 测定日期:

试验人员:

项目		测定值				备注
		1	2	3	平均值	
车体倾斜角 α(°)						
车体倾斜 α 角时前桥分配质量 G_α(kg)						
重心位置	水平纵向位置 G_x(mm)					
	水平横位置 G_y(mm)					
	垂直位置 G_z(mm)					

A.6 操纵机构操作力和行程测定记录见表 A.6。

表 A.6 操纵机构操作力和行程测定记录表

样机型号: 样机编号:

测定地点: 测定日期:

试验人员:

测量项目		动作类别	操作力(N)				移动距离或角度 mm(℃)				备注
主离合器操纵杆或踏板		结合	1	2	3	平均	1	2	3	平均	
		分离									
变速箱操纵杆	高挡	结合									
		分离									
	低挡	结合									
		分离									
	一挡	结合									
		分离									
	二挡	结合									
		分离									
行走系统变量泵操作杆		中立→向前									
		中立→向后									
		中立→向后									
输送带系统变量泵变量杆		中立→向前									
		中立→向后									
升降系统操作杆	前轮或后轮	上升									
		下降									
升降系统操作杆	后轮(左)或前轮	上升									
		下降									
升降系统操作杆	后轮(右)或前轮	上升									
		下降									
减速箱操纵杆	高挡	结合									
		分离									
	低挡	结合									
		分离									
制动器操纵杆或踏板		结合									
		分离									

A.7 转向盘转动圈及自由转角(自由行程)测定记录见表 A.7。

表 A.7 转向盘转动圈及自由转角(自由行程)测定记录表

样机型号: 样机编号:
测定地点: 测定日期:
试验人员:

项 目	转向盘转动圈数				自由转角				备 注
	1	2	3	平均	1	2	3	平均	
从左到右									
从右到左									

A.8 输送装置性能测试记录见表 A.8。

表 A.8 输送装置性能测试记录表

样机型号: 样机编号:
测定地点: 测定日期:
试验人员:

项 目		测定值				备 注
		1	2	3	平均	
输送装置左摆	(°)					
输送装置右摆						
升到最高位置	m					
降至最低位置						
输送带线速度	m/s					

A.9 行驶速度测试记录见表 A.9。

表 A.9 行驶速度测试记录表

样机型号: 样机编号:
测定地点: 测定日期:
天气气温: 风速风向:
试验路况: 试验人员:

行驶方向	挡位	测量距离(m)	测定时间(s)		行驶速度(km/h)			备 注
			去向	回向	去向	回向	平均	

A.10　行驶制动测试记录见表 A.10。

表 A.10　行驶制动测试记录表

样机型号:　　　　　　　　样机编号:
测定地点:　　　　　　　　测定日期:
天气气温:　　　　　　　　风速风向:
试验路况:　　　　　　　　试验人员:

行驶方向	规定初速度 (km/h)	实测值			制动距离 (m)	备　注
		距离 (m)	时间 (s)	制动初速度 (km/h)		
去向						
回向						

A.11　转向性能测定记录见表 A.11。

表 A.11　转向性能测定记录表

样机型号:　　　　　　　　样机编号:
测定地点:　　　　　　　　测定日期:
天气气温:　　　　　　　　风速风向:
试验路况:　　　　　　　　试验人员:

行驶方向	转弯方向	最小转弯直径(m)				最小水平通过直径(m)				备　注
		1	2	3	平均	1	2	3	平均	
前进	左转									
	右转									

A.12　直线行驶性能试验记录见表 A.12。

表 A.12　直线行驶性能试验记录表

样机型号:　　　　　　　　样机编号:
测定地点:　　　　　　　　测定日期:
天气气温:　　　　　　　　风速风向:
试验路况:　　　　　　　　履带绕度:
试验人员:

行 驶 方 向	挡　位	试验距离(m)	跑偏距离(mm)	偏移量(%)	备 注

A.13 爬坡性能试验记录见表 A.13。

表 A.13 爬坡性能试验记录表

样机型号:　　样机编号:
测定地点:　　测定日期:
天气气温:　　风速风向:
试验路况:　　试验人员:

档位	次数	测定距离（m）	测定时间（s）	爬坡速度（km/h）	爬坡功率（kW）	最大爬坡度（°）	备注
	1						
	2						
	3						
	平均						
	1						
	2						
	3						
	平均						

A.14 坡道停车制动及起动情况见表 A.14。

表 A.14 坡道停车制动及起动情况记录表

样机型号:　　样机编号:
测定地点:　　测定日期:
天气气温:　　风速风向:
试验路况:　　试验人员:

项目	坡度(%)	试验结果	备注
上坡停车,下滑距离(mm)			
下坡停车,下滑距离(mm)			
坡道起动			

A.15 最大牵引力测定记录见表 A.15。

表 A.15 最大牵引力测定记录表

样机型号:　　样机编号:
测定地点:　　测定日期:
天气气温:　　风速风向:
试验路况:　　试验人员:

序号	行驶方向	最大牵引力（N）	发动机转速（r/min）	动力半径（mm）	特征			备注
					发动机熄火	轮胎打滑	溢流阀溢流	

A.16 铣刨装置非作业工况试验记录见表 A.16。

表 A.16 铣刨装置非作业工况试验记录表

样机型号： 样机编号：
测定地点： 测定日期：
天气气温： 风速风向：
试验路况： 试验人员：

项目			测定值				备注
			1	2	3	平均	
最大铣刨深度		mm					
铣刨鼓最高极限位置							刀尖距地面
铣刨鼓升降时间	上升	S					
	下降						
油缸沉降量	时间	h					
	左缸	mm					
	右缸						
发动机转速		r/min					
铣刨鼓转速							

A.17 铣刨功率记录见表 A.17。

表 A.17 铣刨功率记录表

样机型号： 样机编号：
测定地点： 测定日期：
天气气温： 风速风向：
试验路况： 试验人员：

铣刨深度(mm)	次数	铣刨时行走速度(m/min)	铣刨鼓转速(r/min)	驱动马达油压(MPa)	铣刨鼓输入轴扭矩(N·m)	铣刨功率(kW)	备注
	1						
	2						
	3						
	平均						
	1						
	2						
	3						
	平均						
	1						
	2						
	3						
	平均						
	1						
	2						
	3						
	平均						

A.18 不同工况下所对应的生产率测定记录见表 A.18。

表 A.18 不同工况下所对应的生产率测定记录表

样机型号：　　　　　　　　样机编号：
测定地点：　　　　　　　　测定日期：
天气气温：　　　　　　　　风速风向：
试验路况：　　　　　　　　试验人员：

铣刨深度(mm)	次数	铣刨距离(mm)	铣刨时间(s)	发动机转速(r/min)	油消耗量(g)	生产率(m^3/h)	小时作业油耗(kg/h)	燃油消耗率(g/m^3)	备注
	1								
	2								
	3								
	平均								
	1								
	2								
	3								
	平均								
	1								
	2								
	3								
	平均								
	1								
	2								
	3								
	平均								

A.19 铣刨深度试验记录见表 A.19。

表 A.19 铣刨深度试验记录表

样机型号：　　　　　　　　样机编号：
测定地点：　　　　　　　　测定日期：
天气气温：　　　　　　　　试验路况：
试验人员：

纵向测量区		A	B	C	D	E	F	G
采样点编号	1							
	2							
	3							
	4							
	5							
各测量区深度平均值								
铣刨深度设定值								
各测量区深度与设定值差								
铣刨深度误差平均值								
铣刨层说明								

A.20 噪声测定记录见表 A.20。

表 A.20 噪声测定记录表

样机型号： 样机编号：
测定地点： 测定日期：
天气气温： 风速风向：
本底噪声： dB(A) 试验人员：

样机状况	声级计位置	噪声 dB（A）				备注
油门全开不行驶	驾驶员耳旁	1	2	3	平均	
	左侧 7.5m 处					
	右侧 7.5m 处					
高速行驶	驾驶员耳旁					
	左侧 7.5m 处					
	右侧 7.5m 处					
铣刨时	驾驶员耳旁					
	左侧 7.5m 处					
	右侧 7.5m 处					

A.21 污染物排放测定记录见表 A.21。

表 A.21 污染物排放测定记录表

样 机 型 号： 样 机 编 号：
测 定 地 点： 测 定 日 期：
天 气 气 温： 柴油机编号：
柴油机型号： 试 验 人 员：

项目	结果				备注
污染物排放值 g/(kW.h)	CO	HC	NO_x	PT	

A.22 密封性能检测记录见表 A.22。

表 A.22 密封性能检测记录表

样机型号： 样机编号：
测定时间： 测试地点：
试验人员：

项目	渗油	漏油	渗水	漏水	备注
渗漏处数					

A.23　油温及清洁度检测记录表 A.23。

表 A.23　油温及清洁度检测记录表

样机型号:　　　　　　　　　　样机编号:

测定时间:　　　　　　　　　　测试地点:

试验人员:

项　目	油　温（℃）		油清洁度等级		备　注
	液压油	润滑油	液压油	润滑油	
检测值					

A.24　可靠性试验记录表 A.24。

表 A.24　可靠性试验记录表

样机型号和编号:　　　　　　　　试验地点:

铣刨路面状况:　　　　　　　　　试 验 员:

试验日期			天气	气温（℃）	作业内容	作业时间（h）	累计作业时间（h）	维护保养			故　障			故障初步分析	备　注
月	日	上午下						内容	时间（h）	人数	内容及修理情况	修理时间（h）	参加修理人数		

附 录 B
(规范性附录)
故障分类表

故障分类表见表 B.1

表 B.1 故障分类表

故障类别	故障名称	划分原因	故障示例	危害度系数(ε)	备注
1	致命故障	严重危及或导致人身伤亡,引起重要总成报废或主要部件严重损坏,造成严重经济损失	1.发动机严重损坏 2.车架、臂架断裂 3.车轮脱落造成严重后果 4.转向、换向机构失灵或损坏 5.离合器、制动器、变速器严重损坏 6.重要构件断(开)裂	∞	
2	严重故障	严重影响铣刨机功能,主要性能指标超出规范以外,必须较长时间停机修理,维修费用较高	1.主要性能下降 2.主要液压元件损坏 3.各传动齿轮、传动轴承等主要零部件损坏	3	
3	一般故障	铣刨机功能下降导致停机,但用更换易损备件和用随机工具在 2h 内可以排除	1.气温在 5℃以上时发动机连续三次不能启动 2.变速箱齿轮和换向齿轮不能正常啮合 3.变速箱、离合器,主要液压元件及万向节发生异常响声 4.轴承、制动器及其他机件过热,轴承温度超过 110℃ 5.发动机连续两次自动熄火造成停机 6.漏水、漏油较严重 7.液压系统中管道、管接头损坏与更换 8.焊接部位焊缝开裂长度大于 5%的相对长度 9.键、销损坏与更换 10.各仪器、仪表失灵或损坏 11.变速器内油温高,超过 80℃ 12.液压油的温度高,超过 80℃	1	
4	轻微故障	对铣刨机的使用性能有轻微影响,但用更换易损备件和用随车工具在 20min 内能够排除	1.离合器因行程变化分离不彻底 2.渗水、渗油较严重 3.转向灯、照明灯不亮 4.焊接部位开裂(焊)、长度小于 5%相对长度 5.螺栓松动等故障	0.2	

ICS 91.220
R 19
备案号:

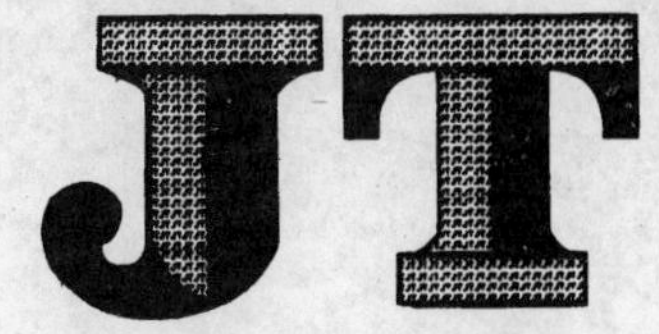

中华人民共和国交通行业标准

JT/T 501—2004

沥青路面养护车/机

Asphalt pavement maintenance truck/machine

2004-04-16 发布 2004-07-15 实施

中华人民共和国交通部 发布

沥青路面养护车/机

1 范围

本标准规定了沥青路面养护车/机的技术要求、试验方法、检验规则以及标志、包装、运输、贮存。

本标准适用于沥青路面养护车/机。

2 规范性引用文件

下列文件中的条款通过本标准的引用而成为本标准的条款。凡是注日期的引用文件,其随后所有的修改单(不包括勘误的内容)或修订版均不适用于本标准,然而,鼓励根据本标准达成协议的各方研究是否可以使用这些文件的最新版本。凡是不注日期的引用文件,其最新版本适用于本标准。

GB 1495 汽车加速行驶车外噪声限值及测量方法

GB 1589 汽车外廓尺寸界限

GB/T 3766 液压系统通用技术条件

GB/T 3845 汽油车排气污染物的测量 怠速法

GB/T 3846 柴油车自由加速烟度的测量 滤纸烟度法

GB/T 4094 汽车操纵件、指示器及信号装置的标志

GB 4785 汽车及挂车外部照明和信号装置的安装规定

GB/T 5226.1 工业机械电气设备 第一部分:通用技术条件

GB 7258 机动车运行安全技术条件

GB/T 11352 一般铸造碳钢件

GB 11567.1 汽车和挂车侧面防护要求

GB 11567.2 汽车和挂车后下部防护要求

GB/T 12538 汽车重心高度测定方法

GB/T 12539 汽车爬陡坡试验方法

GB/T 12673 汽车主要尺寸测量方法

GB/T 12674 汽车质量(重量)参数测定方法

GB 12676 汽车制动系统结构、性能和试验方法

GB/T 12678 汽车可靠性行驶试验方法

GB 14761.5 汽油车怠速污染物排放标准

GB 14761.6 柴油车自由加速烟度排放标准

GB/T 18411 道路车辆 产品标牌

JB/T 5937 工程机械灰铸铁件通用技术条件

JG/T 5012 建筑机械与设备包装通用技术条件

JTJ 052 公路工程沥青及沥青混合料试验规程

JTJ 073.2 公路沥青路面养护技术规范

QC/T 252 专用汽车定型实验规程

3 术语和定义

下列术语和定义适用于本标准。

3.1 沥青路面养护车/机 **asphalt pavement maintenance truck/machine**

用于修补沥青路面病害的保养维护设备,具有拌料(或载料)、铲挖、清扫、喷洒沥青、加热、填料、压实等单一功能或多种功能。

3.2 自行式沥青路面养护车/机 **self-propelled asphalt pavement maintenance truck/machine**

具有行驶功能的沥青路面养护车/机。

3.3 拖挂式沥青路面养护车/机 **trailer asphalt pavement maintenance truck/machine**

自身无行驶驱动须有其他动力拖挂的沥青路面养护车/机。

3.4 加热板式沥青路面养护车/机 **heating panel asphalt pavement maintenance truck/machine**

装有路面加热板的沥青路面养护车/机。

3.5 拌料式沥青路面养护车/机 **asphalt pavement maintenance truck/machine with mixing box**

装有拌制沥青混合料装置的沥青路面养护车/机。

3.6 载料式沥青路面养护车/机 **asphalt pavement maintenance truck/machine with loading box**

装有沥青混合料箱的沥青路面养护车/机。

4 产品分类

4.1 按主要作业装置的不同,可分为加热板式沥青路面养护车/机(养护车/机以下称养护车)、拌料式沥青路面养护车、载料式沥青路面养护车等。

4.2 按行驶方式的不同,可分为自行式沥青路面养护车及拖挂式沥青路面养护车。

5 技术要求

5.1 基本要求

5.1.1 沥青路面养护车应按照经过规定程序批准的图样和技术文件制造。

5.1.2 外购件及原材料应是国家、行业有关部门鉴定定型的产品,并有制造厂的合格证。

5.1.3 铸件表面应整洁,不得有气孔、疏松等缺陷,符合 GB/T 11352、JB/T 5937 的规定。

5.1.4 结构件、钣金件应进行表面除锈处理,表面应平整、光滑。

5.1.5 各运动副不应有松旷、过紧、卡滞等现象,传动系统应工作平稳可靠。

5.1.6 各操作元件应操作方便、灵活、并有指示牌。

5.1.7 有安全要求的运动部件应设有防护装置,各类操作指示牌应安装在显著位置并清晰、易懂。

5.1.8 电气设备应符合 GB/T 5226.1 的规定。

5.1.9 养护车上各紧固件应紧固牢靠,不应有松动现象。

5.2 整车

5.2.1 基本功能的配置要求:

——能拌制或能装载、加热(或保温)沥青混合料,并能出料;

——能存储、加热、保温、及喷洒沥青;

——能按 JTJ 073.2 提供切缝及清缝的工具或装有路面加热板;

——能按 JTJ 073.2 提供路面破碎和压实的工具;

5.2.2 拌料生产率应满足使用要求。

5.2.3 生产的沥青混合料应符合 JTJ 073.2 的规定。拌制成品料温度应达到 120℃ ~ 160℃,成品料中沥青含量应符合工程确定的油石比。

5.2.4 载料式料箱的保温要求:沥青混合料温度为 150℃、环境温度 20℃,3h 内温降不得大于 20℃。

5.2.5 沥青加热速率应达到 15℃/h。

5.2.6 沥青喷洒系统应喷洒均匀,在断续喷洒沥青时,其喷洒系统不应有堵塞现象。

5.2.7 油、水、气系统应工作正常,密封可靠,不应有漏油、漏水现象。

5.2.8 液压系统应符合 GB/T 3766 的规定。

5.2.9 爬坡性能:低速档应能满载爬越 20%的坡道;装有碾压轮的养护车,用碾压轮驱动时应能满载爬越 10%的坡道。

5.2.10 制动系统结构和性能应符合 GB 12676 的规定。

5.2.11 允许噪声应符合 GB 1495 的规定。

5.2.12 排放标准值应符合 GB 14761.5 和 GB 14761.6 的规定。

5.2.13 外形尺寸应符合 GB 1589 的规定。

5.2.14 侧面防护装置应符合 GB 11567.1 的规定;后下部防护装置应符合 GB 11567.2 的规定。

5.2.15 外部照明和信号装置的数量、位置和光色应符合 GB 4785 的规定。

5.2.16 运行安全应符合 GB 7258 的规定。

5.2.17 作业可靠性试验首次故障前工作时间不应少于 100h,平均无故障工作时间不应少于 80h,可靠度不应低于 85%。

5.2.18 外观表面质量应符合下列要求:

a) 机身外露表面平整光洁,各部件布置协调有序;

b) 外露焊缝应光滑均匀,焊渣、焊瘤等应清理干净或打磨平整;

c) 外观油漆层应均匀、光亮,不应有流痕。漆膜应粘附牢固,主体漆色应鲜艳明亮,各配色线条应清晰,两色油漆交界处应界限分明,不应有相互交错现象。

5.2.19 养护车应具有下列辅助装置:

a) 灭火装置;

b) 照明及信号装置;

c) 牵引装置;

d) 随机专用工具及备用轮胎。

5.3 作业装置

5.3.1 砖式加热板

5.3.1.1 应密封良好、可靠。

5.3.1.2 燃气安全保护装置应灵敏、可靠。

5.3.1.3 对沥青路面加热 5min,地表温度达到 160℃。

5.3.1.4 加热板各个区的使用可任意组合。

5.3.1.5 加热板左、右单向平移行程不小于 630mm,水平升降行程不小于 120mm,水平至垂直翻转角度大于 90°。

5.3.2 管式加热板

5.3.2.1 同 5.3.1.1、5.3.1.2。

5.3.2.2 对沥青路面加热 15min,地表温度达到 150℃。

5.3.2.3 加热板式、右单向平移行程不小于 500mm、水平升降行程不小于 120mm,水平至垂直翻转角度大于 90°。

5.3.2.4 加热板可采用分离的分体式结构。

5.3.3 沥青混合料箱

5.3.3.1 沥青混合料箱应具有加热和保温自动控制功能,并应有足够的强度和刚度。

5.3.3.2 箱体外表面应平整并确保雨水不渗入保温层。

5.3.3.3 料箱出料应方便可靠。

5.3.4 沥青混合料生产装置

5.3.4.1 冷料供给装置

5.3.4.1.1 冷料供给装置的供料能力应满足设备最大生产能力的需要,运行稳定可靠,限位准确。

5.3.4.1.2 上料过程不得有漏料、卡阻现象发生。上料斗应为可计量的定量料斗。

5.3.4.2 加热拌和滚筒

5.3.4.2.1 加热拌和滚筒的生产能力应满足设备额定生产能力的需要。

5.3.4.2.2 筒体不应有明显的变形,传动运转平稳、震动小。

5.3.4.3 拌和筒燃烧装置

5.3.4.3.1 点火迅速、工作可靠、风门调节方便。

5.3.4.3.2 供油管路中应设置过滤器,管路不得有渗漏。

5.3.4.4 沥青存储、供给装置

沥青箱应设置沥青液位测试装置、温度显示装置、温度自动控制装置。输出沥青管路上应配有流量计或流量计量的装置。

5.3.5 动力装置

作业装置的动力可从汽车发动机取力,也可另配发电机组。

5.3.5.1 从汽车发动机取力时,取力装置应工作稳定可靠。

5.3.5.2 发电机组应工作安全、可靠。

6 试验方法

6.1 试验准备

6.1.1 养护车试验时应提供的技术资料:

a) 产品技术性能参数,参照附录 A 表 A.1 和表 A.2 填写;

b) 整机使用说明书;

c) 试验样机主要部件的原始装配尺寸及调试记录;

6.1.2 试验前进行下列准备工作:

a) 测试仪器、量具、传感元件等必须经计量主管部门检查和校准,且在有效期内方能使用。其性能和误差应符合仪器有关规定;

b) 样机应按使用说明书调定液压系统安全阀压力;

c) 样机应按使用说明书要求进行空运转和磨合。

6.2 外型尺寸的测定

按 GB/T 12673 的规定进行,并将测定结果记入表 A.3。

6.3 整机质量及前、后桥承载质量的测定

按 GB/T 12674 的规定进行,并将测定结果记入表 A.4。

6.4 重心位置的测定

重心位置以三维坐标(水平纵坐标 x、水平横坐标 y、垂直坐标 h)表示,分别按整机空载状态和整机满载状态测定重心位置,测定结果记入表 A.5。

6.4.1 水平纵坐标 x(重心距前轴中心的水平距离)

按 GB/T 12538 的规定进行。

6.4.2 水平横坐标 y(重心距整车对称中心的水平距离)

在地磅上分别测出前、后轮各自的承载质量,按公式(1)计算。

$$y = \frac{(R_2 - R_1)B_2 + (R_4 - R_3)B_1}{2G} \tag{1}$$

式中:y——水平横坐标,mm;

R_1——前左轮承载质量,kg;

R_2——前右轮承载质量,kg;

R_3——后左轮承载质量,kg;

R_4——后右轮承载质量,kg;

B_1——后轮距,mm;

B_2——前轮距,mm;

G——养护车质量,空载时用 G_1,满载时用 G_2。

6.4.3 垂直坐标 h(重心距地面的高度)

按 GB/T 12538 的规定进行。

6.5 料箱载质量的测定

测定时将料箱置于水平位置,在料箱内装满干沙,装至与料箱上沿相平,关上料箱盖,分别测定装料前后养护车的质量。按公式(2)、(3)计算料箱容积和载质量,并记入表 A.6。

$$V = \frac{G_2 - G_1}{1000\gamma_1} \tag{2}$$

式中:G_2——物料装满时的养护车质量,kg;

G_1——未装物料的养护车质量,kg;

γ_1——物料密度,kg/L;

V——料箱容积,m^3。

$$W = \gamma_2 V \tag{3}$$

式中:W——料箱载质量,kg;

γ_2——沥青混合料密度,$\gamma_2 \approx 1650 kg/m^3$。

6.6 制动系统结构和性能试验

按 GB 12676 的规定进行。

6.7 允许噪声试验

按 GB 1495 的规定进行。

6.8 排放标准值试验

按 GB 3845 和 GB 3846 的规定进行。

6.9 爬坡性能试验

养护车处于满载状态,在无雨天气下进行爬坡性能试验。试验结果记入表 A.7。

6.9.1 养护车以驱动轮爬坡

按 GB/T 12539 规定进行,并按公式(4)计算出爬坡功率。

$$N_b = \frac{G_2 \cdot g \cdot L_b \cdot \sin\alpha}{1000 t_b} \tag{4}$$

式中:N_b——爬坡功率,kW;

g——重力加速度,m/s^2;

L_b——测试的爬坡距离,m;

t_b——通过距离 L_b 所用时间,s;

α——坡度角,(°)。

6.9.2 养护车以碾压轮驱动爬坡

将养护车停在坡底平坦地面上,发动机转速控制在规定的工作转速,待发动机转速稳定后,放下碾压轮,以碾压轮驱动前进爬越 10% 的坡道,并测定通过测试路段的时间和距离,按公式(4)计算出爬坡功率。

6.10 沥青加热及保温试验

环境温度为 20℃,沥青箱内装满 110℃沥青,启动加热装置,分别测量导热油温度和沥青温度,每隔 15min 测量一次,直至沥青温度升到 150℃,测量值记入表 A.8。绘出沥青温升曲线图。然后关闭加热装置,每隔 15min 测量一次导热油和沥青的温度,测量至 3h 为止。将测得结果记入表 A.8,并绘出降温曲线图。

6.11 料箱保温性能试验

料箱内装满温度为 150℃、粒度为 10mm 的沥青混合料。盖好箱盖,每隔 30min 测量一次沥青拌合料的温度;其沥青混合料的温度应取近箱壁和心部温度的平均值,测点不少于四点。共测量 3h,将其结果记入表 A.9。

6.12 沥青喷洒及管道畅通试验

沥青箱内装满 150℃的沥青,沥青泵以沥青喷洒所规定的转速运转,开动喷洒系统 1min,测量喷洒量,观察喷雾情况。将测量结果记入表 A.10。

6.13 路面加热试验

环境温度 25℃ ± 5℃,养护车的砖式加热板按其加热面积放置在待加热的沥青路面上,加热 5min 后、管式加热板加热 15min 后,在加热区域内取五个点,测量路面加热温度及深度,试验结果计入表 A.11。

6.14 沥青混合料拌和试验

6.14.1 试验条件

a) 天气:无雨;

b) 搅拌装置在额定工况下连续稳定作业。

6.14.2 生产率试验

将运料小车编号,装料前测定空车质量,装车后测定满载车质量,满载车质量之和减去空车质量之和即为每次试验时间的产量,同时测定每次的试验时间,试验结果参照表 A.13 记录。

$$Q = 3.6\frac{M}{t} \tag{5}$$

式中:Q——成品料生产率,t/h;

M——成品料产量,kg;

t——试验时间,s。

6.14.3 成品料温度试验

在卸料装置卸料的同时,用测温仪器测量沥青混合料温度,每隔 10min 检测一次,同等条件下连续检测 5 次料温,试验结果记录在表 A.12。

6.14.4 沥青含量偏差检测

在卸料口,用专用器直接取样,生隔 10min 采集 5kg 以上的试验用料,连续取样 5 次,用抽提仪抽提,具体方法按照 JTJ 052 执行,试验结果按表 A.14 记录。

$$\overline{X} = \frac{1}{5}\sum_{n=1}^{5} X_{\mathrm{i}} \tag{6}$$

$$\delta = \overline{X} - X \tag{7}$$

式中:$\overline{X}$——沥青含量平均值,%;

X——沥青含量设定值,%;

δ——沥青含量偏差,%;

6.15 渗漏检验

养护车连续工作 1.5h 后停机,立即按下列方法进行渗漏检验:

a) 对可能出现渗漏油(水)部位的下方垫上白纸,便于观察;

b) 在停机 5min 内检查渗漏水情况,若有水浸湿现象,则判定为渗水;若在 5min 内有水滴滴下或浸湿面积超过 200cm^2,则判定为漏水;

c) 在停机后 10min 内检查渗漏油情况,若有油迹出现,则判定为渗油;若在 10min 内有油滴滴下或

油迹面积超过 $200cm^2$ 则判定为漏油;

d) 在停机后 30min 内检查漏气情况,观测气压表的压力下降值;

e) 检查结果记入表 A.15。

6.16 外观检验

6.16.1 外表面平整性,安装牢固性及焊缝、焊渣、焊瘤的打磨情况等,用目测法观察检验。

6.16.2 外观油漆的均匀性、光亮性、漆色、配色线条交界分明及有无交错现象等项目,直接观察检验。其余项目按下列方法检验:

a) 漆膜的硬度:用指甲在漆膜上划一下,如无凹陷划痕,则漆膜的硬度合格;

b) 粘附牢固性:用利刀在漆膜上纵横各划五条刀痕(刀痕间隔 1mm,呈井字状,深度达金属层),手摸刀痕处,漆膜不脱落为合格;

c) 弹性:用利刀刮下漆膜,如刮屑为碎末则为太脆;如整块沾在一起则太软;如刮屑有弹性的卷曲则为漆膜的弹性合格。

6.16.3 检验结果记入表 A.16。

6.17 可靠性试验

6.17.1 行驶可靠性试验

按 GB/T 12678 的规定进行。

6.17.2 作业可靠性试验

进行 250h 的作业可靠性试验,其必备的四种功能累计试验时间不得少于 200h,根据试验所得到的数据,计算出可靠性特征量,并记入表 A.17。

6.17.2.1 故障前工作时间

养护车在规定的条件下和规定的时间内出现当量故障数为 1 或大于 1 的工作时间。

6.17.2.2 平均无故障工作时间 MTBF

养护车在规定的试验时间内的累计作业时间与当量故障次数之比,称为平均无故障工作时间,按公式(8)、(9)计算。

$$\mathrm{MTBF} = \frac{t_0}{r_b} \tag{8}$$

式中:t_0——累计作业时间,h;

r_b——当量故障数,(当 $r_b < 1$ 时,取 $r_b = 1$);

$$r_b = \sum_{i=1}^{4} \varepsilon_i \eta_i \tag{9}$$

式中:ε_i——第 i 类故障危害度系数,见附录 B;

η_i——每 i 类故障数。

6.17.2.3 可靠度 R

养护车在规定的条件下和规定的时间内完成规定功能的概率。按公式(10)计算。

$$R = \frac{t_0}{t_0 + t_1} \times 100\% \tag{10}$$

式中:R——可靠度;

t_1——累计修复时间(按两名熟练技工测算),h。

6.17.3 养护车的作业可靠性试验可用工业性试验代替。

7 检验规则

7.1 出厂检验

7.1.1 出厂检验由制造单位的质量检验部门进行。每台养护车均应进行出厂检验,经检验合格并签发产品合格证后方准出厂。

7.1.2 出厂检验一般应进行下列内容。

a) 外观检验;

b) 空运转试验;

c) 里程不少于 50km 的行驶试验;

d) 沥青喷洒系统试验(可用水代替沥青);

e) 渗漏检验(含油、水、气、电);

f) 仪器仪表及电气系统检验。

7.2 型式试验

7.2.1 凡属下列情况之一的养护车应进行型式试验;

a) 新产品或老产品转厂生产的试制定型鉴定时;

b) 产品设计作重大改变时;

c) 停产两年后,产品重新恢复生产时;

d) 国家质量监督机构提出型式试验要求时。

型式试验项目应包括第 5 章的全部内容。

8 标志、包装、运输、贮存

8.1 标志

8.1.1 产品应在明显位置固定产品标牌和商标,产品标牌应符合 GB/T 18411 的规定,产品标志应符合 GB 7258 的规定

8.1.2 养护车应在各操作机构处的明显位置固定操作标志牌。

8.1.3 养护车的操纵件、指示器及信号装置的图形标志应符合 GB/T 4094 的要求。

8.2 包装

8.2.1 养护车一般采用裸装。需防锈的部位(如液压油缸活塞杆等)应涂上油脂,并用防潮纸包扎;随机工具及备件用包装箱包装;随机技术文件用防潮材料包装。

8.2.2 随机技术文件应包括下列内容:

a) 产品合格证;

b) 产品使用说明书;

c) 随机备件、附件及随机工具清单;

d) 装箱单。

8.2.3 养护车的包装应符合 JG/T 5012 的规定。

8.3 运输

养护车可自驶运输。若采用其他运输工具发运,在发运前应进行下列准备工作:

a) 排放燃油及水箱内存水;

b) 拆除蓄电池与车身相连的电路;

c) 驾驶室门打上铅封(或贴封条);

d) 驾驶室玻璃上加贴使用须知或其他注意事项。

8.4 贮存

养护车应存放在干燥通风的库房内,露天存放时应有防雨措施;存放时间较长时,应将油和水放净;易锈部位清除干净后涂上油脂,并定期给轮胎充气及维护保养。

附 录 A
（资料性附录）
测试记录表

A.1 沥青路面养护车试验前检查记录表参见表 A.1。

表 A.1 沥青路面养护车试验前检查记录

<table>
<tr><td colspan="2">样机型号</td><td></td><td>检查日期</td><td></td></tr>
<tr><td colspan="2">出厂编号</td><td></td><td>检查试验员</td><td></td></tr>
<tr><td rowspan="4">1</td><td colspan="2">养路车外观质量</td><td colspan="2"></td></tr>
<tr><td colspan="2">焊缝质量</td><td colspan="2"></td></tr>
<tr><td colspan="2">液压件密封性</td><td colspan="2"></td></tr>
<tr><td colspan="2">润滑状态</td><td colspan="2"></td></tr>
<tr><td>2</td><td colspan="2">专用工具、量具情况</td><td colspan="2"></td></tr>
<tr><td rowspan="3">3</td><td colspan="2">发动机转速(r/min)</td><td colspan="2"></td></tr>
<tr><td colspan="2">最高空载转速(r/min)</td><td colspan="2"></td></tr>
<tr><td colspan="2">最低空载转速(r/min)</td><td colspan="2"></td></tr>
<tr><td>4</td><td colspan="2">液压系统安全阀压力(MPa)</td><td colspan="2"></td></tr>
<tr><td>5</td><td colspan="2">制动器操纵油压、气压(MPa)</td><td colspan="2"></td></tr>
<tr><td rowspan="9">6</td><td colspan="2">磨合试验</td><td colspan="2"></td></tr>
<tr><td rowspan="4">空车运行
(以各挡最高车速的 80%)</td><td>里程(km)</td><td colspan="2"></td></tr>
<tr><td>路面条件</td><td colspan="2"></td></tr>
<tr><td>运行时间(h)</td><td colspan="2"></td></tr>
<tr><td>发现故障及排除方法</td><td colspan="2"></td></tr>
<tr><td rowspan="4">养路作业</td><td>混合料粒度(mm)</td><td colspan="2"></td></tr>
<tr><td>混合料总质量(t)</td><td colspan="2"></td></tr>
<tr><td>作业时间(h)</td><td colspan="2"></td></tr>
<tr><td>发现故障及排除方法</td><td colspan="2"></td></tr>
</table>

A.2 沥青路面养护车性能参数记录表参见表 A.2。

表 A.2 沥青路面养护车性能参数表(设计值)

样机型号: 制造厂: 出厂编号:

<table>
<tr><th colspan="2">项 目 内 容</th><th>单 位</th><th>设 计 值</th></tr>
<tr><td rowspan="4">发动机</td><td>型号</td><td>—</td><td></td></tr>
<tr><td>标定功率</td><td>kW</td><td></td></tr>
<tr><td>标定转速</td><td>r/min</td><td></td></tr>
<tr><td>最大扭矩</td><td>N·m</td><td></td></tr>
<tr><td rowspan="9">整机</td><td>最大长度</td><td rowspan="3">mm</td><td></td></tr>
<tr><td>最大宽度</td><td></td></tr>
<tr><td>最大高度</td><td></td></tr>
<tr><td>整机结构质量</td><td rowspan="5">kg</td><td></td></tr>
<tr><td>整机工作质量</td><td></td></tr>
<tr><td>前桥承载质量</td><td></td></tr>
<tr><td>后桥承载质量</td><td></td></tr>
<tr><td>料斗装料量</td><td></td></tr>
<tr><td>驾驶室乘员</td><td>人</td><td></td></tr>
<tr><td rowspan="6">整机</td><td>前轮距</td><td>mm</td><td></td></tr>
<tr><td>后轮距</td><td>mm</td><td></td></tr>
<tr><td>最高车速</td><td>km/h</td><td></td></tr>
<tr><td>离去角</td><td>(°)</td><td></td></tr>
<tr><td>制动距离</td><td rowspan="2">mm</td><td></td></tr>
<tr><td>最小离地间隙</td><td></td></tr>
<tr><td rowspan="9">碾压辊</td><td>压辊直径</td><td>mm</td><td></td></tr>
<tr><td>压辊扭矩</td><td>N·m</td><td></td></tr>
<tr><td>压辊传动比</td><td>—</td><td></td></tr>
<tr><td>压辊长度</td><td>mm</td><td></td></tr>
<tr><td>空载压实力</td><td>kN</td><td></td></tr>
<tr><td>空载线压力</td><td>kN/m</td><td></td></tr>
<tr><td>压实牵引力</td><td>kN</td><td></td></tr>
<tr><td>碾压爬坡能力</td><td>%</td><td></td></tr>
<tr><td>碾压速度</td><td>m/min</td><td></td></tr>
</table>

表 A.2(续)

<table>
<tr><th colspan="2">项 目 内 容</th><th>单 位</th><th>设 计 值</th></tr>
<tr><td rowspan="7">料
斗</td><td>容量</td><td>m^3</td><td></td></tr>
<tr><td>长度</td><td>mm</td><td></td></tr>
<tr><td>坡角</td><td>(°)</td><td></td></tr>
<tr><td>螺旋直径</td><td>mm</td><td></td></tr>
<tr><td>送料量</td><td>kg/min</td><td></td></tr>
<tr><td>螺旋转速</td><td>r/min</td><td></td></tr>
<tr><td>螺旋扭矩</td><td>N·m</td><td></td></tr>
<tr><td rowspan="4">沥
青
箱</td><td>沥青箱容积</td><td>L</td><td></td></tr>
<tr><td>沥青喷洒量</td><td>L/min</td><td></td></tr>
<tr><td>沥青喷洒压力</td><td rowspan="2">MPa</td><td></td></tr>
<tr><td>液压系统压力</td><td></td></tr>
<tr><td rowspan="4">液
压
系
统</td><td>流量</td><td>L/min</td><td></td></tr>
<tr><td>液压缸内径/杆径×行程</td><td rowspan="2">mm</td><td></td></tr>
<tr><td>尾门液压缸内径/杆径×行程</td><td></td></tr>
<tr><td>液压油箱容积</td><td>L</td><td></td></tr>
<tr><td rowspan="5">破
碎
器</td><td>质量</td><td>kg</td><td></td></tr>
<tr><td>压力</td><td>MPa</td><td></td></tr>
<tr><td>冲击频率</td><td>Hz</td><td></td></tr>
<tr><td>噪声</td><td>dB(A)</td><td></td></tr>
<tr><td>冲击能</td><td>J</td><td></td></tr>
<tr><td rowspan="3">其
他</td><td>洗涤箱容积</td><td rowspan="2">L</td><td></td></tr>
<tr><td>加热器油箱容积</td><td></td></tr>
<tr><td>加热器火焰温度</td><td>℃</td><td></td></tr>
</table>

A.3 主要外形尺寸测定记录表参见表 A.3。

表 A.3 主要外形尺寸测定记录表

样机型号: 试验日期:

出厂编号: 试验地点:

试验人员:

项目		符号	单位	测定值
全长		L_0	mm	
全宽		B_0		
全高	不带警灯	H		
	带警灯	H_0		
最小离地间隙		H_1		
前轮距		B_2		
后轮距		B_1		
轴距		L		
离去角		α_1	(°)	
接近角		α_2		
输送减速机至后桥距离		L_1	mm	
液压油缸铰点至车架上平面距离		L_2		
液压油缸铰点至后桥距离		L_3		
支腿铰点至车架上平面距离		H_2		
支腿铰点至后桥距离		L_4		
碾压轮宽度		B_3		
碾压轮中心至养护车纵向中心距离		L_5		

A.4 整机质量及桥承载质量记录表参见表 A.4。

表 A.4 整机质量及桥承载质量记录表

样机型号: 试验日期:

出厂编号: 试验地点:

试验人员:

项目	整机质量	前桥承载质量	后桥承载质量
空载状态 G_1			
满载状态 G_2			

A.5 重心位置测定记录表参见表 A.5。

表 A.5 重心位置测定记录表

样机型号: 试验日期:

出厂编号: 试验地点:

试验人员: kg

整机质量状态	重心位置坐标	测定值	备注
整机空载状态	x		
	y		
	h		
整机满载状态	x		
	y		
	h		

A.6 料箱容量测定记录表参见表 A.6。

表 A.6 料箱容量测定记录表

样机型号: 试验日期:

出厂编号: 试验地点:

物料名称: 试验人员:

测量项目	单位	数值
未装物料的养护车质量(G_1)	kg	
物料装满时的养护车质量(G_2)		
物料密度(γ_1)	kg/L	
料箱容积(V)	m^3	
装料质量(W)	kg	

A.7 爬坡性能试验记录表参见表 A.7。

表 A.7 爬坡性能试验记录表

样机型号: 试验日期:

出厂编号: 试验地点:

试验人员: 路面状况:

行驶方向	坡度(%)	挡位	爬坡距离(m)	时间(s)	爬坡速度(km/h)	爬坡功率(kW)	备注
前进							
后退							
碾压轮驱动前进							

A.8 沥青加热保温记录表参见表 A.8。

表 A.8 沥青加热保温记录表

样机型号: 试验日期:
出厂编号: 试验地点:
风　　速: 试验人员:

加热保温时间(min)	0	15	30	45	……
导热油温度(℃)					
沥青温度(℃)					

A.9 料箱保温性能记录表参见表 A.9。

表 A.9 料箱保温性能记录表

样机型号: 试验日期:
出厂编号: 试验地点:
环境温度: 试验人员:

保温时间(min)	0	30	60	……
沥青混合料温度(℃)				

A.10 沥青喷洒试验记录表参见表 A.10。

表 A.10 沥青喷洒试验记录表

样机型号: 试验日期:
出厂编号: 试验地点:
试验人员:

喷洒时间(s)	沥青温度(℃)	喷出沥青量(L)	喷洒速度(L/min)	喷出沥青雾化情况

A.11 加热装置性能试验记录表参见表 A.11。

表 A.11 加热装置性能试验记录表

样机型号: 试 验 日 期:
出厂编号: 天气、气温:
试验地点: 试 验 人 员:

测 点 号	0min	2min	4min	6min	8min	10min
1						
2						
3						
4						
5						

A.12 热料(成品料)温度试验记录表参见表 A.12。

表 A.12 热料(成品料)温度试验记录表

搅拌设备型号: 试验地点:

出 厂 编 号: 试验日期:

天 气 、气 温: 试验人员:

风 速:

序 号	1	2	3	4	5	平均值
测定时间(min)						
热料(成品料)温度(℃)						

A.13 生产率试验记录表参见表 A.13。

表 A.13 生产率试验记录表

搅拌设备型号: 试验地点:

出 厂 编 号: 试验日期:

天 气 、气 温: 试验人员:

项 目	单位	测 定 值			平 均 值	备 注
		1	2	3		
矿料初始温度(t_1)	℃					
矿料含水率(w)	%					
成品料温度(t_4)	℃					
沥青初始温度(t_L)						
沥青含量(%)	%					
成品料产量(M)	kg					
测试时间(t)	s					
成品料生产率(Q)	t/h					

A.14 沥青含量偏差试验记录表参见表 A.14。

表 A.14 沥青含量偏差试验记录表

搅拌设备型号: 试验地点:

出 厂 编 号: 试验日期:

天 气 、气 温: 试验人员:

项 目	单位	1	2	3	4	5	备 注
成品料质量							
矿料质量	g						
沥青质量							
沥青含量	%						
均值	%						
设定值	%						
测试值极限偏差	%						
沥青含量偏差	%						

A.15 渗漏检验记录表参见表 A.15。

表 A.15 渗漏检验记录表

样机型号： 试验日期：

出厂编号： 试验地点：

试验人员：

检验项目		检验结果	备注
渗、漏油	渗油油数		
	漏油处数		
渗、漏水	渗水处数		
	漏水处数		
漏气	气压表压力下降值(kPa)		

A.16 外观质量检验记录表参见表 A.16。

表 A.16 外观质量检验记录表

样机型号： 试验日期：

出厂编号： 天气状况：

试验人员： 试验地点：

检验项目		检验结果	备注
机身外表状况			
外露焊缝状况			
外观油漆	油漆表面质量		
	漆膜粘附牢固性		
	漆膜硬度		
	漆膜弹性		

A.17 作业可靠性试验记录表参见表 A.17。

表 A.17 作业可靠性试验记录表

样机型号： 试验日期：

出厂编号： 天气状况：

试验人员： 记录人员：

试验日期			气候	气温(℃)	作业内容	作业时间(h)	累计作业时间(h)	维护保养			累计维护时间(h)	故障			累计修复时间(h)	故障初步分析
月	日	上午/下午						内容	时间(h)	人数		内容及修理情况	修理时间(h)	人数		

首次故障前工作时间(h)		平均无故障工作时间(h)		可靠度(%)	

附 录 B
（规范性附录）
故障类别及危害度系数

养护车在可靠性试验中如发生故障，其故障的性质和危害程度见表 B.1。

表 B.1 故障性质及危害程度

故障类别	故障名称	故障特征	故障示例	危害度系数（ε）	备注
1	致命故障	严重危及人身与设备安全，主要部件严重损坏，造成严重经济损失	1.发动机严重损坏 2.转向、换向机构失灵 3.离合器、变速器、制动器严重损坏 4.重要构件损坏	∞	
2	严重故障	严重影响养护车的作业功能，主要性能指标超出规定之外，需较长时间停机修理(4h)，维修费用较高	1.主要性能下降 2.主要液压元件损坏 3.传动齿轮、轴承等主要零部件损坏 4.沥青泵、螺旋输送器损坏	3	
3	一般故障	导致养护车作业功能下降或停机，且用更换易损件和用随机工具在 1.5h 内不能排除，维修费用中等	1.当气温在 5℃以上时，发动机连续三次不能启动 2.变速、换向齿轮不能正常啮合 3.离合器不能正常结合及脱开 4.漏油、漏水及漏气 5.加热、保温系统及破碎器性能下降 6.沥青喷洒系统性能下降 7.管道接头及密封件损坏 8.仪器、仪表失灵或损坏 9.发动机连续二次自动熄火停机	1	用随机工具在1.5h内排除者降为4级
4	轻度故障	对养护车的使用性能有轻度影响，但用更换易损件和用随机工具能够排除，维修费用低廉	1.渗油、渗水 2.沥青喷洒不均匀 3.照明灯、转向灯不亮 4.非重要部位紧固件松动 5.卸料口封闭不严	0.2	

ICS 17.180.30
P 66
备案号

中华人民共和国交通行业标准

JT/T 612—2004

逆反射测量仪

Retroreflectometer

2004-11-02 发布　　2005-02-01 实施

中华人民共和国交通部　发布

逆反射测量仪

1 范围

本标准规定了逆反射测量仪的术语和定义、结构与分类、技术要求、计量学特性、试验方法、检验规则以及标志、包装、运输与贮存等。

本标准适用于便携式逆反射测量仪的制造和修理，不适用于实验室内 30m 标准几何条件下的绝对逆反射测量系统。

2 规范性引用文件

下列文件中的条款通过本标准的引用而成为本标准的条款。凡是注日期的引用文件其随后所有的修改单(不包括勘误的内容)或修订版均不适用于本标准。然而，鼓励根据本标准达成协议的各方研究是否可以使用这些文件的最新版本。凡是不注日期的引用文件，其最新版本适用于本标准。

GB/T 191　包装储运图示标志(eqv ISO 780)

GB/T 1408.1　固体绝缘材料电气强度试验方法 工频下的试验

GB/T 2423.1　电工电子产品环境试验 第 2 部分:试验方法 试验 A: 低温(idt IEC 68-2-1)

GB/T 2423.2　电工电子产品环境试验 第 2 部分:试验方法 试验 B: 高温(idt IEC 60068-2-2)

GB/T 2423.3　电工电子产品基本环境试验规程 试验 Ca:恒定湿热试验方法(eqv IEC 68-2-3)

GB/T 2423.10　电工电子产品环境试验 第二部分:试验方法 试验 Fc 和导则:振动(正弦)(idt IEC 68-2-6)

GB/T 7922　照明光源颜色的测量方法

GB/T 11013　碱性二次电池和电池组 圆柱密封镉镍可充单晶体电池

GB/T 15100　金属氢氧化物镍圆柱密封碱性蓄电池总规范

GB/T 18833　公路交通标志反光膜

JJG 213　分布(颜色)温度标准灯检定规程

JJG(交通)059　逆反射测量仪计量检定规程

3 术语和定义

GB/T 18833 确立的下列术语和定义适用于本标准。

3.1

逆反射 retroreflection

反射光线从靠近入射光线的反方向，向光源返回的反射(如图 1)。

3.2

参考中心 reference centre

在确定逆反射材料特性时，在试样的中心或接近中心所给定的一个点。

3.3

参考轴 reference axis

起始于参考中心，垂直于被测试样反射面的直线。

3.4

照明轴 illumination axis

连接参考中心和光源中心的直线。

3.5

观测轴 observation axis

连接参考中心和光探测器中心的直线。

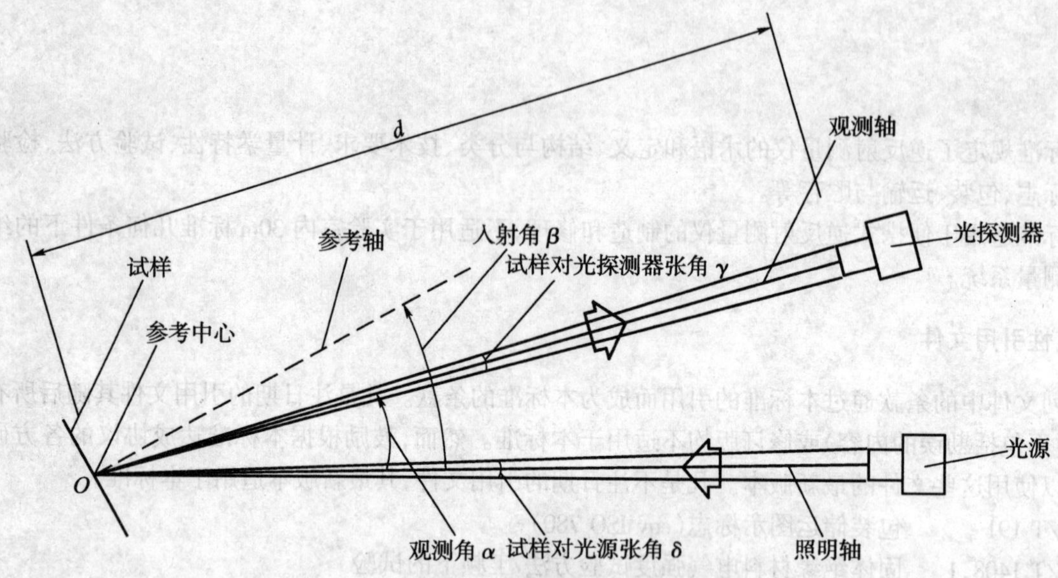

图1 逆反射系统术语及光学测试原理

3.6

入射角 β entrance angle

照明轴与参考轴之间的夹角(此处 β 指一般光学几何条件的 β_1, $\beta_2 = 0$,见图 2)。

3.7

观测角 α observation angle

照明轴与观测轴之间的夹角。

3.8

发光强度系数 R coefficient of luminous intensity

逆反射在观察方向的发光强度 I 除以投向逆反射体且落在垂直于入射光方向的平面内的光照度 $E_\perp$ 的商。

$$R = \frac{I}{E_\perp}$$

式中:R——发光强度系数($cd \cdot lx^{-1}$);

I——发光强度(cd);

$E_\perp$——垂直照度(lx)。

3.9

逆反射系数 R' coefficient of retroreflection

平面逆反射表面上的发光强度系数 R 除以它的表面面积的商。

$$R' = \frac{R}{A} = \frac{I}{E_\perp \cdot A}$$

式中:R'——逆反射系数($cd \cdot lx^{-1} \cdot m^{-2}$);

A——试样表面的面积(m^2)。

3.10

视场角 field angle

入射窗直径对入射光瞳中心的张角。

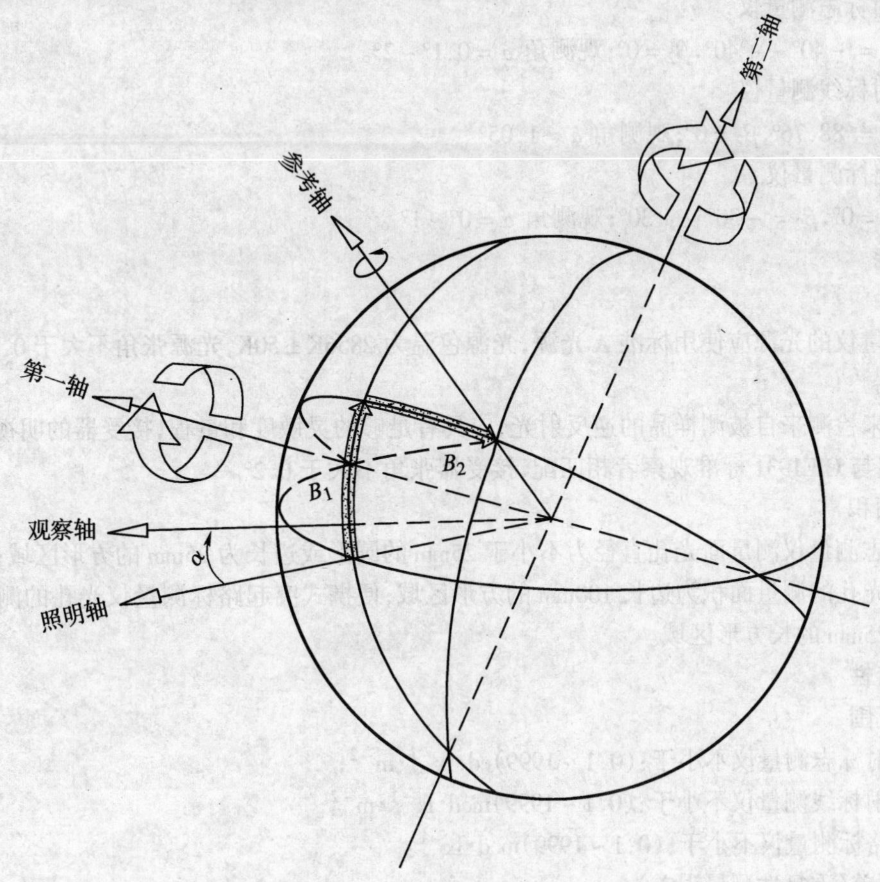

图2 逆反射测试的角度参考系统

4 结构与分类

4.1 结构

逆反射测量仪一般由光源、接受器、光学系统、数据处理单元、电源、机壳等部分组成。

4.2 分类

按测量对象分为逆反射标志测量仪、逆反射标线测量仪、突起路标测量仪三类。

5 技术要求

5.1 一般要求

5.1.1 外观结构

逆反射测量仪的机壳、底座等构件应采用轻质合金材料或工程塑料加工制造，以减轻仪器自身重量，便于携带。新生产的测量仪外观颜色应协调一致，无划伤、磕碰痕迹等缺陷。

5.1.2 测量仪上应有下列标识：

型号、出厂编号、制造单位、制造日期、几何条件、测量范围、测量不确定度等。

5.1.3 测量仪的功能键、按钮、开关、读数单元的设置应符合人机工学的特点，以方便使用，不应存在引起读数错误的缺陷。

5.1.4 使用交流电源供电的测量仪的机壳应接安全保护地线并采用单向三线插头连接到电源上，不应存在影响人身安全的缺陷。

5.1.5 测量仪应快速预热达到稳定状态，预热时间不大于15min。

5.2 测量几何条件

5.2.1 逆反射标志测量仪

入射角 $\beta_1 = -40° \sim +40°, \beta_2 = 0°$；观测角 $\alpha = 0.1° \sim 2°$。

5.2.2 逆反射标线测量仪

入射角 $\beta_1 = 88.76°, \beta_2 = 0°$；观测角 $\alpha = 1.05°$。

5.2.3 突起路标测量仪

入射角 $\beta_1 = 0°, \beta_2 = -30° \sim +30°$；观测角 $\alpha = 0° \sim 1°$ 。

5.3 光学性能

5.3.1 光源

逆反射测量仪的光源应使用标准 A 光源，光源色温为 2856K ± 50K，光源张角不大于 0.2°。

5.3.2 接受器

接受器用来检测来自被测样品的逆反射光，应具有足够的灵敏度和量程，接受器的明视觉光谱光效率函数 $V(\lambda)$ 应与 CIE1931 标准观察者相匹配，接受器张角不大于 0.2°。

5.3.3 测量面积

逆反射标志测量仪测量面光孔直径为不小于 25mm 的圆形或边长为 25mm 的方形区域；便携式逆反射标线测量仪光孔的测量面积为边长 100mm 的方形区域；便携式突起路标测量仪光孔的测量面积为不小于 150mm × 25mm 的长方形区域。

5.4 计量学特性

5.4.1 测量范围

a） 逆反射标志测量仪不小于：(0.1 ~ 1999)$cd \cdot lx^{-1} \cdot m^{-2}$；

b） 逆反射标线测量仪不小于：(0.1 ~ 1999)$mcd \cdot lx^{-1} \cdot m^{-2}$；

c） 突起路标测量仪不小于：(0.1 ~ 1999)$mcd \cdot lx^{-1}$。

5.4.2 示值误差(重复性测量误差)

a） 逆反射标志测量仪：±2%；

b） 逆反射标线测量仪：±5%；

c） 突起路标测量仪：±8%。

5.4.3 复现性测量误差

a） 逆反射标志测量仪：±3%；

b） 逆反射标线测量仪：±5%；

c） 突起路标测量仪：±10%。

5.5 电气性能

5.5.1 电源

便携式逆反射测量仪应配有直流和交流两套电源，直流电压应为 12V，交流为 220V。直流电源还应配有蓄电池，蓄电池宜用体积小、质量轻的镍镉或金属氢氧化物可充电电池，新蓄电池的容量一次充满电后应满足仪器连续工作 4h 的需要，充电时间不大于 8h。

5.5.2 绝缘电阻

测量仪交流电源火线和零线接线端子与机壳的绝缘电阻应不小于 100MΩ。

5.5.3 绝缘强度

分别在测量仪电源火线和零线接线端子与机壳之间施加频率 50Hz、有效值 1500V 正弦交流电压，历时 1min，应无火花、飞弧和击穿现象。

5.6 环境适应性

5.6.1 耐低温性能

在 -20℃条件下，按 6.7.1 的方法试验后 4h，试验时间到后取出样机在室温下恢复 4h，测量仪功能正常,用标准试样校准后,重复测量误差应符合 5.4.2 的要求。

5.6.2 耐高温性能

在 +55℃条件下,按 6.7.2 的方法试验后 4h,试验时间到后立即取出样机进行测试,测量仪功能正常,用标准试样校准后,重复测量误差分别为:

a) 逆反射标志测量仪:±4%;

b) 逆反射标线测量仪:±8%;

c) 突起路标测量仪:±10%。

5.6.3 耐湿热性能

在温度 +40℃,相对湿度(98±2)%条件下,按 6.7.3 的方法试验后 8h,试验时间到后立即取出样机进行测试,测量仪功能正常,用标准试样校准后,重复测量误差应符合 5.6.2a),5.6.2b)、5.6.2c)的要求。

5.6.4 耐机械振动性能

在振动频率 2Hz~200Hz 的范围内按 6.7.4 的方法进行扫频试验。在 2Hz~9Hz 时按位移控制,位移 3.5mm;9Hz~200Hz 时按加速度控制,加速度为 $10m/s^2$。2Hz→9Hz→200Hz→9Hz→2Hz 为一个循环,扫频速率为 1oct/min,共经历 20 个循环后,测量仪功能正常,结构不受影响,零部件无松动;试验结束后在室温条件下,立即用标准试样校准后,重复测量误差应符合 5.4.2 的要求。

6 试验方法

6.1 试验条件

一般情况下,应在下列试验条件下,对逆反射测量仪进行测试:

环境温度:(23±2)℃;

相对湿度:(50±5)%。

6.2 一般要求项目

用目测和手感方法逐项检查。

6.3 测量几何条件

在进行型式鉴定时,应审查设计和加工图纸,计算和测量零件和装配件的误差是否符合几何条件的要求。

6.4 光学性能

6.4.1 光源色温:用非接触式的色度测量仪器,按 GB/T 7922 的规定测量;或用色温表按照 JJG 213 规定的方法进行检定测量。

6.4.2 接受器的明视觉光谱光效率函数 $V(\lambda)$:按照国家计量检定规程测量接受器的光谱光效率函数 $V(\lambda)$,相对误差应在 5%以内。也可用标准 A 光源和彩色平板滤光器测量接受器的光谱相应函数,方法如下:

任选一种彩色平板滤光器,安放在白色逆反射样品前,用逆反射测量仪测量其逆反射系数 R_{A1},然后移去滤光器,再测量白色逆反射样品的逆反射系数 R_{A0},得到比值 $\gamma_1 = R_{A1}/R_{A0}$;最后测量标准 A 光源通过两个该滤光器组成的空气对的亮度透射比 γ_0,计算值 $\gamma = \gamma_1/\gamma_0$,$\gamma$ 应小于 10%。

注:测量亮度透射比 γ_0 用的两个滤光器应具有相同的光学特性。

6.4.3 测量面积:用分度值 0.01mm 的游标卡尺测量。

6.5 计量学特性

计量特性按 JJG(交通)059 进行。

6.6 电气性能

6.6.1 电源

电源配置和电压用目测和精度 2.5 级的万用表进行;蓄电池容量可用实测方法,也可用专用仪表按

GB/T 11013 和 GB/T 15100 的规定执行。

6.6.2 绝缘电阻

用精度 1.0 级、500V 的兆欧表在电源接线端子与机壳之间测量。

6.6.3 绝缘强度

按 GB/T 1408.1,用精度 1.0 级的耐电压测试仪在电源接线端子与机壳之间测量。

6.7 环境适应性

6.7.1 耐低温性能

按 GB/T 2423.1 规定进行。

6.7.2 耐高温试验性能

按 GB/T 2423.2 规定进行。

6.7.3 耐湿热性能

按 GB/T 2423.3 规定进行。

6.7.4 耐机械振动试验方法

按 GB/T 2423.10 规定进行。

7 检验规则

7.1 逆反射测量仪的检验分为型式鉴定检验和计量检定检验,型式鉴定检验由通过国家计量认证合格和国家实验室认可的实验室执行,计量检定检验由国家授权的计量检定机构执行。

7.2 型式鉴定检验项目和计量检定检验项目见表 1。

7.3 若检验中出现任意一项不合格,即判为该测量仪不合格。

表 1 型式鉴定检验和计量检定检验项目

序号	项目名称	技术要求	检验方法	型式鉴定检验	计量检定检验
1	一般要求	5.1	6.2	√	√
2	测量几何条件	5.2	6.3	√	×
3	光源色温	5.3.1	6.4.1	√	√
4	接受器的 $V(\lambda)$ 函数	5.3.2	6.4.2	√	√
5	测量面积	5.3.3	6.4.3	√	×
6	计量学特性	5.4	6.5	√	√
7	电源电压	5.5.1	6.6.1	√	×
8	蓄电池容量	5.5.1	6.6.1	√	×
9	绝缘电阻	5.5.2	6.6.2	√	√
10	绝缘强度	5.5.3	6.6.3	√	√
11	耐低温性能	5.6.1	6.7.1	√	×
12	耐高温性能	5.6.2	6.7.2	√	×
13	耐湿热性能	5.6.3	6.7.3	√	×
14	耐机械抗振性能	5.6.4	6.7.4	√	×

注:√为检验项目,×为不检验项目。

8 标志、包装、运输与贮存

8.1 标志

8.1.1 每台仪器应在明显位置设有标牌,标牌上应有如下内容:

a) 生产企业名称、地址及商标；

b) 产品名称及型号规格；

c) 输入额定电压、额定电流；

d) 其他必要的技术数据；

e) 重量；

f) 产品编号；

g) 制造日期。

8.1.2 包装储运标志应按 GB/T 191 的有关规定，应标有“精密仪器”、“注意防潮”、“小心轻放”等图案，还应在产品包装箱上印刷以下内容：

a) 生产企业名称、地址及商标；

b) 产品名称及型号规格；

c) 重量：×××kg；

d) 外形尺寸(mm)：长×宽×高；

e) 包装储运图示标志；

f) 仪器编号。

8.2 包装

8.2.1 仪器应使用工程塑料等材质坚固的包装箱，箱内用聚氨脂泡沫缓冲，仪器在包装箱内应牢固可靠，能适应常用运输、装卸工具的运送及装卸。

8.2.2 仪器包装箱内应随带如下文件：

a) 仪器型式鉴定合格证复印件；

b) 仪器检定合格证或校准证书；

c) 测量原理图；

d) 仪器校准、维护、使用说明书；

e) 设备及附件清单；

f) 其他有关技术资料。

8.3 运输

包装好的产品可用常规运输工具运输，运输过程应避免剧烈振动、雨雪淋袭、太阳曝晒、接触腐蚀性气体及机械损伤。

8.4 贮存

产品应贮存于通风、干燥、防尘、无酸碱及腐蚀性气体的专用仪器仓库中，周围应无强烈的机械振动、冲击及强磁场作用。

ICS 93.080.99
P 66
备案号：

中华人民共和国交通行业标准

JT/T 613—2004

路面车辙自动测定仪

Automated Rut-depth Measuring System

2004-11-02 发布　　　　2005-02-01 实施

中华人民共和国交通部　发布

路面车辙自动测定仪

1 范围

本标准规定了路面车辙自动测定仪产品的术语和定义、类型和结构、技术要求、试验方法、检验规则、标志、包装、运输和贮存。

本标准适用于采用位移传感器的路面车辙自动测定仪。

2 规范性引用文件

下列文件中的条款通过在本标准的引用而成为本标准的条款。凡是注日期的引用文件,其随后所有的修改单(不包括勘误的内容)或修订版均不适用于本标准,然而,鼓励根据本标准达成协议的各方研究是否可使用这些文件的最新版本。凡是不注日期的引用文件,其最新版本适用于本标准。

GB/T 13306 标牌

GB/T 13384 机电产品包装通用技术条件

3 术语和定义

下列术语和定义适用于本标准。

3.1

路面车辙自动测定仪 automated rut-depth measuring system

利用位移传感器来快速连续测定路面车辙深度的仪器。

3.2

车辙 rut depth

车辆长时间在公路上行驶引起的路面永久变形,表现形式为在路面上留下的车轮的压痕。

3.3

检测车 measuring vehicle

用来安装路面车辙自动测定仪的车辆,一般可采用面包车、普通小轿车、吉普车或其他工具车作为检测车。

4 类型和结构

4.1 类型

路面车辙自动测定仪按位移传感器的类型可分为:激光传感器路面车辙自动测定仪、超声波传感器路面车辙自动测定仪和红外线传感器路面车辙自动测定仪等。

4.2 型号

产品型号表示如下:

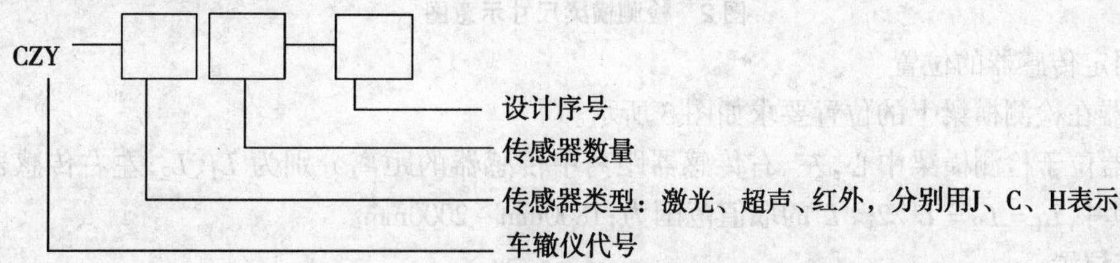

示例:设计序号为 1 的三个激光传感器路面车辙自动测定仪型号为 CZY—J3—1。

4.3 结构

路面车辙自动测定仪主要由检测横梁、传感器和计算机系统组成,以三个传感器的车辙仪为例,其结构见图 1。

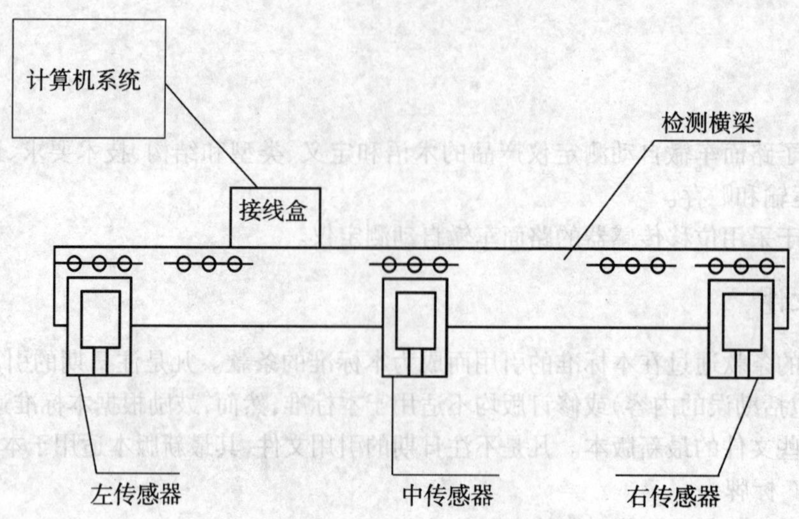

图 1 路面车辙自动测定仪结构示意图

5 技术要求

5.1 检测横梁

5.1.1 外观

检测横梁应光滑、平直且无毛刺,各工作面不应有锈蚀、碰伤和划痕,各非工作面上不应有脱漆及影响外观的其他缺陷。

5.1.2 材质

检测横梁一般由铝合金制成,刚度应足够大,确保在检测时横梁不会发生变形,不使各传感器相对位置发生变化。

5.1.3 尺寸

5.1.3.1 检测横梁的尺寸

长度为 2200mm ~ 2500mm,宽度为 30mm,高度为 80mm,见图 2。

单位为毫米

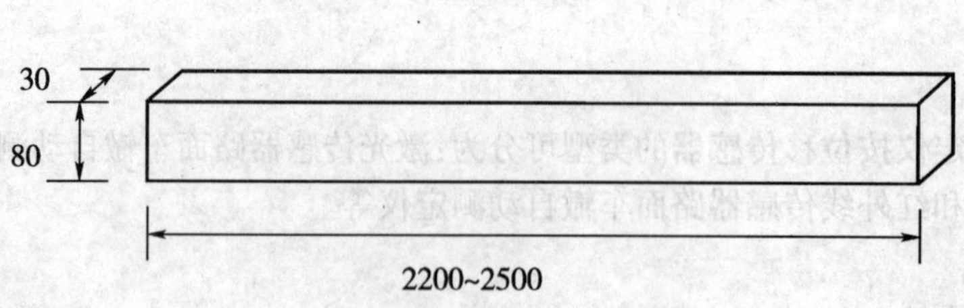

图 2 检测横梁尺寸示意图

5.1.3.2 固定传感器的位置

各传感器在检测横梁上的位置要求如图 3 所示。

中传感器位于检测横梁中心,左、右传感器距离中传感器的距离分别为 L_1、L_2;左右传感器之间的距离为 L',其中 $L_1 = L_2 = L'/2$。L'的取值范围为:1800mm ~ 2000mm。

5.1.4 安装位置

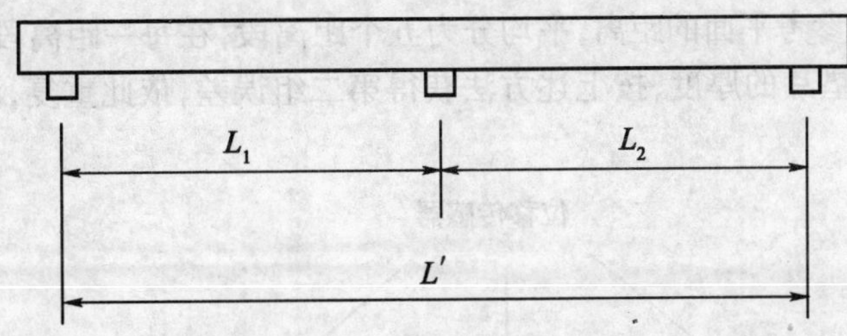

图3 固定传感器位置示意图

检测横梁应能安装在检测车的车前或车后。

5.2 计算机系统操作性能要求

计算机主要操作界面应附有屏幕操作提示和解释功能，能实现每次检测结果数据的储存、打印、分析和传送等。

5.3 工作环境条件

5.3.1 环境温度：-20℃ ～ +50℃。

5.3.2 最大检测车速：不小于 60km/h。

5.3.3 可连续检测距离：不小于 10km。

5.3.4 最小采样间隔：不大于 0.30m。

5.4 计量性能要求

5.4.1 初始允许误差：±1mm。

5.4.2 静态最大示值误差：±2mm。

5.4.3 静态分辨力：1mm。

5.4.4 可检测车辙的最大深度：不小于 100mm。

5.4.5 位移传感器静态检测与标准检测的相关性：相关系数 R^2 不小于 0.9。

6 试验方法

6.1 试验器具

6.1.1 钢卷尺：测量范围 0m～3m，分度值 1 mm。

6.1.2 专用标准垫片：深色，垫片表面粗糙度不大于 3.2，外形为 30mm×30mm 正方形，厚度尺寸为 1、5、10、20、50、100 和 200mm 等。

6.2 检测横梁

通过目测、钢卷尺对检测横梁进行检验，应符合 5.1 的要求。

6.3 计算机系统操作性能

启动计算机，观察其界面和程序运行情况，应符合 5.2 的要求。

6.4 计量性能

6.4.1 试验原理

试验在实验室内进行，选取平整的参考平面，将安有传感器的检测横梁置于参考平面之上并固定，横梁至参考平面的距离在 300mm 至 400mm 之间。改变标准垫片的厚度，路面车辙自动测定仪的读数发生相应变化，根据测得的有关数据，进行计算，验证仪器的计量性能。试验示意图见图 4。

6.4.2 试验程序

a) 用钢卷尺测出三个传感器平面与参考平面的距离（Y_L、Y_C、Y_R），路面车辙自动测定仪读出传感器与参考平面的距离（即 Y_{L0}、Y_{C0}、Y_{R0}）；

b) 在各传感器下方加标准垫片，并记录所选用标准垫片的厚度（即 X_{Li}、X_{Cj}、X_{Rk}），路面车辙自动测定仪读出传感器与标准垫片平面的距离（即 Y_{Li}、Y_{Cj}、Y_{Rk}）；

c) 根据检测横梁至参考平面的距离,平均分为五个距离段,在每一距离段取一组数据,算出第一组误差;然后再改变标准垫片的厚度,按上述方法获得第二组误差,依此重复,测得的数据填入附录 A 中。

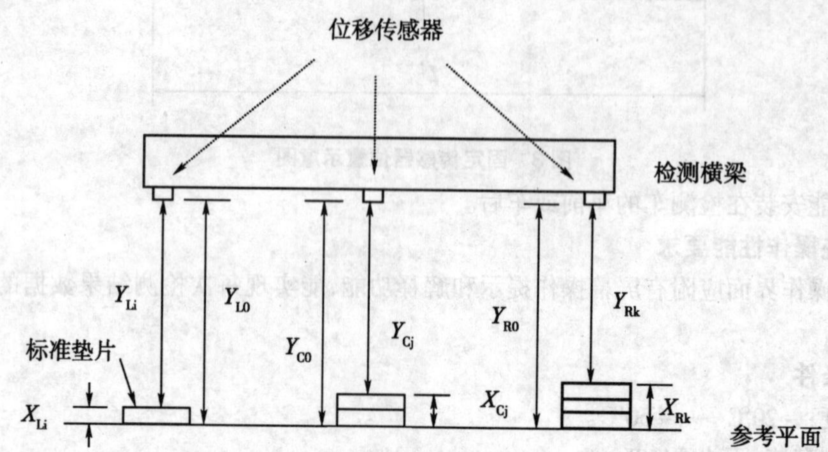

图 4 路面车辙自动测定仪传感器系统最大示值误差检验示意图

6.4.3 测试数据结果

6.4.3.1 初始允许误差和静态最大示值误差

6.4.3.1.1 各传感器的初始检测误差分别由下式算出:

左传感器初始检测误差: $$e_L = Y_L - Y_{L0} \tag{1}$$

中传感器初始检测误差: $$e_C = Y_C - Y_{C0} \tag{2}$$

右传感器初始检测误差: $$e_R = Y_R - Y_{R0} \tag{3}$$

各初始允许误差应符合 5.4.1 的规定。

6.4.3.1.2 左、中、右传感器检测误差可分别由下式算出:

左传感器检测误差: $$e_{Li} = (Y_{L0} - Y_{Li}) - X_{Li} \tag{4}$$

中传感器检测误差: $$e_{Cj} = (Y_{C0} - Y_{Cj}) - X_{Cj} \tag{5}$$

右传感器检测误差: $$e_{Rk} = (Y_{R0} - Y_{Rk}) - X_{Rk} \tag{6}$$

各组误差绝对值的最大值为最大示值误差,最大示值误差应符合 5.4.2 的规定。

6.4.3.2 静态分辨力

加入 1 mm 厚的标准垫片时,若传感器的读数也发生相应的变化,则认为该传感器的静态分辨力满足 5.4.3 要求。

6.4.3.3 可检测车辙的最大深度

将横梁左、右传感器位置处垫片厚度同中传感器位置处垫片厚度之差均设为 100mm 以上,若这时计算机系统显示的车辙深度数值正常,即显示数值同由公式(7)计算所得数值之差在允许误差范围内,则符合 5.4.4 的要求。

车辙深度计算公式:

$$Z = [(Y_{Ri} - Y_{Ci}) + (Y_{Li} - Y_{Ci})]/2 \tag{7}$$

6.4.3.4 传感器静态检测与标准检测的相关性

尽可能将标准垫片厚度的变化覆盖整个传感器检测范围。

将标准垫片厚度的变化量(即 X_{Li}、X_{Cj}、X_{Rk})与传感器读数的变化量(即 Y_{Li}、Y_{Cj}、Y_{Rk})作相关性分析(线性分析),获得相关系数(R^2),应符合 5.4.5 规定。

对给定的传感器,若采用的标准垫片厚度为 x_i($i = 1,2,3,\cdots,n$),则该传感器相应的读数为 y_i($i = 1,2,3,\cdots,n$),相关系数可由下列公式得到:

$$R^2 = \frac{l_{xy}}{l_{xx} l_{yy}} \tag{8}$$

式中：$l_{xx} = \sum_{i=1}^{n} (x_i - \bar{x})^2$；

$l_{yy} = \sum_{i=1}^{n} (y_i - \bar{y})^2$；

$l_{xy} = \sum_{i=1}^{n} (x_i - \bar{x})(y_i - \bar{y})$。

7 检验规则

7.1 检验分类

产品检验分型式检验和出厂检验。

7.2 出厂检验

每台产品均应按表1规定的项目进行出厂检验，出具生产合格证后方可出厂。

表1 检 验 项 目

序号	检 验 项 目	出 厂 检 验	型 式 检 验
1	检测横梁外观	√	√
2	尺寸	√	√
3	计算机系统操作性能	√	√
4	初始允许误差	√	√
5	静态最大示值误差	√	√
6	静态分辨力	√	√
7	可检测车辙的最大深度	√	√
8	静态检测与标准检测的相关性	√	√
注："√"表示要检项目，"○" 表示不检项目。			

7.3 型式检验

7.3.1 有下列情况之一时，应进行型式检验：

a) 新产品定型或产品转产鉴定时；

b) 正式生产后，如果重要结构、材料、工艺有较大转变，可能影响产品性能时；

c) 产品长期停产后恢复生产时；

d) 国家质量技术监督机构提出型式检验时。

7.3.2 型式检验应在同一样品车辙仪上进行，检验项目应按表1的规定进行。

8 标志、包装、运输和贮存

8.1 标志

每台路面车辙自动测定仪应在明显位置安装符合 GB/T 13306 规定要求的标牌，标牌的内容包括：

a) 产品名称及型号规格；

b) 产品编号；

c) 制造日期；

d) 生产企业名称、地址及商标。

8.2 包装

8.2.1 车辙仪检测系统的包装主要是配有传感器的检测横梁的包装，应符合 GB/T 13384 中的有关规定。

8.2.2 包装箱内应放置下列文件：

a) 产品合格证；

b) 产品使用说明书；

c) 随机备用附件清单；

d) 安装图；

e) 其他有关技术资料。

8.3 运输

运输过程应避免日晒雨淋、接触腐蚀性气体及机械损伤。

8.4 贮存

产品应贮存于通风、干燥、防尘、无酸碱及无腐蚀性气体的仓库中，周围应无强烈的机械振动、冲击及强磁场作用。

附 录 A
（规范性附录）

静态检测数据记录见表 A.1

表 A.1 静态检测数据记录表

试验次数	X_{Li}	Y_{Li}	$Y_{L0}-Y_{Li}$	e_{Li}	X_{Cj}	Y_{Cj}	$Y_{C0}-Y_{Cj}$	e_{Cj}	X_{Rk}	Y_{Rk}	$Y_{R0}-Y_{Rk}$	e_{Rk}

注 1：表中的参数定义请参照图 4。

注 2：$e_{Li}=(Y_{L0}-Y_{Li})-X_{Li}$　　$e_{Cj}=(Y_{C0}-Y_{Cj})-X_{Cj}$　　$e_{Rk}=(Y_{R0}-Y_{Rk})-X_{Rk}$。

ICS 93.080.99
P 66
备案号:

中华人民共和国交通行业标准

JT/T 614—2004

沥青老化烘箱

Asphalt Aging Oven

2004-11-02 发布　　2005-02-01 实施

中华人民共和国交通部　发布

沥青老化烘箱

1 范围

本标准规定了道路用石油沥青老化烘箱产品的术语和定义、分类与结构、技术要求、试验方法、检验规则、标志、包装、运输和贮存。

本标准适用于沥青老化烘箱的制造与使用。

2 规范性引用文件

下列文件中的条款通过本标准的引用而成为本标准的条款。凡是注日期的引用文件,其随后所有的修改单(不包括勘误的内容)或修订版均不适用于本标准,然而,鼓励根据本标准达成协议的各方研究是否可使用这些文件的最新版本。凡是不注日期的引用文件其最新版本适用于本标准。

GB 9969 工业产品使用说明书总则

JTJ 052 公路工程沥青及沥青混合料试验规程

3 术语和定义

下列术语和定义适用于本标准。

3.1

工作温度 operating temperature

沥青老化烘箱正常工作,温度平衡后应保持的温度。

3.2

升温时间 time for temperature up

沥青老化烘箱从室温升至工作温度所用的时间。

3.3

温度回升时间 time for temperature back up

沥青老化烘箱正常工作,箱内温度稳定在工作温度时迅速打开箱门,开启角度为90°,30s后迅速关闭箱门开始计时,至箱内温度回升到工作温度时计时结束,所用时间即为沥青老化烘箱的温度回升时间。

4 分类与结构

4.1 分类

沥青老化烘箱分为沥青薄膜烘箱和沥青旋转薄膜烘箱两类。

4.2 结构

4.2.1 沥青薄膜烘箱

沥青薄膜烘箱形状和尺寸如图1所示。烘箱壁面耐热保温,安装有自动温度控制装置、温度传感器和可转动的转盘架,转盘上面有3个~4个浅槽,供放置盛样皿,盛样皿形状及尺寸如图3,转盘悬挂于烘箱中央的垂直轴上,由传动机构使转盘水平转动。箱体内部还应装有监视温度计,烘箱门上有一双层耐热的玻璃窗,可通过此窗观察内部试验情况、读取监视温度计的量值。在烘箱上下部设有通气孔,形成自然对流、自动通风的条件,以供新鲜空气的进入和热空气、蒸气的逸出。

4.2.2 沥青旋转薄膜烘箱

沥青旋转薄膜烘箱形状和尺寸如图 2 所示。烘箱壁面耐热保温,安装有自动温度控制装置和温度传感器。箱内悬挂有监视温度计,烘箱门上有一双层耐热的玻璃窗,可通过此窗观察内部试验情况、读取监视温度计的量值。加热装置在烘箱的底部。烘箱的顶部及底部均有通气口。顶部通气口的面积为 $(930 \pm 45)mm^2$。底部通气口的面积为 $(1500 \pm 70)mm^2$,从底部通气口均匀进入的空气经加热之后进入烘箱。烘箱应调整成水平状态。

烘箱内的两侧和上部有一内壁,形成通风空间;通过安装在烘箱上部的风扇,使箱内空气强制对流。

烘箱内有一个可绕水平轴线转动的转盘架,转盘架可在四周均匀安放八个水平放置的玻璃盛样瓶,盛样瓶尺寸见图 4。

烘箱的下方有一个空气喷嘴,向转动到最低位置上的玻璃盛样瓶内喷进热空气。喷嘴孔径为1.016mm,通过一根长为 7.6m、外径为 8mm 的铜管连接一个能提供新鲜、干燥、无尘空气的气源,该铜管水平盘绕在烘箱底部的加热装置上。

5 技术要求

沥青老化烘箱的技术要求应符合 JTJ 052 的规定。

5.1 外观质量

沥青老化烘箱的箱体应平整,涂渡层完好、清洁。箱门启、闭灵活,锁紧可靠,密封性好。机械部分运转正常,无异常声音。电器部分操作灵活、显示清晰。

5.2 箱体内部有效尺寸

沥青薄膜烘箱:高 × 宽 × 深 = $(450 \pm 50)mm \times (450 \pm 50)mm \times (450 \pm 50)mm$,如图 1。

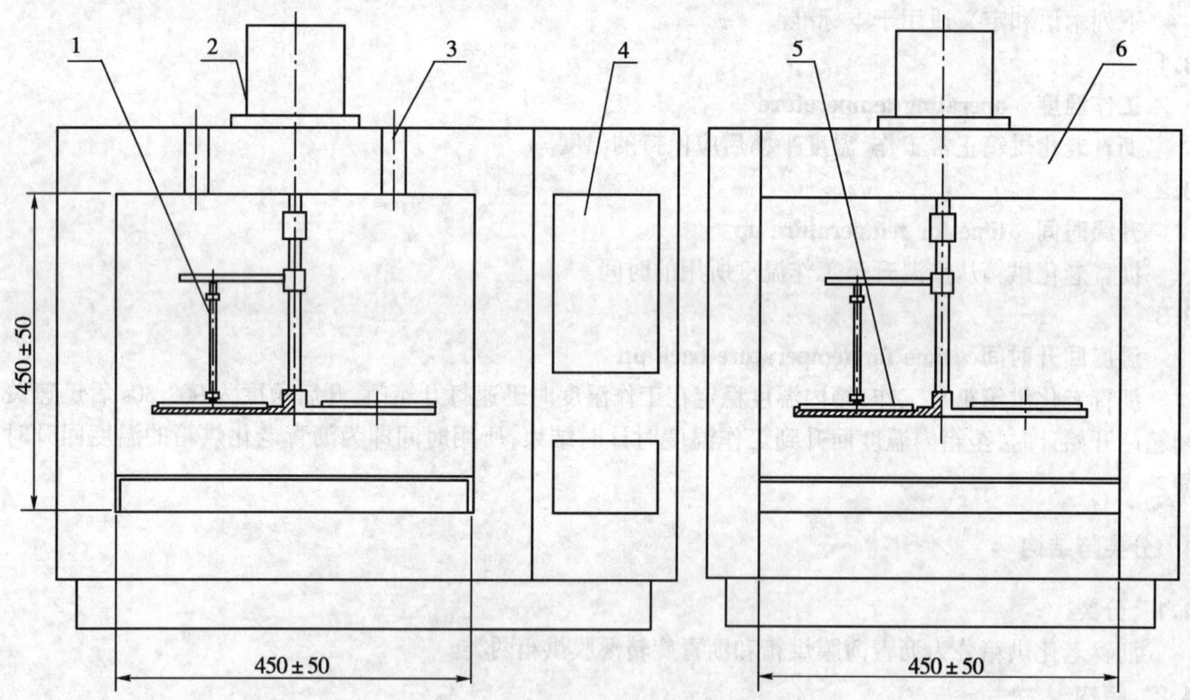

图 1 沥青薄膜烘箱结构示意图

1-监视温度计;2-转盘电机;3-通气孔;4-温度控制装置;5-转盘;6-恒温箱体

沥青旋转薄膜烘箱:高 × 宽 × 深 = $(381 \pm 5)mm \times (483 \pm 5)mm \times (440 \pm 8)mm$,如图 2。

5.3 监视温度计

5.3.1 监视温度计的规格

量程 0℃ ~ 200℃,分度值为 0.5℃。

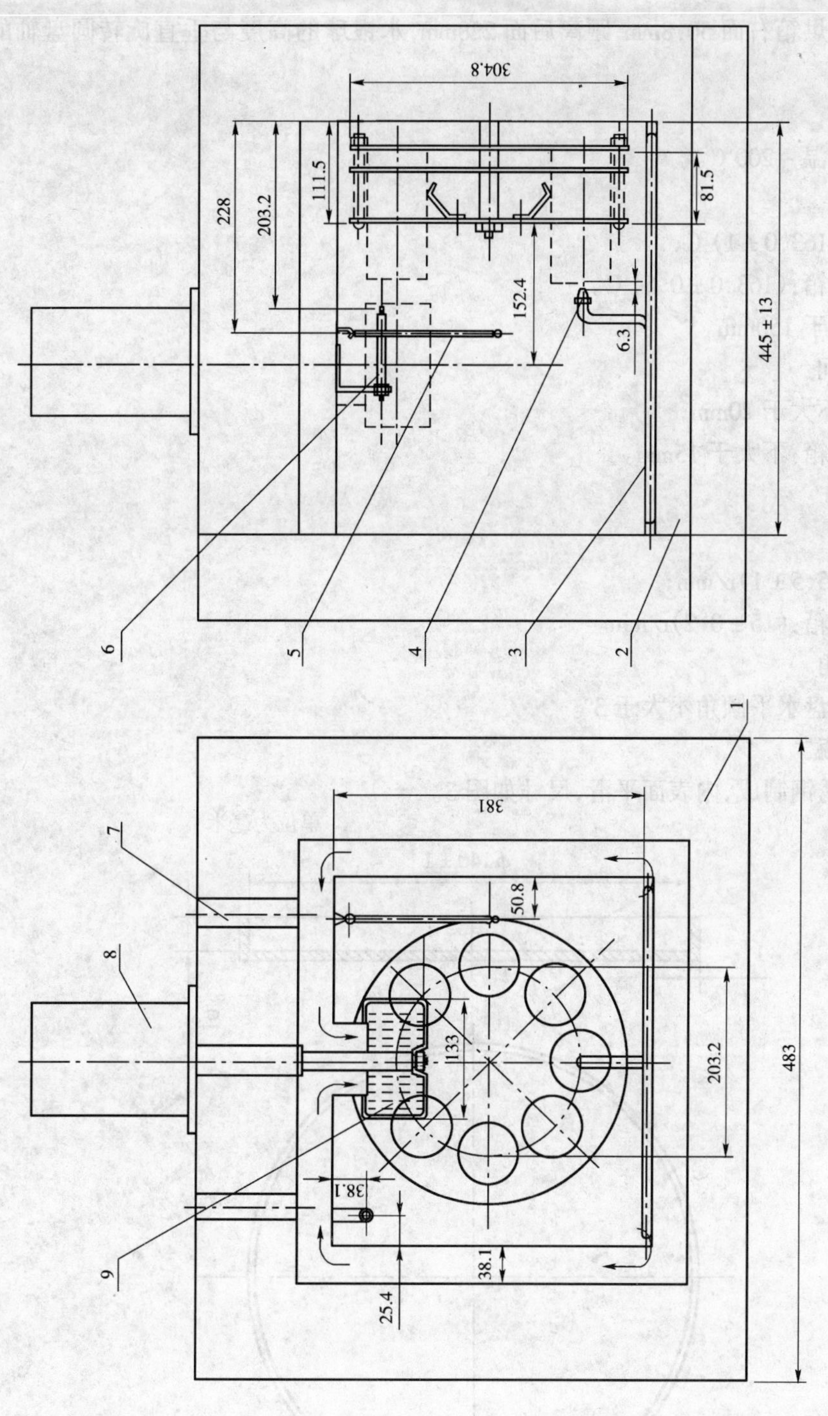

图 2 沥青旋转薄膜烘箱结构示意图

1-恒温箱体;2-加热电炉;3-盘绕的铜管;4-空气喷嘴;5-监视温度计;6-温度传感器;7-通气孔;8-风扇风机;9-鼠笼式风扇

5.3.2 监视温度计的安装位置

沥青薄膜烘箱：

温度计悬挂于固定在垂直轴上的横梁上，位置距转盘中心和边缘距离相等，水银球应在转盘顶面上方6mm处。

沥青旋转薄膜烘箱：

温度计位置距离烘箱右面50.8mm，距离后面228mm，水银球的高度与垂直旋转圆盘轴的高度差在25.4mm以内。

5.4 温度控制装置

5.4.1 控温范围：室温～200℃。

5.4.2 工作温度

沥青薄膜烘箱：(163.0±1)℃；

沥青旋转薄膜烘箱：(163.0±0.5)℃。

5.4.3 升温时间：小于150min。

5.4.4 温度回升时间

沥青薄膜烘箱：不大于20min；

沥青旋转薄膜烘箱：不大于15min。

5.5 转盘

5.5.1 转盘转速

沥青薄膜烘箱：(5.5±1)r/min；

沥青旋转薄膜烘箱：(15±0.2)r/min。

5.5.2 转盘水平倾角

沥青薄膜烘箱转盘水平倾角不大于3°。

5.6 盛样皿和盛样瓶

盛样皿：铝或不锈钢制成，内表面平滑，尺寸如图3。

单位为毫米

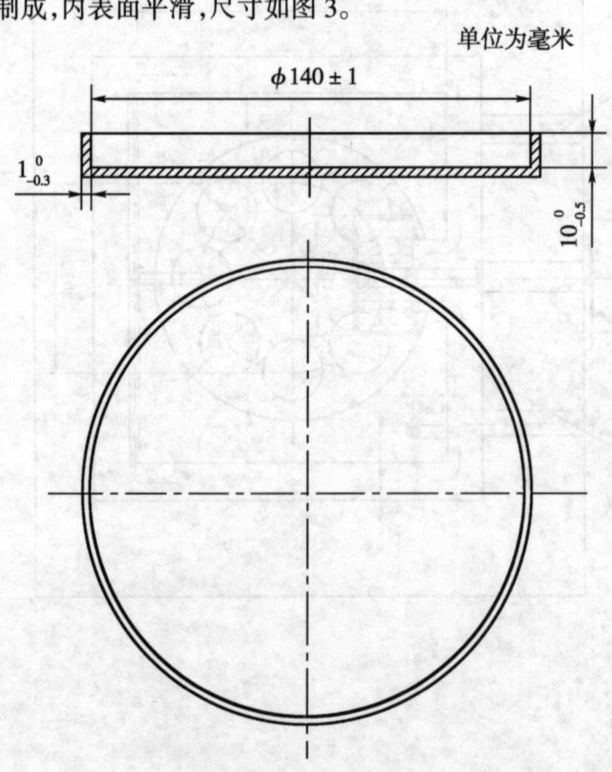

图3 盛样皿形状和尺寸示意图

盛样瓶:耐热玻璃制成,形状和尺寸如图 4。

单位为毫米

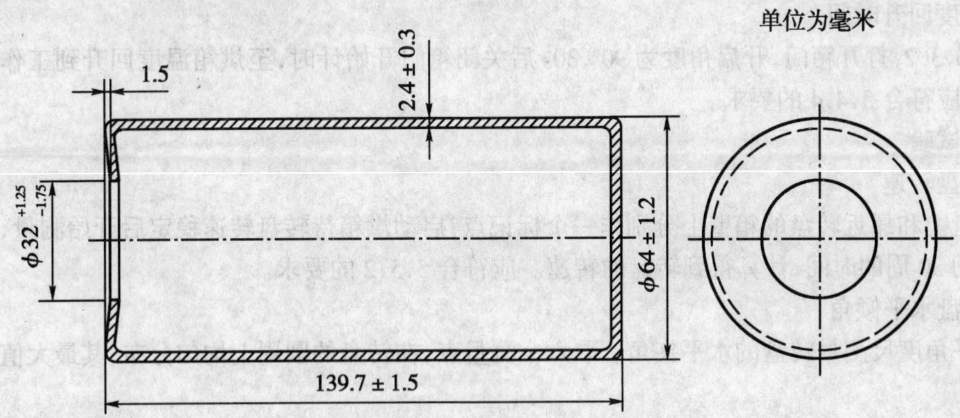

图 4　盛样瓶形状和尺寸示意图

5.7　沥青旋转薄膜烘箱工作时热空气喷入流量

(4000 ± 200)mL/min。

5.8　绝缘电阻

烘箱的电源线与仪器接地端的绝缘电阻应大于 2MΩ。

6　试验方法

6.1　试验用器具

标准温度计:测量范围 0℃ ~ 200℃,分度值 0.1℃;

秒表:测量范围 0min ~ 200min,分度值 0.01s;

钢卷尺:测量范围 0m ~ 2m,分度值 1mm;

直尺:测量范围 0mm ~ 300mm,分度值 1mm;

水平角度尺:测量范围 0mm ~ 200mm,分度值 0.02mm;

游标卡尺:测量范围 0mm ~ 200mm,分度值 0.02mm;

高度尺:测量范围 0mm ~ 150mm,分度值 0.02mm;

气体流量计:测量范围 0mL/min ~ 10000mL/min,分度值 100mL/min;

兆欧表:测量范围 0MΩ ~ 10MΩ,分度值 0.1MΩ。

6.2　外观质量的检验

用目测和手感进行外观质量检查。应符合 5.1 的要求。

6.2.1　箱体有效尺寸

用钢卷尺测量,应符合 5.2 的要求。

6.2.2　监视温度计

目测检查温度计的量程、分度值,用直尺测量温度计的安装位置,应符合 5.3 的要求。

6.3　温度控制装置的试验

将标准温度计代替监视温度计安装在符合技术条件 5.3 要求的位置上,用秒表计时,进行下列几项温度控制装置的检验。

6.3.1　升温时间

开启烘箱电源加热,用计时装置记录烘箱从室温升至 163℃的时间。该时间应小于 150min。

6.3.2　工作温度

继续 6.3.1,稳定 15min 后观察 20min,在此期间,沥青薄膜烘箱的温度波动值应符合 5.4.2 的要求。

6.3.3　控温范围

将控制温度设定在200℃,经加热后,烘箱应能够稳定地工作在200℃。

6.3.4 温度回升时间

继续6.3.2,打开箱门,开启角度为90°,30s后关闭箱门开始计时,至烘箱温度回升到工作温度时所用的时间,应符合5.4.4的要求。

6.4 转盘试验

6.4.1 转盘转速

在转盘上和靠近转盘的箱壁上分别作一个标记点,启动烘箱待转盘转速稳定后开始测量,用秒表记录转盘转动30周的时间,计算得到转盘的转速。应符合5.5.2的要求。

6.4.2 转盘水平倾角

用水平角度尺测量转盘的水平夹角。取六个测量点,在转盘的圆周上均匀分布,其最大值应不大于3°。

6.5 盛样皿和盛样瓶的检验

用游标卡尺和高度尺测量,应符合5.6的要求。

6.6 沥青旋转薄膜烘箱工作时热空气喷入流量的试验

用气体流量计检测,应符合5.7的要求。

6.7 绝缘电阻

用兆欧表测量烘箱的电源线与仪器接地端的绝缘电阻,应符合5.8的要求。

7 检验规则

7.1 检验分类

薄膜烘箱的检验分出厂检验和型式检验。出厂检验和型式检验项目见表1。

7.2 出厂检验

每台产品均应按7.1规定的项目进行出厂检验。

7.3 型式检验

有下列情况之一时应按7.1规定的项目进行型式检验。

a) 新设计或设计参数、工艺、材料有重大变更时;
b) 停产半年以上,重新恢复生产时;
c) 连续生产满1年时;
d) 国家质量监督部门提出要求时。

表1 出厂检验和型式检验项目表

序号	检验项目		出厂检验	型式检验
1	外观质量		+	+
2	箱体有效尺寸		–	+
3	温度计的安装位置		–	+
4	温度控制装置	控温范围	+	+
5		升温时间	+	+
6		控温精度	+	+
7		温度回升时间	+	+
8	转盘	转盘转速	+	+
9		转盘水平倾角	+	+
10	盛样皿和盛样瓶		+	+
11	热空气喷入流量		+	+
12	绝缘电阻		+	+
注:"+"表示检验项目,"–"表示不检项目。				

8 标志、包装、运输和贮存

8.1 标志

在沥青老化烘箱的箱体外侧适当位置应固定铭牌，铭牌上的线、字应清晰，并标志出下述内容：

a) 产品名称和型号；

b) 额定电压；

c) 制造厂名；

d) 产品编号；

e) 制造年月。

8.2 包装

8.2.1 产品的包装应保证搬运过程中不被损坏。

8.2.2 产品的包装箱内应附有产品合格证、符合 GB 9969 要求的使用说明书及必要的装箱清单。包装箱上应标有下列内容：

a) 制造厂名；

b) 产品名称和型号；

c) 数量和毛重；

d) 出厂日期；

e) 外型尺寸；

f) 搬运注意事项。

8.3 运输和贮存

8.3.1 产品装运时，应轻装轻放，防止重压及碰撞，严防雨淋及化学品的腐蚀。

8.3.2 产品存贮在通风、干燥、清洁的室内。

ICS 93.080.99
P 66
备案号：

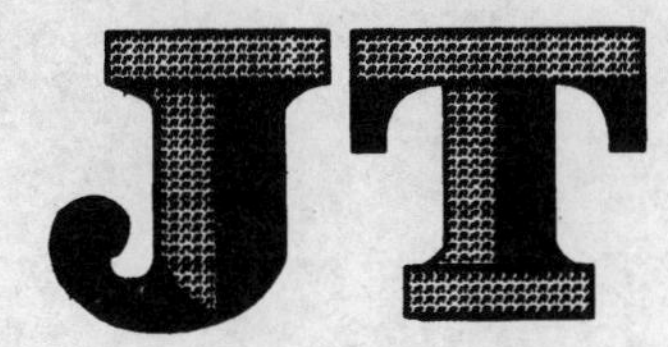

中华人民共和国交通行业标准

JT/T 615—2004

沥青软化点仪

Apparatus for Softening Point of Bitumen

2004-11-02 发布　　2005-02-01 实施

中华人民共和国交通部　发布

ICS 93.080.99
P 66
备案号

中华人民共和国交通行业标准

JT/T 815—2004

沥青软化点仪

Apparatus for Softening Point of Bitumen

2004-11-02 发布　　2005-02-01 实施

中华人民共和国交通部　发布

沥青软化点仪

1 范围

本标准规定了道路用石油沥青软化点试验仪产品的术语和定义、结构型式与分类、技术要求、试验方法、检验规则、标志、包装、运输和贮存。

本标准适用于道路用石油沥青软化点试验仪的生产与使用。

2 规范性引用文件

下列文件中的条款通过在本标准的引用而成为本标准的条款。凡是注明日期的引用文件,其随后所有的修改单(不包括勘误的内容)或修改版均不适用于本标准,然而,鼓励根据本标准达成协议的各方研究是否可使用这些文件的最新版本。凡是不注明日期的引用文件其最新版本适用于本标准。

GB/T 191 包装储运图示标志(eqv ISO 780)

GB/T 514 石油产品试验用温度计

GB 5959.1 电热设备的安全 第一部分 通用要求技术条件

GB 9969 工业产品说明书 总则

3 术语和定义

下列术语和定义适用于本标准。

3.1

沥青软化点 softening point of bitumen

沥青试样在规定的温度条件下,上面放置规定质量和直径的钢球,以规定的速率对介质加热直至沥青软化下坠,当钢球落至一定高度,此时所测量的温度即称为该沥青试验的软化点。它是用以评价沥青材料的热敏感性,表征沥青处于粘塑态时的一种条件温度。

4 产品分类

4.1 沥青软化点试验仪按产品的结构型式分为:

a) 人工读取仪器,代号:R;

b) 数显半自动控制仪器,代号:S;

c) 光电数显自动控制仪器,代号:G。

4.2 产品型号命名如下:

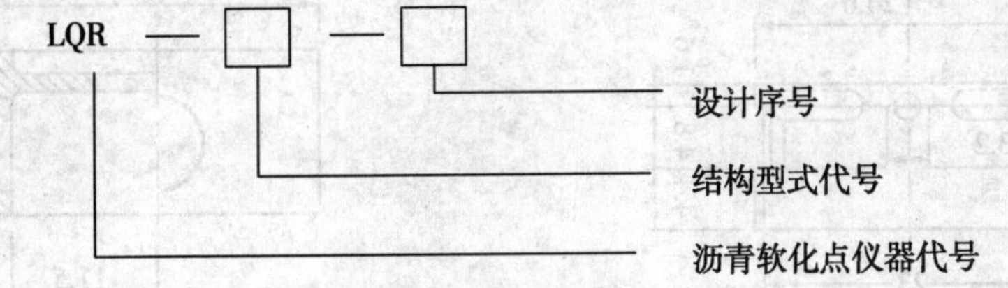

示例:第2次改进设计的数显半自动沥青软化点仪产品,型号:LQR—S—Ⅱ。

5 技术要求

5.1 仪器结构组成

沥青软化点试验仪由底座、加热器、温度控制装置、玻璃烧杯、肩环、支撑板、钢球、钢球定位架、环支撑架和支架、温度计或数显温度装置与温度传感器等组成。

5.2 外观质量

仪器表面镀层应均匀、光亮、不应有起泡和脱落，烧杯应均匀、平整、无气泡、无裂痕等严重缺陷，各部件连接安全可靠。

5.3 加热器

仪器底座应能保证工作时安放平稳，外部加热器的有效加热面积不得小于玻璃浴槽的底面积；插入式加热器的加热管不得接触玻璃浴槽壁或底部。加热装置应有加热电功率调节装置，能保证玻璃浴槽的介质升温速率恒定在(5±0.5)℃/min。

5.4 肩环

每套仪器应配有不少于两只黄铜制成的肩环或锥环，其外径为(23.0±0.10)mm，高(6.4±0.10)mm，上端内径为(19.8±0.10)mm，深(3.6±0.10)mm，下端内径为(15.9±0.10)mm，深(2.8±0.10)mm，肩环加工尺寸要求见图1。

单位为毫米

19.8 23.0 19.8 23.0 圆形内角 4.4 6.4 2.8 2.0 15.9 19.0

图1 肩环加工尺寸要求

5.5 钢球

每套仪器应配有两只直径为9.5mm，重量为(3.50±0.05)g的钢质圆球。

5.6 钢球定位器

每套仪器应配有两只定位器，铜或不锈钢制成，钢球定位器与肩环配合应能自由上下。环形定位器中间孔应比钢球直径大0.05mm，最大直径为($9.53^{+0.05}_{-0}$)mm，使之与钢球配合时钢球能自由下落；三针式定位器的中心孔径尺寸同环形定位器孔径，定位针直径为(1.60±0.05)mm，三个定位针的位置应为120°相间，定位针不得弯曲并在同一平面上，具体尺寸要求三针式定位器见图2a)，环形定位器见图2b)。

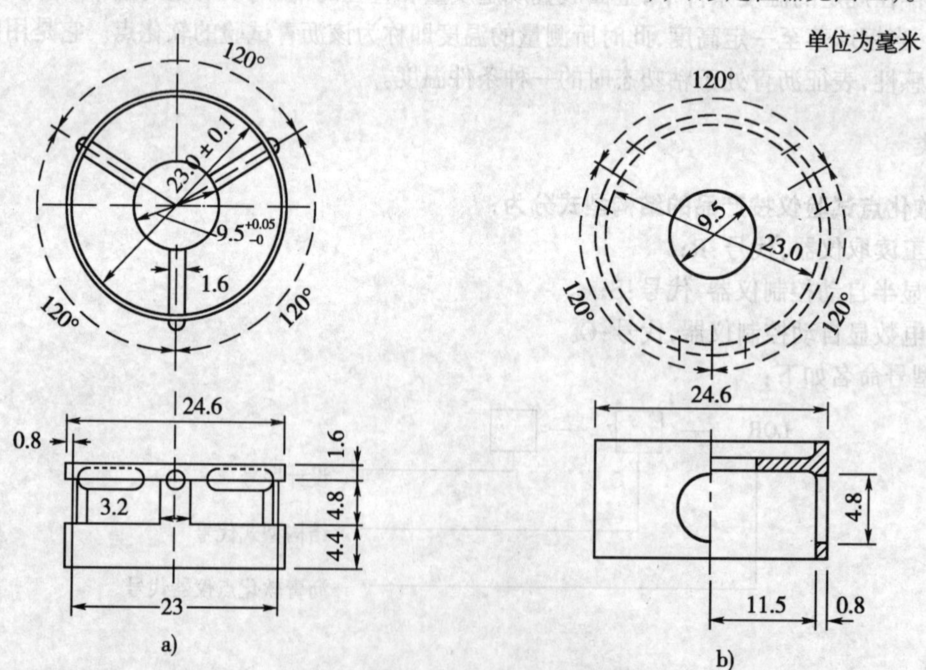

图2 钢球定位器加工尺寸要求

a)三针式定位器；b)环形定位器

钢球定位器的中心空间圆的净直径比钢球直径(9.5mm)大0.05mm

5.7 玻璃烧杯

烧杯应采用可加热的平底透明玻璃容器，便于观察试验过程。烧杯的内径不应小于 86mm，深度不小于 120mm，玻璃烧杯的容积为 800mL～1000mL，玻璃烧杯口应与底部平行以保证支架放置平稳，玻璃烧杯应无裂痕与气泡。

5.8 肩环支撑板和支架

肩环支撑板和支架应采用铜镀铬或不锈钢制成。肩环支撑板嵌入肩环后其底部与下支撑板上表面的距离应为 25.4mm，下支撑板下表面与烧杯底部的距离为 12.7mm～19.0mm，工作时介质液面高度标线距肩环上面 51mm，肩环支撑板加工尺寸要求见图 3。

单位为毫米

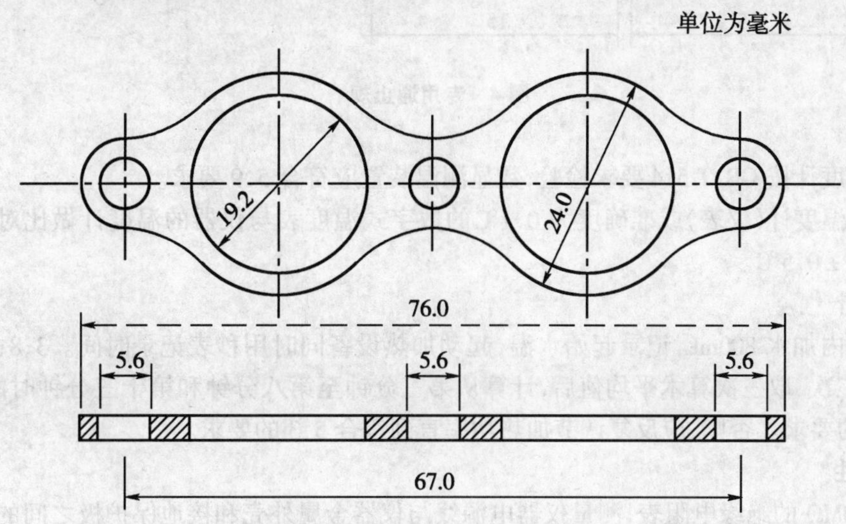

图 3 肩环支撑板加工尺寸要求

5.9 温度计

5.9.1 仪器的温度计应符合 GB/T 514 的规定，温度计或数显测温装置测量范围应为 0℃～180℃，水银玻璃温度计为分度值优于 0.5℃的全浸式温度计。用于水介质的水银玻璃温度计为 30℃～80℃，分度值应优于 0.5℃；用于甘油介质的水银玻璃温度计为 30℃～180℃，分度值应优于 0.5℃。

5.9.2 仪器为数显测温装置时，温度传感器外尺寸应保证能与支架配合定位，数显示值精度最小显示单位为 0.1℃，测温装置的采样时间不应低于 1s。

5.9.3 温度计或温度传感器应悬于支架上，应保持温度计水银球或温度传感器有效部分的底部与环底部水平，但不能接触定位环，其距离在 13mm 以内。

5.10 电气安全

仪器的电气部分元器件、导线、插接件应为合格品，各器件连接安全可靠，整机安全技术指标应满足 GB 5959.1 的要求。

6 试验方法

6.1 外观质量

用目测与手感检查仪器外观质量，仪器的各部件应完整齐全，配套的电加热装载连接安全可靠，工作正常，仪器的外观质量应符合 5.2 的要求。

6.2 仪器部件尺寸及制造公差

用 0mm～25mm 分度为 0.01mm 的内、外径千分尺和 0mm～200mm 的游标卡尺测量仪器各部件尺寸，应分别符合 5.4～5.8 的要求。用分度值不低于 0.01g 的天平称量钢球质量，应符合 5.5 的要求。

三针式定位器的中心孔径尺寸用专用通止规检查，钢球直径为 9.5mm 时，两直径断面均可通过，该中心孔径尺寸偏大;两直径断面均不能通过,则该中心孔径尺寸偏小。专用通止规见图4。

单位为毫米

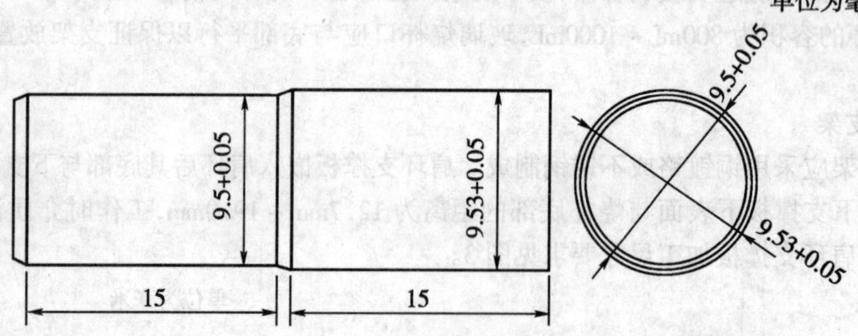

图4 专用通止规

6.3 温度计

仪器配套温度计按 GB/T 514 要求检验,数显测温装置应符合5.9要求。

用二等标准温度计(仪表)或准确度为0.1℃的数字式温度表与仪器的温度计做比对试验,其二者示值差不应大于±0.5℃。

6.4 加热器温升

向玻璃烧杯内加水800mL,记录起始水温,起动加热设备同时用秒表记录时间。3、8、13min 时读取水的温度,重复三次,取三次算术平均值后,计算从第三分钟至第八分钟和第十三分钟时的水温加热速度,应符合5.3的要求。否则,应反复调节加热功率直到符合5.3的要求。

6.5 电气安全性

用500V/500MΩ的绝缘电阻表,测量仪器电源线与仪器金属外壳和接地保护极之间的绝缘电阻值,产品绝缘电阻应大于10MΩ。

7 检验规则

7.1 型式检验

有下列情况之一时,应进行型式检验:

a) 新产品投入生产后的样机,产品的主要技术性能、工艺、材料有重大变更时;

b) 产品停产半年以上重新恢复生产时;

c) 当国家质量技术监督部门提出要求时。

7.2 出厂检验

每台仪器应经制造厂质量检验部门检验合格后方能出厂,并随机附有产品质量合格的证明文件。

7.3 检验项目

产品型式检验和出厂检验项目见表1。

表1 产品检验项目

序号	检验项目	出厂检验	型式检验
1	仪器整机外观	+	+
2	部件尺寸及制造公差	−	+
3	玻璃烧杯	−	+
4	温度计与测温装置	+	+
5	加热装置	+	+
6	加热器温升速率	−	+
7	电气安全性	+	+
注:"+"为应检验项目;"−"为不检验项目。			

7.4 判定规则

检验结果如有一项指标不合格则判定该产品为不合格。

8 标志、包装、运输和贮存

8.1 标志

8.1.1 每台仪器应有标有下列内容的明显标志：

a) 仪器型号、名称；

b) 仪器出厂年月；

c) 产品标准号；

d) 制造厂名；

e) 生产编号。

8.1.2 仪器外包装箱上应有下列标志：

a) 仪器型号、名称；

b) 制造厂名、厂址；

c) “小心轻放”、“向上”和“怕湿”等符合 GB/T 191 规定的图示标志。

8.2 包装

8.2.1 仪器的易损件应用聚氨脂泡沫封装后装入外包装箱内，箱内附有以下文件：

a) 产品合格证；

b) 符合 GB 9969 要求的产品使用说明书，使用说明书应包括：仪器型号、产品依据的技术标准、主要技术指标、操作方法及一般维护方法等内容；

c) 装箱单。

8.2.2 外包装用瓦楞纸箱或木箱包装。

8.3 运输

运输途中应小心轻放、防止日晒雨淋，严禁抛掷、重压，避免与有腐蚀性物品混运。

8.4 贮存

仪器应贮存在通风、无腐蚀性气体的仓库内。

参 考 文 献

1 GB/T 4507 沥青软化点测定法(环球法)
2 JTJ 052 公路工程沥青及沥青混合料试验规程

ICS 19.060;ICS 93.080
P 96
备案号:

中华人民共和国交通行业标准

JT/T 653—2006
代替 JT/T 3149—1992

道路石油沥青针入度试验仪

The penetration test apparatus of petroleum bituminous for road

2006-02-20 发布 2006-05-01 实施

中华人民共和国交通部 发布

ICS 19.060;ICS 93.080
P 96
备案号:

中华人民共和国交通行业标准

JT/T 653—2006
代替JT/T 3109—1992

道路石油沥青针入度试验仪

The penetration test apparatus of petroleum bituminous for road

2006-02-20发布　　2006-05-01实施

中华人民共和国交通部　发布

道路石油沥青针入度试验仪

1 范围

本标准规定了道路石油沥青针入度试验仪(以下简称沥青针入度仪)的产品分类与结构、技术要求、试验方法、检验规则、标志、包装、运输和贮存等。

本标准适用于测定道路石油沥青针入度指数的各种沥青针入度仪的生产和检验。

2 规范性引用文件

下列文件中的条款通过本标准的引用而成为本标准的条款。凡是注明日期的引用文件,其随后所有的修改单(不包括勘误的内容)或修订版均不适用于本标准,然而,鼓励根据本标准达成协议的各方研究是否可使用这些文件的最新版本。凡是不注明日期的引用文件,其最新版本适用于本标准。

GB/T 191　包装储运图示标志(EQV ISO 780:1997)

GB/T 4509　沥青针入度测定法(EQV ASTM D5—95)

GB/T 4879　防锈包装

GB/T 4892　硬质直方体运输包装尺寸系列(EQV ISO 3394:1984)

GB/T 5048　防潮包装

3 术语和定义

下列术语和定义适用于本标准。

沥青针入度试验　penetration test of bituminous

采用形状及尺寸特定的,符合规定质量的标准针或加长针,使针尖与恒定温度(例如 25℃)的被测沥青材料表面零接触后,在无明显摩擦状态下,沿着一条垂直轨迹自由落下,在规定的时间内(例如 5s),贯入被测沥青材料的深度,从而获得沥青的针入度指数,称为沥青针入度试验。一个针入度单位为 0.1mm 贯入深度值。

4 产品分类与结构

4.1 分类

沥青针入度仪分为:手动式和自动式。

——手动沥青针入度仪:释放时间由人工控制,水浴内水温由温度计显示,试验数据人工目测后读取。

——自动沥青针入度仪:释放时间自动控制,水浴内水温自动控制及显示,试验数据自动采集及显示。

沥青针入度仪的型号表示方法如下:

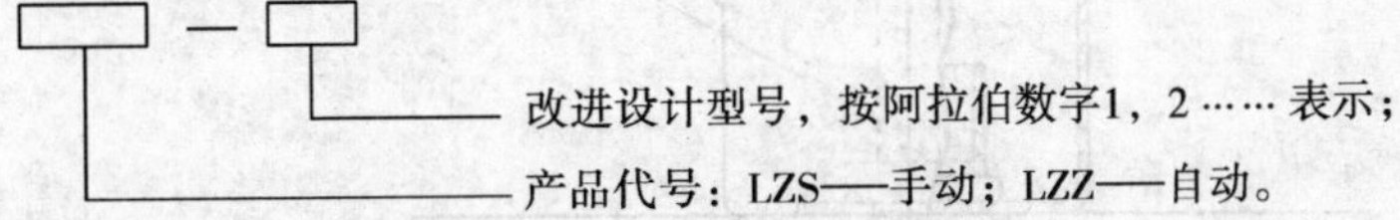

示例:第三次改进设计的自动沥青针入度仪型号为:LZZ—3。

4.2 结构

沥青针入度仪由针入度计、标准针或加长针、砝码、盛样皿、水浴缸等部分组成。其基本结构见图 1 和图 2。

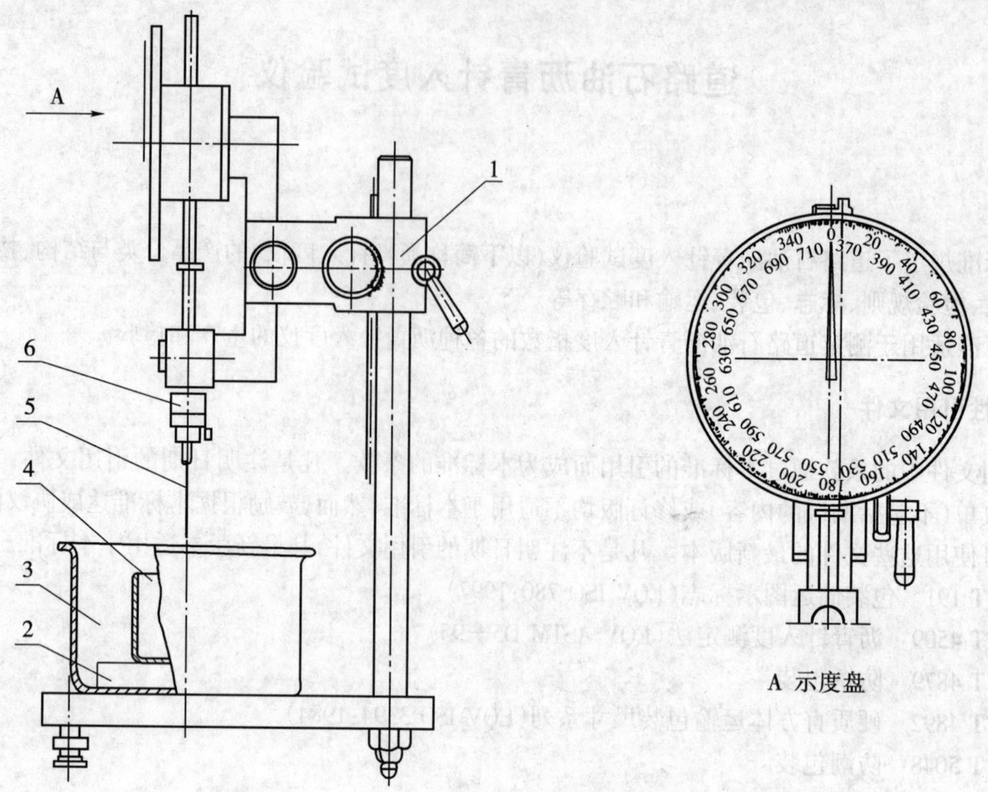

图 1　手动沥青针入度仪

1-针入度计;2-支架;3-水浴缸;4-盛样皿;5-标准针;6-砝码

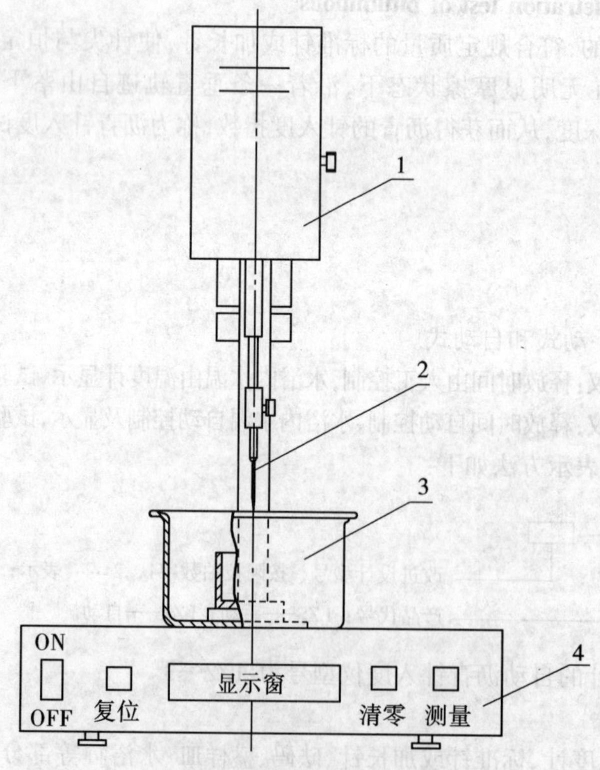

图 2　自动沥青针入度仪

1-针入度计;2-标准针;3-水浴;4-控制器

5 技术要求

5.1 基本参数和工作环境条件

5.1.1 沥青针入度仪的基本参数应符合表1的规定。

表1 沥青针入度仪基本参数

序号	名称	要求
1	测深杆的量程	不小于55mm
2	示值显示分度值	1个分度值相当于垂直位移0.1mm
3	释放时间	5s、60s(时间继电器调整)

5.1.2 工作环境条件为:室内温度25℃±1℃,室内湿度不大于85%,电压220×(1±10%)V。

5.2 外观要求

沥青针入度仪的外观应光洁,无缺损,无锈蚀;表面漆层应光滑,无凹凸感,无龟裂;表面电镀层不得有网纹、气泡、漏镀、划伤等缺陷。

5.3 针入度计

5.3.1 针入度计由底座、立柱、悬臂支架、示度盘、测深杆、针连杆等组成,结构见图3。

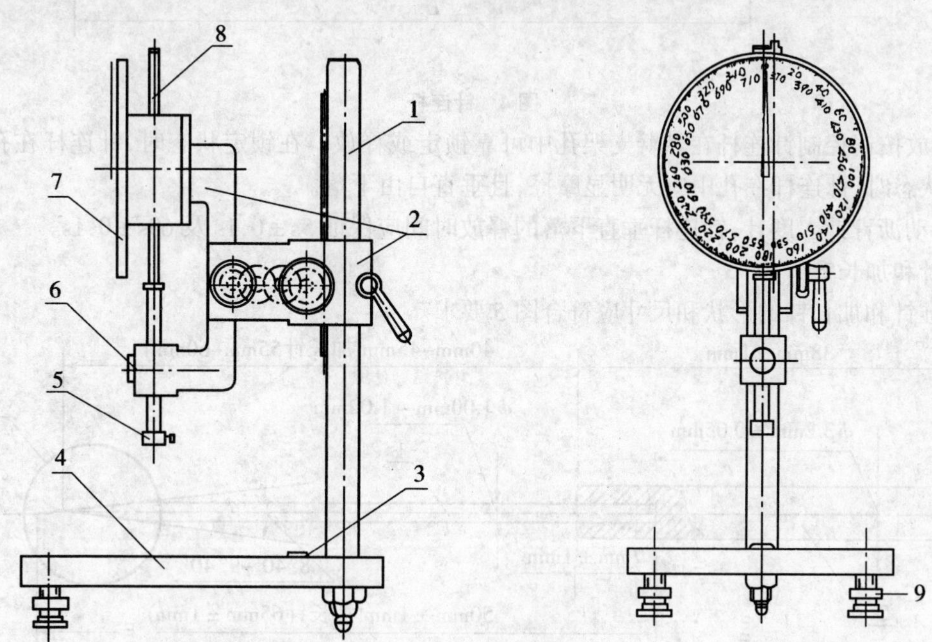

图3 沥青针入度计

1-立柱;2-悬臂支架;3-水准泡;4-底座;5-针连杆;6-释放按钮;7-示度盘;8-测深杆;9-调整螺栓

5.3.2 底座应装有水准泡及水平调整装置。水准泡安装正确、可靠。当水准泡中的水泡调至居中时,底座上平面的实际水平度允差应不大于0.25mm/100mm。

5.3.3 立柱与底座上平面的垂直度允差应不大于0.15mm/100mm。

5.3.4 悬臂支架可在立柱外径上下自由调节高度,并能可靠地锁定在需要的位置处。要求悬臂支架(包括装配在悬臂支架上的全部零件)在锁紧手柄没有锁紧时,不得自行下滑。升降手把转动应灵活且用力均匀。

5.3.5 悬臂支架上安装针连杆的内孔,其中心线与底座上平面的垂直度允差应不大于0.20mm/100mm,其孔径配合间隙0.03mm~0.05mm,内孔粗糙度Ra0.8μm。

5.3.6 手动沥青针入度计示度盘分度值相当于测深杆位移0.1mm,即一个针入度值单位。刻线刻字应清晰、准确,示度盘上指针应能准确对准“0”位,示值装置 L 的最大允许误差应符合表 2 规定。

表 2　手动沥青针入度计示值装置最大允许误差

测深杆位移 L,mm	$L \leqslant 10$	$10 < L \leqslant 20$	$20 < L \leqslant 40$
最大允许误差值,mm	±0.5	±1.0	±1.5

5.3.7　自动沥青针入度计,显示的内容应齐全,显示文字不得有缺损、遗漏,且显示清晰。

5.3.8　测深杆的量程应不小于 55mm。

5.3.9　针连杆用合金铜或不锈钢制造,形状如图 4 所示。外径 D 采用间隙配合,长度 L 值减去砝码占用的长度及悬臂支架安装针连杆的孔所占用的长度后,有效长度不得小于 55mm。外径 D 的全长表面粗糙度 Ra0.8μm,针连杆总的质量为 47.5g±0.05g。

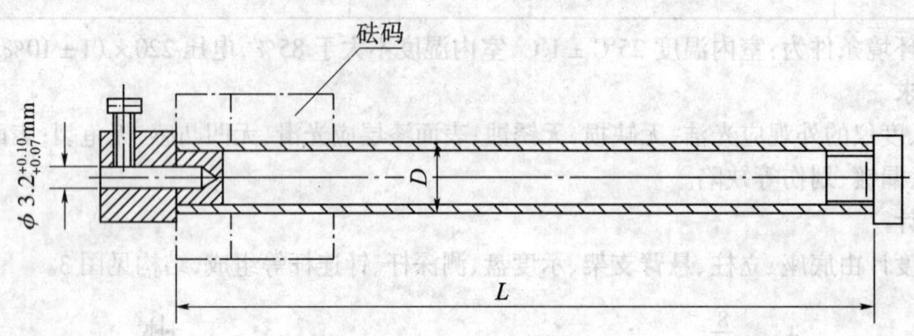

图 4　针连杆

5.3.10　释放按钮控制针连杆在悬臂支架孔中可靠锁定或释放。在锁定状态时,针连杆在孔中不得松动;在释放状态时,针连杆在孔中应无明显摩擦,且垂直自由下落。

5.3.11　自动沥青针入度计,针连杆垂直下落的释放时间应保证 5s±0.1s 及 60s±0.1s。

5.4　标准针和加长针

5.4.1　标准针和加长针的形状和尺寸应符合图 5 要求。

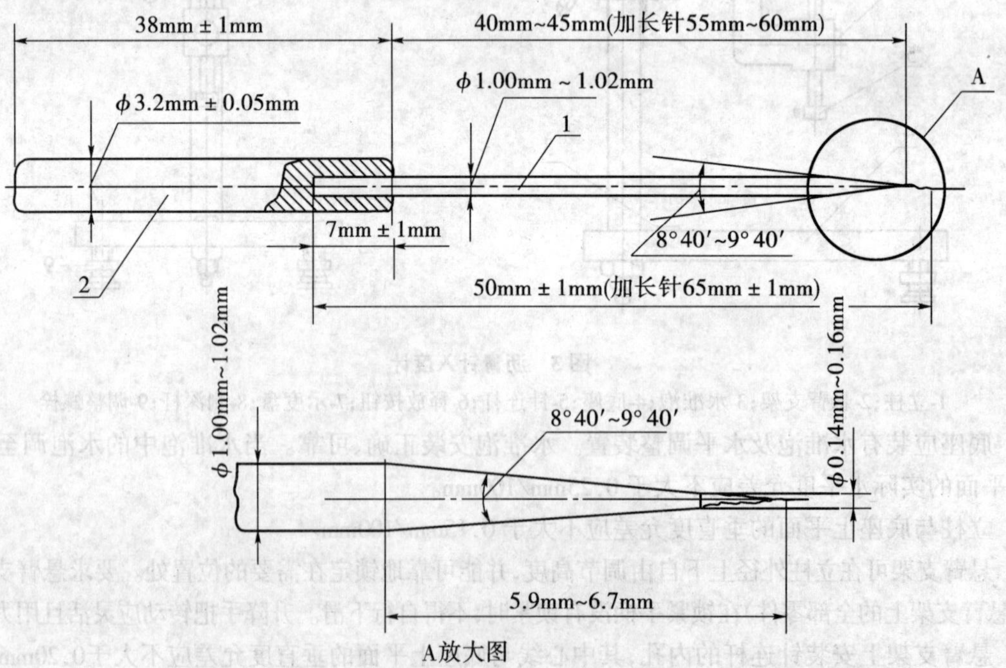

图 5　标准针和加长针

1-针体;2-针柄

5.4.2 标准针和加长针的针体由高含碳量的马氏体不锈钢制作,针体应进行热处理,针体的洛氏硬度值 HRC54~HRC60。

5.4.3 针体的圆锥体与圆柱体应保证同轴,其同轴度不大于 0.20mm,圆锥体端面边缘应锐利而无毛刺,圆锥体的角度见图 5。

5.4.4 针体的针尖直径为 ϕ0.14mm~0.16mm。

5.4.5 针体的表面粗糙度为 Ra0.2μm。

5.4.6 针柄由不锈钢或黄铜制作,可在针柄左端(见图 5)钻孔,以修正针的总质量。标准针或加长针的质量为 2.5g±0.05g。针体应采取过渡配合嵌入针柄内。

5.5 砝码

5.5.1 砝码由不锈钢或黄铜制作,质量分别为 50g±0.05g、100g±0.05g,各配置一个。

5.5.2 砝码为外径 ϕ30mm,内径与针连杆外径 D 间隙配合的圆柱体,高度根据质量要求修定。

5.6 盛样皿

盛样皿为不易锈蚀的金属材料制作,圆柱形平底。其尺寸应符合表 3 规定。

表 3 盛 样 皿

针入度指数范围	盛样皿尺寸	
	内 径	深 度
<200	55mm	35mm
200~350	70mm	45mm
>350	试样容积不小于 125mL	>80mm

5.7 水浴及支架

5.7.1 水浴为圆柱形平底玻璃皿,容积不小于 1L,深度不小于 80mm。

5.7.2 支架为不易锈蚀的金属材料制作。

5.8 针入度计针连杆垂直位移

5.8.1 针连杆的垂直位移由控制按钮控制,可在悬臂支架孔中任意锁定或释放。在释放状态时,针连杆在孔中呈无明显摩擦垂直自由下落状态。

5.8.2 测深杆与示度盘或显示器为间隙配合,上下移动测深杆时,应感觉滑动自如,但不得产生惯性下滑。

5.8.3 自动沥青针入度计的针连杆垂直位移显示示值误差不超过±0.05mm。

5.9 自动沥青针入度计水浴内水的温度

5.9.1 水浴内水的温度可根据试验规程的要求提前设置。

5.9.2 试验时,水浴内水的温度根据试验要求能自动控制,温度控制允差不大于±0.1℃。水浴工作时,其内部水可以循环。

5.10 绝缘性能

沥青针入度仪的导电部分与仪器外表的绝缘电阻应不小于 2MΩ。

6 试验方法

6.1 试验环境条件

室内温度:25℃±1℃;室内湿度:不大于 85%;电压:220×(1±10%)V。

6.2 试验仪器和器具

6.2.1 标准量块:量程 1.001mm~100mm,准确度等级 2 级。

6.2.2 测量投影仪(或数字式工具显微镜):50X。

6.2.3 天平:量程 200g,感量 0.005g。

6.2.4 外径千分尺:量程 0mm ~ 25mm,分度值 0.01mm;
测深千分尺:量程 0mm ~ 100mm,分度值 0.01mm;
游标卡尺:量程 0mm ~ 150mm,分度值 0.02mm;
磁力表座:百分表量程 0mm ~ 10mm,分度值 0.01mm。

6.2.5 框式水平仪:150mm × 150mm,分度值 0.02mm,准确度 0.10mm/1000mm。

6.2.6 绝缘电阻测量仪:直流 500V。

6.2.7 表面粗糙度样块:车、铣、磨、钳四工序样块。

6.2.8 标准温度计:量程 0℃ ~ 50℃,分度值 0.05℃,2 级。

6.2.9 秒表:分度值 0.01s。

6.3 外观检查

用目测和手感检查沥青针入度仪外观,应符合 5.2 的规定。

6.4 针入度计的检测

6.4.1 针入度计的水平调整

将针入度计放置在试验平台上,旋转调节螺栓调整底座水平;待水准泡居中时,将框式水平仪平稳放在底座上平面上,沿横向、纵向进行 90°方向的检验;继续调整底座水平,保证框式水平仪指示水泡对中心刻线不得偏离 0.04mm。

6.4.2 立柱与底座上平面垂直度的检测

将框式水平仪沿底座中心线放置平稳(见图 6);然后将磁力表座吸附在悬臂支架上,可靠固定;磁力表座的百分表测头指向框式水平仪的垂直面上,指针调整到零位,此位置为零起点;再旋转升降手把,使磁力表座沿立柱垂直升降 100mm,通过百分表位移值的变化测得立柱与底座上平面的垂直度。同样方法连续做三次,求平均值。试验结果应满足 5.3.3 的要求。

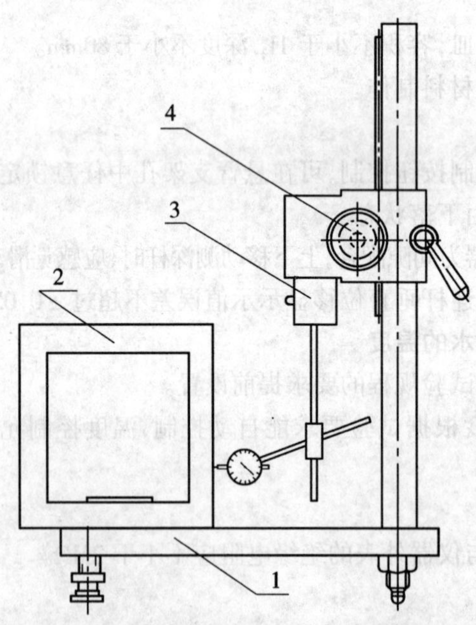

图 6 立柱与底座上平面垂直度的检测示意图

1-底座;2-框式水平仪;3-磁力表座;4-升降手把

6.4.3 悬臂支架与立柱的配合精度检查

旋动升降手把使悬臂支架沿立柱上下自由移动,用手感和目测检查,应满足 5.3.4 的要求。

6.4.4 悬臂支架针连杆内孔中心线与底座上平面垂直度的检测

6.4.4.1 制作一专用芯轴,其外径与长度的尺寸详见图7。

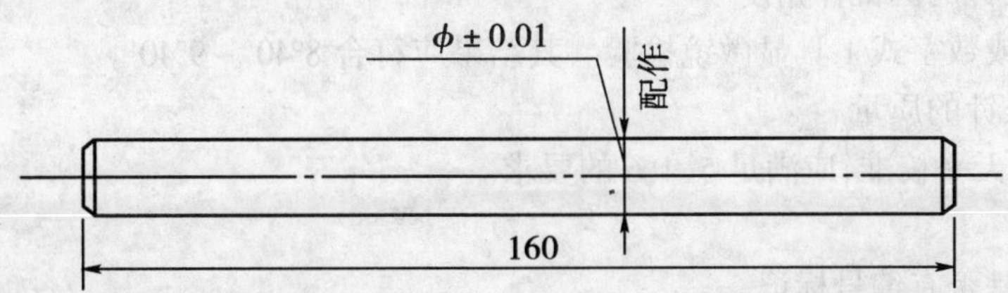

图7 专用芯轴(尺寸单位:mm)

6.4.4.2 将专用芯轴由下而上装入悬臂支架安装针连杆的内孔中,露出部分不得少于120mm,确定0mm起点和100mm终点;用测深千分尺测量专用芯轴与框式水平仪立面之间的垂直距离;在100mm范围内测量0mm起点和100mm终点两个点与框式水平仪立面之间垂直距离的数值,然后计算起点值和终点值的差值。同样方法连续做三次,求平均值。试验结果应满足5.3.5的要求。

6.4.4.3 内孔表面粗糙度用表面粗糙度样块车床Ra0.8μm进行对比。

6.4.5 示度盘及显示屏

6.4.5.1 用目测检查手动沥青针入度仪示度盘刻线及刻字的清晰度及指针回"0"位。

6.4.5.2 用目测检查自动沥青针入度仪显示屏,显示的内容应清晰、齐全,显示文字不得有缺陷、遗漏。

6.4.6 测深杆量程的检测

6.4.6.1 手动针入度计,将测深杆置于最高位置,调整示度盘指针为零;然后使测深杆向下移动至最低位置,读取示度盘显示值,应不小于55mm。

6.4.6.2 自动针入度计,将测深杆上下直接移动,可以通过数显百分表读取测深杆的量程,也可以通过显示窗口的显示获得测深杆的量程,均应不小于55mm。

6.4.7 针连杆的检测

将针连杆卸下,用外径千分尺和游标卡尺检测针连杆的外径 D 及有效长度 L 值。L 值不得小于55mm。

外径 D 的全长表面粗糙度用表面粗糙度样块外磨Ra0.8μm进行对比。

针连杆的质量用感量0.005g的天平校准,应满足5.3.9的要求。

6.4.8 释放按钮的检查

用目测和手感进行检查。锁定、释放动作应可靠。在锁定状态时,用手感检查,针连杆在孔内时,轴向不应有窜动,径向不应有间隙;在释放状态时,用目测检查,针连杆可在无明显摩擦状态下垂直自由下落到极限位置。

6.4.9 自动沥青针入度计释放时间检测

用分度值0.01s的秒表校验自动沥青针入度计的释放时间,应满足5.3.11的要求。

6.5 标准针和加长针的检测

6.5.1 标准针和加长针的形状及尺寸

以外径千分尺和游标卡尺为检具,检验标准针或加长针的部分尺寸,应满足:针柄直径 ϕ32mm ± 0.05mm,针柄长度38mm ± 1mm;针体直径 ϕ1.00mm ~ 1.02mm,针体长度标准针为40mm ~ 45mm,加长针为55mm ~ 60mm。

6.5.2 针体的圆锥体与圆柱体的同轴度和针尖直径

将标准针或加长针固定在测量投影仪或数字式工具显微镜的工作台面上,调整物镜与被测物之间的距离,使之清晰地显示在投影屏上;然后调整被测物的位置,使被测物的侧母线与投影屏的中心线重合,进而测出针体的圆锥体与圆柱体的同轴度及针尖直径尺寸,其结果应符合5.4.3和5.4.4的要求。

6.5.3 针体的表面粗糙度

用表面粗糙度样块外磨 Ra0.2μm 进行对比。

6.5.4 标准针和加长针的圆锥体角度

采用测量投影仪或数字式工具显微镜检验。其结果应符合 8°40′~9°40′。

6.5.5 标准针和加长针的质量

用感量 0.005g 的天平校准,应满足 5.4.6 的要求。

6.5.6 编号标记

用目测检查针柄是否有编号标记。

6.6 砝码的检测

6.6.1 砝码的质量用量程 200g、感量 0.005g 的天平校准,应满足 5.5.1 的要求。

6.6.2 砝码的外径尺寸及内径尺寸用 0mm~150mm 的游标卡尺检验。其结果应满足 5.5.2 的要求。

6.7 盛样皿、水浴及支架的检测

6.7.1 材质及形状用目测检查。

6.7.2 尺寸用游标卡尺检验,然后计算其容积值。

6.8 针入度计针连杆垂直位移机构示值允差的检测

6.8.1 手动沥青针入度计

将针连杆锁定在需要的位置,使针连杆上端面与测深杆下端面轻轻接触,调整示度盘指针回零;然后,按顺序依次在两端面之间放入标准值为 1.00mm、2.00mm、5.00mm 的标准量块,并依次记录示度盘显示示值;最后,在保留上面三种量块的基础上,分别增加 10.00mm、20.00mm、40.00mm 三种标准值的标准量块,并分别记录示度盘显示示值。其结果应满足 5.3.6 的要求。

6.8.2 自动沥青针入度计

以底座上平面为基准,置放一检测平台,检测平台的上下平面平行度允差不大于 0.05mm,尺寸 100mm×100mm×100mm,按下释放按钮,使针连杆自由落下到检测平台上,此时针连杆下端面与检测平台接触点定为零基准点,然后将针连杆推回原位。

在针连杆和检测平台之间一次性放入标准值为 1.00mm、5.00mm、10.00mm、20.00mm、40.00mm 五种标准量块。

按下释放按钮,使针连杆自由落下至标准量块上,记录显示窗口显示的位移示值,将针连杆推回到原位;取下 1mm 标准量块,按下释放按钮,使针连杆再次自由落下至标准量块上,记录显示窗口显示的位移示值,将针连杆推回到原位。此两次显示位移示值之差即为 1mm 标准值对应的位移示值。以此方法类推,将五种标准量块每次一种按顺序全部取下,直至归零基准点。其试验结果应满足 5.8.3 的要求。

6.9 自动沥青针入度仪水浴内水温检测

水浴内按要求加好水,设置试验温度,启动温控装置,当水浴内水温达到设置温度时,温控装置应自动停止工作。

用量程 0℃~50℃、分度值 0.05℃的标准温度计分别测试水浴内前、后、左、右、中五个位置的水温,记录下来,求平均值,即为水浴的标准温度;记录此时的显示温度,作为示值温度。标准温度和示值温度之差与针入度仪水浴工作温度的允差进行校验。

6.10 绝缘性能检测

用直流 500V 的绝缘电阻测量仪测量,绝缘电阻应符合 5.10 的要求。

7 检验规则

7.1 型式检验

7.1.1 有下列情况之一时,应进行型式检验:

a) 新投产或委托其他单位生产;

b) 结构、材料、工艺有较大改进,可能影响其性能时;

c) 产品停产一年后,再恢复生产时;

d) 出厂检验结果与上次型式检验有较大差异时;

e) 国家行业管理部门提出进行型式检验要求时;

f) 正常生产时,两年应进行一次型式检验。

7.1.2 型式检验时,至少取两台样机进行检验。

7.1.3 型式检验项目及其试验方法,应按表4进行。

表4 型式检验项目及试验方法

序号	检验项目	试验方法	技术要求
1	外观	6.3	5.2
2	针入度计	6.4	5.3
3	标准针和加长针	6.5	5.4
4	砝码	6.6	5.5
5	盛样皿、水浴、支架	6.7	5.6、5.7
6	垂直位移允差	6.8	5.8
7	水浴内水温	6.9	5.9
8	绝缘性能	6.10	5.10

7.1.4 沥青针入度仪型式检验的各项中,其中第二项至第八项,有一项不合格,即为不合格。

7.2 出厂检验

7.2.1 每台试验仪器都应经工厂质量检验部门检验合格,并签发合格证书,方可出厂。

7.2.2 出厂应按表4中各项内容检验,其中任何一项不合格,即为不合格,不可出厂。

8 标志、包装、运输和贮存

8.1 标志

8.1.1 每台试验仪应在醒目的位置固定产品标牌。

8.1.2 产品标牌的内容应包括:

a) 制造厂厂名;

b) 产品名称和型号;

c) 制造日期及出厂编号;

d) 主要技术指标。

8.1.3 每支标准针和加长针的针柄上应加工有独立的编号标志,同一制造厂生产的针每万支内编号标志不得重复。

8.2 包装

8.2.1 仪器包装应符合 GB/T 4879 和 GB/T 5048 的规定。

8.2.2 包装箱尺寸应符合 GB/T 4892 的规定。仪器在箱内不得松动、磕碰。

8.2.3 包装箱外壁标志应符合 GB/T 191 的规定。外壁标志主要包括以下内容:

a) 制造厂厂名;

b) 产品名称;

c) 产品净质量与包装后的总质量;

d) 包装箱尺寸($l \times b \times h$);

e) 防雨淋、防磕碰、防倒置等标志。

8.2.4 标准针或加长针应置于专用的针管或针盒中。

8.2.5 随机文件应包括:

a) 产品使用说明书;

b) 产品合格证明书;

c) 标准针和加长针由专业计量部门颁发的计量证书或校验证书;

d) 装箱单。

8.3 运输和贮存

产品在运输过程中,应防雨淋、防磕碰、防倒置。在贮存过程中,存放于干燥的库房里,并避免接触腐蚀性气体和液体,远离易燃物质。

ICS 17.240
P 96
备案号:

中华人民共和国交通行业标准

JT/T 658—2006

核子密湿度仪

Nuclear density and moisture gauge

2006-06-23 发布　　2006-10-01 实施

中华人民共和国交通部　发布

核子密湿度仪

1 范围

本标准规定了核子密湿度仪(以下简称核子仪)的分类与结构、技术要求、试验方法、检验规则、标志、包装、运输和贮存。

本标准适用于交通行业生产和使用的核子密湿度仪。

2 规范性引用文件

下列文件中的条款通过本标准的引用而成为本标准的条款,凡是注日期的引用文件,其随后所有的修改单(不包括勘误的内容)或修订版均不适用于本标准。然而,鼓励根据本标准达成协议的各方研究是否可以使用这些文件的最新版本。凡是不注日期的引用文件,其最新版本适用于本标准。

GB/T 2423.1 电工电子产品环境试验 第2部分:试验方法 试验A:低温(IDT IEC 68-2-1:1990)

GB/T 2423.2 电工电子产品环境试验 第2部分:试验方法 试验B:高温(IDT IEC 60068-2-2:1974)

GB/T 2423.3 电工电子产品基本环境试验规程 试验Ca恒定湿热试验方法(EQV IEC 68-2-3-84)

GB/T 2423.10 电工电子产品基本环境试验规程 第2部分:试验方法 试验Fe振动(正弦)(IDT IEC 68-2-6-1982)

GB 16368 含密封源仪表的放射卫生防护标准

3 分类与结构

3.1 分类

3.1.1 核子仪按产品类型分为以下3种:

——表面型核子仪(BM);

——透射型核子仪(TS);

——深层型核子仪(SC)。

3.1.2 型号表示如下:

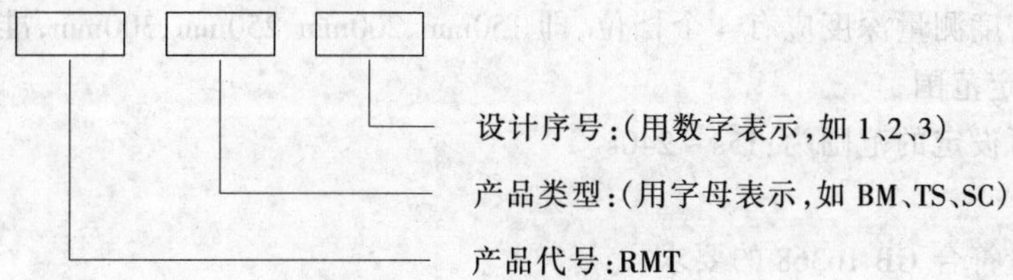

示例:第2次改进设计产品版本的表面型核子仪,型号:RMT-BM-2。

3.2 结构

核子仪硬件系统结构包括:放射源、密度探测器、水分探测器、位移传感器、信号调理器和计算机系统。

4 技术要求

4.1 外观和结构要求

产品表面不应有明显的凹痕、划伤、裂缝、变形和污染等。表面涂镀层应均匀,不应有气泡、龟裂、脱落和磨损。金属零部件不应有锈蚀及其他机械损伤。

软面板安装后四周及表面应平整,不能有气泡,四周间隙不超过0.5mm;显示屏数据显示清晰;字符应准确、完整、清晰,显示数据正确;对比度调节平滑;文字标记清晰、完整;键盘操作功能正常,按键应灵活，不易脱落。

对于仪器可动作的部分应操作方便、灵活，定位准确、可靠。

放射源的安装应切实保证在仪器操作或运输过程中，放射源不致于脱落、泄漏、丢失或产生机械磨损。

4.2 技术参数

4.2.1 核子仪应进行标准计数。将核子仪放置在标准块（高分子聚乙烯，其密度，含水量是相对恒定的）上指定位置，运行核子仪标准计数程序，完成标准计数，标准计数的CHI应在0.75～1.25之间。

4.2.2 湿密度测量值见表1。

表1

项目		测量深度(m)	测量范围(kg/m^3)	测量误差(kg/m^3)
深层型核子仪		0.6～10	1125～2740	±30
表面型核子仪		0～0.15	1125～2740	±30
透射型核子仪	表面档	0～0.15	1125～2740	±30
	透射档	0.15～0.30		±20

4.2.3 含水量测量值见表2。

表2

项目	测量深度(m)	测量范围(kg/m^3)	测量误差(kg/m^3)
深层型核子仪	0.6～10	0～640	±15
表面型核子仪	0～0.15	0～640	±15
透射型核子仪	0～0.15	0～640	±15

4.2.4 仪器应满足距离非探测表面5cm处的剂量当量率小于25μSv/h，距离表面100cm处的剂量当量率小于2.5μSv/h。

4.3 使用功能

4.3.1 系统功能自检

核子仪附自检程序，以供系统自检。

4.3.2 测量深度设置

深层型核子仪测量深度可为0.6m～10m任意值，准确度±0.03m。

透射型核子仪密度测量深度应有4个档位，即150mm、200mm、250mm、300mm，准确度±3mm。

4.3.3 工作时间设定范围

测量工作时间可设定的范围为：15s～240s。

4.4 辐射剂量

核子仪辐射剂量符合GB 16368的要求。

4.5 整机连续工作稳定性

核子仪连续工作50h（中途可以充电），产生含水量和密度CHI值各100个，其中在0.75～1.25之间的数据应不少于68.3%。

4.6 环境适应性

4.6.1 耐高温

温度为+50℃±2℃条件下，核子仪应能正常工作。

4.6.2 耐低温

温度为-10℃±2℃条件下，核子仪应能正常工作。

4.6.3 耐恒定湿热

温度：+40℃，相对湿度：90%±3%条件下，核子仪应能正常工作。

4.6.4 抗振性

振动频率范围 10Hz ~ 30Hz ~ 10Hz,偏移幅值 0.75mm,核子仪受振后应正常工作。

5 试验方法

5.1 试验环境条件

除气候环境适应性试验外,其余试验均在下列条件下进行:

温　　度:－10℃ ~ 50℃;

相对湿度:45% ~ 75%;

大气压力:86kPa ~ 106kPa。

5.2 试验仪器与设备

试验仪器与设备包括:

——米尺:长度 1m,精确度 1mm;

——标准试件:铝合金、铝和镁、镁、铝聚乙烯、土样标准试件,精确度 3‰,标准试件的湿密度和含水量是稳定的。

5.3 外观和结构检查

用目测法进行,并应符合 4.1 的要求。

5.4 技术参数

5.4.1 标准计数

评定标准计数应符合下列两种方法:

a) 标准计数 N_1, N_2:

$$P = \frac{\Delta}{\sigma} \tag{1}$$

其中:

$$\sigma = \sqrt{N_1 + N_2} \tag{2}$$

$$\Delta = |N_1 - N_2| \tag{3}$$

取显著度 $\alpha = 0.05$,对应的 $K = 1.96$;

当 $P < K$ 时,N_1 和 N_2 为正常核计数。

b) 将核子仪按要求与标准块放置在一起,运行核子仪标准计数程序,连续测三组至少有一次 CHI 值在 0.75 ~ 1.25 之间。

5.4.2 湿密度测量

5.4.2.1 试验应不少于 3 个标准试件。把仪器分别放置在每个标准试件的中部,进行测量,其误差应符合 4.2.2 的要求。

5.4.2.2 表面型核子仪、透射型核子仪使用 3 个模拟标准试件:铝合金、铝和镁、镁。

5.4.2.3 深层型密湿度仪用四个密封的钢桶,桶内有不同密度的土样标准试件。

5.4.3 含水量测量

5.4.3.1 试验应不少于两个标准试件。把仪器分别放置在每个标准试件的中部,进行测量,其误差应符合 4.2.3 的要求。

5.4.3.2 表面型核子仪、透射型核子仪用两个模拟标准试件,即铝聚乙烯和镁。

5.4.3.3 深层型核子仪用两个模拟标准试件,即铝聚乙烯和铝。

5.4.3.4 标准试件应有不少于两个,其中一个的含水量不少于 500kg/m^3,仪器测量结果应符合 4.2.3 的误差要求。

5.5 使用功能检测

5.5.1 运行仪器的各项功能程序,仪器功能应能正常执行。

5.5.2 测量深度档位设置符合测量工作需要,切换方便。用标准尺检验,准确度应符合 4.3.2 的要求。

5.6 辐射剂量检查

用中子剂量当量仪和 γ 剂量率仪按照 GB 16368 的规定对仪器进行辐射剂量检查应符合 4.4 的要求。

5.7 工作稳定性试验

将核子仪按要求与标准块放置在一起。将仪器进行 50h 的稳定性测量试验,试验结果应符合 4.5 的要求。

CHI 值及均方差计算公式:

$$\mathrm{CHI} = \frac{\sigma}{\sqrt{X}} \tag{4}$$

其中:

$$\sigma = \sqrt{\frac{\sum(X - X_i)^2}{n - 1}} \tag{5}$$

$$X = \frac{1}{n}\sum X_i \tag{6}$$

式中:X——n 个数据的平均值;

σ——均方差值。

5.8 环境试验

5.8.1 高温试验

按 GB/T 2423.2 试验 Bd 执行,温度为 50℃ ± 2℃,稳定 2h,加电工作 1h,核子仪应符合 4.2.1 标准计数要求。

5.8.2 低温试验

按 GB/T 2423.1 试验 Ad 执行,温度为 -10℃ ± 2℃,稳定 2h,加电工作 1h,核子仪应符合 4.2.1 标准计数要求。

5.8.3 恒定湿热试验

按 GB/T 2423.3 试验方法,温度为 40℃ ± 2℃,相对湿度 90% ± 3%,取出后室温恢复 2h,加电工作 1h,核子仪应符合 4.2.1 标准计数要求。

5.8.4 振动试验

按 GB/T 2423.10 试验方法,频率范围 10Hz ~ 30Hz ~ 10Hz,偏移幅值 0.75mm,按工作位置在 3 个互相垂直的轴线上依次振动 10min,试验后核子仪应符合 4.2.1 标准计数要求。

6 检验规则

6.1 出厂检验

6.1.1 每台核子仪应按照表 3 进行出厂检验,合格后并附有产品合格证书方可出厂。

表 3

项目名称	技术要求	试验方法	出厂检验	型式检验	缺陷分类
外观和结构	4.1	5.3	○	○	B
技术参数	4.2	5.4	○	○	A
使用功能	4.3	5.5	○	○	A
辐射剂量	4.4	5.6	○	○	A
工作稳定性	4.5	5.7	○	○	A
环境适应性	4.6	5.8	—	○	A
注:表中的"○"为需要检测,"—"为不需要检测					

6.1.2 如检验中有一项技术指标不符合本标准规定时,则作出不合格的处理。

6.2 型式检验

6.2.1 产品型式检验项目见表3,有下列情况之一时应进行型式检验:

a) 新产品投产前;

b) 新产品正式生产后,如结构、材料、工艺有较大改变,可能影响产品性能时;

c) 产品长期停产,恢复生产时;

d) 出厂检验结果与上次型式试验有较大差异时;

e) 国家质量监督机构提出型式检验要求时;

f) 正常连续生产长达3年时。

6.2.2 产品型式检验的抽样

在出厂检验合格产品中随机抽取3台进行型式检验,如有一项缺陷分类A或两项缺陷分类B的技术指标不符合本标准规定时,则加倍抽取试验,对不合格项进行复检,如仍不合格则判为不合格。

7 标志、包装、运输和贮存

7.1 标志

7.1.1 产品标志

产品应在显著位置标注产品标志,产品标志的内容包括:

——产品名称,产品型号;

——制造计量器具许可证号;

——产品出厂编号、生产日期。

7.1.2 包装箱外标志

包装箱外标志应包括警示标志和储运标志。

7.2 包装

产品外包装应符合2类包装的规定。

产品包装箱内附的随机文件应有产品合格证、保修单、使用说明书和装箱清单。

产品包装箱内附配套附件。

7.3 运输与贮存

7.3.1 核子仪按规定装入运输箱后,可用无强烈振动的交通工具运输,运输中不应受雨、雪、霜、雾直接影响,按标志向上放置并不受挤压、撞击等。

7.3.2 贮存核子仪的仓库应设在非人口密集的地方,要求干燥、通风好,无腐蚀性气体,应有防盗措施。贮存条件应符合下列要求:

a) 温度:-10℃~60℃;

b) 相对湿度不高于90%;

c) 叠层高度不超过5层;

d) 贮存时间不超过12个月,超过12个月应重新进行性能检查。

参 考 文 献

[1] GB/T 7352　利用放射源的电测量仪表
[2] GB/T 8993　核仪器环境条件和试验方法
[3] JTJ 051—93　公路土工试验规程
[4] JTJ 059—95　公路路基路面现场测试规程

ICS 17.140
P 96
备案号：

中华人民共和国交通行业标准

JT/T 659—2006

混凝土超声检测仪

Ultrasonic test instrument of concrete

2006-06-23 发布　　2006-10-01 实施

中华人民共和国交通部　发布

混凝土超声检测仪

1 范围

本标准规定了水泥混凝土超声检测仪器结构及等级划分、技术要求、试验方法、检验规则、标志、包装、运输和贮存。

本标准适用于检测水泥混凝土强度和内部缺陷的超声检测仪。

2 规范性引用文件

下列文件中的条款通过本标准的引用而成为本标准的条款。凡是注日期的引用文件,其随后所有的修改单(不包括勘误的内容)或修订版均不适用于本标准,然而,鼓励根据本标准达成协议的各方研究是否可使用这些文件的最新版本。凡是不注日期的引用文件,其最新版本适用于本标准。

GB/T 191　包装储运图示标志(GB/T 191—2000,eqv ISO780:1997)

GB 156　标准电压(GB 156—2003,IEC 60038:1983,NEQ)

GB/T 1980　标准频率(GB/T 1980—2005,IEC 60196:1965,MOD)

GB/T 12604.1　无损检测　术语　超声检测(GB/T 12604.1—2005,ISO 5577:2000,IDT)

JB/T 10061—1999　A 型脉冲反射式探伤仪通用技术条件

SJ 946　电子测量仪器电气、机械结构的基本要求

CECS.02　超声回弹综合法检测混凝土强度技术规程

CECS.21　超声法检测混凝土缺陷技术规程

3 术语和定义

GB/T 12604.1 及下列术语和定义适用于本标准。

3.1

接收系统灵敏度　receiving system sensitivity

在一定工作频率范围内,输出信噪比为 3:1 的条件下,仪器接收系统的灵敏度(一般小于 50μV)。

3.2

直接传输　direct transmission

两个超声换能器在同一试块的两个平行平面的同一条法线上,一发、一收的直线传播过程。

3.3

半直接传输　semi-direct transmission

两个超声换能器在同一试块上的两个互相垂直的平面上,一发、一收的间接传播过程。

3.4

表面传输　surface transmission

两个超声换能器在同一试块的同一平面上,一发、一收的表面传播过程。

4 结构及等级划分

4.1 结构

混凝土超声检测仪分为模拟式和数字式两类。混凝土超声检测仪的电气、机械结构应符合 SJ 946 的规定。

4.2 等级划分

混凝土超声检测仪根据质量指标划分为合格品、一等品和优等品。

5 技术要求

5.1 外观

5.1.1 表面油漆、电镀层光洁,色泽及光泽一致,无人为缺陷痕迹。

5.1.2 商标、名称、型号及制造厂标志清晰,各开关旋钮调节自如,显示文字及图像应清晰。

5.1.3 外接导线及插头、插座应安全牢固,连接可靠,无松动现象。

5.2 工作条件

5.2.1 混凝土超声检测仪电源电压为:

a) AC:(220 ± 22)V,(50 ± 1)Hz;

b) DC:20V ~ 26V。

5.2.2 混凝土超声检测仪的工作频率为:10kHz ~ 250kHz。

5.3 工作参数

5.3.1 发射电压

混凝土超声检测仪的发射电压分为 200V、500V、1000V 三档,或 0 ~ 1000V 多档。

5.3.2 读测方式及范围

5.3.2.1 混凝土超声检测仪的读测方式为:

——程序自动判读:用波形及数字显示;

——光标自动判读:用波形、光标及数字显示。

5.3.2.2 混凝土超声检测仪的读测范围为:

a) 声时:0 ~ 6553.5μs,最小分度值 0.1μs;

b) 幅度:0 ~ 137.5dB,最小分度值 0.1dB;

c) 频率:0 ~ 6553.5kHz ,最小分度值 0.1kHz。

5.4 计量性能要求

5.4.1 声时测量精度

电信号测量相对误差优于 ± 0.5%,声信号测量相对误差优于 ± 1.0%。

5.4.2 幅值准确度

相对误差优于 ± 3.0%。

5.4.3 接收系统频率响应

10kHz ~ 250kHz 频率范围内不均匀度不小于 12dB。

5.5 穿透距离

选用 12.5kHz 换能器,混凝土超声检测仪在强度等级为 C30 的无缺陷混凝土中的穿透距离不小于 10m(加前置放大器)。

5.6 接收系统灵敏度

混凝土超声检测仪接收系统灵敏度应符合表 1 的规定。

表 1 混凝土超声检测仪接收系统灵敏度 单位:μV

质量等级	接收系统灵敏度
合格品	≤50
一等品	≤40
优等品	≤30

5.7 声时读数稳定性

用 26.1μs 标准棒测试混凝土超声检测仪声时读数稳定性,10min 内的读数漂移量应符合表 2 的规定。

表 2 混凝土超声检测仪声时读数稳定性 单位：μs

质量等级	10min 内读数漂移量
合格品	≤1.0
一等品	≤0.5
优等品	≤0.2

5.8 超声速度传输误差

在 150mm × 150mm × 150mm 混凝土试块上测试超声速度、直接传输误差、半直接传输误差和表面传输误差应符合表 3 的规定。

表 3 混凝土超声检测仪超声速度传输误差 单位：%

质量等级	直接传输误差	半直接传输误差	表面传输误差
合格品	2.0	2.5	3.0
一等品	1.5	2.0	2.5
优等品	1.0	1.5	2.0

5.9 衰减误差

混凝土超声检测仪的衰减误差应符合表 4 的规定。

表 4 混凝土超声检测仪衰减误差 单位：dB

质量等级	总衰减量	每 12dB 衰减误差
合格品	≥80	≤ ±1.5
一等品	≥90	≤ ±1.0
优等品	≥95	≤ ±0.5

5.10 工作时间

混凝土超声检测仪连续工作时间和平均无故障累计时间应符合表 5 的规定。

表 5 混凝土超声检测仪工作时间 单位：h

质量等级	连续工作时间	平均无故障累计时间
合格品	4	1000
一等品	5	1500
优等品	6	1800

5.11 电气绝缘性能

电源插头与机壳之间绝缘电阻不小于 100MΩ，经过潮湿试验，绝缘电阻应不小于 4MΩ。

5.12 环境条件

混凝土超声检测仪正常工作环境条件为：

a) 环境温度：- 10℃ ~ 40℃；

b) 相对湿度：40℃时 30%RH ~ 85%RH；

c) 大气压：85kPa ~ 105kPa；

d) 空气中不含有腐蚀性气体、无强磁场、无较大振动和冲击、无灰尘。

6 试验方法

6.1 电源电压

电源电压应按 GB 156 进行。

6.2 工作频率

工作频率应按 GB/T 1980 进行。

6.3 计量性能

6.3.1 声时测量精度

6.3.1.1 声信号方法声时测量精度:

a) 按图 1 连接检测仪和发射、接收探头。

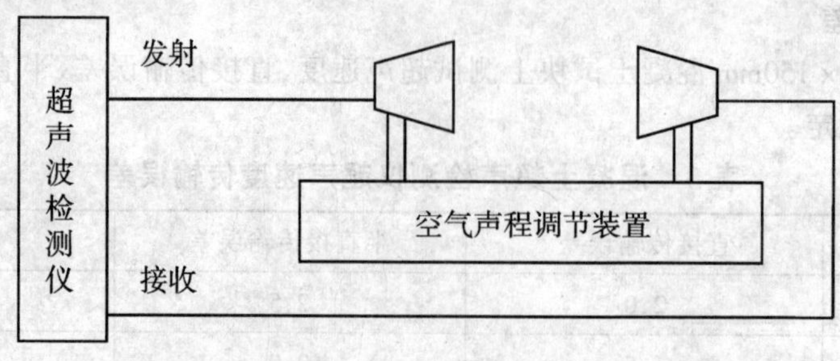

图 1 声信号方法声时测量精度检定装置

b) 调节发射和接收探头之间的距离至约 20mm,发射电压至最大,发射方式为“连发”,调节接收声波使首波周期占显示时间轴 1/3 ~ 1/6,首波峰—峰值为满屏显示的 2/3,按照检测仪使用说明书提供的方法,测出零声时并予以消除。

c) 调节发射和接收探头之间的距离(用游标卡尺测量),每增加 60.0mm 测量一次声时,直至探头之间距离增加至 320mm 为止。

d) 测量过程中应注意调节检测仪始终保持首波峰—峰值为满屏显示的 2/3,温度变化应不超过 ±0.5℃。

e) 声时测量精度按公式(1)计算。

$$\delta_t = \frac{t_1 - d/\left(331.4\sqrt{1+0.00367T}\right)}{d/\left(331.4\sqrt{1+0.00367T}\right)} \times 100\% \tag{1}$$

式中:δ_t——声时测量精度,%;

t_1——检测仪声时测量值,s;

d——发射和接收探头之间的距离,mm;

T——空气中的温度,℃。

6.3.1.2 电信号方法声时测量精度:

a) 按图 2 连接检测仪和信号发生器。

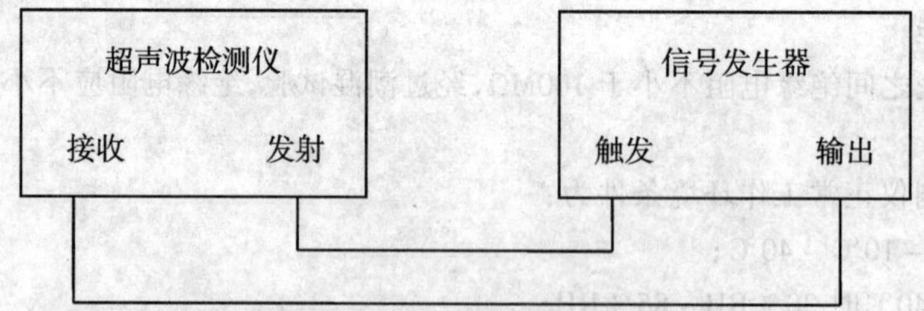

图 2 电信号方法声时测量精度检定装置

b) 调节信号发生器输出频率至 50kHz,波数为 10 个,猝发音延时为 50μs,调节检测仪首波峰—峰值为满屏显示的 2/3,按照检测仪使用说明书提供的方法,测出零声时并予以消除。

c) 调节信号发生器猝发音延时,每 500μs 检测仪做一次测量,直至检测仪测量上限(5ms 后可 1ms 测量一次)。

d) 声时测量精度按公式(2)计算。

$$\delta_t = \frac{t_1 - t}{t} \times 100\% \quad (2)$$

式中：δ_t——声时测量精度,%；

t_1——检测仪声时测量值,μs；

t——猝发音延时,μs。

6.3.2 幅值准确度

幅值准确度按下列步骤测试：

a) 按图3连接检测仪、数字电压表和负载(电阻)。

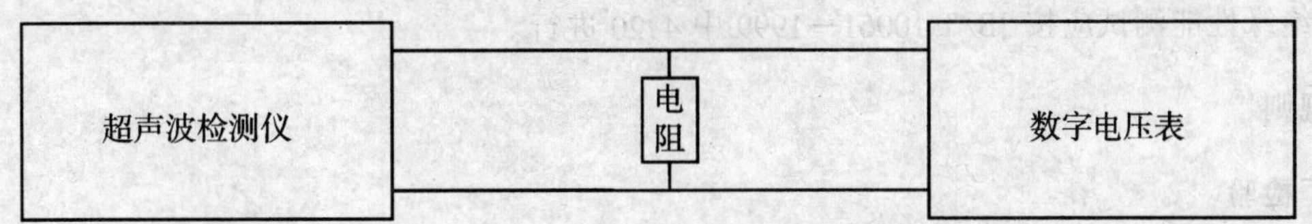

图3 幅值准确度检定装置

b) 将检测仪发射电压置于最大,直接用数字电压表测量检测仪发射电压幅值,并在一小时内均匀间隔测量五次,取平均读数。

c) 幅值准确度按公式(3)计算。

$$\delta_V = \frac{V_1 - V_2}{V_2} \times 100\% \quad (3)$$

式中：δ_V——幅值准确度,%；

V_1——检测仪发射电压,V；

V_2——数字电压表测量值,V。

6.3.3 接收系统频率响应

a) 按图4连接检测仪、信号发生器和衰减器。

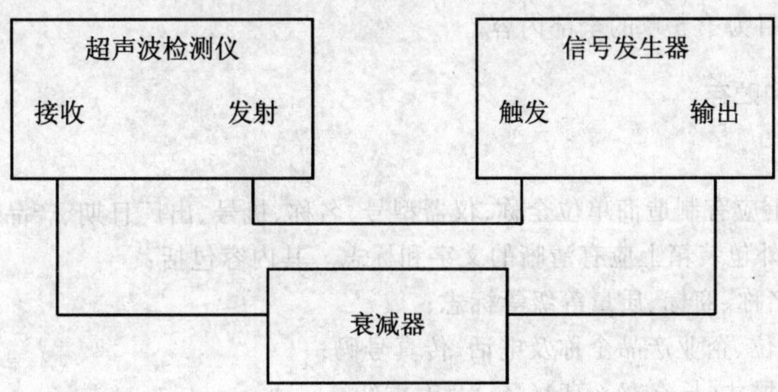

图4 接收系统频率响应检定装置

b) 检测仪量程控制于标称量程上限下30dB(测量档),信号发生器的频率调节至50kHz,调节信号发生器输出及衰减器至相当位置,检测仪调节接收声波使首波周期占显示时间轴1/3～1/6,首波峰—峰值为满屏显示的2/3。

c) 在10kHz～250kHz频率范围调节信号发生器的频率,调节衰减器,使检测仪接收的信号同上款等幅。衰减器的调节范围不超过12dB,即为满足接收系统频率响应。

6.4 穿透距离

选用12.5kHz换能器,在两端面间距为200mm的C30无缺陷混凝土试件反复测量(加前置放大器)发射与接收间累计距离。

6.5 接收系统灵敏度

接收系统灵敏度测试应按 JB/T 10061—1999 中 4.6 进行。

6.6 声时读数稳定性

声时读数稳定性测试应按 CECS.21 进行。

6.7 超声速度传输误差

超声速度传输误差测试应按 CECE.02 进行。

6.8 衰减误差

衰减误差测试应按 JB/T 10061—1999 中 4.1 进行。

6.9 电气绝缘性能

电气绝缘性能测试应按 JB/T 10061—1999 中 4.20 进行。

7 检验规则

7.1 出厂检验

7.1.1 每台仪器出厂前应按照 5.1,5.2.1,5.3.2.2,5.6,5.7,5.8,5.9 和 5.11 的要求进行测试,各项指标应符合本标准规定。

7.1.2 检验合格的仪器,以其任一项符合分等指标的最低等级作为该仪器的等级。

7.1.3 每台仪器经上述各项技术性能指标检测合格,附有产品合格证书后,才能出厂。

7.2 型式检验

7.2.1 生产仪器企业遇到下列情况之一,应进行型式检验:

a) 新产品试制或产品转厂生产时;

b) 产品正式生产后其结构、材料、工艺及关键元器件有较大改变,可能影响产品性能时;

c) 正常生产时,定期或积累一定产量后;

d) 产品长期停产,恢复生产时;

e) 质量监督机构或行业管理部门提出检验要求时。

7.2.2 在批量生产中任意抽取五台做型式试验。

7.2.3 型式检验项目为第 5 章的全部内容。

8 标志、包装、运输和贮存

8.1 标志

8.1.1 检测仪面板上应有制造商单位全称,仪器型号、名称、机号、出厂日期、产品编号。

8.1.2 检测仪器的外包装箱上应有清晰的文字和标志。其内容包括:

a) 仪器型号、名称、商标、质量等级等标志;

b) 仪器制造单位、企业产品全称及电话、传真号码;

c) 仪器箱外形尺寸(长×宽×高)(mm)及毛重(kg);

d) 应有“电子仪器”、“请勿倒置”、“防撞”、“防潮”和“防雨”等标志,符合 GB/T 191 的要求。

8.2 包装

8.2.1 检测仪应按规定的形式进行包装,保证在仪器运输贮存时完好无损。

8.2.2 检测仪器的外包装箱尺寸应符合相关运输标准。

8.2.3 检测仪器的随机文件应包括:

a) 合格证书;

b) 使用说明书;

c) 装箱单;

d) 随机备件、附件和工具清单。

8.3 运输

仪器在运输过程中,严禁碰撞和雨淋。

8.4 贮存

仪器在存放或较长时间不用时,应在符合环境条件的专用仪器室内存放,并且每三个月开机通电测试一次,以保证使用时性能稳定,显示数据正确。

ICS 93.080.10
P 96
备案号：

中华人民共和国交通行业标准

JT/T 670—2006

车辙试验机

Rut-depth testing instrument

2006-12-19 发布　　2007-03-01 实施

中华人民共和国交通部　发布

车辙试验机

1 范围

本标准规定了车辙试验机的产品类型与结构,技术要求,试验方法,检验规则,标志、包装、运输和贮存等内容。

本标准适用于测定沥青混合料高温抗车辙能力的车辙试验机的生产、检验和使用。

2 规范性引用文件

下列文件中的条款通过在本标准的引用而成为本标准的条款,凡是注日期的引用文件,其随后所有的修改单(不包括勘误的内容)或修订版均不适用于本标准,然而,鼓励根据本标准达成协议的各方研究是否可使用这些文件的最新版本,凡是不注日期的引用文件,其最新版本适用于本标准。

GB 9969.1　　工业产品使用说明书　总则

JTJ 052—2000　　公路工程沥青及沥青混合料试验规程

3 术语和定义

下列术语和定义适用于本标准。

3.1

车辙　rut depth

路面经汽车反复行驶产生流动变形、磨损、沉陷后,在车行道行车轨迹上产生的纵向带状辙槽。车辙深度以毫米计。

3.2

车辙试验　rut depth test

沥青混合料的车辙试验是指试件在规定温度及荷载条件下,测定试验轮往返行走所形成的车辙变形速率,以每产生 1mm 变形的行走次数即动稳定度表示,单位为每毫米次(次/mm)。

4 产品类型与结构

4.1 类型

按效率功能可分为单路试验机和多路试验机。

车辙试验机的型号表示方法如下:

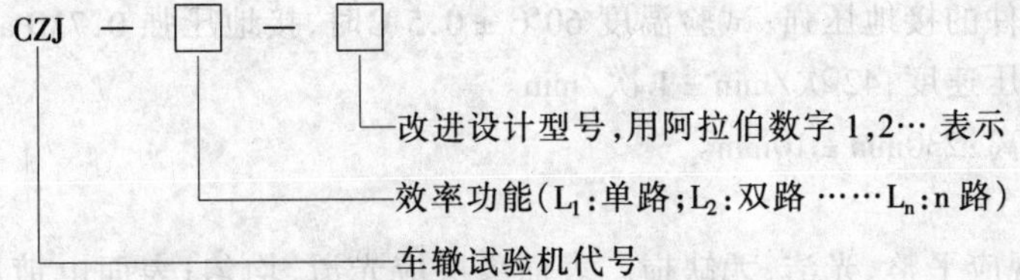

示例:第二次改进设计,进行单路试验的车辙试验机的型号为:CZJ—L_1—2。

4.2 结构

车辙试验机由试验主机和恒温室组成,结构见图 1 和图 2。

5 技术要求

车辙试验机的技术要求应符合 JTJ 052—2000 的规定。

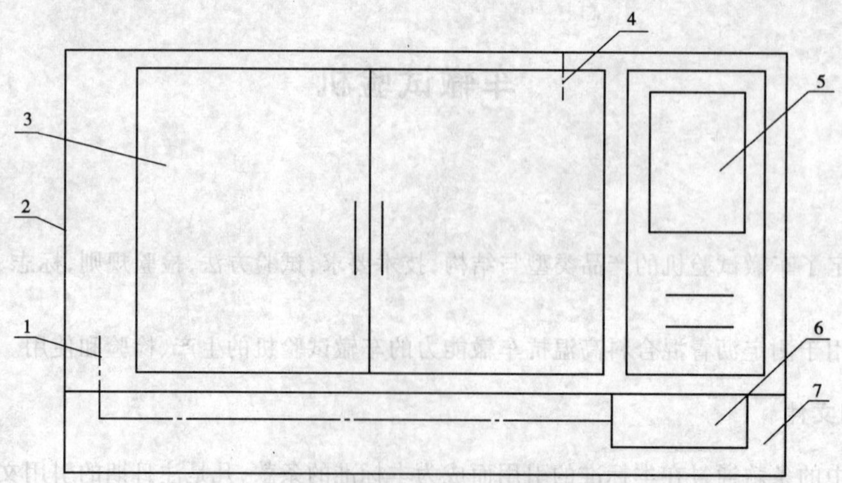

图 1　车辙试验机外部示意图

1-进风口；2-外壳；3-恒温室门；4-出风口；5-显示窗口；6-电加热器、鼓风机；7-底座

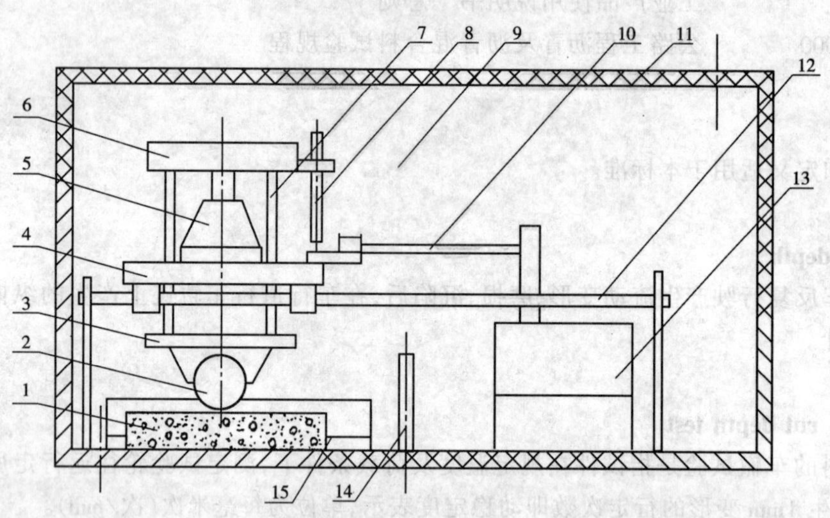

图 2　车辙试验机内部结构示意图

1-试件；2-试验轮；3-试验轮支架；4-滑动板；5-升降装置；6-配重；7-立柱；8-位移传感器；9-恒温室；10-曲柄连杆；11-保温层；12-运行导轨；13-变速器；14-测温传感器；15-试验台

5.1　整机性能

5.1.1　恒温室温度：控温范围：室温至 80℃，示值允许误差 ±1℃。

5.1.2　加载装置与试件的接地压强：试验温度 60℃ ±0.5℃时，接地压强 0.7MPa ±0.05MPa。

5.1.3　试验轮往返碾压速度：42 次/min ±1 次/min。

5.1.4　试验轮行走距离：230mm ±10mm。

5.2　外观

车辙试验机的外观应平整、光洁、无缺损。表面漆层应光滑、均匀；表面电镀层不得有漏镀、划伤等缺陷。

5.3　恒温室

5.3.1　组成和内部尺寸

恒温室由外壳、保温层、恒温室门、自动控温装置、测温传感器和循环泵组成，见图 1 和图 2。

恒温室内部最小有效尺寸不小于 1420mm × 650mm × 855mm（长 × 宽 × 高）。

5.3.2　恒温室外壳

5.3.2.1 由碳素结构钢制作。

5.3.2.2 表面平整,无凹凸感;轮廓各边成直线,边缘不得锋利;轮廓边夹角均为 90°±1°。

5.3.2.3 外壳涂层应牢固、耐热。

5.3.3 保温层

5.3.3.1 恒温室内壁应镶嵌保温、隔热性能较好的保温材料。

5.3.3.2 保温层采用硅酸铝材料。

5.3.4 恒温室门

5.3.4.1 应设观察窗口,观察窗口安装双层耐热玻璃。

5.3.4.2 恒温室门启、闭灵活,密封性能及保温、隔热性能良好,锁紧装置安全、可靠。

5.3.5 自动控温装置

试验时,恒温室内试验温度应恒定。需要通过电加热器,将试验空气不断加热至规定试验温度,并且通过鼓风机,强制将达到规定试验温度的空气在恒温室内外始终循环。

5.3.6 测温传感器

5.3.6.1 应配置经过专业计量检定部门检定合格的测温传感器。

5.3.6.2 测温传感器:量程:0℃~100℃,准确度:0.3%。

5.3.6.3 测温传感器需要配置两只,用于测量恒温室内的室温及测量试验台水槽内水的温度。

5.3.6.4 测温传感器的安装位置应尽量靠近试验台。

5.3.7 循环泵

功率:不小于 0.6kW。

5.4 试验主机

5.4.1 组成

试验主机主要由加载装置、升降装置、变形测量装置、试验轮、试验台、试模和运行装置等组成,见图 2。

5.4.2 加载装置

加载装置包括配重、立柱、试验轮支架和试验轮等,其总的质量为 78kg 左右。

5.4.2.1 配重

由碳素结构钢制作,为多层平板结构。配重表面要进行防锈处理。

5.4.2.2 立柱

立柱连接配重和试验轮支架,其外径与滑动板孔为间隙配合。

5.4.2.3 试验轮支架

安装试验轮的两轴承孔应同轴,试验轮支架轴与试验轮内孔之间安装 D 级密封式滚动轴承。

5.4.3 升降装置

上升和下降时应操作灵活。

5.4.4 变形测量装置

5.4.4.1 应配置经过专业计量检定部门检定合格的位移传感器。

5.4.4.2 位移传感器:量程:0mm~30mm,准确度:0.03%。

5.4.4.3 位移传感器测杆外径与固定内孔有间隙配合,上下可随意调整,并用紧固螺栓锁紧。

5.4.5 试验轮

5.4.5.1 由碳素结构钢制作,其外径热压铸橡胶实心轮胎。试验轮应转动灵活,平稳。

5.4.5.2 试验轮的要求:外径 Φ200mm±5mm,宽度 50mm±1mm,橡胶层厚度 15mm±1mm。试验轮的橡胶实心轮胎在热压铸后,需要机械加工,以保证侧母线与试验轮轴线平行,表面粗糙度 Ra3.2μm。

5.4.5.3 橡胶实心轮胎的硬度:国际标准硬度:20℃时为 84±4,60℃时为 78±2。

5.4.6 试验台

5.4.6.1 由碳素结构钢制作,用于固定试模。

5.4.6.2 试验台水槽,在放入水后,不得有渗漏,表面做防锈处理。

5.4.6.3 试验台的内部尺寸:长×宽×深为(570±20)mm×(490±20)mm×(165±5)mm。

5.4.6.4 试验台上平面的不平度允差不大于0.10mm/500mm,表面粗糙度 Ra1.6μm。

5.4.7 试模

5.4.7.1 由碳素结构钢制作,应具有足够抗变形能力。

5.4.7.2 试模尺寸:长×宽×高为(300±1.5)mm×(300±1.5)mm×(50±0.5)mm。

5.4.8 运行装置

运行装置包括变速器、曲柄连杆、运行导轨和滑动板等。

5.4.8.1 变速器和曲柄连杆应运行平稳、灵活,无振动现象,无异常噪声。

5.4.8.2 运行导轨应符合下列要求:

a) 调质处理和淬火处理,淬火硬度:HRC40~HRC46;

b) 运行导轨不直度允差:小于0.25mm/全长,表面粗糙度 Ra0.8μm;

c) 外径与滑动板轴承内孔间隙配合;

d) 两运行导轨的平行度允差:小于0.35mm/全长;

e) 两运行导轨与试验台上平面的平行度允差:小于0.25mm/全长。

5.4.8.3 滑动板应符合下列要求:

a) 滑动板带动加载装置,变形测量装置和试验轮等部件在曲柄连杆的作用下,沿运行导轨往复运动。

b) 滑动板轴承孔内镶嵌滑动轴承,轴承材质选用锡青铜或磷青铜。

5.5 控制装置

5.5.1 由计算机、显示窗口和打印机组成。

5.5.2 计算机主要操作界面应附有屏幕操作提示和解释功能,能实现试验结果数据的采集、储存、显示、传送和打印等。

5.5.3 显示窗口显示以下内容:

a) 试验时各要素的显示:如试验过程中恒温室的内部温度、试验时间、试验轮的行走次数等;

b) 试验过程中的变化曲线显示:如碾压次数与位移变化关系曲线、时间及温度变化关系曲线等;

c) 试验报告表格及内容。

5.6 绝缘性能

车辙试验机的导电部分与仪器外表的绝缘电阻应不小于2MΩ。

6 试验方法

6.1 试验仪器和器具

6.1.1 标准量块:1.01mm~100mm,准确度等级:2级。

6.1.2 游标卡尺:0mm~300mm,分度值:0.02mm。

6.1.3 高度尺:0mm~500mm,分度值:0.02mm。

6.1.4 钢卷尺:0m~2m,分度值:1mm。

6.1.5 万能角度尺:0°~360°。

6.1.6 外径千分尺:25mm~50mm,分度值:0.01mm。

6.1.7 温度巡检仪:0℃~100℃,分度值:0.1℃。

6.1.8 橡胶硬度计:国际标准硬度:40~90。

6.1.9 框式水平仪:250mm×250mm,分度值:0.02mm,准确度等级:1级。

6.1.10 标准测力仪:0kN~30kN,准确度:0.05%。

6.1.11　秒表：分度值：0.01s。

6.1.12　绝缘电阻测量仪：直流 500V。

6.1.13　表面粗糙度样块。

6.2　外观检查

用目测和手感检查车辙试验机外观，应符合 5.2 的规定。

6.3　恒温室检测

6.3.1　恒温室内部尺寸检测

用钢卷尺检测，应符合 5.3.1 规定。

6.3.2　恒温室外壳检测

用目测和手感检查外壳表面，应符合 5.3.2 的规定；轮廓边夹角用万能角度尺检测。

6.3.3　恒温室内温度示值误差的检测

温度示值误差的检测步骤：

——设置恒温室工作温度为 60℃，锁紧恒温室门，启动升温按钮升温，待显示窗口显示恒温室内温度达到 60℃时，保持 30min，期间，观察并记录显示窗口的温度数值是否稳定；

——30min 后，将温度巡检仪放入恒温室内，检测点选择在试验台对角线的四分之一和四分之三位置的上方 40mm～60mm 处，进行恒温室内 60℃时温度示值误差的检测，检测时间 10min，记录各个检测点的温度标准值，取出温度巡检仪；

——计算所有检测点的温度标准值与温度显示示值之差，恒温室内温度的示值误差应符合 5.1.1 规定。

6.4　试验主机检测

6.4.1　加载装置检测

6.4.1.1　加载装置与试件接地压强的检测如下：

——将标准测力仪置于试验台平面上，并使标准测力仪测头的中心对准试验轮的中心，在测头和试验轮之间依次放入毫米田字格纸和复写纸，锁紧恒温室门，启动升温按钮升温，待恒温室内的温度达到 60℃时，将加载装置平稳、匀速降下，直至加载装置完全作用在标准测力仪上，记录标准测力仪显示的数值，保持 5min 后，提升加载装置，使试验轮与标准测力仪完全脱离，取出标准测力仪；

——计算：

a)　标准测力仪的标准值与加载装置总的质量之间的示值误差；

b)　$加载装置的接地压强(\mathrm{MPa}) = \dfrac{标准测力仪的标准值(\mathrm{N})}{毫米田字格纸压痕面积(\mathrm{mm^2})}$

应符合 5.1.2 的规定。

6.4.1.2　用升降装置上下移动加载装置，应灵活，稳定。

6.4.1.3　用手转动试验轮，试验轮在试验轮支架轴上转动自如，无异常噪声。

6.4.2　升降装置检查

手动检查升降装置的上下行程，应符合 5.4.3 的规定。

升降装置若采用液压装置时，不得有漏油现象。

6.4.3　变形测量装置检测

检测步骤如下：

——关闭车辙试验机总开关，直至恒温室内的温度与室温相同；

——以滑动板上平面为基准，置放一检测平台（检测平台上下平面的平行度允差不大于 0.02mm，尺寸：长×宽×高为 80mm×80mm×50mm），将位移传感器测头压紧在检测平台上平面 1mm～2mm，并将此位置作为“零”基准点，锁紧位移传感器；

——在位移传感器测头和检测平台之间,放入标准值为 1.00mm 的标准量块,记录此时显示窗口位移示值,然后取下 1.00mm 标准量块,依此方法,分别放入标准值为 2.00mm、3.00mm、5.00mm、10.00mm 的标准量块,分别记录显示窗口位移示值;

——按照此方法,重复做三次;

——分别计算五种规格的标准量块对应的位移显示示值的平均值,作为显示示值;

——标准量块的标准值与位移传感器显示示值之差,即为位移传感器垂直位移示值误差。

6.4.4 试验轮检测

6.4.4.1 外观

用手感和目测检查试验轮的外观和转动状况,应符合 5.4.5.1 的规定。

6.4.4.2 试验轮尺寸的检测

用游标卡尺检测试验轮的尺寸,应符合 5.4.5.2 的规定。

橡胶实心轮胎表面粗糙度用表面粗糙度样块车工样块检测。

6.4.4.3 橡胶实心轮胎硬度的检测

在 20℃和 60℃时,分别恒温 30min 后,用橡胶硬度计检测,应符合 5.4.5.3 的规定。

6.4.5 试验台检测

6.4.5.1 试验台内部尺寸检测

用钢卷尺检测:应符合 5.4.6.3 的规定。

6.4.5.2 试验台上平面的不平度检测

清洁试验台上平面,不得有油污,磕碰点磨平,在平面上划 90°方向的中心线;用框式水平仪沿横向中心线和纵向中心线检测试验台上平面的不平度,应符合 5.4.6.4 的规定。

表面粗糙度用表面粗糙度样块平磨样块检测。

6.4.6 试模检测

用游标卡尺检测试模尺寸,应符合 5.4.7.2 的规定。

6.4.7 运行装置检测

6.4.7.1 运行状况

变速器和曲柄连杆的运行状况用目测检查,应符合 5.4.8.1 的规定。

6.4.7.2 运行导轨热处理

运行导轨的调质处理和淬火处理,依据加工单位提供的质量检验报告单和产品合格证书进行确认,应符合 5.4.8.2 a)的规定。

6.4.7.3 运行导轨的不直度检测

用外径千分尺进行检测。在两运行导轨全长范围内,每间隔 100mm 为一个检测点,在每个检测点的外径处沿 90°的方向检测运行导轨外径的尺寸,应符合 5.4.8.2 b)的规定。

表面粗糙度用表面粗糙度样块外磨样块检测。

6.4.7.4 两运行导轨平行度的检测

用游标卡尺检测。在两运行导轨外径上确定左、中、右三个位置,并做好标记,将滑动板手动移至最左端,测量两运行导轨右和中两个位置的直线距离,再将滑动板手动移至最右端,测量两运行导轨左和中两个位置的直线距离,最后将滑动板手动移至中间位置,测量两运行导轨左和右两个位置的直线距离,求各个位置的平均值,应符合 5.4.8.2 d)的规定。

6.4.7.5 两运行导轨与试验台上平面平行度的检测

用高度尺检测。将滑动板手动移至中间位置,以试验台上平面为基准,用高度尺多点检测两运行导轨与试验台上平面的直线距离,应符合 5.4.8.2 e)的规定。

6.4.7.6 试验轮往返碾压速度的检测

——将恒温室内温度降至室温;

——启动试验主机,试验轮空运行数个行程,待试验轮即将又运行至最左端时,同时启动秒表,记录在5min之内试验轮往返的碾压次数,求平均值,应符合5.1.3的规定。

6.4.7.7 试验轮行走距离的检测

关闭试验主机,放下试验轮,使之与试验台上平面保持10mm的直线距离,将滑动板手动移至最左端,对准试验轮的中心线,在试验台侧面做一标记,再将滑动板手动移至最右端,对准试验轮的中心线,在试验台侧面做一标记,用游标卡尺测量两个标记之间的直线距离,应符合5.1.4的规定。

6.5 控制装置检查

启动计算机,观察其操作界面和程序运行情况,应符合5.5的规定。

6.6 绝缘性能检测

用绝缘电阻测量仪测量,绝缘性能应符合5.6的规定。

7 检验规则

7.1 检验分类

车辙试验机的检验分型式检验和出厂检验。

7.2 型式检验

7.2.1 有下列情况之一时,应进行型式检验:

a) 新产品定型或产品转产鉴定时;

b) 正式生产后,如果重要结构、材料、工艺有较大变更,可能影响产品性能时;

c) 产品停产半年以上,重新恢复生产时;

d) 国家质量技术监督部门和行业管理部门提出型式检验时。

7.2.2 型式检验按表1规定的项目进行。

7.3 出厂检验

每台仪器出厂前,均应按表1规定的项目进行出厂检验。

表1 检 验 项 目

序号	检 验 项 目	技术要求	试验方法	型式检验	出厂检验
1	外观检查	5.2	6.2	+	+
2	恒温室检测	5.3	6.3	+	+
3	试验主机检测	5.4	6.4	+	+
4	控制装置检测	5.5	6.5	+	+
5	绝缘性能检测	5.6	6.6	+	+
注:“+”表示检验项目;“-”表示不检验项目					

8 标志、包装、运输和贮存

8.1 标志

在车辙试验机恒温室外壳的明显位置应固定铭牌,铭牌上的字应清晰,并标有下述内容:

a) 产品名称及型号规格;

b) 产品编号;

c) 制造日期;

d) 生产企业名称,商标及地址。

8.2 包装

8.2.1 车辙试验机的包装应保证搬运过程中不被损坏。

8.2.2 产品的包装箱内应附有产品合格证、符合 GB 9969.1 要求的使用说明书及必要的装箱清单。包装箱上应标有下述内容：

a） 制造厂名；

b） 产品名称和型号；

c） 数量和毛重；

d） 出厂日期；

e） 外形尺寸；

f） 搬运注意事项。

8.3 运输

运输过程中应避免日晒，雨淋，避免接触腐蚀性气体、液体，防止机械性损伤。

8.4 贮存

产品应贮存在通风，干燥，防尘，无腐蚀性气体或液体的仓库中。

ICS 93.080.10
P 96
备案号:

中华人民共和国交通行业标准

JT/T 671—2006

燃烧法沥青含量测试仪

Testing apparatus for asphalt content by burning method

2006-12-19 发布　　　　2007-03-01 实施

中华人民共和国交通部　发布

燃烧法沥青含量测试仪

1 范围

本标准规定了燃烧法沥青含量测试仪(以下简称沥青含量测试仪)的产品类型与结构、技术要求、试验方法、检验规则,以及标志、包装、运输和贮存等内容。

本标准适用于沥青含量测试仪的生产、检验和使用。

2 规范性引用文件

下列文件中的条款通过本标准的引用而成为本标准的条款。凡是注日期的引用文件,其随后所有的修改单(不包括勘误的内容)或修订版均不适用于本标准,然而,鼓励根据本标准达成协议的各方研究是否可使用这些文件的最新版本。凡是不注日期的引用文件,其最新版本适用于本标准。

GB 9969.1 工业产品使用说明书 总则

JTJ 052—2000 公路工程沥青及沥青混合料试验规程

3 术语和定义

下列术语和定义适用于本标准。

3.1

燃烧法测定沥青含量试验 asphalt content test using burning method

将热拌沥青混合料放入沥青含量测试仪的燃烧室中,在规定的燃烧温度下,进行充分燃烧。根据热拌沥青混合料燃烧前与燃烧后的质量之差,计算沥青含量。

3.2

沥青含量 asphalt content

沥青混合料中的沥青结合料质量与沥青混合料总质量的比值,以百分率计。

4 产品类型与结构

4.1 类型

沥青含量测试仪按电子天平的安装位置分为内置式或外置式。

沥青含量测试仪的型号表示方法如下:

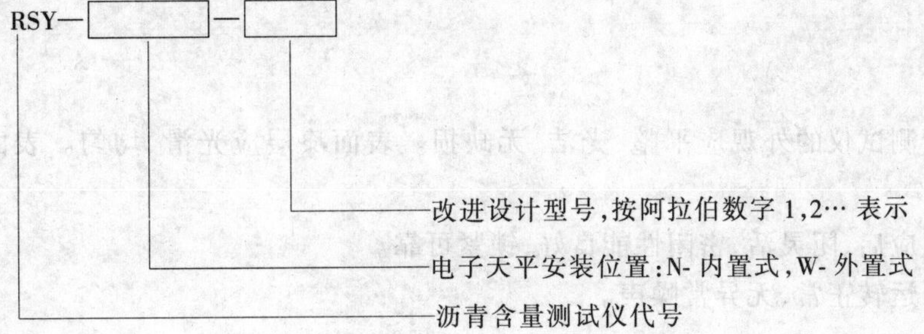

示例:第二次改进设计,电子天平内置式的沥青含量测试仪的型号为:RSY - N - 2。

4.2 结构

沥青含量测试仪的基本结构由燃烧室、称重装置、控制装置、空气循环装置及其附件组成。其结构形式(以电子天平内置式的为例)见图 1 和图 2,但不拘于此种结构形式。

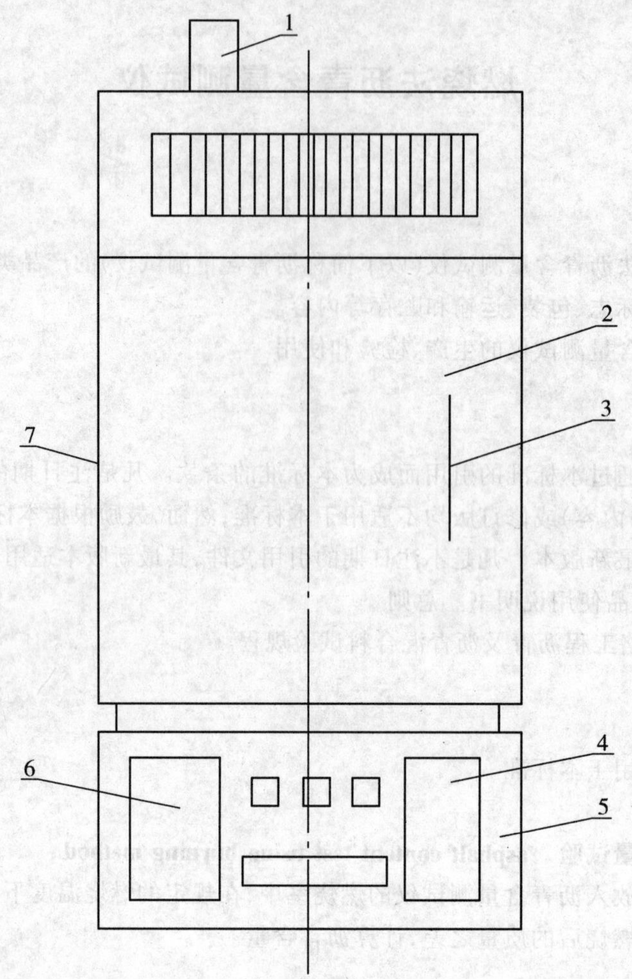

图1 沥青含量测试仪外部示意图

1-烟囱接口;2-燃烧室门;3-锁紧手柄;4-微型打印机;5-控制面板;6-显示窗口;7-外壳

5 工作环境条件和试验环境条件

环境温度:10℃~40℃。

环境湿度:不大于85%。

6 技术要求

6.1 外观要求

6.1.1 沥青含量测试仪的外观应平整、光洁、无缺损。表面漆层应光滑、均匀。表面电镀层不得有漏镀、划伤等缺陷。

6.1.2 燃烧室门应启、闭灵活,密闭性能良好,锁紧可靠。

6.1.3 机械部分运转正常,无异常噪声。

6.2 燃烧室

6.2.1 主燃烧室

6.2.1.1 控温范围:室温至800℃,温度示值误差±5℃。

6.2.1.2 升温时间:室温至540℃,需要时间不大于25min。

6.2.1.3 内部有效尺寸:高×宽×深 不小于300mm×320mm×450mm。

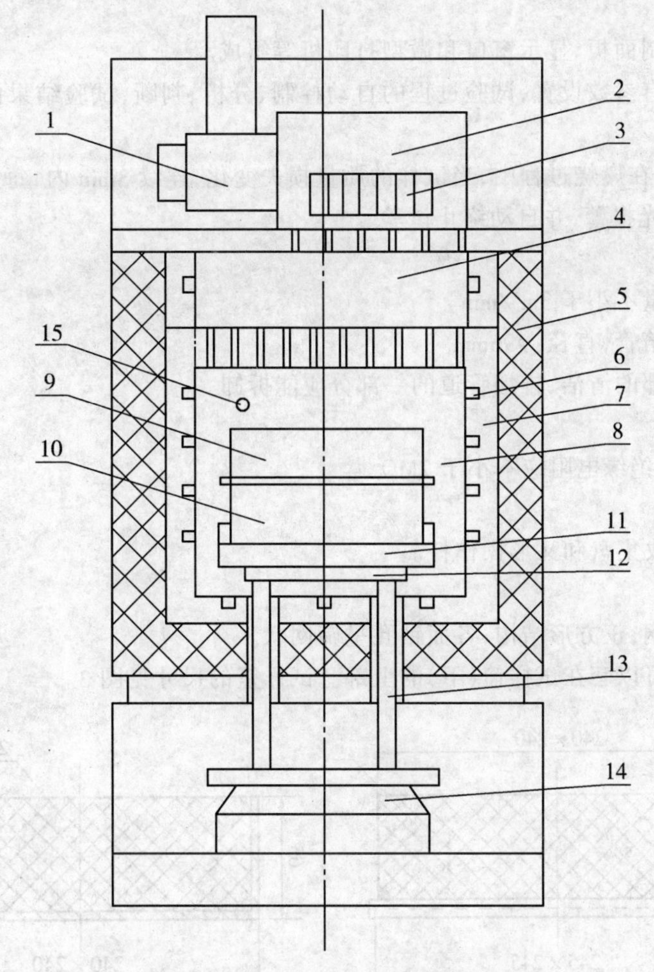

图 2　沥青含量测试仪内部结构示意图

1-鼓风机;2-换气室;3-进风口;4-二次燃烧室;5-保温层;6-加热丝;7-加热板;8-主燃烧室;9-试样篮(上);10-试样篮(下);11-收集盘;12-炉内托盘;13-支撑瓷柱;14-电子天平;15-测温传感器

6.2.1.4　加热丝嵌入加热板中,不得凸出燃烧室内壁表面。

6.2.1.5　测温传感器

a)　应配置经过专业计量检定部门检定合格的测温传感器;

b)　量程:0℃～800℃,准确度:0.3%;

c)　安装位置:测头探出主燃烧室的后壁 100mm,距上壁 90mm,距左壁 90mm。

6.2.2　二次燃烧室

6.2.2.1　控温范围:室温至 900℃,温度示值误差 ±5℃。

6.2.2.2　升温时间:室温至 900℃,需要时间不大于 25min。

6.2.2.3　测温传感器

a)　应配置经过专业计量检定部门检定合格的测温传感器;

b)　量程:0℃～900℃,准确度:0.3% 。

6.2.3　主燃烧室升温到 540℃,恒定 30min 后,外壳表面温度不大于 45℃。

6.3　称重装置

6.3.1　电子天平量程:不小于 8 000g ,准确度 0.01% 。

6.3.2　电子天平示值误差: ±0.05g。

6.3.3　电子天平为内置式安装时,支撑瓷柱的有效尺寸:外径 × 壁厚为 ϕ(27mm ± 1mm) × 3mm。

6.4 控制装置

6.4.1 控制装置由控制面板、显示窗口和微型打印机等组成。

6.4.2 控制装置应具有参数设置,试验过程的自动控制、分析、判断,试验结果的采集、显示、储存及打印等功能。

6.4.3 声光报警:试样在燃烧过程中,当试样的质量损失变化,连续 3min 内,每分钟都不超过试样总质量的 0.01%时,进行声光报警,并自动终止试验。

6.5 空气循环装置

6.5.1 鼓风机的排风量不小于 $3m^3$/min。

6.5.2 烟囱:材质:铝箔管,直径:ϕ96mm。

6.5.3 为便于管道内部的清洁,排烟管道的一部分应能拆卸。

6.6 绝缘性能

沥青含量测试仪的绝缘电阻应不小于 2MΩ。

6.7 附件

附件包括试样篮,收集盘和叉形操作杆。

6.7.1 试样篮

6.7.1.1 材质为不锈钢,正方形结构,各面钻孔呈筛网状。

6.7.1.2 试样篮(上)可以套在试样篮(下)的上部。试样篮的尺寸见图 3。

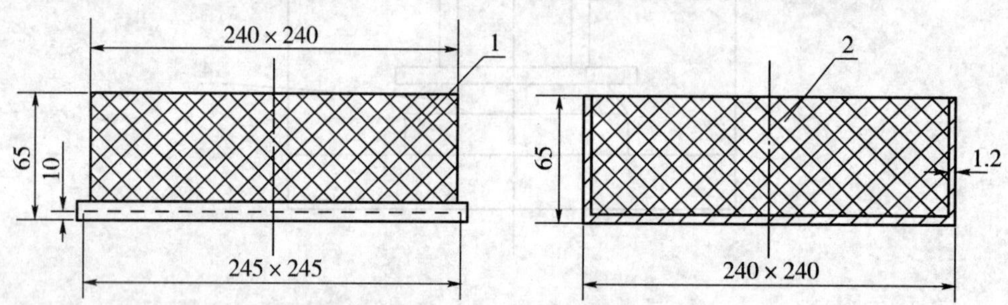

图 3 试样篮(尺寸单位:mm)

1-试样篮(上);2-试样篮(下)

6.7.2 收集盘

不锈钢制作,正方形结构。收集盘尺寸见图 4。

6.7.3 叉形操作杆

6.7.3.1 材质为铝合金,长度 1.2m。

6.7.3.2 叉形操作杆的插头可自由插入收集盘两侧的方孔,不得有阻滞感。

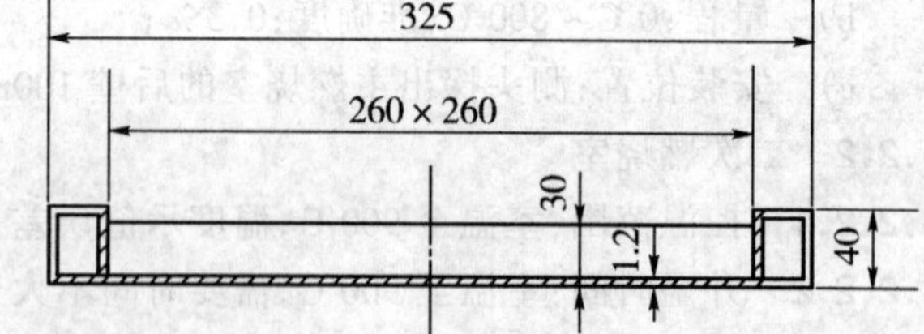

图 4 收集盘(尺寸单位:mm)

7 试验方法

7.1 试验仪器和器具

7.1.1 铂铑 10-铂热电偶:50℃ ~ 1 000℃,配数字表:分度 0.5℃。

7.1.2 电子热电偶:0℃ ~ 100℃,配数字表:分度 0.1℃。

7.1.3 钢直尺:0mm ~ 150mm,分度 1mm。

0mm ~ 500mm,分度 1mm。

7.1.4 游标卡尺:0mm ~ 150mm,分度 0.02mm。

7.1.5 电子秒表:分度 0.01s。

7.1.6 标准砝码:标准值:100g、1 000g、3 000g 各一个,均为 F1 级。

7.1.7 绝缘电阻测量仪:直流 500V。

7.2 外观检查

7.2.1 用目测和手感检查沥青含量测试仪的外观,应符合 6.1.1 的要求。

7.2.2 用目测和手感检查燃烧室门,应符合 6.1.2 的要求。

7.2.3 启动空气循环装置,除正常空气循环的声音外,应无旋转零件刚蹭的异常声音,无共振现象。

7.3 燃烧室的检测

7.3.1 主燃烧室的检测步骤

a) 打开燃烧门,用目测检查主燃烧室内壁,加热丝不得凸出燃烧室内壁表面。

b) 用量程 0mm ~ 150mm 的钢直尺检查测温传感器的安装位置,应符合 6.2.1.5c)的要求。

c) 用量程 0mm ~ 500mm 的钢直尺检测主燃烧室内部尺寸,应符合 6.2.1.3 的要求。

d) 温度示值误差和升温时间的检测

——设置主燃烧室工作温度为 200℃,启动加热按钮,当主燃烧室内温度达到 200℃时,加热自动停止,保持 10min,观察主燃烧室的温度显示示值是否稳定;

——放入铂铑 10-铂热电偶,锁紧燃烧室门,设置主燃烧室的工作温度为 540℃,继续加热,待主燃烧室的温度达到 540℃时,加热自动停止,保持 30min,记录此时铂铑 10-铂热电偶的温度标准值和温度显示示值,标准值和示值之差,即为主燃烧室在工作温度 540℃时的温度示值误差,应满足 6.2.1.1 的要求;

——用电子热电偶检测外壳表面温度,应满足 6.2.3 的要求;

——打开燃烧室门,取出铂铑 10-铂热电偶,待主燃烧室内温度降至室温后,锁紧燃烧室门,设置主燃烧室的工作温度为 540℃,启动加热按钮,同时启动电子秒表,检测主燃烧室由室温加热至 540℃时所需的时间,应满足 6.2.1.2 的要求。

7.3.2 二次燃烧室温度示值误差和升温时间的检测

设置二次燃烧室工作温度为 900℃,放入铂铑 10-铂热电偶,启动加热按钮,同时启动电子秒表,检测二次燃烧室的温度示值误差和升温时间,应符合 6.2.2.1、6.2.2.2 的要求。

7.4 称重装置检测

7.4.1 用标准值为 100g、1 000g、3 000g 的标准砝码分别对电子天平进行校验,记录电子天平显示的示值,计算标准砝码的标准值与电子天平示值的误差,应符合 6.3.2 的要求。

7.4.2 用量程 0mm ~ 150mm 游标卡尺检测支撑瓷柱的尺寸,应符合 6.3.3 的要求。

7.5 控制装置检测

7.5.1 启动控制装置,检查控制装置的功能是否齐全,可靠,应符合 6.4.2 的要求。

7.5.2 将质量为 1 000g ~ 1 200g 的热拌沥青混合料放入主燃烧室中,在 540℃的温度下,进行充分燃烧,燃烧过程中,检查声光报警装置是否可靠,应符合 6.4.3 的要求。

7.6 空气循环装置检测

7.6.1 用量程 0mm ~ 150mm 游标卡尺检测烟囱直径,应符合 6.5.2 的要求。

7.6.2 用目测检查排烟管道可拆卸的部分是否有效。

7.7 绝缘性能检测

用直流 500V 的绝缘电阻测量仪检测绝缘性能,应满足 6.6 的要求。

7.8 附件的检测

7.8.1 试样篮的检测

用量程 0mm ~ 500mm 的钢直尺检测试样篮的尺寸,应满足 6.7.1.2 的要求。

7.8.2 收集盘的检测

用量程 0mm ~ 500mm 的钢直尺检测收集盘的尺寸,应满足 6.7.2 的要求。

7.8.3 叉形操作杆

用目测和手感检查。

8 检验规则

8.1 检验分类

沥青含量测试仪的检验分型式检验和出厂检验。

8.2 型式检验

8.2.1 有下列情况之一时,应进行型式检验:

a) 新产品定型或产品转产鉴定时;

b) 正式生产后,如果重要结构、材料、工艺有较大变更,可能影响产品性能时;

c) 产品停产半年以上,重新恢复生产时;

d) 国家质量技术监督部门和行业管理部门提出型式检验时。

8.2.2 型式检验按表1规定的项目进行。

8.3 出厂检验

每台沥青含量测试仪出厂前,均应按表1规定的项目进行出厂检验。

表1 检验项目

序号	检验项目	技术要求	试验方法	型式检验	出厂检验
1	外观检查	6.1	7.2	+	+
2	燃烧室检测	6.2	7.3	+	+
3	称重装置检测	6.3	7.4	+	+
4	控制装置检测	6.4	7.5	+	-
5	空气循环装置检查	6.5	7.6	+	+
6	绝缘性能检测	6.6	7.7	+	+
7	附件检测	6.7	7.8	+	+

注:"+"表示检验项目,"-"表示不检验项目。

9 标志、包装、运输和贮存

9.1 标志

在沥青含量测试仪外壳的明显位置应固定产品铭牌,铭牌上的字应清晰,并标志下述内容:

a) 生产企业名称、商标和地址;

b) 产品名称和型号规格;

c) 制造日期和出厂编号;

d) 主要技术指标。

9.2 包装

9.2.1 沥青含量测试仪的包装应保证搬运过程中不被损坏。

9.2.2 产品的包装箱内应附有产品合格证、符合 GB 9969.1 要求的使用说明书及必要的装箱清单。包装箱上应标有下述内容:

a) 制造厂名;

b) 产品名称和型号;

c) 数量和毛重;

d) 出厂日期;

e） 外形尺寸；

f） 搬运注意事项。

9.3 运输

运输过程中应避免日晒、雨淋，避免接触腐蚀性气体、液体，防止机械性损伤。

9.4 贮存

产品应贮存在通风、干燥、防尘、无腐蚀性气体或液体的库房中。

ICS 93.080.99
P 96
备案号

中华人民共和国交通行业标准

JT/T 675—2007

道路交通标线涂层湿膜厚度梳规

Comb gauge for wet-film thickness of road traffic marking coat

2007-04-03 发布　　2007-08-01 实施

中华人民共和国交通部　发布

道路交通标线涂层湿膜厚度梳规

1 范围

本标准规定了道路交通标线涂层湿膜厚度梳规(简称"梳规")的材质、结构形式、技术要求、试验方法、检验规则和标志与包装。

本标准适用于涂料标线施工时测量标线涂层湿膜厚度所使用的梳规。

2 规范性引用文件

下列文件中的条款通过本标准的引用而成为本标准的条款。凡是注日期的引用文件,其随后所有的修改单(不包括勘误的内容)或修订版均不适用于本标准,然而,鼓励根据本标准达成协议的各方研究是否可使用这些文件的最新版本。凡是不注日期的引用文件,其最新版本适用于本标准。

GB/T 1214.2　游标类卡尺　游标卡尺

GB/T 3280　不锈钢冷轧钢板

GB/T 4237　不锈钢热轧钢板

GB/T 6060.2　表面粗糙度比较样块 磨、车、镗、铣、插及刨加工表面

GB/T 11337—2004　平面度误差检测

GB/T 16311—2005　道路交通标线质量要求和检测方法

HB 2084　千分表用方底座支架

HB 2085　千分表用带微调的方底座支架

JB/T 7974　铸铁平板

JJG 34　指示表(百分表和千分表)检定规程

3 材质和结构形式

3.1　梳规应选择 GB/T 3280 或 GB/T 4237 规定的 1Cr18Ni9 不锈钢材料制造。

3.2　梳规由梳齿组成,两端在同一平面的基准齿面连接形成一条基线,规齿是相继缩短的,以至在齿面与基线间出现一系列缺口,每个缺口的空隙大小能从梳规上的刻度读出,见图 1。

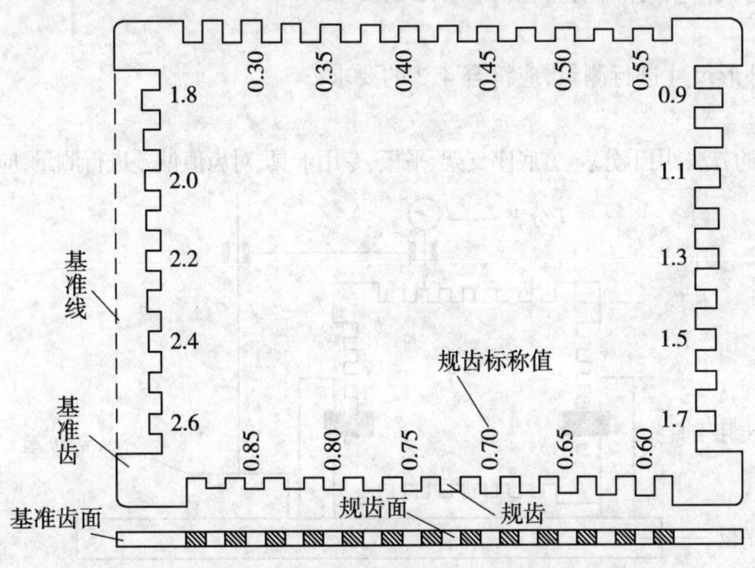

图 1　梳规示意图(尺寸单位:mm)

4 技术要求

4.1 外观要求

4.1.1 外观光洁、表面无缺损、无锈蚀、锐角倒钝。

4.1.2 标记字体清晰、整齐、端正。

4.2 表面粗糙度

基准齿面、规齿面的表面粗糙度(Ra)不大于 1.6μm,规齿侧面、底面的粗糙度(Ra)不大于 6.3μm。

4.3 尺寸和形位误差

梳规尺寸见图 1,形位误差见表 1。

表 1 形 位 误 差

尺寸单位:mm

测量范围[a]	0.3~0.8	0.9~2.5
相邻齿差值	0.025	0.1
齿值偏差	±0.007	±0.015
基准齿面平面度误差	≤0.005	≤0.005
注:a. 依据 GB/T 16311—2005 中 5.3.1 确定		

5 试验方法

5.1 试验环境条件

试验时环境温度为 20℃ ± 5℃。

5.2 试验设备

试验所使用设备如下:

a) 表面粗糙度比较样块:符合 GB/T 6060.2 规定;

b) 游标卡尺:符合 GB/T 1214.2 规定的测量范围为 0~150mm,读数值为 0.02mm 的游标卡尺;

c) 千分表:符合 JJG 34 规定的测量范围为 0~3mm,分度值为 0.001mm 的千分表;

d) 方底座支架:符合 HB 2084 或 HB 2085 规定;

e) 平板:不低于 JB/T 7974 规定的 0 级;

f) 专用卡具:与平板、梳规相接触面的平面度误差不大于 0.02mm。

5.3 外观

用目测和手感进行检查,应符合 4.1 的要求。

5.4 表面粗糙度

用表面粗糙度比较样块对照检查,应符合 4.2 的要求。

5.5 尺寸

用游标卡尺对外形尺寸进行测量,应符合 4.3 的要求。

5.6 齿值偏差

按照如图 2 所示的方法,用千分表、方底座支架、平板、专用卡具,对齿值偏差进行测量,应符合 4.3 的要求。

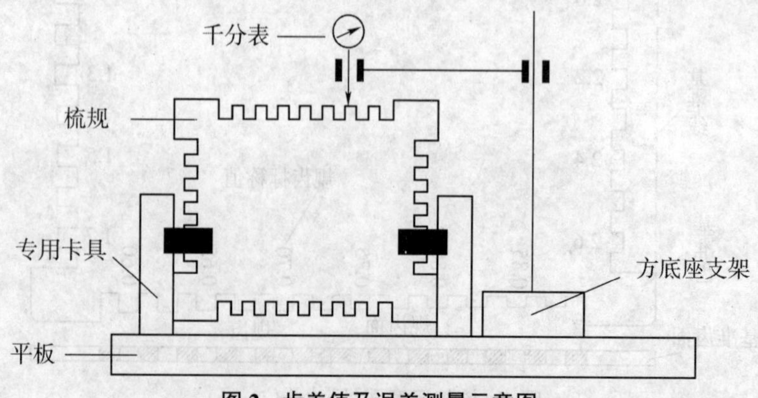

图 2 齿差值及误差测量示意图

5.7 平面度误差

按照 GB/T 11337—2004 中 5.4.2 的方法，以千分表作为指示器，并使用方底座支架、平板、专用卡具及压板，见图 2，对基准齿面的平面度误差进行测量，应符合 4.3 的要求。

6 检验规则

6.1 检验分类

检验分型式检验和出厂检验。

6.2 型式检验

6.2.1 有下列情况之一时，应进行型式检验：

a) 新产品定型或产品转产鉴定时；

b) 正式生产后，如果重要结构、材料、工艺有较大变更，可能影响产品性能时；

c) 产品停产半年以上，重新恢复生产时；

d) 进口产品首台引进使用前；

e) 国家质量技术监督部门和行业管理部门提出型式检验时。

6.2.2 型式检验按表 2 规定的项目进行。

表 2 检 验 项 目

序 号	检验项目	型式检验	出厂检验
1	外观	+	+
2	表面粗糙度	+	+
3	尺寸和形位误差	+	+
注："+"表示检验项目			

6.3 出厂检验

每一产品出厂前，均应按表 2 规定的项目进行出厂检验。检验合格后应出具产品合格证。

7 标志与包装

7.1 梳规上标志至少应包括：

a) 制造厂厂名或注册商标；

b) 测量读数值；

c) 测量范围。

7.2 产品合格证上应标有本标准的标准号和出厂日期。

7.3 梳规在包装前应经过防锈处理，并妥善包装，不得因包装不善在运输过程中损坏。

ICS 93.080.99
P 96
备案号

中华人民共和国交通行业标准

JT/T 676—2007

车载式路面激光平整度仪

Vehicle bearing road laser profilometer

2007-04-03 发布 2007-08-01 实施

中华人民共和国交通部 发布

车载式路面激光平整度仪

1 范围

本标准规定了车载式路面激光平整度仪(以下简称激光平整度仪)的产品工作原理与结构、技术要求、试验方法、检验规则、标志、包装、运输和储存等内容。

本标准适用于应用激光技术和计算机技术检测公路路面平整度状况的激光平整度仪的生产、检验和使用。

2 规范性引用文件

下列文件中的条款通过在本标准的引用而成为本标准的条款。凡是注日期的引用文件,其随后所有的修改单(不包括勘误的内容)或修订版均不适用于本标准,然而鼓励根据本标准达成协议的各方研究是否可使用这些文件的最新版本。凡是不注日期的引用文件,其最新版本适用于本标准。

GB 9969.1 工业产品使用说明书 总则

JTJ 059 公路路基路面现场测试规程

3 术语和定义

下列术语和定义适用于本标准。

3.1

车载式 vehicle bearing

各类公路现场自动化测试设备以汽车车身或底盘为承载机构,并在车辆正常行驶过程中进行路面检测工作的方式。

3.2

国际平整度指数 international roughness index

表征行车舒适性的路面技术性能指标。其值计算是依据世界银行第 46 号报告《*Guidelines for Conducting and Calibrating Road Roughness Measurements*》通过规定的路面高程测量方法、计算模型和处理程序得到国际平整度指数(IRI)。

4 产品工作原理与结构

激光平整度仪是应用激光测距及加速度惯性修正技术检测路面纵断面高程并计算路面国际平整度指数(IRI)的设备,主要由激光测距传感器、加速度传感器、纵向距离传感器和计算机处理系统等部分组成,见图 1。

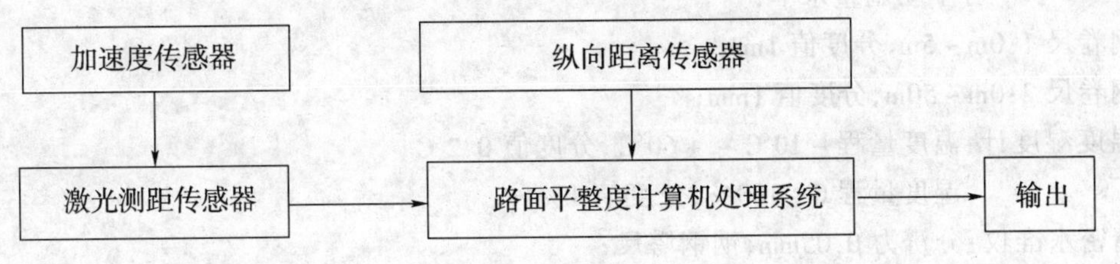

图 1 激光平整度仪示意图

5 工作环境条件和试验环境条件

5.1 环境温度:0℃~50℃。

5.2　环境湿度:不大于85%。

5.3　试验路段要求:无积水、无冰雪、无污染、无交叉口的直线路段。

5.4　承载车行驶速度:不小于100km/h。

6　技术要求

6.1　外观要求

外观应光洁、无缺损、无锈蚀。表面漆层应光滑、均匀。

6.2　基本参数

激光平整度仪基本参数见表1。

表1　激光平整度仪基本参数

序　号	名　　称	要　求
1	检测间隔(cm)	<10
2	纵向断面高程检测准确度(mm)	<0.5
3	连续检测距离(km)	>50
4	检测速度(km/h)	35~100
5	纵断面剖面波长可检测范围(m)	1.2~30.5
6	可检测国际平整度指数(IRI)范围(m/km)	0~10

6.3　激光传感器及计算机的要求

6.3.1　应配置经过计量检定合格,并具有计量检定证书的激光测距传感器和加速度传感器。

6.3.2　激光测距传感器。测量范围:±100mm;准确度:0.5mm;分辨力:0.1mm;响应频率:大于150Hz。

6.3.3　加速度传感器。测量范围:±2g;准确度:5mg;分辨力:1μg,响应频率:大于150Hz。

6.3.4　激光测距传感器的安装应牢固、可靠,其底部与被测路面之间的垂直距离300mm±50mm。

6.3.5　纵向距离传感器。采用光电编码器记录里程,并用里程信号控制路面平整度数据采集。光电编码器测量准确度:0.05%,分辨力:1mm。

6.3.6　计算机处理系统。计算机主要操作界面应附有屏幕操作提示和解释功能,能实现检测数据的储存、分析、传送和输出,系统处理后的结果包括纵断面高程数据和国际平整度指数(IRI)。

7　试验方法

7.1　试验仪器和器具

试验仪器和器具如下:

a)　标准量块:1.01mm~100mm,准确度等级2级;

b)　检测平台:150mm×150mm×10mm,不平度0.05mm/150mm,表面粗糙度Ra 0.8μm,发黑处理,可手动调整水平;

c)　钢卷尺1:0m~5m,分度值1mm;
钢卷尺2:0m~50m,分度值1mm;

d)　温度湿度计:温度量程-10℃~+60℃,分度值0.2℃;
湿度量程0~100%,分度值1%;

e)　精密水准仪:分辨力0.05mm,铟钢塔尺;
或手推式精密断面仪:采样间距不大于25cm,高程测量分辨力0.01mm,达到世界银行一级平整度测量要求。

7.2　外观检查

用目测和手感检查激光平整度仪的外观,应符合6.1的规定。

7.3 激光平整度仪的静态检测

7.3.1 激光测距传感器静态垂直测距示值误差检测步骤如下：

a) 将检测车停放在硬性路面上，把检测平台放在所测激光测距传感器正下方路面上，保证稳定；

b) 启动检测系统，激光测距传感器开始工作，手动调整检测平台，使激光线投影点位于检测平台的中心位置，并调整检测平台的水平；

c) 激光测距传感器测试至检测平台的垂直距离，作为零基准点，然后分别放入标准值为 5.00mm，20.00mm，40.00mm，80.00mm 四种规格的标准量块，记录对应得到的检测系统输出示值，计算标准量块的标准值与检测系统输出的示值之差，应满足小于 0.5mm 的要求。

7.3.2 用钢卷尺检测激光测距传感器底部与被测路面之间的垂直距离，应符合 6.3.4 的规定。

7.4 激光平整度仪的动态检测

7.4.1 纵向距离传感器误差试验步骤如下：

a) 选择合适的平整直线路段，用钢卷尺准确量取 500m 长度，并分别在始点、终点画上横线；

b) 检测车停放在试验路段的始点处，将纵向距离传感器测距轮的中心线对准始点横线，启动检测系统，检测车出发沿车道线平行方向驶向终点，同时开始距离测量，当测距轮的中心线与终点横线对准时，停车，检测系统输出的行驶距离测试值与试验路段量取的实际值的误差应满足不大于 0.05% 的要求。

7.4.2 重复性试验步骤如下：

a) 选择试验路段，要求：IRI < 3.0m/km，并且分布均匀的 300m 长路段，在轮迹带沿车道线平行位置画上明显的测线，并在始点、终点画上横线；

b) 检测车到达始点位置的一定距离处，开始加速，同时启动检测系统测试，检测车驶至始点横线位置时，速度应达到 60km/h，当激光测距传感器经过始点横线时，在测试程序中对始点位置进行位置标注；

c) 检测车保持 60km/h 的时速，匀速驶过试验路段，要求检测车一侧车轮沿轮迹带的测线行驶，当激光测距传感器经过终点横线时，在测试程序中对终点位置进行位置标注；

d) 计算两个标注点之间路段的 IRI 值；

e) 按上述 b)、c) 和 d) 的试验方法，对此试验路段重复测试十次，分别计算两个标注点之间路段的 IRI 值；

f) 计算时速 60km/h 的条件下，十次 IRI 测试结果的偏差系数 C_V，要求 C_V 不大于 5%。偏差系数 C_V 的计算公式如下：

$$C_V = S/\bar{x} \tag{1}$$

$$S = \sqrt{\frac{1}{n-1}\sum_{i=1}^{n}(x_i - \bar{x})^2} \tag{2}$$

式中：S——标准偏差；

x_i——第 i 次测量的结果；

$\bar{x}$——n 次测量结果的算术平均值。

7.4.3 相关性试验步骤如下：

a) 选择试验路段，试验路段的要求：四条（IRI 分布范围分别为 0～2.0m/km，2.0 m/km～3.0 m/km，3.0 m/km～4.0 m/km、4.0 m/km～5.0 m/km），长度均为 300m，在轮迹带沿车道线平行位置处画有明显的测线，并在始点、终点画上横线；

b) 在每条试验路段测线上，每间隔 25cm 画上测点标记，用精密水准仪测量所有测点的高程，将各个试验路段的高程测量数据输入世界银行第 46 号报告规定的计算程序，分别计算出每条试验路段的 $IRI_{标}$ 值；

或者用经过校验的手推式精密断面仪沿测线直接测量各试验路段的 $IRI_{标}$ 值；

c) 按7.4.2的试验方法,以60km/h的时速,分别测试每条试验路段各五次,计算出各条试验路段的$IRI_{测}$值;

d) 对四条试验路段的$IRI_{标}$值和$IRI_{测}$值进行相关性检验,采用的线性回归公式及相关系数计算公式如下:

$$IRI_{标} = A \cdot IRI_{测} + B \tag{3}$$

$$R = \frac{\sum[(x_i - \bar{x})(y_i - \bar{y})]}{\sqrt{\sum[(x_i - \bar{x})^2(y_i - \bar{y})^2]}} \tag{4}$$

式中:R——相关系数;

x_i——激光平整度仪对第i个路段的IRI测试结果;

$\bar{x}$——n个路段IRI测量结果的算术平均值;

y_i——第i个路段的标准IRI值;

$\bar{y}$——n个路段标准IRI值的算术平均值;

相关系数计算结果应满足不小于0.98的要求。

7.5 计算机系统检查

启动计算机,检查其界面和程序运行情况,应符合6.3.6的规定。

8 检验规则

8.1 检验分类

激光平整度仪的检验分型式检验和出厂检验。

8.2 型式检验

8.2.1 有下列情况之一时,应进行型式检验:

a) 新产品定型或产品转产鉴定时;

b) 正式生产后,如果重要结构、材料、工艺有较大变更,可能影响产品性能时;

c) 产品停产半年以上,重新恢复生产时;

d) 进口产品首台引进使用前;

e) 国家质量技术监督部门和行业管理部门提出型式检验时。

8.2.2 型式检验按表2规定的项目进行。

表2 检验项目

检验项目	型式检验	出厂检验
外观检查	+	+
激光测距传感器底部与被测路面之间的垂直距离	+	+
激光测距传感器静态垂直测距示值误差检测	+	+
纵向距离传感器误差试验	+	+
重复性试验	+	+
相关性试验	+	–
计算机系统检查	+	+
注:"+"表示检验项目;"–"表示不检验项目。		

8.3 出厂检验

每台产品出厂前,均应按表2规定的项目进行出厂检验。

9 标志、包装、运输和储存

9.1 标志

在激光平整度仪的明显位置应固定铭牌,铭牌上的字应清晰,并标志下述内容:

a) 产品名称及型号规格;

b) 产品编号;

c) 制造日期;

d) 生产企业名称、地址及商标。

9.2 包装

9.2.1 激光平整度仪应保证搬运过程中不被损坏。

9.2.2 包装箱内应附有产品合格证、符合 GB 9969.1 要求的使用说明书及必要的装箱清单。包装箱上应标有下述内容:

a) 制造厂名;

b) 产品名称和型号;

c) 数量和毛重;

d) 外形尺寸;

e) 搬运注意事项。

9.3 运输

运输过程中应避免剐蹭,撞击,防止机械性损伤,避免接触腐蚀性气体、液体。

9.4 储存

产品应储存在通风,干燥,防尘,无腐蚀性气体或液体的仓库中。

ICS 93.080.99
P 96
备案号

中华人民共和国交通行业标准

JT/T 677—2007

车载式路面激光车辙仪

Vehicle bearing road laser rut-meter

2007-04-03 发布　　2007-08-01 实施

中华人民共和国交通部　发布

ICS 93.080.99
P 66
备案号：

中华人民共和国交通行业标准

JT/T 677—2007

车载式路面激光车辙仪

Vehicle bearing road laser rut meter

2007-04-03 发布　　2007-08-01 实施

中华人民共和国交通部　发布

车载式路面激光车辙仪

1 范围

本标准规定了车载式路面激光车辙仪(以下简称激光车辙仪)的产品工作原理与结构、技术要求、试验方法、检验规则、标志、包装、运输和储存等内容。

本标准适用于应用激光技术、高速数字成像技术和计算机技术检测公路路面车辙状况的激光车辙仪的生产、检验和使用。

2 规范性引用文件

下列文件中的条款通过在本标准的引用而成为本标准的条款。凡是注日期的引用文件,其随后所有的修改单(不包括勘误的内容)或修订版均不适用于本标准,然而鼓励根据本标准达成协议的各方研究是否可使用这些文件的最新版本。凡是不注日期的引用文件,其最新版本适用于本标准。

GB 9969.1 工业产品使用说明书 总则

JTJ 059 公路路基路面现场测试规程

3 术语和定义

下列术语和定义适用于本标准。

3.1

路面车辙 pavement rut depth

路面经汽车轮胎反复行驶碾压产生流动变形、磨损、沉陷后,在车行道行车轨迹上产生的纵向带状辙槽,车辙深度以毫米计。

3.2

线激光 linear laser

激光光源发射出的激光光束经透镜扩束后照射在道路表面上形成一条激光线,称为线激光。

3.3

共梁多激光传感器 beam bearing multi-laser sensors

以共梁长度的中心位置安装的激光测距传感器为基准,向左右对称安装数个激光测距传感器,称为共梁多激光传感器。共梁上的所有激光测距传感器的初始零位置均在同一个检测基准线上。

4 产品工作原理与结构

激光车辙仪分为两类。

第一类为应用共梁多激光传感器测距技术直接检测路面横断面高程并计算路面车辙深度(R_U)的设备,主要由激光测距传感器、纵向距离传感器和计算机处理系统等部分组成,见图 1a)。

第二类为应用线激光和高速数字高分辨图像采集技术,通过激光线的变形,计算路面车辙深度的设备,主要由线激光光源、高速数字高分辨图像装置、纵向距离传感器和计算机数字图像处理系统等部分组成,见图 1 b)。

两类激光车辙仪识别车辙类型和计算车辙深度均依据 JTJ 059 的规定。

5 工作环境条件和试验环境条件

5.1 环境温度:0℃~50℃。

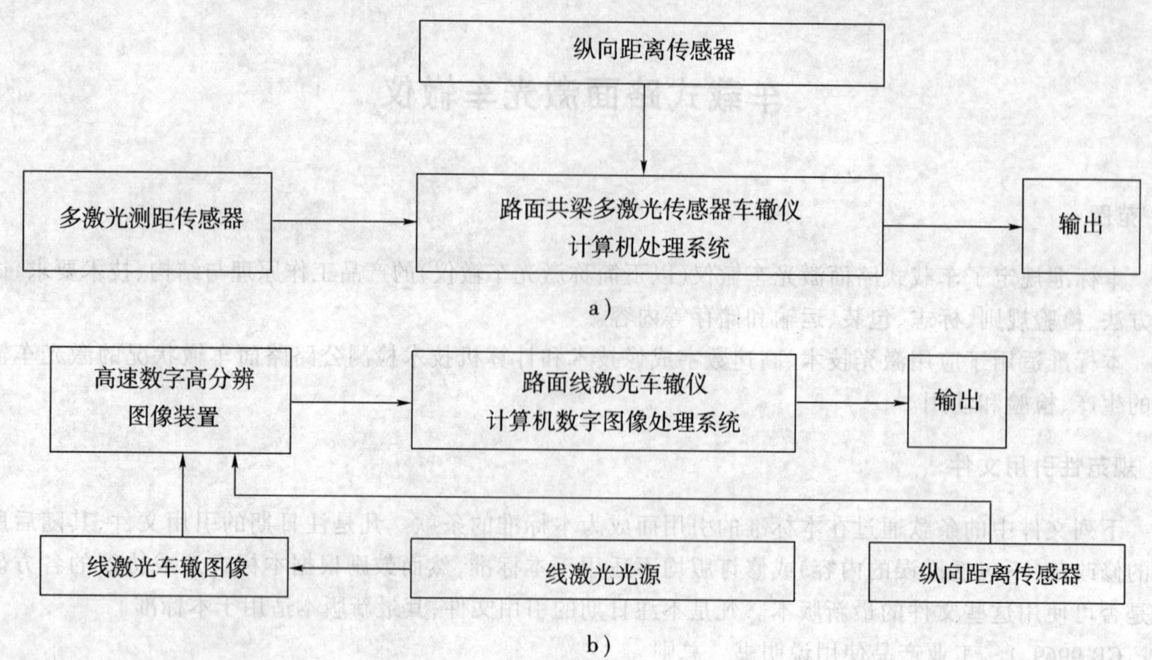

图1 激光车辙仪示意图

a)共梁多激光传感器车辙仪;b)线激光车辙仪

5.2 环境湿度:不大于85%。

5.3 试验路段要求:无积水、无冰雪、无污染、无交叉口的直线路段。

5.4 承载车行驶速度:不小于100km/h。

6 技术要求

6.1 外观要求

外观应光洁、无缺损、无锈蚀。表面漆层应光滑、均匀。

6.2 基本参数

激光车辙仪基本参数见表1。

表1 激光车辙仪基本参数

序 号	名 称	要 求
1	纵向断面检测间隔(m)	≤1
2	横向断面有效检测宽度(m)	≥3.2
3	横向断面检测间隔(cm)	≤20
4	横向断面高程检测准确度(mm)	≤1
5	车辙检测深度(mm)	>100
6	连续检测距离(km)	>50
7	检测速度(km/h)	<100

6.3 线激光车辙仪的要求

6.3.1 线激光光源。线激光光源应牢固安装在检测车车身上,线激光光源发射的光束以一定角度在路面上横向成像。

6.3.2 高速数字高分辨图像装置。纵向测试视场大于500mm。高速数字高分辨图像装置安装于检测车后部中间位置,光轴近似对准路面激光线位置。

6.3.3 纵向距离传感器。采用汽车里程计或光电编码器的信号,测量准确度0.1%。

6.3.4 计算机数字图像处理系统。计算机主要操作界面应附有屏幕操作提示和解释功能,能实现检测图像、数据的储存、分析、传递和车辙深度的计算输出。

6.4 共梁多激光传感器车辙仪的要求

6.4.1 应配置经过计量检定合格并具有计量检定证书的激光测距传感器,且不少于 13 个。

6.4.2 激光测距传感器。测量范围:±100mm;准确度:0.5mm;分辨力:0.1mm;响应频率:大于 150Hz。

6.4.3 激光测距传感器安装于检测横梁上,检测横梁长度应足够大,检测时结构性能稳定,不使各传感器相对位置发生变化;检测横梁和激光测距传感器的安装应牢固、可靠。

6.4.4 纵向距离传感器。采用汽车里程计或光电编码器记录里程,测量准确度 0.1%。

6.4.5 计算机处理系统。计算机主要操作界面应附有屏幕操作提示和解释功能,能实现检测数据的储存、分析、传送和车辙深度的计算输出。

7 试验方法

7.1 试验仪器和器具

试验仪器和器具如下:

a) 标准量块:1.01mm~100mm,准确度等级 2 级,两套;

b) 检测平台:150mm×150mm×10mm,不平度 0.05mm/150mm,表面粗糙度 Ra0.8μm,发黑处理,可手动调整水平,两套;

c) 温度湿度计:温度量程 -10℃~+60℃,分度值 0.2℃;
湿度量程 0~100%,分度值 1%;

d) 钢卷尺:0m~50m,分度值 1mm;

e) 路面横断面仪:符合 JTJ 059 的要求;

f) 基线误差检测贮液槽:材质为铝合金、ABS 或 PVC 塑料;
尺寸为 3600mm(长)×80mm(宽)×60mm(深)。

7.2 外观检查

用目测和手感检查激光车辙仪的外观,应符合 6.1 的规定。

7.3 横向断面有效检测宽度内测试点数检查

目测共梁多激光传感器车辙仪投射到硬性地面上的激光测试点数,应符合 6.4.1 的规定。

线激光车辙仪不进行此项检查。

7.4 横向断面有效检测宽度检测

7.4.1 用钢卷尺检测共梁多激光传感器车辙仪投射到硬性地面上最外侧两个激光测试点之间的直线距离,不应小于 3.2m。

7.4.2 用钢卷尺检测线激光车辙仪的检测系统输出值对应的投射到硬性地面上有效激光线长的长度,不应小于 3.2m。

7.5 横向断面测试点静态垂直测距示值误差检测

7.5.1 共梁多激光传感器车辙仪的检测

激光测距传感器静态垂直测距示值误差检测步骤如下:

a) 将检测车停放在硬性路面上,把检测平台放在所测激光测距传感器正下方路面上,保证稳定;

b) 启动检测系统,激光测距传感器开始工作,手动调整检测平台,使激光线投影点位于检测平台的中心位置,并调整检测平台的水平;

c) 激光测距传感器测试至检测平台的垂直距离,作为零基准点,然后分别放入标准值为 5.00mm,20.00mm,40.00mm,80.00mm 四种规格的标准量块,记录对应得到的检测系统输出示值,计算标准量块的标准值与检测系统输出的示值之差,应满足不大于 1mm 的要求。

d) 按 a)、b)、c)的试验方法,依次检测各激光测距传感器垂直测距示值误差,标准量块的标准值与输出示值误差应满足不大于 1mm 的要求。

7.5.2 线激光车辙仪的检测

按 7.5.1 的试验方法，在线激光投射到硬性路面上的有效投影线上，每间隔 20cm 检测一点，要求所有检测点的输出示值与标准量块的标准值的误差应满足不大于 1mm 的要求。

7.6 共梁多激光传感器车辙仪车辙计算基线水准误差检测

车辙计算基线水准误差检测步骤如下：

a) 在较平硬性地面上放置两套检测平台，间距约 2 m，调整水平；

b) 分别在检测平台上放置两个标准值相同的标准量块，然后把基线误差检测贮液槽(以下简称贮液槽)稳定安放在标准量块上，并将牛奶注入贮液槽内直至液面低于槽壁顶端 10mm 处；

c) 将激光测距传感器的所有测点投射在贮液槽内的牛奶液面上，检测系统输出测试宽度内所有测点的横断面高程测试数据；

d) 移开贮液槽，在两个标准量块上再分别放置两个标准值相同的标准量块，并再次把贮液槽安放在标准量块上；

e) 检测系统第二次输出测试宽度内所有测点的横断面高程测试数据，要求所有测点两次输出值之差与第二次所安放标准量块的标准值误差不应大于 1mm。

7.7 纵向距离传感器误差试验

纵向距离传感器误差试验步骤如下：

a) 选择合适的平整直线路段，用钢卷尺准确量取 500m 长度，并分别在始点、终点画上横线；

b) 检测车停放在试验路段的始点处，将纵向距离传感器测距轮的中心线对准始点横线，启动检测系统，检测车出发沿车道线平行方向驶向终点，同时开始距离测量，当测距轮的中心线与终点横线对准时，停车，检测系统输出的行驶距离测试值与试验路段量取的实际值的误差应满足不大于 0.1% 的要求。

7.8 重复性试验

重复性试验步骤如下：

a) 选择试验路段，要求车辙(R_U)小于 15mm 并且分布均匀的 500m ~ 1000m 长的路段，在轮迹带沿车道线平行位置画上明显的测线，并在始点、终点画上横线；

b) 检测车从始点前方一定距离处加速，同时启动检测系统测试，要求驶至始点横线处时速度达到 60km/h，当检测车前轮经过始点横线时，在测试程序中对始点位置进行位置标注；

c) 检测车保持 60km/h 的时速，匀速驶过试验路段，要求检测车一侧车轮沿轮迹带所画测线行驶，当检测车前轮经过终点横线时，在测试程序中对终点位置进行位置标注；

d) 计算两个标注点之间路段的车辙(R_U)平均值；

e) 按上述试验方法，重复测试十次；

f) 计算时速 60km/h 的条件下，十次车辙(R_U)测试结果的偏差系数 C_V，要求 C_V 不大于 5%。偏差系数 C_V 的计算公式如下：

$$C_V = S/\bar{x} \tag{1}$$

$$S = \sqrt{\frac{1}{n-1}\sum_{i=1}^{n}(x_i - \bar{x})^2} \tag{2}$$

式中：S——标准偏差；

x_i——第 i 次测量的结果；

$\bar{x}$——n 次测量结果的算术平均值。

7.9 相关性试验

相关性试验步骤如下：

a) 选择试验路段，要求选择四条车辙(R_U)分布范围分别为 0 ~ 5mm，5mm ~ 10mm，10mm ~ 20mm，

20mm～30mm,并且长为500m的路段,在轮迹带沿车道线平行位置画上明显的测线,并在始点、终点画上横线;

b) 在每条试验路段测线上,每间隔10m画上测点标记,依次用路面横断面仪或JTJ 059规定的其他仪器检测标记点处的横断面车辙深度 $R_{U标}$ 值;

c) 按7.8的试验方法,分别检测每条试验路段各五次,计算出各条试验路段的车辙 $R_{U测}$ 值;

d) 对四条试验路段的车辙 $R_{U标}$ 值和车辙 $R_{U测}$ 值进行相关性检验,采用的线性回归公式及相关系数计算公式如下:

$$R_{U标} = A \cdot R_{U测} + B \tag{3}$$

$$相关系数:R = \frac{\sum[(x_i - \bar{x})(y_i - \bar{y})]}{\sqrt{\sum[(x_i - \bar{x})^2(y_i - \bar{y})^2]}} \tag{4}$$

式中:R——相关系数;

x_i——激光车辙仪对第 i 个路段的 $R_{U测}$ 测试结果;

$\bar{x}$——n 个路段 $R_{U测}$ 测量结果的算术平均值;

y_i——第 i 个路段的标准 $R_{U标}$ 值;

$\bar{y}$——n 个路段 $R_{U标}$ 值的算术平均值。

相关系数计算结果不应小于0.90。

7.10 计算机系统检查

启动计算机,检查其界面和程序运行情况,应符合6.3.4和6.4.5的规定。

8 检验规则

8.1 检验分类

激光车辙仪的检验分型式检验和出厂检验。

8.2 型式检验

8.2.1 有下列情况之一时,应进行型式检验:

a) 新产品定型或产品转产鉴定时;

b) 正式生产后,如果重要结构、材料、工艺有较大变更,可能影响产品性能时;

c) 产品停产半年以上,重新恢复生产时;

d) 进口产品首台引进使用前;

e) 国家质量技术监督部门和行业管理部门提出型式检验时。

8.2.2 型式检验按2规定的项目进行。

8.3 出厂检验

每台产品出厂前,均应按表2规定的项目进行出厂检验。

表2 检 验 项 目

检 验 项 目	型 式 检 验	出 厂 检 验
外观检查	+	+
横向断面有效检测宽度内测试点数检查	+	+
横向断面有效检测宽度检测	+	+
横向断面测试点静态垂直测距示值误差检测	+	+
检测系统车辙计算基线水准误差检测	+	+
纵向距离传感器误差试验	+	+
重复性试验	+	+
相关性试验	+	–
计算机系统检查	+	+
注:"+"表示检验项目,"–"表示不检验项目。		

9 标志、包装、运输和储存

9.1 标志

在激光车辙仪的明显位置应固定铭牌，铭牌上的字应清晰，并标志下述内容：

a） 产品名称及型号规格；

b） 产品编号；

c） 制造日期；

d） 生产企业名称、地址及商标。

9.2 包装

9.2.1 激光车辙仪应保证搬运过程中不被损坏。

9.2.2 包装箱内应附有产品合格证、符合 GB 9969.1 要求的使用说明书及必要的装箱清单。包装箱上应标有下述内容：

a） 制造厂名；

b） 产品名称和型号；

c） 数量和毛重；

d） 外形尺寸；

e） 搬运注意事项。

9.3 运输

运输过程中应避免剐蹭，撞击，防止机械性损伤，避免接触腐蚀性气体、液体。

9.4 储存

产品应储存在通风，干燥，防尘，无腐蚀性气体或液体的仓库中。

ICS 93.080.99
P 96
备案号

中华人民共和国交通行业标准

JT/T 678—2007

车载式路面激光视频病害检测系统

Vehicle bearing road laser video distress detecting system

2007-04-03 发布 2007-08-01 实施

中华人民共和国交通部 发布

车载式路面激光视频病害检测系统

1 范围

本标准规定了车载式路面激光视频病害检测系统(以下简称激光视频病害检测系统)的工作原理与结构,技术要求,试验方法,检验规则,标志、包装、运输和贮存等内容。

本标准适用于应用激光技术、高速数字成像技术和计算机技术检测公路路面病害状况的激光视频病害检测系统的生产、检验和使用。

2 规范性引用文件

下列文件中的条款通过本标准的引用而成为本标准的条款,凡是注日期的引用文件,其随后所有的修改单(不包括勘误的内容)或修订版均不适用于本标准,然而鼓励根据本标准达成协议的各方研究是否可使用这些文件的最新版本,凡是不注日期的引用文件,其最新版本适用于本标准。

GB 9969.1 工业产品使用说明书 总则

JTJ 059 公路路基路面现场测试规程

3 术语和定义

下列术语和定义适用于本标准。

3.1

路面病害 pavement surface distress

路面发生的各种类型的病害,包括裂缝类、变形类、松散类和其他类病害。

3.2

三维成像激光束 three-dimension image laser cluster

激光光源发射出的激光光束经透镜组扩束后照射在路面表面上形成三维立体成像,这种激光束称为三维成像激光束。

4 工作原理与结构

激光视频病害检测系统为应用三维成像激光束、强光、日光等光源和高速数字摄像技术检测分析路面变形和裂缝的设备,由三维成像激光光源、强光或日光光源、高速数字高分辨图像装置、纵向距离传感器和路面病害计算机数字图像处理系统组成,见图1。

5 工作环境条件和试验环境条件

5.1 环境温度:0℃~50℃。

5.2 环境湿度:不大于85%。

5.3 试验路段要求:无积水、无冰雪、无污染、无交叉口的直线路段。

5.4 承载车行驶速度:不小于100km/h。

6 技术要求

6.1 外观要求

外观应光洁,无缺损、无锈蚀;表面漆层应光滑、均匀。

6.2 基本参数

激光视频病害检测系统基本参数见表1。

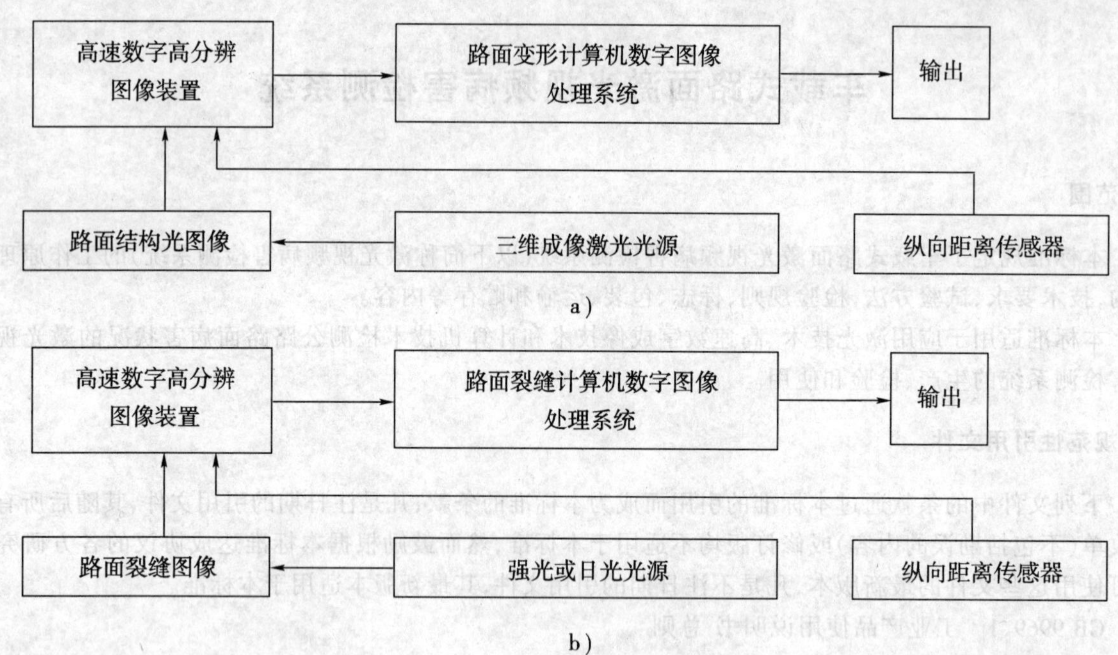

图1 激光视频病害检测系统示意图

a)路面变形检测系统;b)路面裂缝检测系统

表1 激光视频病害检测系统基本参数

序 号	名 称	要 求
1	最小裂缝分辨宽度,mm	2
2	路面变形破损深度的分辨力,mm	2
3	路面病害面积检测示值误差,%	≤10
4	连续检测距离,km	>50
5	检测速度,km/h	<100

6.3 激光视频病害检测系统的要求

6.3.1 高速数字高分辨图像装置:采用高分辨的数字摄像机,视场覆盖全车道,图像应无畸变,摄影速度应保证在规定时速下记录全程路面图像。在路面裂缝宽度不小于2mm时的辨别率为100%,裂缝宽度值的识别示值误差不大于1mm。

6.3.2 纵向距离传感器:采用汽车里程信号或外加光码盘记录里程,并用里程信号控制路面破损的采样,标志路面破损位置,测量准确度为0.1%。

6.3.3 计算机数字图像处理系统:计算机主要操作界面应附有屏幕操作提示和解释功能,能实现检测图像、数据的储存、分析、传递和病害折算面积数据的输出。

6.4 安装要求

高速数字高分辨图像装置安装于检测车后部中间位置。

7 试验方法

7.1 试验仪器和器具

试验仪器和器具如下:

a) 钢卷尺:0m~50m,分度值1mm;

b) 温度湿度计:温度量程-30℃~+60℃,分度值0.2℃;

湿度量程 0～100%,分度值 1%;

c) 路面裂缝宽度视频检测用调整块(以下简称调整块):材质为铝合金,尺寸要求见附录 A;

d) 路面病害面积测试板:材质为铝合金、ABS 塑料等,尺寸要求为厚度不小于 5mm 的面积为 $100cm^2$～$1\ 600cm^2$ 的正方形、矩形、正三角形、菱形和圆形的测试板各两块;

e) 游标卡尺:0mm～150mm,分度:0.02mm。

7.2 外观检查

用目测和手感检查路面视频病害检测系统的外观,应符合 6.1 的规定。

7.3 路面裂缝宽度辨别检测

裂缝宽度辨别检测步骤如下:

a) 将调整块横向放置在硬性路面的车道中心线上,使条缝垂直车道方向;

b) 确定调整块条缝宽度值,在 2mm,4mm,6mm,8mm 四种宽度(用游标卡尺测量)之间任意变化 10 次;

c) 条缝宽度每变化 1 次,检测车以 80km/h 的速度,对准车道中心线驶过调整块,记录检测系统输出条缝宽度值;

d) 将调整块纵向放置在车道中心线上,使条缝平行车道方向;

e) 重复 b)、c)的检测过程;

f) 统计:裂缝宽度不小于 2mm 时辨别率和裂缝宽度值的识别示值误差应符合 6.3.1 的规定。

7.4 路面病害面积示值误差检测

病害面积示值误差检测步骤如下:

a) 准备 6 块不同形状、不同面积的路面病害面积测试板,计算它们的总面积,然后随机安放在 50m 长的硬性车道非行车位置的路面上;

b) 检测车以 80km/h 的速度驶过试验路段,检测系统输出检测的全部病害测试板面积的总和;

c) 随机变动 6 块测试板的位置,再重复上述 a)和 b)的检测过程 2 次;

d) 检测系统 3 次输出结果值与路面病害面积测试板总面积的误差均应不大于 10% 。

7.5 纵向距离传感器误差试验

纵向距离传感器误差试验步骤如下:

a) 选择合适的平整直线路段,用钢卷尺准确量取 500m 长度,并分别在始点、终点画上横线;

b) 检测车停放在试验路段的始点处,将纵向距离传感器测距轮的中心线对准始点横线,启动检测系统,检测车出发沿车道线平行方向驶向终点,同时开始距离测量,当测距轮的中心线与终点横线对准时,停车,检测系统输出的行驶距离测试值与试验路段量取的实际值的误差应满足 6.3.2 的要求。

7.6 重复性试验

重复性试验步骤如下:

a) 选择试验路段,要求长度 500m,并包含多种路面病害的路段,在始点、终点作出标记;

b) 检测车以 80km/h 的速度对试验路段重复采集 10 次图像及数据;

c) 计算 80km/h 的速度条件下,10 次路面病害测试结果的偏差系数 C_V,要求 C_V 不大于 5%。偏差系数 C_V 的计算公式如下:

$$C_V = S/\bar{x} \tag{1}$$

$$S = \sqrt{\frac{1}{n-1}\sum_{i=1}^{n}(x_i - \bar{x})^2} \tag{2}$$

式中:S——标准偏差;

x_i——第 i 次测量的结果;

$\bar{x}$——n 次测量结果的算术平均值。

7.7 计算机系统检查

启动计算机,检查其界面和程序运行情况,应符合6.3.3的规定。

8 检验规则

8.1 检验分类

激光视频病害检测系统的检验分型式检验和出厂检验。

8.2 型式检验

8.2.1 有下列情况之一时,应进行型式检验:

a) 新产品定型或产品转产鉴定时;

b) 正式生产后,如果重要结构、材料、工艺有较大变更,可能影响产品性能时;

c) 产品停产半年以上,重新恢复生产时;

d) 进口产品首台引进使用前;

e) 国家质量技术监督部门和行业管理部门提出型式检验时。

8.2.2 型式检验按表2规定的项目进行。

8.3 出厂检验

每台产品出厂前,均应按表2规定的项目进行出厂检验。

表2 检验项目

检验项目	型式检验	出厂检验
外观检查	+	+
路面裂缝宽度辨别检测	+	+
路面病害面积示值误差检测	+	+
纵向距离传感器误差试验	+	+
重复性试验	+	+
计算机系统检查	+	+
注:"+"表示检验项目;"-"表示不检验项目。		

9 标志、包装、运输和贮存

9.1 标志

在激光视频病害检测系统的明显位置应固定铭牌,铭牌上的字应清晰,并标志下述内容:

a) 产品名称及型号规格;

b) 产品编号;

c) 制造日期;

d) 生产企业名称、地址及商标。

9.2 包装

9.2.1 激光视频病害检测系统应保证搬运过程中不被损坏。

9.2.2 包装箱内应附有产品合格证、符合GB 9969.1要求的使用说明书及必要的装箱清单。包装箱上应标有下述内容:

a) 制造厂名;

b) 产品名称和型号;

c) 数量和毛重;

d) 外形尺寸;

e） 搬运注意事项。

9.3 运输

运输过程中应避免剐蹭、撞击，防止机械性损伤，避免接触腐蚀性气体、液体。

9.4 贮存

产品应贮存在通风、干燥、防尘、无腐蚀性气体或液体的仓库中。

附录 A
（规范性附录）
调 整 块

调整块的形状及尺寸要求见图 A.1。

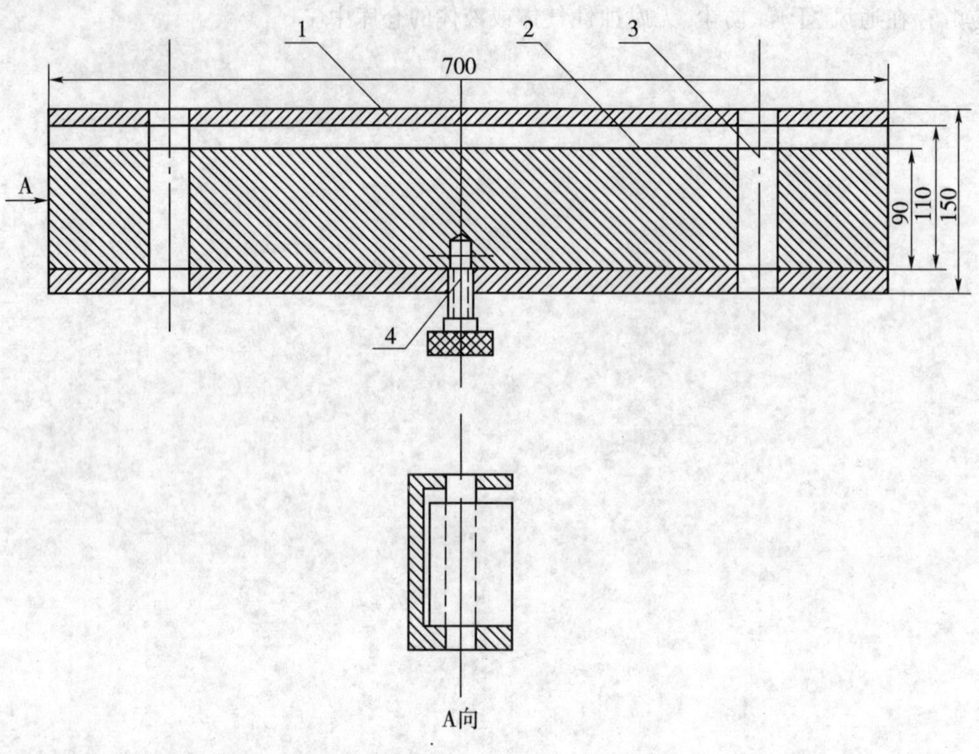

图 A.1 调整块(尺寸单位:mm)

1-底座;2-滑动版;3-滑动轴;4-调整螺钉

ICS 93.080.01;17.040.30
P 66
备案号:

中华人民共和国交通行业标准

JT/T 685—2007

反光膜附着性能测试仪

Measurer for adhesion performance of retroreflective sheeting

2007-06-28 发布 2007-10-01 实施

中华人民共和国交通部 发布

反光膜附着性能测试仪

1 范围

本标准规定了反光膜附着性能测试仪的技术要求、试验方法、检验规则以及标志、包装、运输与储存。

本标准适用于公路交通标志用反光膜附着性能测试仪的生产、检验和使用。

2 规范性引用文件

下列文件中的条款通过在本标准中引用而成为本标准的条款。凡是注日期的引用文件,其随后所有的修改单(不包括勘误的内容)或修订版均不适用于本标准,然而,鼓励根据本标准达成协议的各方研究是否可使用这些文件的最新版本。凡是不注日期的引用文件,其最新版本适用于本标准。

GB/T 10125 人造气氛腐蚀试验 盐雾试验

GB/T 15464 仪器仪表包装通用技术条件

GB/T 18226 高速公路交通工程钢构件防腐技术条件

3 技术要求

3.1 外观结构

3.1.1 部件组成

反光膜附着性能测试仪由支架、吊锤、时间间隔测量仪、长度测量工具等部件组成,见图1所示。反光膜附着性能测试方法参见附录A。

3.1.2 支架

3.1.2.1 支架包括顶部、底部以及连接并垂直于顶部和底部的三根支柱等部件,结构示意见图2所示。

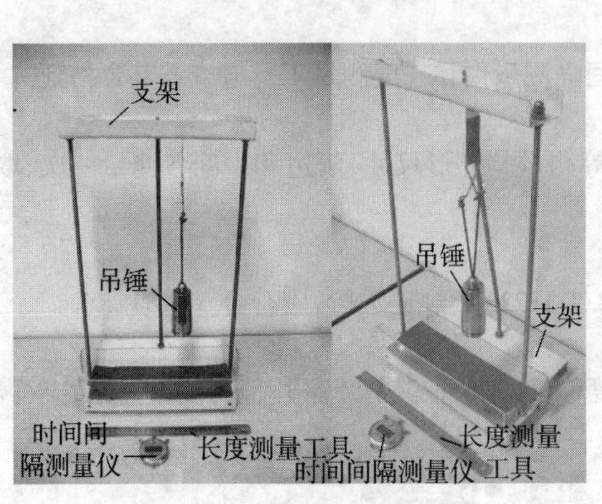

图1 反光膜附着性能测试仪

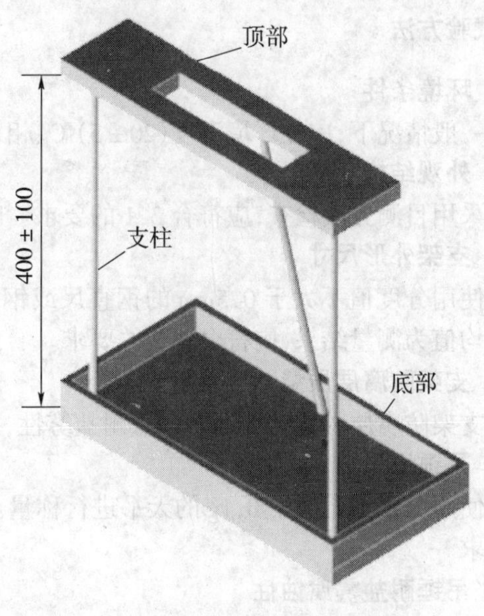

图2 支架结构示意图(尺寸单位:mm)

3.1.2.2 各部件应使用金属材料或非金属材料等具有足够刚度的材料制成,表面光洁平整。如使用普通钢铁材料制作,应进行镀锌、涂塑等防腐处理。

3.1.2.3 支架底部应放置一软垫,以利于缓冲和阻挡吊锤的冲击。

3.1.2.4 支架底部可设水平调节装置,保证支架顶部、底部为水平面。

3.1.2.5 支架应稳定、牢固,正常操作时不会晃动。

3.1.3 吊锤

3.1.3.1 吊锤是由重锤、夹具以及重锤和夹具的连接件组合而成的器件。吊锤自然下垂时,其中心轴线与支架顶部平面相垂直。

3.1.3.2 重锤由不锈钢或其他不易锈蚀的金属材料制作而成,表面应光洁,无缺损;重锤形状应便于手持,上部通过连接件与夹具连接,下部宜为平面。重锤示意见图3所示。

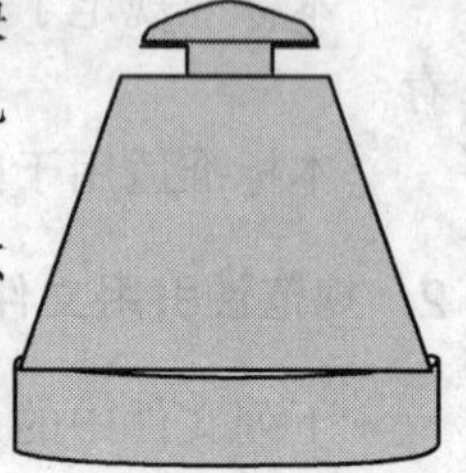

图3 重锤示意图

3.1.3.3 夹具的形状要便于与连接件和试样上的反光膜自由端进行连接,同时不会损伤反光膜。

3.1.3.4 吊锤各部件应结实耐用,功能正常,满足测试要求,并不易磨损和破坏。

3.1.4 时间间隔测量仪

使用秒表或定时器,并应检验合格。量程不小于300s,分辨力不大于1s。

3.1.5 长度测量工具

使用钢直尺或游标卡尺,并应检验合格。量程不小于20mm,分度值不大于0.5mm。

3.2 支架外形尺寸

3.2.1 支架顶部应开有一方孔,长为(190±10)mm,宽为(40±5)mm。

3.2.2 支架顶部与底部之间的高度宜为(400±100)mm。

3.3 支架防腐层质量

支架防腐层的均匀性、附着性、耐盐雾性等,应满足GB/T 18226的要求。

3.4 吊锤质量

吊锤总质量为(800±4)g。

3.5 吊锤耐盐雾腐蚀性

经200h盐雾腐蚀试验后,吊锤各部件不应出现锈蚀或其他损坏。

4 试验方法

4.1 环境条件

一般情况下,应在环境温度(20±5)℃、相对湿度不大于80%的条件下进行试验。

4.2 外观结构

采用目测方法检查,应符合3.1的要求。时间间隔测量仪和长度测量工具应查看其合格证。

4.3 支架外形尺寸

使用分度值不大于0.5mm的钢直尺或钢卷尺等测量其外形尺寸,两边和中间各测量一次,取其算术平均值为测量结果,应符合3.2的要求。

4.4 支架防腐层质量

支架防腐层的均匀性、附着性、耐盐雾性,按GB/T 18226的规定进行,应符合3.3的要求。

4.5 吊锤质量

使用分辨力不大于0.1g的天平进行称量。重复称量三次,取其算术平均值为测量结果,应符合3.4的要求。

4.6 吊锤耐盐雾腐蚀性

耐盐雾腐蚀性试验依据GB/T 10125进行,应符合3.5的要求。

5 检验规则

5.1 反光膜附着性能测试仪的检验分为出厂检验和型式检验。有下列情况之一时,应进行型式检验:

a) 新产品定型鉴定时；

b) 当设计、工艺、材料有重大改变时；

c) 定型产品每两年至少检验一次；

d) 国家质量监督机构提出进行型式检验的要求时。

5.2 出厂检验时，应按 3.1、3.2 及 3.4 的要求进行。型式检验应按 3 的要求对各部件的全部项目进行检验。

5.3 若检验中出现任意一项不合格，即判为该测试仪不合格。

6 标志、包装、运输与储存

6.1 标志

铭牌标志应包括以下内容：

a) 产品名称及型号；

b) 制造厂名或商标；

c) 产品执行标准号；

d) 产品编号；

e) 生产日期。

6.2 包装

包装应符合 GB/T 15464 的规定。

6.3 运输

装车应整齐、平稳、牢固，搬运和放置按照运输箱上的标志及有关规定进行。

6.4 储存

6.4.1 应储存在温度为 -30℃ ~ +65℃，相对湿度不大于 95%，无腐蚀性气体的库房内。

6.4.2 库房应有通风、排水等措施。

附录 A
（资料性附录）
反光膜附着性能测试方法

A.1 试样

试样尺寸如图 A.1 所示。

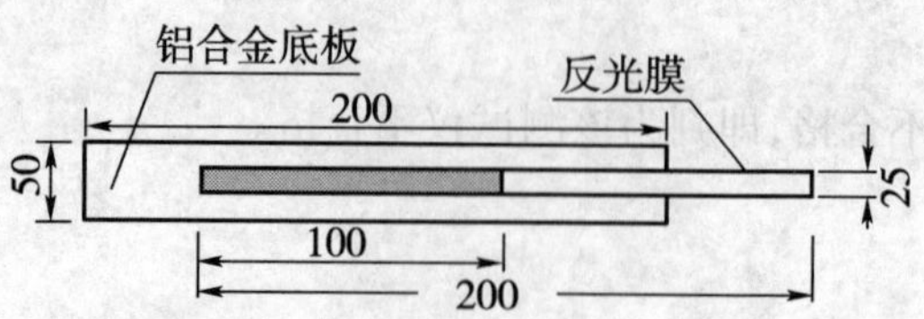

图 A.1 试样尺寸(尺寸单位:mm)

A.2 测试

测试前试样在温度 23℃ ± 2℃、相对湿度(50 ± 10)%的环境下放置 24h。

测试时试样置于支架顶部,贴有反光膜的一面朝下,反光膜于支架顶部的方孔处下垂。测试示意图见图 A.2 所示。

将吊锤与反光膜自由端连接,吊锤与试样板面垂直静置。使用时间间隔测量仪开始计时,5min 后,卸去吊锤,取下试样,用长度测量工具测量铝合金底板上反光膜被剥离的长度 L。

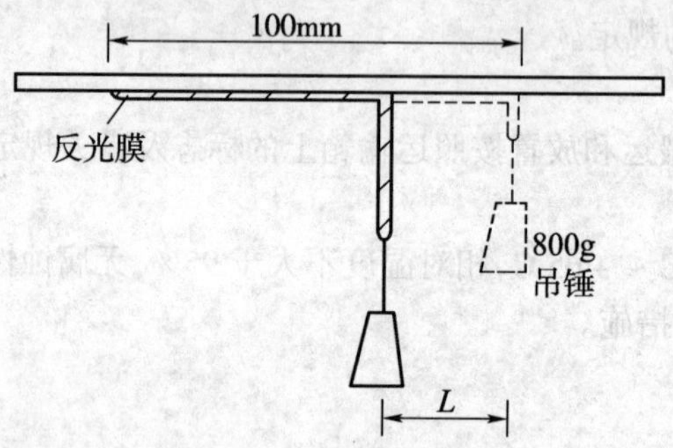

图 A.2 测试示意图

参考文献

[1] GB/T 18833—2002　公路交通标志反光膜
[2] JT/T 279—2004　公路交通标志板
[3] JJG 1—1999　钢直尺
[4] JJG 30—2002　通用卡尺
[5] JJG 237—1995　指针式时间间隔测量仪(试行)
[6] JJG 238—1995　数字式时间间隔测量仪(试行)

ICS 93.080.01;17.040.30
P 66
备案号:

中华人民共和国交通行业标准

JT/T 686—2007

反光膜耐冲击性能测定仪

Measurer for impact resistance of retroreflective sheeting

2007-06-28 发布　　2007-10-01 实施

中华人民共和国交通部　发布

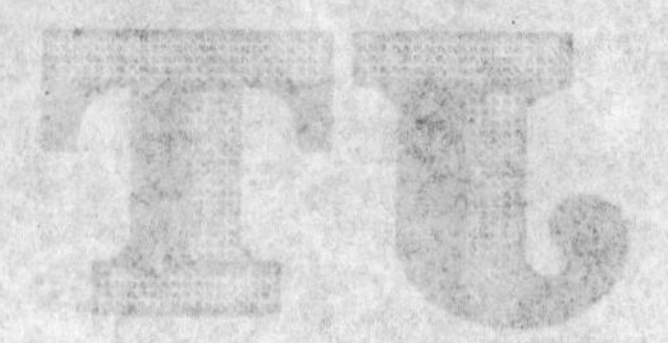

反光膜耐冲击性能测定仪

1 范围

本标准规定了反光膜耐冲击性能测定仪的结构、技术要求、试验方法、检验规则以及标志、包装、运输与储存。

本标准适用于公路交通标志用反光膜耐冲击性能测定仪的生产、检验和使用。

2 规范性引用文件

下列文件中的条款通过在本标准中引用而成为本标准的条款。凡是注日期的引用文件，其随后所有的修改单(不包括勘误的内容)或修订版均不适用于本标准，然而，鼓励根据本标准达成协议的各方研究是否可使用这些文件的最新版本。凡是不注日期的引用文件，其最新版本适用于本标准。

GB/T 18226 高速公路交通工程钢构件防腐技术条件

GB/T 15464 仪器仪表包装通用技术条件

GB/T 10125 人造气氛腐蚀试验 盐雾试验

3 结构

反光膜耐冲击性能测定仪一般由上托盘、支柱、底座、冲击球等部分组成，见图1所示。

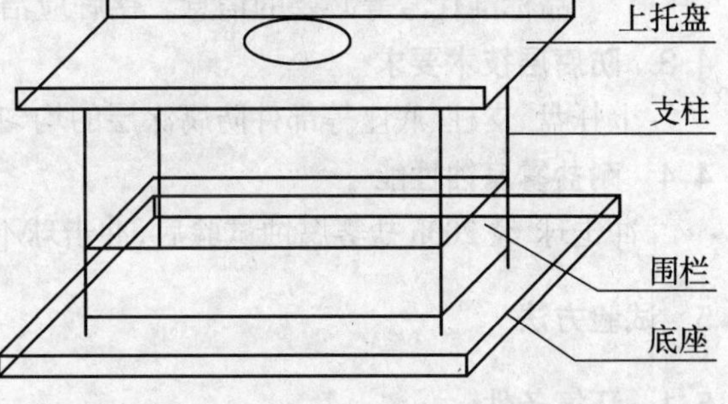

图1 反光膜耐冲击性能测定仪结构示意图

4 技术要求

4.1 结构尺寸

4.1.1 上托盘结构尺寸

a) 上托盘材质应具有足够刚度，厚度应满足冲击球置于其上时不会弯曲变形，一般选用2.00mm厚钢质板材。

b) 上托盘由一块钢板两端折成直角(槽钢形)，成形后的上托盘底面长300mm，宽60mm，高30mm。在中心位置开一直径为(54±1)mm的圆孔。圆孔直径应大于冲击球直径，满足冲击球能够从圆孔处自由落下。上托盘示意图见图2所示。

c) 上托盘表面应光洁、平整。

4.1.2 支柱结构尺寸

a) 支柱为连接上托盘与底座之间的构件，共四根。支柱材质应采用具有足够刚度的钢料制成，支柱最小直径应满足当冲击球置于上托盘上时不会变形，支柱表面不应有锈迹。

b) 支柱最小高度应满足上托盘与底座之间净空高度为(250±1.0)mm。支柱两端进行螺纹套扣处理，上端用螺母与上托盘连接，下端与底座套扣相连。支架底部可设水平调节钮及水平显示仪，四根支柱应使上托盘与底座保持水平。

4.1.3 底座结构尺寸

a) 采用20mm厚低碳钢板材加工而成，长300mm，宽200mm。

b) 底座表面应平整，不应凹凸不平，表面不应有锈迹。底座平面图见图3所示。

c) 底座可设水平调节钮及水平显示仪，以确保在测试时系统保持水平。

4.1.4 冲击球结构尺寸

a) 冲击球为实心不锈钢球体,质量为(450±4.5)g,直径为(48±1)mm。

b) 球体表面应光滑无锈迹。

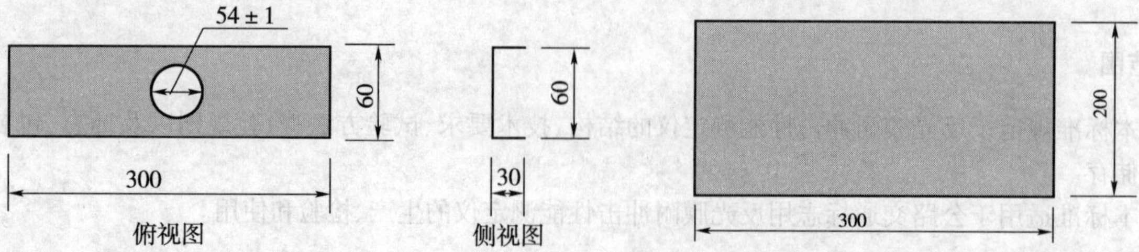

图2 上托盘示意图(尺寸单位:mm)　　**图3 底座平面图**(尺寸单位:mm)

4.2 通用技术要求

a) 上托盘、支柱、底座等整体结构之间的连接应稳定、牢固,上托盘与底座保持水平。正常操作时不会倾倒、歪斜。

b) 底座的四周应有围栏围住,以免冲击球落下时,伤及操作人员。围栏材质采用适宜的材料,例如,有机玻璃等。

c) 仪器上有生产厂家的铭牌,铭牌上标有产品名称、规格型号、制造厂名、出厂日期、出厂编号、产品标准代号等必要的信息。铭牌应洁净,字迹清晰。

4.3 防腐层技术要求

上托盘、支柱、底座等部件防腐涂层的均匀性、附着性、耐盐雾性,应满足 GB/T 18226 的要求。

4.4 耐盐雾腐蚀性能

冲击球 经 200h 盐雾腐蚀试验后,冲击球不应出现锈蚀或其他损坏。

5 试验方法

5.1 环境条件

一般情况下,应在环境温度(20±5)℃、相对湿度不大于 80 %的条件下进行试验。

5.2 试验方法

5.2.1 上托盘、支柱、底座试验方法

a) 使用分辨力不大于 1mm 的钢直尺测量其外形尺寸,应符合 4.1 的要求;

b) 外观结构及架体稳定性采用目测及手感方法进行,应符合 4.2a)、4.2b)的要求;

c) 防腐涂层的外观质量、均匀性、附着性、耐盐雾性,依据 GB/T 18226 进行;

d) 使用分度值不大于 0.5mm 的钢直尺测量上托盘与底座之间的净空高度,应符合 4.1.2b)的要求。

5.2.2 冲击球试验方法

a) 使用分度值不大于 0.01g 的天平测量其质量,应符合 4.1.4a)的要求;

b) 耐盐雾腐蚀性试验依据 GB/T 10125 进行;

c) 外观目测应符合 4.1.4b)的要求。

6 检验规则

6.1 反光膜耐冲击性能测定仪的检验分为出厂检验和型式检验。有下列情况之一时,应进行型式检验:

a) 新产品定型鉴定时;

b) 当设计、工艺、材料有重大改变时;

c) 定型产品每两年至少检验一次；

d) 国家质量监督机构提出进行型式检验的要求时。

6.2 出厂检验时，反光膜耐冲击性能测定仪中各部件的检验项目见表1。型式检验应按4的要求对各部件的全部项目进行检验。

表1 检验项目

序号	部件	出厂检验项目
1	上托盘	结构及外观；外形尺寸
2	支柱	结构及外观；外形尺寸
3	底座	结构及外观；外形尺寸
4	冲击球	结构及外观；质量
5	整体结构	通用技术要求

6.3 若检验中出现任意一项不合格，即判为该测定仪不合格。

7 标志、包装、运输与储存

7.1 标志

铭牌标志应包括以下内容：

a) 产品名称及型号；

b) 制造厂名或商标；

c) 产品执行标准号；

d) 产品编号；

e) 生产日期。

7.2 包装

包装应符合GB/T 15464的规定。

7.3 运输

7.3.1 装车应整齐、平稳、牢固，搬运和放置按照运输箱上的标志及有关规定进行。

7.3.2 不允许和易燃、易爆、易腐蚀的物品同车装运。

7.3.3 运输时有防雨、防晒、防撞击和防跌落措施。

7.4 储存

7.4.1 应储存在温度为-30℃～+65℃，相对湿度不大于95%，无腐蚀性气体的库房内。

7.4.2 库房应具有通风、隔热、保温、排水、防振、防火等措施。

参考文献

[1] GB/T 18833—2002　公路交通标志反光膜
[2] JT/T 279—2004　公路交通标志板

ICS 93.080.01;17.040.30
P 66
备案号:

中华人民共和国交通行业标准

JT/T 687—2007

反光膜防粘纸可剥离性能测试仪

Measurer for liner removal performance of retroreflective sheeting

2007-06-28 发布　　2007-10-01 实施

中华人民共和国交通部　发布

反光膜防粘纸可剥离性能测试仪

1 范围

本标准规定了反光膜防粘纸可剥离性能测试仪的技术要求、试验方法、检验规则以及标志、包装、运输与储存等。

本标准适用于公路交通标志用反光膜防粘纸可剥离性能测试仪的生产、检验和使用。

2 规范性引用文件

下列文件中的条款通过在本标准中引用而成为本标准的条款。凡是注日期的引用文件,其随后所有的修改单(不包括勘误的内容)或修订版均不适用于本标准,然而,鼓励根据本标准达成协议的各方研究是否可使用这些文件的最新版本。凡是不注日期的引用文件,其最新版本适用于本标准。

GB/T 10125 人造气氛腐蚀试验 盐雾试验

GB/T 15464 仪器仪表包装通用技术条件

3 技术要求

3.1 外形结构

3.1.1 组成

反光膜防粘纸可剥离性能测试仪由重锤、长度测量工具、时间间隔测量仪等部件组成。反光膜防粘纸可剥离性能测试方法参见附录 A。

3.1.2 外观结构

重锤由不锈钢材料制作而成,应结实耐用,不易磨损和锈蚀;表面应光洁、平整。其结构示意图见图 1 所示。

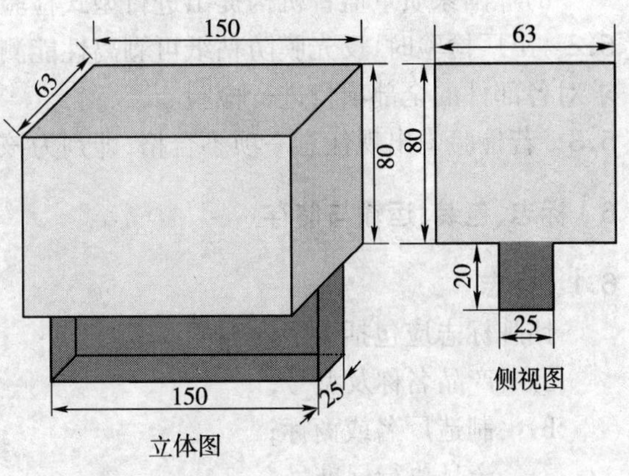

图 1 重锤结构示意图(尺寸单位:mm)

3.1.3 质量

重锤质量为:(6 600 ± 33)g。

3.1.4 外形尺寸

重锤外形尺寸如下:

a) 重锤顶部:长(150 ± 10)mm,宽(63 ± 5)mm,高(80 ± 5)mm。

b) 重锤底部:长(150 ± 10)mm,宽(25 ± 5)mm,高(20 ± 5)mm。

3.2 性能要求

3.2.1 重锤耐腐蚀性

经 200h 盐雾腐蚀试验后,重锤各部件不应出现锈蚀或其他损坏。

3.2.2 时间间隔测量仪

量程:大于 300s。分辨力:不大于 1s。

3.2.3 长度测量工具

量程:大于 25mm。分度值:不大于 0.5mm。

4 试验方法

4.1 环境条件

一般情况下,应在环境温度(20 ± 5)℃、相对湿度不大于 80% 的条件下进行试验。

4.2 外观结构

于光线良好的地方采用目测方法检查重锤外观结构,应符合3.1.2的要求。

4.3 质量

使用分辨力不大于0.5g的天平进行称量。重复称量三次,取其算术平均值为称量结果,应符合3.1.3的要求。

4.4 外形尺寸

使用分度值不大于0.5mm的钢直尺或钢卷尺等测量其外形尺寸,取两边和中间各测量一次,取其算术平均值为测量结果,应符合3.1.4的要求。

4.5 重锤耐腐蚀性

耐盐雾腐蚀性试验依据GB/T 10125进行,应符合3.2.1的要求。

5 检验规则

5.1 反光膜防粘纸可剥离性能测试仪的检验分为出厂检验和型式检验,有下列情况之一时,应进行型式检验:

a) 新产品定型鉴定时;

b) 当设计、工艺、材料有重大改变时;

c) 定型产品每两年至少检验一次;

d) 国家质量监督机构提出进行型式检验的要求时。

5.2 出厂检验时,反光膜防粘纸可剥离性能测试仪中各部件的检验项目见表1。型式检验应按3的要求对各部件的全部项目进行检验。

5.3 若检验中出现任意一项不合格,即判为该测试仪不合格。

表1 检验项目

序号	出厂检验项目
1	重锤外观结构
2	重锤质量
3	重锤外形尺寸

6 标志、包装、运输与储存

6.1 标志

铭牌标志应包括以下内容:

a) 产品名称及型号;

b) 制造厂名或商标;

c) 产品执行标准号;

d) 产品编号;

e) 生产日期。

6.2 包装

包装应符合GB/T 15464的规定。

6.3 运输

6.3.1 装车应整齐、平稳、牢固,搬运和放置按照运输箱上的标志及有关规定进行。

6.3.2 不允许和易燃、易爆、易腐蚀的物品同车装运。

6.3.3 运输时有防雨、防晒、防撞击和防跌落措施。

6.4 储存

6.4.1 应储存在温度为-30℃~+65℃,相对湿度不大于95%,无腐蚀性气体的库房内。

6.4.2 库房应具有通风、隔热、保温、排水、防振、防火等措施。

附 录 A
（资料性附录）
反光膜防粘纸可剥离性能测试方法

A.1 试样

试样尺寸为25mm×150mm。

A.2 测试

测试前试样在温度(23±2)℃、相对湿度(50±10)%的环境下放置24h。

测试时试样放置于水平面上，并将重锤置于试样之上，使反光膜受到17.6kPa的压力，在(70±2)℃的空间放置4h。取出反光膜，在标准测试条件下使之冷却到室温。

反光膜在无需用水或其他溶剂浸湿条件下，可方便地手工剥下防粘纸。防粘纸不应有破损、撕裂或从反光膜上粘下黏合剂的痕迹。

参考文献

[1] GB/T 18833—2002　公路交通标志反光膜
[2] JT/T 279—2004　公路交通标志板
[3] JJG 237　指针式时间间隔测量仪(试行)
[4] JJG 238　数字式时间间隔测量仪(试行)

ICS 93.080.01
R 04
备案号：

中华人民共和国交通行业标准

JT/T 688—2007

逆反射术语

Retroreflection vocabulary

2007-06-28 发布 2007-10-01 实施

中华人民共和国交通部 发布

逆反射术语

1 范围

本标准规定了逆反射测量、逆反射体的几何坐标系统和角度表示方法等方面的术语和定义，以及与逆反射有关的其他术语和定义。

本标准适用于与逆反射有关的术语。

2 术语和定义

2.1

逆反射 retroreflection

反射光从接近入射光的反方向返回的一种反射。当入射光方向在较大范围内变化时，仍能保持这种性质。

2.2

逆反射元 retroreflective element

产生逆反射的最小光学单元。

2.3

逆反射材料 retroreflective material

在暴露的表面或接近表面有一薄层连续的微小逆反射元的材料（如反光膜，含玻璃珠的涂料、路面标线或标线带）。

2.4

反光膜 retroreflective sheeting

一种已制成薄膜可直接应用的逆反射材料。

2.5

逆反射体 retroreflector

具有逆反射性能的反光面或器件。

2.6

逆反射体中心 retroreflector center

逆反射体上或靠近逆反射体用于表示逆反射体位置的点。

2.7

光源点 source point

照明光源被作为一个点的位置。

注：在实际的系统中，光源有一定的尺寸，光源点一般指其出瞳的中心。

2.8

观测点 observation point

代表接收器位置的点。

注：在实际的系统中，接收器是有一定尺寸的，观测点是指入射光瞳的中心。

2.9

逆反射体轴 retroreflector axis

从逆反射体中心发出的一条特定的射线（见图 1）。

注：逆反射体轴通常选择照明方向的中心线。当逆反射体为轴对称时，逆反射体轴通常与逆反射体的对称轴一致。

对于路面标线,逆反射体轴垂直于路面。

2.10

基准轴　datum axis

从逆反射体中心发出,垂直于逆反射体轴的一条射线(见图 2)。

注:基准轴与逆反射体中心、逆反射体轴给出逆反射体的位置。

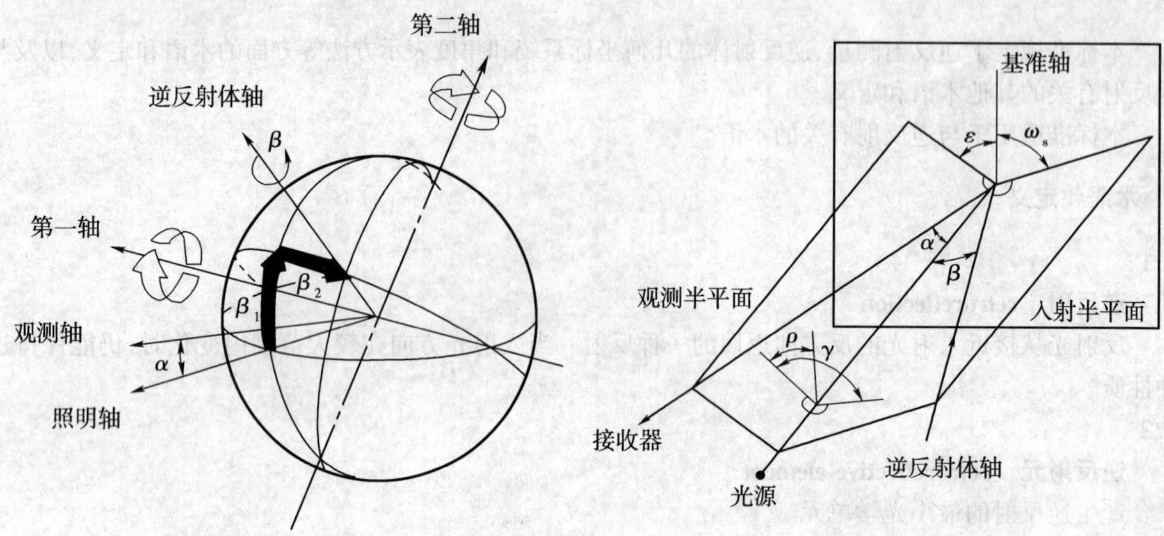

图 1　测量逆反射体的角度计系统

图 2　角 α、β、ε、ω_s、ρ、γ 之间的相互关系

注:角 ε 和角 ρ 在图中是逆时针方向的,应为负值。

2.11

照明轴　illumination axis

从逆反射体中心发出,通过光源点的射线(见图 1)。

2.12

观测轴　observation axis

从逆反射体中心发出,通过观测点的射线(见图 1)。

2.13

第一轴　first axis

通过逆反射体中心且垂直于包含照明轴和观测轴的平面的射线(见图 1)。

2.14

第二轴　second axis

位于包含照明轴和观测轴的平面内,通过逆反射体中心且垂直于逆反射体轴的射线(见图 1)。当 $-90° \leq \beta_1 \leq 90°$时,其正向位于包含照明轴和观测轴的半平面内。

注:第二轴也垂直于第一轴。

2.15

基准标记　datum mark

逆反射体上从逆反射体轴发出,表示基准轴指向的标记。

2.16

照明距离　illumination distance

光源点与逆反射体中心之间的距离。

2.17

观测距离 d　observation distance

逆反射体中心与观测点之间的距离。

2.18

基准半平面　datum half-plane

从逆反射体轴发出包含基准轴的半平面。

2.19

入射半平面　entrance half-plane

从照明轴发出包含逆反射体轴的半平面。

2.20

观测半平面　observation half-plane

从照明轴发出包含观测轴的半平面。

2.21

入射角 β　entrance angle

照明轴与逆反射体轴之间的夹角。

注：入射角通常不大于 90°，但考虑完整性将其规定为 $0° \leqslant \beta \leqslant 180°$。在角度计系统中 β 被分解为 β_1 和 β_2 两个分量。

2.22

入射角分量 β_1　entrance angle component

照明轴与包含逆反射体轴和第一轴的平面之间的夹角。$-180° < \beta_1 \leqslant 180°$。

2.23

入射角分量 β_2　entrance angle component

观测半平面与逆反射体轴之间的夹角。$-90° \leqslant \beta_2 \leqslant 90°$。

注：对于一些测试，扩展到 $-180° < \beta_2 \leqslant 180°$，此时 $-90° < \beta_1 \leqslant 90°$。

2.24

观测角 α　observation angle

照明轴与观测轴之间的夹角。

注：观测角不为负值，一般小于 10°，通常小于 2°。全部范围定义为 $0° \leqslant \alpha < 180°$。

2.25

视角 ν　viewing angle

逆反射体轴和观测轴之间的夹角。

注：角度计系统中 $\cos\nu = \cos(\beta_1 - \alpha)\cos\beta_2$。当视角接近 90°时，对于路面标线，一般情况下使用视角的余角即余视角 a。

2.26

余入射角 e　co-entrance angle

逆反射体轴与照明轴之间夹角的余角。

注：$e = 90° - \beta, 0° < e \leqslant 90°$。对于路面标线，逆反射体轴垂直于路面，$e$ 代表照明轴与道路表面的倾斜角。

2.27

余视角 a　co-viewing angle

逆反射体轴与观测轴之间夹角的余角。

注：$a = 90° - \nu, 0° < a \leqslant 90°$。对于路面标线，逆反体轴垂直于路面，$a$ 代表观测轴与道路表面的倾斜角。

2.28

方位角 ω_s　orientation angle

位于垂直于逆反射体轴的平面内，从光源观察点逆时针测量，从入射半平面到基准轴之间的夹角。

注：$-180° < \omega_s \leqslant 180°$。

2.29

道路标线方位角 b　RM azimuthal angle

从逆反射体轴的观察点顺时针测量，入射半平面与从逆反射体轴发出包含观测轴的半平面之间的夹角。

注：$-180° < b \leqslant 180°$。

2.30

道路标线方位角补角 d　RM supplemental azimuthal angle

从逆反射体轴的观察点顺时针测量，垂直于逆反射体轴的平面上基准轴与从逆反射体轴发出包含观测轴的半平面之间的夹角。

注：角度范围：$-180° < d \leqslant 180°$。

2.31

显示角 γ　presentation angle

从光源观察点逆时针测量，从入射半平面到观测半平面的二面角。

注：$-180° < \gamma \leqslant 180°$。

2.32

rho 角 ρ　rho angle

从光源观察点逆时针测量，观测半平面与从照明轴发出包含基准轴的半平面之间的二面角。

2.33

旋转角 ε　rotation angle

从逆反射体轴上的观察点逆时针测量，在垂直于逆反射体轴的平面上，从观测半平面到基准轴的夹角。

注1：$-180° < \varepsilon \leqslant 180°$。入射角和视角小于90°时定义是适当的。更多情况下，旋转角是从逆反射体轴的观察点逆时针测量，第二轴到基准轴的相反部分。

注2：试样围绕逆反射体轴转动时，当光源和接收器在空间相对固定，方位角(ω_s)和旋转角(ε)的变化是相等的。

2.34

发光强度系数 R_I　coefficient of luminous intensity

逆反射体在观测方向的发光强度(I)与逆反射体垂直于入射光方向的平面上的光照度($E_\perp$)之比，以坎德拉每勒克斯表示($cd \cdot lx^{-1}$)：

$$R_I = I/E_\perp$$

注1：在测量中，可以分别通过光源和接收器对应的固定的入射角和观测角得到平均的 R_I。实际上，I 通常由观测体位置的光照度和其距离的平方之乘积来确定($I = E_r d^2$)。R_I 取决于被称为 CIE A 光源的照明光谱。

注2：通常还写作 CIL 或 SI(特殊强度)。

2.35

逆反射系数 R_A　coefficient of retroreflection

发光强度系数(R_I)与逆反射体的表面积(A)之比，以坎德拉每勒克斯每平方米表示($cd \cdot lx^{-1} \cdot m^{-2}$)：

$$R_A = R_I/A \tag{1}$$

注：R_A 取决于被称为 CIE A 光源的照明光谱。

2.36

线逆反射系数 R_M　coefficient of line retroreflection

发光强度系数(R_I)与逆反射体的长度(l)之比，以坎德拉每勒克斯每米表示($cd \cdot lx^{-1} \cdot m^{-1}$)。

$$R_M = R_I/l \tag{2}$$

2.37

逆反射亮度系数 R_L　coefficient of retroreflected luminance

观测方向的(光)亮度 L 与垂直于入射光方向的平面上的法向照度之比，以坎德拉每平方米每勒克斯表示[$(cd \cdot m^{-2}) \cdot lx^{-1}$]。

$$R_L = L/E_\perp = R_I/(A\cos\nu) = I/(EA\cos\nu) = R_A/\cos\nu \tag{3}$$

式中：A——试样表面积；

ν——视角。

注：用作表示路面标线的 R_L 的单位通常为毫坎德拉每平方米每勒克斯[(m cd·m^{-2})·lx^{-1}]。

2.38

(逆反射)光通量系数 R_ϕ coefficient of(retroreflected) luminous flux

观测方向上每单位立体角的光通量 ϕ'/Ω' 与逆反射平面上有效入射总通量 ϕ 之比，以坎德拉每流明表示。

$$R_\phi = (\phi'/\Omega')/\phi = I/\phi = R_A/\cos\beta \tag{4}$$

注：光学单位坎德拉每流明有时缩写为 CPL。

2.39

逆反射因数 R_F retroreflectance factor

无量纲的比值，面积为 A 的逆反射平面的发光强度系数(R_I)，与相同面积、相同照明和观测条件下的理想漫反射平面的发光强度系数之比。

$$R_F = \pi R_I/(A\cos\beta\cos\nu) \tag{5}$$

注：以上公式中 β 是入射角，ν 是视角。R_F 在数值上与反射因数 R 相等。

2.40

逆反射分量 R_T fractional retroreflectance

逆反射体观测角接收到的小于设计值 α_{max} 的单向光通量分量。

注1：α_{max} 设定后 R_T 才有意义。

注2：对于一个平面的逆反射体，R_T 可按下式计算：

$$R_T = \int_{\alpha=0}^{\alpha_{max}}\int_{\rho=-\pi}^{\pi} \alpha \frac{R_A(\alpha,\rho)}{\cos\beta} \mathrm{d}\alpha\,\mathrm{d}\rho$$

对于一个非平面的逆反射体，R_T 可按下式计算：

$$R_T = \int_{\alpha=0}^{\alpha_{max}}\int_{\rho=-\pi}^{\pi} \alpha \frac{R_I(\alpha,\rho)}{A_p} \mathrm{d}\alpha\,\mathrm{d}\rho$$

其中，A_P 是照明方向逆反射体的投影面积，角度 β 和 ω_s 积分后保持不变，角度 α 和 ρ 是弧度，故 R_T 无量纲。在公式中显示角 γ 可以替换 ρ，β 值很小时，旋转角 ε 可以替换 ρ。例如，$\beta=5°$时，结果误差很小，通常远远小于计算得出的 R_T 的0.5%。

注3：R_T 通常以百分数表示。

2.41

旋转均匀性 rotationally uniform

当逆反射体绕逆反射体轴旋转，光源、接收器、逆反射体中心和逆反射体轴保持相对固定的空间关系时，R_A、R_I 或 R_L 基本保持不变。

注1：当逆反射体围绕它的轴旋转，而观测角、入射角(包括分量 β_1 和 β_2)和显示角(γ)保持不变时，方位角(ω_s)和旋转角(ε)都有360°的变化。

注2：旋转均匀性的程度可以用数字表示。

汉语拼音索引

英 文 索 引

ICS 93.080.01
P 66
备案号:

中华人民共和国交通行业标准

JT/T 689—2007

逆反射系数测试方法　共平面几何法

Test method for coefficient of retroreflection of utilizing the coplanar geometry

2007-06-28 发布　　2007-10-01 实施

中华人民共和国交通部　发布

ICS 93.080.01
P 66
备案号：

中华人民共和国交通行业标准

JT/T 689—2007

逆反射系数测试方法 共平面几何法

Test method for coefficient of retroreflection of
utilizing the coplanar geometry

2007-06-28 发布 2007-10-01 实施

中华人民共和国交通部 发布

逆反射系数测试方法　共平面几何法

1　范围

本标准规定了利用共平面几何学原理对反光膜的逆反射系数进行测量的方法。

本标准适用于公路用反光膜逆反射系数的实验室内测量，其他逆反射材料的实验室内测量可参照使用。

2　规范性引用文件

下列文件中的条款通过本标准的引用而成为本标准的条款。凡是注日期的引用文件，其随后所有的修改单(不包括勘误的内容)或修订版均不适用于本标准，然而，鼓励根据本标准达成协议的各方研究是否可使用这些文件的最新版本。凡是不注日期的引用文件，其最新版本适用于本标准。

JT/T 688　逆反射术语

3　术语和定义

JT/T 688 确立的术语和定义以及下列术语和定义适用于本标准。

3.1

共平面几何　coplanar geometry

逆反射体轴、照明轴和观测轴位于同一平面的逆反射几何条件。

4　仪器

测试仪器包括：投射光源、接收器、角度计试样架和接收器-光源支架。

4.1　投射光源

光源为投射型，应满足下列条件：

a）试样表面的法向照度通常为 10 lx；

b）光源为非偏振光，相关色温为 2856K ± 20K，其光谱功率分布应与 CIE 标准 A 光源相符；

c）出射光孔为标准的圆形孔，出射光应均匀，当观测角范围为 $0.2° \leqslant \alpha \leqslant 2.0°$ 时，出射光直径为 26mm ± 2mm 或 52mm ± 2mm，等效于 15m 或 30m 的测试距离内 0.1°的视场角；当观测角范围为 $0.1° \leqslant \alpha \leqslant 0.2°$ 时，出射光直径为 13mm ± 1mm 或 26mm ± 1mm，等效于 15m 或 30m 的测试距离外的视场角为 0.05°；

d）光源稳定性：测试期间，测试表面的照度的变化不应超过 ±1%；

e）照射均匀性：垂直于光源，试样表面照度的均匀性不应超过 ±5%。

4.2　接收器

接收器应满足下列条件：

a）响应度：能分辨工作量程的 1/50，光谱响应度与 1931CIE 明视觉标准观察者相匹配，对偏振光不敏感；

b）稳定性：测试期间，在光源稳定条件下，接收器的信号波动不应超过 ±1%；

c）线性：不超过 ±1%。可使用修正因子，保证线性响应；

d）视域：应不大于测试样品上的投射面积；

e）接收器入射孔为标准的圆形孔，当观测角范围为 $0.2° \leqslant \alpha \leqslant 2.0°$ 时，入射光直径为 26mm ± 2mm 或 52mm ± 2mm，等效于 15m 或 30m 的测试距离处的入射角为 0.1°；当观测角范围为 $0.1° \leqslant \alpha \leqslant 0.2°$

时,入射光直径为 13mm ± 1mm 或 26mm ± 1mm,等效于 15m 或 30m 的测试距离处的入射角为 0.05°;

f) 使用挡板限制视场范围,使整个试样完全置于视场内,同时要尽量消除杂散光,使背景光小于能接收到的最小读数的 5%。

注:用 10 lx 的入射照度,从一个测试面积为 200mm^2、逆反射系数为 1cd·lx^{-1}·m^{-2}的逆反射体上反射到接收器上的垂直照度约为1.8×10^{-3} lx。

4.3 角度计-试样架

角度计-试样架(见图 1)应满足下列条件:

a) 如无特别指定,一般应设定入射角分量 β_1;

b) 样品定位时,应调整样品表面入射角,入射角的精度控制在其余角的 0.5%内(例如,入射角为 30°时,精度应为 ±0.005×60° = ±0.3°);

c) 应能固定 200mm^2 的试样;

d) 支架及试样边缘不应产生反射;

e) 试样架上应有替代样品安装光度探测器的装置。

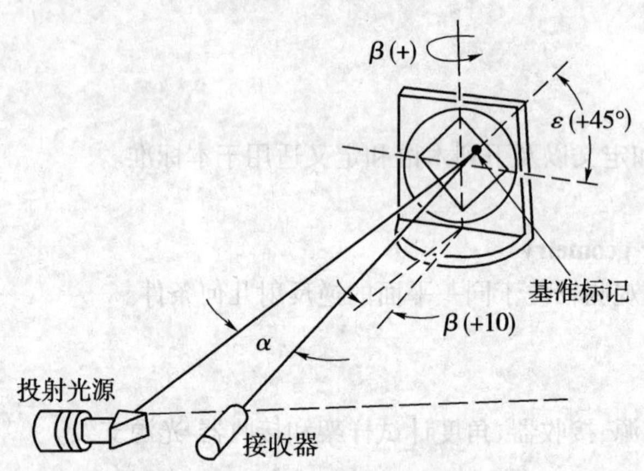

图 1 角度计-试样支架示意图

4.4 接收器-光源支架

支架应满足下列条件:

a) 应能支撑接收器和光源,在观测位置上,接收器相对于光源的位置在 0.2° ~ 2.0°范围可调;

b) 光源出射孔径与接收器入射孔径之间距离的准确度应为 ±0.1mm。

4.5 测试区域

测试区域应满足下列条件:

a) 投射光源和试样之间距离为 15m 或 30m,测试应精确到 ±0.01m;

b) 应使用无光泽的黑色涂料、黑色幕布、黑色纸带和其他方法消除杂散光。

5 试样

5.1 试样尺寸为(200mm ± 100mm) × (200mm ± 100mm),当单个测试试样的面积小于 200mm × 200mm 时,应由几块相同方位的试样组合成 200mm × 200mm。

5.2 单卷反光膜进行测试时,应在反光膜对角线的左、中、右至少抽取三块试样,并在试样上做好基准标记。

5.3 测试时试样应平直,将试样置于一测试平板上,或采用胶带纸、喷雾状粘接剂、机械方法和真空方法等,使试样平直地粘附在角度计-试样架上。

5.4 当实验室之间进行比对试验时,试样上应标注逆反射体的基准标记,以保证实验室测试时采用相同的方位,即在试样背面作出指向中心的箭头。

注:基准标记应标示出 0°旋转角。

6 测试方法

6.1 按图 2 布置测试仪器。试样置于试样架上,使试样的中心位置与光源出射孔之间的距离为 15m ± 0.2m 或 30m ± 0.5m,测试距离精确到 ± 0.01m,记录此读数 d。调整试样支架至零位,使测试表面垂直于光源(即 0°入射角)。由光源出射孔、接收器入射孔和试样中心所确定的平面垂直于试样表面。

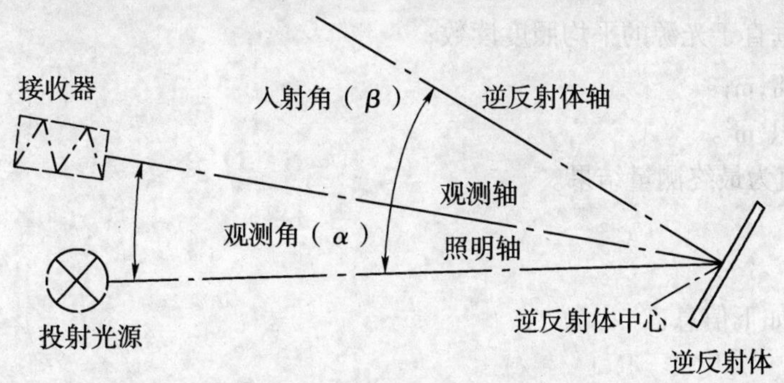

图 2 共平面测试结构示意图

6.2 光源应校准到与 CIE 标准 A 光源的光谱分布相匹配,使用的电流或电压值应记录并在整个测试过程保持恒定。

6.3 用接收器代替试样,在四个有代表性的占总面积四分之一的等面积上,即从 200mm 试样中心位置向左或向右 75mm,向上或向下 75mm,进行入射照度的测量。在测量时,光源出射孔在接收器视场中心,接收器入射孔通过试样中心位置并垂直于光源。记录四个读数的平均值作为初始的入射照度 m_2。各个读数对平均值的变化不超过 ± 5%。

6.4 接收器放回观测位置,调整入射孔与光源出射孔之间的距离,得到所需观测角。

6.5 试样支架置于所需入射角的位置上,入射角分为分量 β_1 和 β_2,本标准中涉及到的入射角 $\beta_2 = 0°$。

6.6 当试样装在支架上时,试样将处于接收器中心位置并完全置于接收器的视场内,用黑色平面代替试样,测量背景光 m_b。

6.7 用试样取代黑色平面,记录第一次逆反射读数,根据要求作线性修正,并记录为 m_1。

6.8 测试 m_1 时旋转角的规定如下:

a) 如指定了旋转角,在此旋转角下进行测量,测量结果记录为 m_1;

注:一个指定的旋转角,通常意味着逆反射材料在某一特定方位上应用。

b) 如未指定旋转角,测量时旋转角取 0°和 90°,测量结果的平均值记录为 m_1;

c) 如未指定旋转角,且无基准标记,则需以 15°的间隔在 0° ~ 345°的范围上进行测量(m_1 测量 24 次),按用户要求记录其平均值 m_1 或者最小值 m_1;

d) 进行实验室间比对时,在有基准标记的试样上,取 0°和 90°旋转角进行测量,两个测量值的平均值记录为 m_1。

6.9 调整入射角,重复 6.6 ~ 6.8 的要求。

6.10 若要求改变观测角,接收器应移到另一个预定的位置,并重复 6.6 ~ 6.9 的操作,得到一系列的 m_b 和 m_1 读数。

6.11 当一组逆反射光的读数完成后,按 6.3 取得四个另外的入射照度读数,当四个最后读数值与四个初始的读数比较时,其差不能大于 1%。取八个照度读数的平均读数值。若要求做线性修正,则修正后记为 m_2。

6.12 测定试样表面实际有效的逆反射面积(A),单位为平方米(m^2),精确到 ± 0.5%。

7 计算

7.1 对每个试样与每组入射角和观测角的测试条件，反光膜的逆反射系数用以下公式计算：

$$R_A = [(m_1 - m_b)d^2]/[(m_2 - m_b)A]$$

式中：R_A——逆反射系数，$cd \cdot lx^{-1} \cdot m^{-2}$；

m_b——背景读数；

m_1——在观测位置上逆反射试样的读数；

m_2——试样上垂直于光源的平均照度读数；

d——测试距离，m；

A——试样面积，m^2。

7.2 取试样的平均值为最终测量结果。

8 测试报告

测试报告应包括如下信息：

a) 试样说明；

b) 每组入射角、观测角条件下的逆反射系数平均值。

ICS 93.080.01
P 66
备案号：

中华人民共和国交通行业标准

JT/T 690—2007

逆反射体光度性能测试方法

Test method for photometric characteristics of retroreflectors

2007-06-28 发布　　2007-10-01 实施

中华人民共和国交通部　发布

ICS 93.080.01
P66
备案号：

中华人民共和国交通行业标准

JT/T 690—2007

逆反射体光度性能测试方法

Test method for photometric characteristics of retroreflectors

2007-06-28发布　　2007-10-01实施

中华人民共和国交通部　发布

逆反射体光度性能测试方法

1 范围

本标准规定了逆反射体光度性能测试所用的仪器、试样、测试方法及计算方法。

本标准适用于对逆反射体光度性能的测试。

2 规范性引用文件

下列文件中的条款通过本标准的引用而成为本标准的条款。凡是注日期的引用文件,其随后所有的修改单(不包括勘误的内容)或修订版均不适用于本标准,然而,鼓励根据本标准达成协议的各方研究是否可使用这些文件的最新版本。凡是不注日期的引用文件,其最新版本适用于本标准。

JT/T 688 逆反射术语

3 术语和定义

JT/T 688 确立的术语和定义以及下列术语和定义适用于本标准。

3.1

圆形孔径 circular aperture

最大张角圆形孔面的直径。

3.2

光源孔径 source aperture

从逆反射体中心到光源的出射光阑或光瞳的张角尺寸,见图 1。

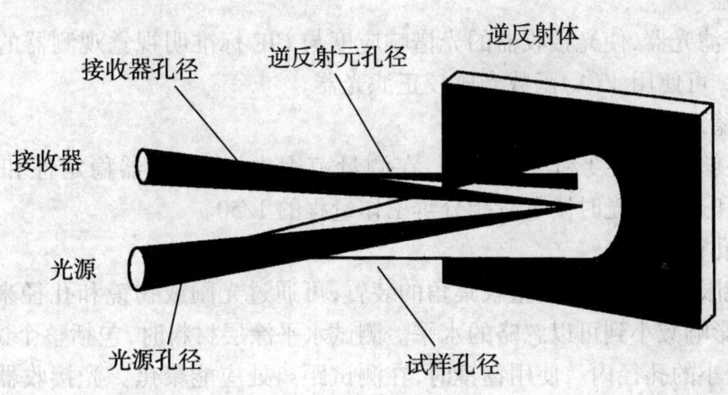

图 1 逆反射测量中的孔径演示图

3.3

接收器孔径 receiver aperture

逆反射体中心到接收器的入射光阑或光瞳的张角尺寸。

3.4

逆反射元孔径 retroreflector element aperture

从接收器中心看到的逆反射元表面的张角尺寸。

注:逆反射元孔径用于设定观测角时衡量误差源,是测量较大逆反射元或进行较短距离测量时的一个重要特征。在使用校准过的光度器件时,将光源和接收器放置在假定的无穷远处,逆反射体元件孔径的虚拟值为零。

3.5

反射照度 E_r　reflected illuminance

垂直于观测轴平面上的接收器所测量到的照度。

注：该值可用于发光强度系数的计算。

$$R_I = I/E_\perp = E_r d^2/E_\perp$$

式中：d——逆反射体到光接收器的距离。

其余符号意义见 JT/T 688 所确立的术语和定义。

4 测试仪器

4.1 基本要求

4.1.1 测试仪器应包括光接收器、投射光源、角度计-试样架和接收器-光源支架。

4.1.2 测试仪器的标准圆形孔径，包括光源孔径和接收器孔径，应符合表 1 的要求。

表 1 测试仪器孔径　　单位为度

标准圆形孔径	0.05	0.1	0.167	0.333
单个的逆反射元孔径	≤ 0.01	≤0.02	≤0.04	≤0.08

4.1.3 对于所有标准圆形孔径，公差均为 ±8%。

4.1.4 测试仪器的观测角与标准圆形孔径的关系如下：

a) 观测角为 0.1°时，圆形孔径为 0.05°；

b) 观测角为 0.2°时，圆形孔径为 0.1°；

c) 观测角为 0.33°时，圆形孔径为 0.167°；

d) 观测角为 1.0°或更大时，圆形孔径为 0.333°。

注：理论上，逆反射以无穷小的孔径来定义。

4.2 光接收器

4.2.1 明视觉滤光器

光接收器应装有滤光器，使光接收器的光谱响应度与 CIE 标准明视觉观测器的响应 $V(\lambda)$相对应，公差 f'_1 在 3%之内。可使用 $V(\lambda)$函数光谱校正滤光器。

4.2.2 光接收器的稳定性和线性

光接收器应有足够的响应度和测量范围，在测量范围内，光接收器稳定性和线性误差不能超过 1%。测试投射光源和逆反射光时读数应能分辨工作量程的 1/50。

4.2.3 光接收器的孔径

光接收器设有能限制逆反射光通量收集角的装置，可通过光阑或物镜和孔径来实现。应对视场进行限制，将杂散光的影响减小到可以忽略的水平。测试水平涂层材料时，包括整个试样或照射区域的视场应被限制在一个最小的孔径内。使用物镜时，在测试距离处应能聚焦。光接收器的孔径角由对试样的张角确定。整个孔径内的响应度应均匀。

4.3 投射光源

4.3.1 光源应为均匀照明的投射源，其光功率的分布符合 CIE 标准 A 光源的要求。投射光源应装有一个可调节的可变光阑或选择固定的孔径。在整个测试期间其变化不超过 1%。

4.3.2 投射光源的相关色温应为 2856K ± 20K。

注：投射光源的设计色温一般大于 2856K。

4.3.3 投射光源的出口孔径和试样照明范围的尺寸和形状应符合相关规定。通过孔径的光辐照强度应均匀。

4.4 角度计-试样架(试样夹)

角度计-试样架应能在三条轴之间移动，可夹持符合规定几何要求的试样。角度 β_1 和 β_2 设定的公差应小于 0.1°,旋转角度 θ 的公差应小于 ±0.2°。

4.5 接收器-光源支架

接收器-光源支架用来精确设定投射光源和光接收器的空间位置,从而确定了观测角。接收器-光源支架有时被视为观测角定位器(OAP)。光接收器的定位公差应控制在接收器孔径角的1%以内。例如,在 10m 处,0.1°的标准孔径应为 ±0.001°或 0.17mm。

4.6 测量区域

测量区域提供了测试逆反射体的工作暗区。为将杂散光的影响最小化,试样后的背景应为黑板。遮光板应放置在投射光源和试样之间。角度计的零件、暴露的墙和顶部以及未被遮挡、暴露在光束中的底部都应涂成黑色。

观测距离和照明距离的允许公差应在 ±0.05%范围内。

5 试样

5.1 试样应包括整个逆反射体。

5.2 大的逆反射体的测试可以通过汇总其各个部分的测试值来实现。测试反光膜时,测试区域应在 $0.01m^2 \sim 0.1m^2$ 之间。

6 测试方法

6.1 概述

6.1.1 逆反射体光度性能测试方法有比率法、替代法、直接发光强度法和直接亮度法。

6.1.2 比率法是用同样的仪器以同样的孔径和接收区域来测量反射照度(E_r)和法向照度($E_\perp$)。光接收器不需要校准,未经校准的仪器的读数 E_r 和 $E_\perp$ 分别被记为 m_1 和 m_2。不应使用不同的仪器来测量 E_r 和 $E_\perp$。

6.1.3 替代法依赖于带有测量值的逆反射体。该逆反射体可为校准后的一个作为参考标准的逆反射体(以后简称参考标准),也可以是用其他方法校准过的带测量值的逆反射体。该方法是一个比较程序,需要对同类试样进行大量的性能测试时尤其适用。使用该方法时,应保证工作标准(实际使用的标准逆反射体)的尺寸、颜色和特性值要和未知逆反射体相同。允许在一定的限度内用光度装置缩短光度测试距离。

注 1:光学限制——该方法中经常使用准直光路,光源和光接收器都位于光度元件的焦距上,有效减小测试距离却保证同样的孔径角。准直光路的试样及工作标准与准直光路有一小段距离,便于多次测量。

注 2:角度限制——可使用高质量的镜子或透镜之类的光学器件。如未使用准直光路而将光程缩短,应给出每个光学元件的最大孔径角的限制。对于准直光路,当光学元件处于无穷远处时,其孔径大小可不受限制。

注 3:光谱限制——由于工作标准应和试样颜色相似,或者最好和试样的颜色相同,所以系统的光谱要求不是特别重要。需要对工作标准进行阶段性的再校准,以补偿其老化损失。

6.1.4 直接发光强度法使用独立的照度计来测量逆反射体的照度,照度计应校准。

6.1.5 直接亮度法普遍用于对水平涂层材料的测量。

6.2 仪器调整

在进行逆反射体光度性能测试时,每次角度计或投射光源被移动时都应进行核查,所有测量值都以0°作为参考点。如测量值都在 75°~90°这个极限范围内,则角度计也应调整到 75°~90°。

将角度计校准到 0°入射角的位置可有多种方法。其中一种为将一个 200mm 见方的平面镜放在试样的位置, 用黑色的摄影带放在镜面的中央形成一个 200mm 的十字架,在投射光源的出口孔径的中心放置一个 400mm 见方的一片白色结构纸,纸的中央要有一个 5mm 孔。通过观察该白纸,可调整角度计,使十字架的影子能直接反射到光源的出口孔径上,此时角度计的位置就是 0°入射角。

6.3 测试步骤

6.3.1 比率法

6.3.1.1　选择适合的最小孔径,满足从光接收器中可观测到整个逆反射体,也可从逆反射体观测到光源。

6.3.1.2　将光接收器的入射孔径放置在试样位置,用光接收器取代试样来测量试样表面的法向照度,记为 m_2。(同样也可用光源来代替放置在测试距离处的试样,不必移动光接收器就可测量入射法向照度)

6.3.1.3　将光接收器和试样放回到原来的位置,测试试样的反射照度,记为 m_1。

6.3.1.4　用一个形状和面积与试样相同、其表面光泽度不会影响读数的黑色表面来取代试样,测量杂散光的大小。黑色表面的光泽度最好小于4%。从读数 m_1 中减去杂散光读数 m_0,得到 m'_1。

6.3.1.5　除非光接收器的重复性在±0.3%内,否则在测量 m_2 和 m'_1 时光接收器应保持通电。

6.3.1.6　如光接收器不能校正为CIE标准明视觉观测器,则应使用一个颜色校正因子。可通过滤光器来应用校正因子 K,该滤光器的光透射比和试样的光谱反射比成正比。

如滤光器与光谱不很相配,不应使用校正因子。如使用校正因子,可由下式确定:

$$K = m_2 T / m_f \tag{1}$$

式中:K——校正因子;

m_2——在逆反射试样的位置测量法向照度时光接收器的读数(即:一个没有校准过的 $E_{\perp}$);

m_f——光接收器位于和测量 m_2 时相同位置时的读数,在接收孔径前直接放置颜色过滤器;

T——已知2856K光源(CIE光源A)的(总)亮度透射率。

6.3.1.7　根据7.1中的公式进行计算。

6.3.2　替代法

6.3.2.1　根据比率法或者用一个校准过的参考标准来确定工作标准的特性值。

6.3.2.2　将工作标准或参考标准放在角度计上,读出读数 m_1(std),再将试样放在工作标准的位置,读取 m_1(test)。

6.3.2.3　根据7.2中的公式进行计算。

6.3.3　直接发光强度法

6.3.3.1　将已知光强并已经过校准的标准光源放置在逆反射体的位置,以校准光接收器的刻度。

6.3.3.2　测量逆反射体的发光强度。

6.3.3.3　根据7.3中的公式进行计算。

6.3.4　直接亮度法

6.3.4.1　用照度计来测量照度,同时用亮度计来测量亮度。

6.3.4.2　在试样完全被照明时,测量(采集)的范围应全部位于样品区域内。

6.3.4.3　根据7.4中的公式进行计算。

7　计算

7.1　比率法

7.1.1　发光强度系数:

$$R_I = m'_1 d^2 / m_2 \tag{2}$$

式中:d——观测距离,m;

m'_1——用于测量观测位置的反射照度的仪器读数(减去散光),以相应的单位表示;

m_2——用于测量法向照度的仪器读数,以相应的单位表示。

7.1.2　逆反射亮度系数:

$$R_L = m'_1 d^2 / (m_2 A \cos\nu) \tag{3}$$

式中:A——试样的面积,m^2;

ν——视角。

7.1.3 逆反射系数:

$$R_A = m'_1 d^2/(m_2 A) \tag{4}$$

7.1.4 线逆反射系数:

$$R_M = m'_1 d^2/(m_2 l) \tag{5}$$

式中:l——线性测量器的长度。

7.1.5 逆反射因数:

$$R_F = (\pi) m'_1\ d^2/(m_2 A \cos\beta \cos\nu) \tag{6}$$

式中:β——入射角。

7.1.6 每单位立体角的光通量系数:

$$R_\phi = m'_1 d^2/(m_2 A \cos\beta) \tag{7}$$

7.2 替代法

7.2.1 发光强度系数:

$$R_I = [m'_1(\text{test})/m'_1(\text{std})] \times R_I(\text{std}) \tag{8}$$

式中:$m'_1(\text{std})$——按照比率法测量时,使用工作标准得到的光接收器的读数(未经校准的);

$m'_1(\text{test})$——按照比率法测量时,试样在光接收器孔径处的照度(未经校准的);

$R_I(\text{std})$——按照比率法得出并指定给工作标准的照度系数(和固定的测试条件相关)。

7.2.2 逆反射亮度系数:

$$R_L = [A(\text{std}) m'_1(\text{test})/A(\text{test}) m'_1(\text{std})] \times R_L(\text{std}) \tag{9}$$

式中:$R_L(\text{std})$——按照比率法得出并指定给工作标准的逆反射亮度系数(和固定的测试条件相关);

$A(\text{std})$——工作标准的逆反射面积;

$A(\text{test})$——试样的逆反射面积。

7.2.3 逆反射系数:

$$R_A = [A(\text{std}) m'_1(\text{test})/A(\text{test}) m'_1(\text{std})] \times R_A(\text{std}) \tag{10}$$

式中:$R_A(\text{std})$——按照比率法得出并指定给工作标准的逆反射系数(和固定的测试条件相关)。

7.2.4 线逆反射系数:

$$R_M = [l(\text{std}) m'_1(\text{test})/l(\text{test}) m'_1(\text{std})] \times R_M(\text{std}) \tag{11}$$

式中:$R_M(\text{std})$——按照比率法得出并指定给工作标准的线逆反射系数(和固定的测试条件相关);

$l(\text{std})$——工作标准的长度;

$l(\text{test})$——试样的长度。

7.2.5 逆反射因数:

$$R_F = [A(\text{std}) m'_1(\text{test})/A(\text{test}) m'_1(\text{std})] \times R_F(\text{std}) \tag{12}$$

式中:$R_F(\text{std})$——按照比率法得出并指定给工作标准的逆反射因数(和固定的测试条件相关)。

7.2.6 每单位立体角的光通量系数:

$$R_\phi = [A(\text{std}) m'_1(\text{test})/A(\text{test}) m'_1(\text{std})] \times R(\text{std}) \tag{13}$$

式中:$R(\text{std})$——按照比率法得出并指定给工作标准的每单位立体角的光通量系数(和固定的测试条件相关)。

7.3 直接发光强度法

7.3.1 发光强度系数:

$$R_I = I/E_I \tag{14}$$

式中:I——在光接收器位置测量的试样的发光强度;

E_I——垂直于试样位置的光源的照度。

7.3.2 逆反射系数：

$$R_A = I/(AE_I) \tag{15}$$

式中：A——试样的面积。

7.3.3 逆反射亮度系数：

$$R_L = I/(AE_I\cos\nu) \tag{16}$$

式中：ν——视角，$\cos\nu = (\beta_1 - \alpha)\cos\beta_2$。

7.4 直接亮度法

逆反射亮度系数：

$$R_L = L/E_I \tag{17}$$

注：逆反射亮度系数也可以用亮度计通过下式得出：

$$R_L = \beta L/(\pi L_s) \tag{18}$$

式中：L_s——光源垂直照射下，与亮度因数 β 成 45°视角的完全漫反射体的亮度。

ICS 93.080.01
P 66
备案号：

中华人民共和国交通行业标准

JT/T 691—2007

水平涂层逆反射亮度系数测试方法

Test method for coefficient of retroreflected luminance of horizontal coatings

2007-06-28 发布　　　　2007-10-01 实施

中华人民共和国交通部　发布

水平涂层逆反射亮度系数测试方法

1 范围

本标准规定了水平涂层材料逆反射亮度系数的测量方法。

本标准适用于道路标线涂料、道路预成形标线带和路面标记等路面材料的水平涂层逆反射亮度系数的实验室测试。

2 测试原理

2.1 本测试通过测定测试表面的逆反射光与测试面上的入射光的比,计算逆反射表面的逆反射亮度系数。

2.2 水平涂层样品测试几何关系见图 1。

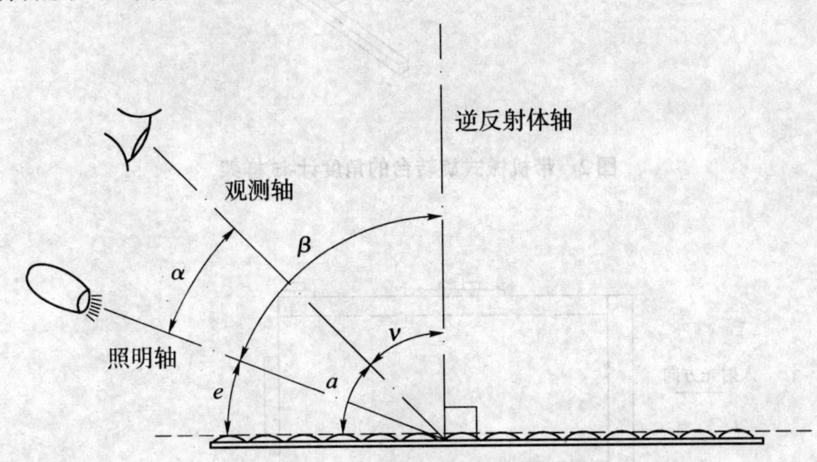

图 1 水平涂层样品测试几何关系

注:观测角为 α,入射角为 β,视角为 ν,余视角为 a,余入射角为 e。逆反射体轴、照明轴和观测轴位于同一平面上。

3 测试仪器

测试仪器包括:投射光源、光接收器、角度计-试样架和接收器-光源支架。

3.1 投射光源

光源为投射型,应满足下列要求:

a) 色温为 2856K ± 20 K,其光谱功率的分布符合 CIE 标准 A 光源的要求;

b) 光源入射角接近 90°;

c) 出射光孔:15m 的测试距离光孔直径不大于 43mm,30m 的测试距离光孔直径不大于 86mm;

d) 照射面积:投射仪在样品上的照射应满足仅使测试样品和极少的背景受到照射;

e) 光源稳定性:测试期间,测试表面的照度的改变不超过 ± 1%;

f) 照射均匀性:测试距离下,垂直于光源,样品表面获得的照度的变化不应超过 ± 5%。

3.2 光接收器

光接收器应满足下列要求:

a) 响应度:计数刻度的分辨率至少应为 1/50;

b) 光谱反应度:应与 CIE 标准明视觉观测器的响应相对应;

c) 稳定性:测试期间,接收器的信号波动应不超过 ± 1%;

d) 线性度：读数范围内的光度刻度的线性度应在±1%内；

e) 视域：应不大于测试样品上的投射面积；

f) 接收器相对于光源的位置在0.2°~2.0°范围内可调。

3.3 角度计-试样架

角度计-试样架样式见图2和图3，角度计-试样架应保证入射角的准确度为其余角的0.5%。

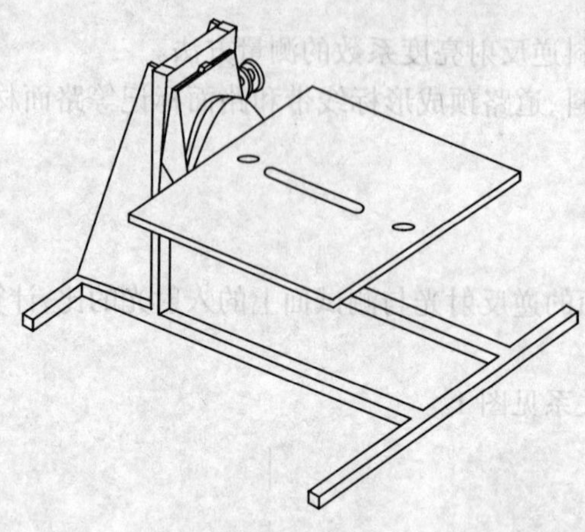

图2 带机械式旋转台的角度计-试样架

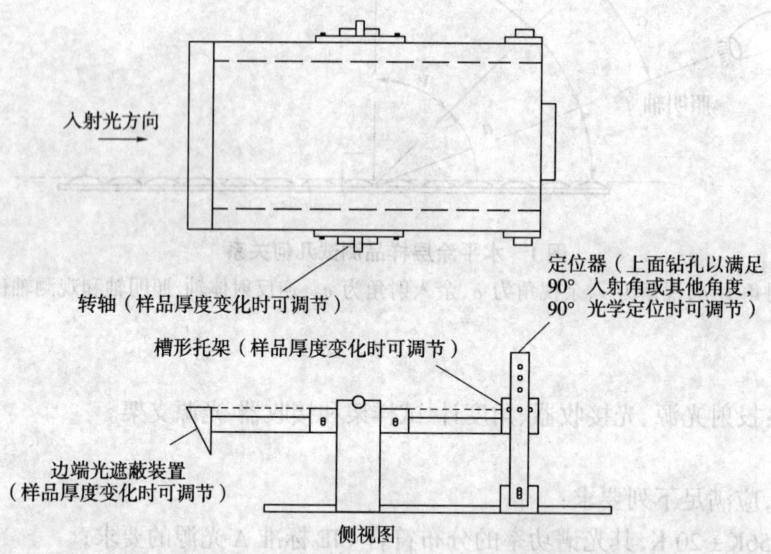

图3 带入射角定位器的角度计-试样架

3.4 接收器-光源支架

应能支撑光接收器和光源，并能将光接收器和光源分开。光源出射孔与光接收器入射孔的分离准确度为±1mm。

3.5 测试区域

3.5.1 测试区域足够黑，以便杂散光不能够影响测试结果。

3.5.2 角度计-试样架和接收器-光源支架的距离约为15 m或30 m。

4 试样的制备

4.1 试样的面积通常为 100mm × 450mm 或约为 0.05m^2。

4.2 将试样涂覆或粘接到铝板或其他合适的基材上，使试样平整，便于测试。

注：可用本测试方法来测量的材料是那些观测角在 0.2° ~ 0.5°范围变化时，相对逆反射性能变化低于约 50% 的材料。

5 测试方法

5.1 按图 4 布置测试仪器。试样置于角度计-试样架上，使试样的中心与光源出射光孔的距离为 15m 或 30m，测试距离精确到 ± 10mm。

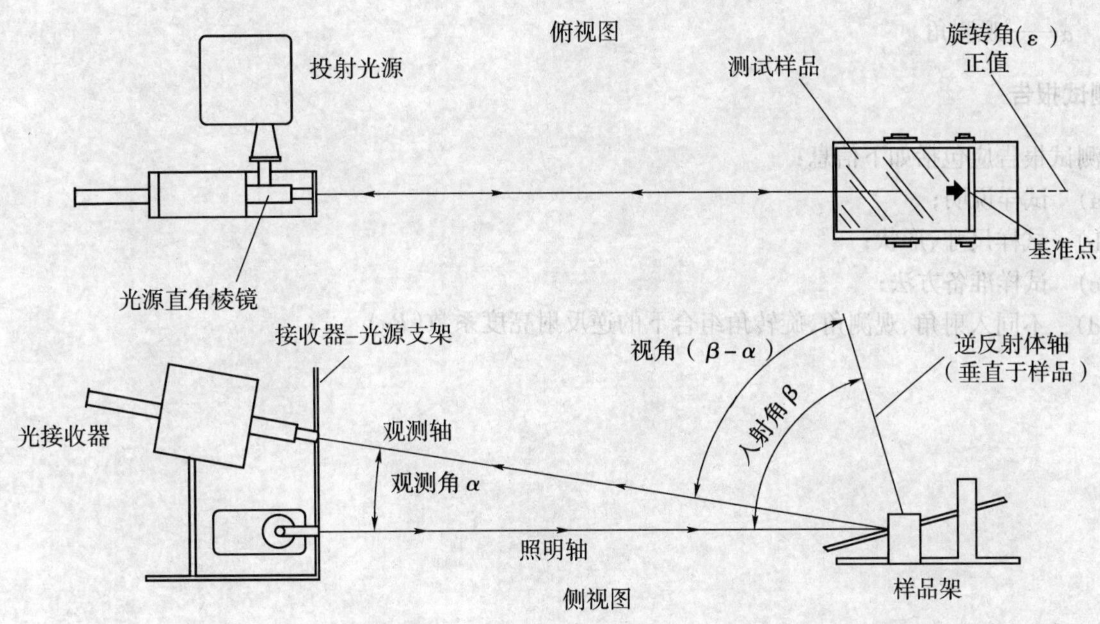

图 4 测试仪器的布设

5.2 用自准直仪调整角度计-试样架到零点位置，使测试表面对光源成掠射角，即入射角为 90°，入射角调节实例参见附录 A。测试表面的法线应在光源和接收器的同侧。

5.3 用光接收器取代样品，使接收器光孔在垂直于光源的平面上，该平面应通过测试样品的中心，且光源出射光孔应在光接收器视野的中心。

5.4 测定并记录五个等间距处(样品放回时测相同点)的照度测试值，将五个读数的平均值作为入射光照度测试值 m_2，每次读数不能超过平均值的 ± 5%。投射器出射光孔方向以外的背景光应小于 m_2 的 0.1%。

5.5 将光接收器放回零点位置，调节接收器的入射孔和光源出射光孔的距离以获得所需的观测角。

5.6 设置角度计-试样架使测试表面获得所需的入射角。

5.7 调节光接收器测量背景光 m_b。

5.8 将试样安放到角度计-试样架上，记录逆反射光读数 m_1。

5.9 当将样品以其他任意位置放置来测试时，应在样品上设置一个箭头。箭头远离光源，认为旋转角为 0°，箭头指向光源，旋转角为 180°。当沿逆反射体轴到逆反射体中心观察样品时，逆时针旋转方向为正(见图 4)。

5.10 测定测试表面实际有效的逆反射面积(A)，单位为平方米(m^2)，精确到 ± 0.5%。

6 计算

用下式计算逆反射表面的逆反射亮度系数(R_L):

$$R_L = \frac{(m_1 - m_b)\,d^2}{(m_2 - m_b)\,A\cos(\beta - \alpha)} \times 1000$$

式中:m_b——背景读数;

m_1——观察位置测得的逆反射测试表面的读数;

m_2——测试表面垂直于光源的平均读数;

d——测试距离(15m 或 30m);

A——测试面积,m^2;

β——入射角;

α——观测角。

7 测试报告

测试报告应包括如下信息:

a) 试样说明;

b) 试样尺寸、形状;

c) 试样准备方法;

d) 不同入射角、观测角、旋转角组合下的逆反射亮度系数(R_L)。

附录 A
（资料性附录）
入射角调节实例

入射角调节实例参见图 A.1～图 A.4。

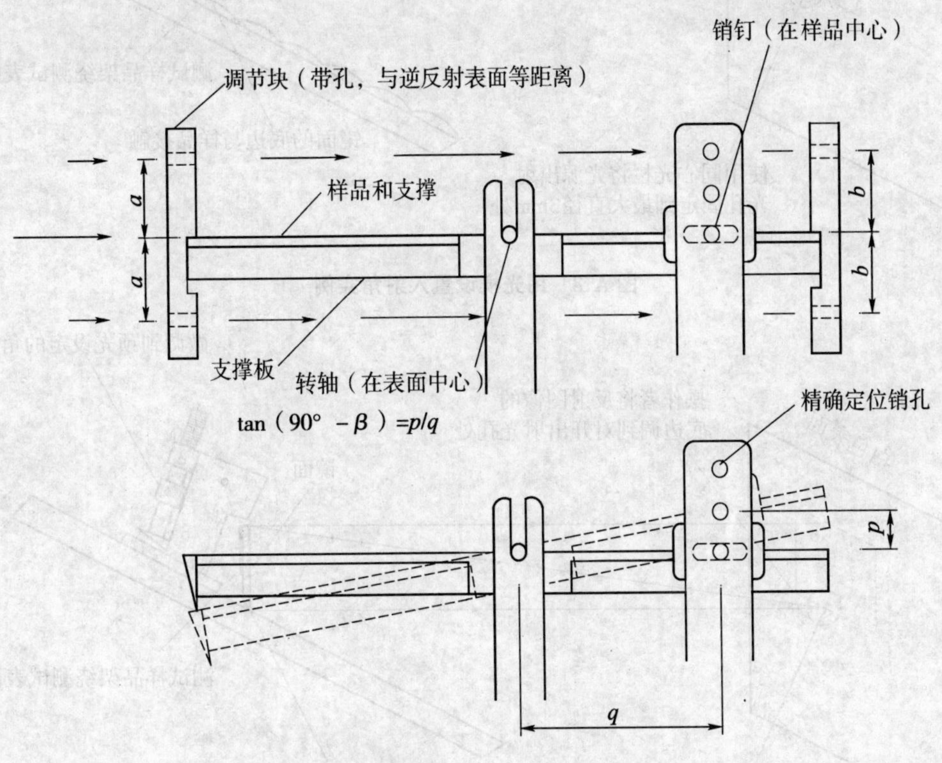

图 A.1　入射角设置时角度计-试样架的调节方法实例

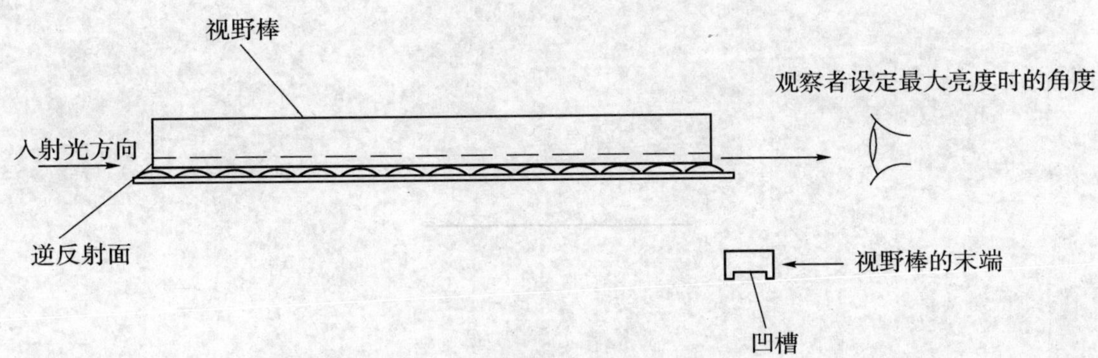

图 A.2　用视野棒调节到 90°入射角的实例

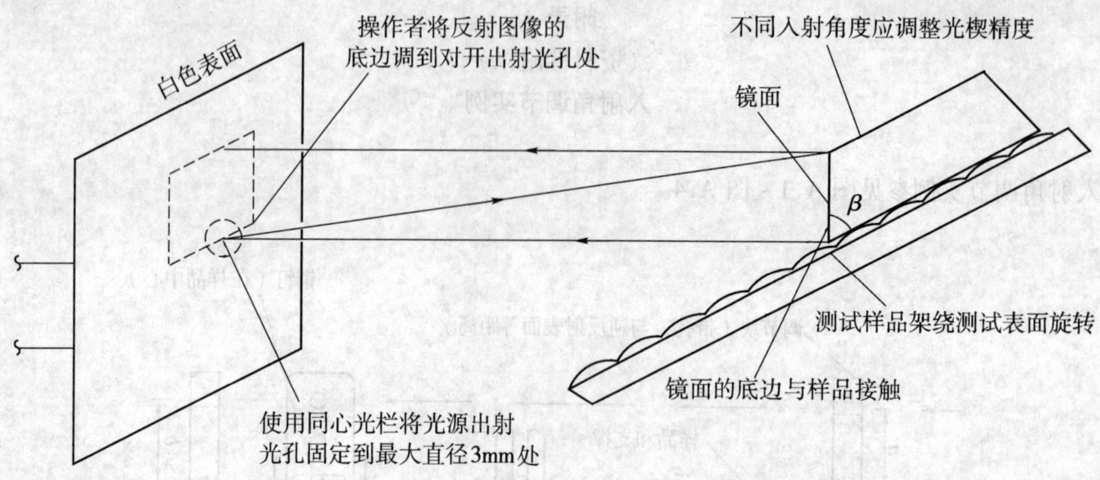

图 A.3　用光楔设置入射角实例

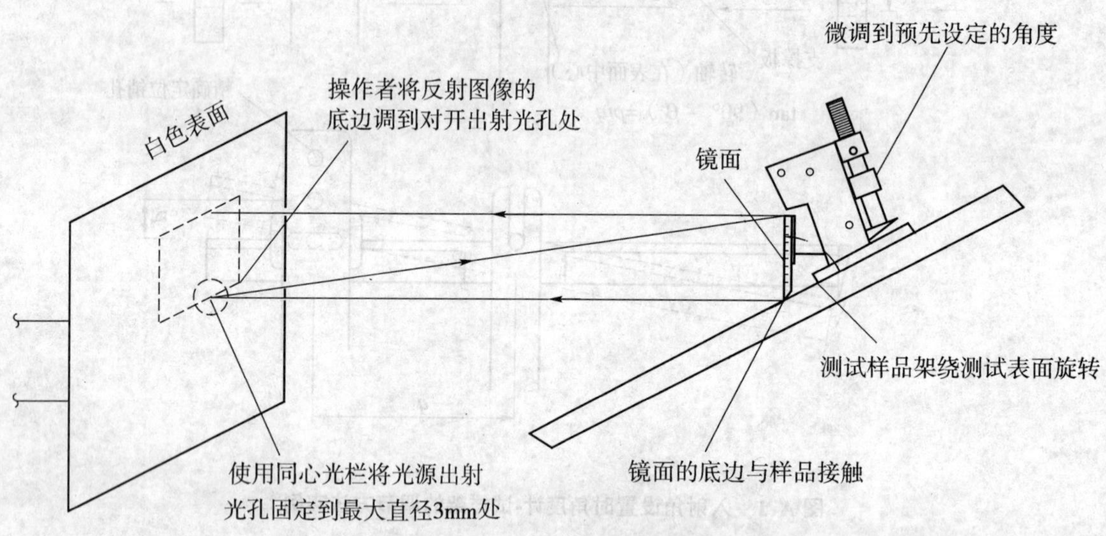

图 A.4　调节工具设置入射角实例

ICS 93.080.01
P 66
备案号:

中华人民共和国交通行业标准

JT/T 692—2007

夜间条件下逆反射体色度性能测试方法

Test method for colorimetric characteristics of retroreflectors under nighttime conditions

2007-06-28 发布　　　　2007-10-01 实施

中华人民共和国交通部　发布

夜间条件下逆反射体色度性能测试方法

1 范围

本标准规定了使用远程色度计或远程光谱辐射度计测量夜间条件下逆反射体色度性能的方法。

本标准适用于夜间条件下逆反射体色度性能的测试。

2 规范性引用文件

下列文件中的条款通过本标准的引用而成为本标准的条款。凡是注日期的引用文件,其随后所有的修改单(不包括勘误的内容)或修订版均不适用于本标准,然而,鼓励根据本标准达成协议的各方研究是否可使用这些文件的最新版本。凡是不注日期的引用文件,其最新版本适用于本标准。

GB/T 3979 物体色的测量方法

GB/T 5698 颜色术语

JT/T 688 逆反射术语

3 术语和定义

GB/T 5698 以及 JT/T 688 确立的术语和定义适用于本标准。

4 测试原理

4.1 逆反射体色度性能的测试是基于夜间条件下,即在 A 光源下观测的逆反射体的夜间色。夜间色的照明体来自接近观测体位置的光源点,测试的是逆反射光。

4.2 本标准的测试方法包括远程色度计法和远程光谱辐射度计法,测试原理见 GB/T 3979 及图 1。

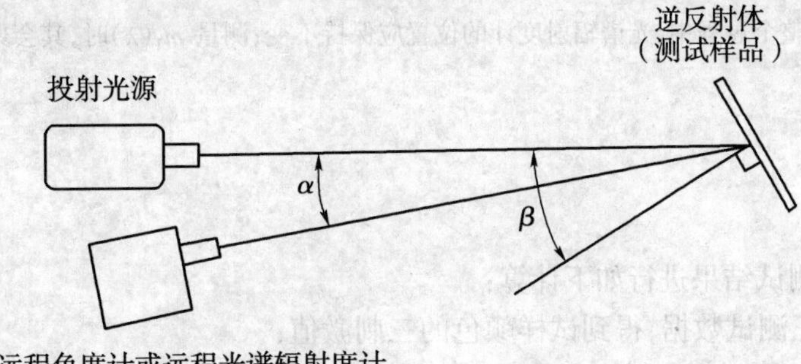

图 1 夜间条件下逆反射体色度性能测试示意图

α-观测角;β-入射角

5 仪器和测试条件

5.1 仪器

测试仪器包括:远程色度计、远程光谱辐射度计、投射光源、测角计样品固定装置。测试仪器要求见附录 A,仪器在投入使用前应按附录 B 进行校准。

5.2 测试区域

样品后背景应为黑色平面,以将杂散光的影响减到最小。在投射光源和样品之间应根据需要安装挡板。测角计部件、四周围墙、天花板以及暴露在光束部分的地板等表面应漆成黑色。

5.3 标准样板

标准样板为白色漫反射面板($BaSO_4$ 板),不改变样品位置逆反射光的色温,见附录 B 中图 2。

6 试样

6.1 试样是通过抽样过程选择的样品,不包括抽样。

6.2 试样应为一完整的逆反射体。

6.3 反光膜所需试样的最小面积为$(0.1 \pm 0.05)m^2$。可采用真空或其他方法使反光膜保持平整,也可将其贴在一块平整的铝板上制成试样。

6.4 试样测试前应按要求放置在测角计样品固定装置上。

注:放置试样时还应考虑试样的基准标记和转动角 ε 要求。

7 测试步骤

7.1 远程色度计法

7.1.1 调整仪器,得到测试所需的照明观测条件。

注:远程色度计的分度范围应满足使用要求。

7.1.2 将远程色度计聚焦在测试表面,使远程色度计的视场光孔充满光线,通过依次调整光接收器前的三刺激值滤光器的位置,读取 $X_{红}$、$X_{蓝}$、Y 和 Z 值。

7.2 远程光谱辐射度计法

7.2.1 调整仪器,得到测试所需的照明观测条件。

7.2.2 将光谱辐射度计放置在样品位置,确保整个光源出瞳包含在光谱辐射度计的视场内。从波长 380nm ~ 740nm,每间隔 10nm 读取 $m_2(\lambda)$值。

7.2.3 将光谱辐射度计移回光接收器的位置,从波长 380nm ~ 740nm,每间隔 10nm 读取试样的逆反射值 $m_1(\lambda)$。

7.2.4 也可通过测试如附录 B 中图 2 所示的 $BaSO_4$ 板反射的辐射度值,获得一组 $m_2(\lambda)$读数。

注:在测量 $m_2(\lambda)$的整个过程中,光谱辐射度计的位置应保持不变;测量 $m_1(\lambda)$时,其会聚光学应保持不变。

8 测试结果

8.1 计算

8.1.1 远程色度计法

远程色度计法的测试结果进行如下计算:

a) 通过下式修正测试数据,得到试样颜色的三刺激值:

$$X_{测试} = (X_{红} + X_{蓝})CF_X \tag{1}$$

$$Y_{测试} = Y \cdot CF_Y \tag{2}$$

$$Z_{测试} = Z \cdot CF_Z \tag{3}$$

式中:$X_{红}$、$X_{蓝}$、Y、Z——带有颜色滤光器的远程色度计的三刺激值;

CF_X、CF_Y、CF_Z——修正因子,见附录 B。

b) 用下式计算试样颜色的色品坐标 x,y:

$$x = \frac{X_{测试}}{X_{测试} + Y_{测试} + Z_{测试}} \tag{4}$$

$$y = \frac{Y_{测试}}{X_{测试} + Y_{测试} + Z_{测试}} \tag{5}$$

8.1.2 远程光谱辐射度计法

远程光谱辐射度计法的测试结果进行如下计算:

a) 三刺激值 X、Y、Z 通过如下公式计算：

$$X = k\sum_{380}^{740}[m_1(\lambda)/m_2(\lambda)]S_A(\lambda)\overline{x}(\lambda)\Delta\lambda \tag{6}$$

$$Y = k\sum_{380}^{740}[m_1(\lambda)/m_2(\lambda)]S_A(\lambda)\overline{y}(\lambda)\Delta\lambda \tag{7}$$

$$Z = k\sum_{380}^{740}[m_1(\lambda)/m_2(\lambda)]S_A(\lambda)\overline{z}(\lambda)\Delta\lambda \tag{8}$$

式中： k——规化系数，$k = \frac{100}{\sum_{\lambda}S_A(\lambda)\overline{y}(\lambda)\Delta\lambda}$；

$m_1(\lambda)$——试样的读数；

$m_2(\lambda)$——入射光的辐射度读数或从 $BaSO_4$ 板反射的读数；

$S_A(\lambda)$——标准 A 光源(照明体)的相对光谱功率分布；

$\overline{x}(\lambda)$，$\overline{y}(\lambda)$，$\overline{z}(\lambda)$——CIE 标准观察体的色度函数；

$\Delta\lambda$——波长间隔。

b) 色品坐标 x、y 由下式给出：

$$x = X/(X+Y+Z) \tag{9}$$

$$y = Y/(X+Y+Z) \tag{10}$$

8.2 结果处理

8.2.1 一个大的逆反射体，可通过对各小部分测试后求和，取其平均值为测试结果。

8.2.2 测试反光膜时，可直接测试面积符合要求的试样，或取面积总和为 $(0.1 \pm 0.05)\mathrm{m}^2$ 的试样，取其平均值为测试结果。

附录 A
（规范性附录）
测试仪器要求

A.1 远程色度计

A.1.1 CIE1931 三刺激值滤光器，由以下部分组成：

a) 表示长波部分函数$\bar{x}(\lambda)$的红色$\bar{x}_{红}$滤光器。

b) 表示短波部分函数$\bar{y}(\lambda)$的蓝色$\bar{y}_{蓝}$滤光器。

c) 表示$\bar{y}(\lambda)$函数的光谱发光效率函数$\bar{y}$滤光器。

d) 表示$\bar{z}(\lambda)$函数的$\bar{z}$滤光器。

A.1.2 线性：测量范围内读数的线性在 1.0% 内。

A.1.3 滤光器附件：如使用滤光器修正因子，远程色度计应装配滤光器固定装置附件，以防止光线在滤光器和远程色度计之间相互反射。

A.1.4 消除杂散光：当远程色度计中使用视场光阑时，杂散光可减少到可以忽略的程度。对于光度类仪器，消除杂散光极为重要。

A.2 远程光谱辐射度计

A.2.1 色散元件：一种将入射辐射光通量分成窄波段波长的装置。该装置由一单色仪或一组窄波段干涉滤光器组成。在测量 x、y 值时，杂散光应足够小，允许准确度为 ±0.005。波长的再现性应达到或超过 1nm。

A.2.2 光接收器稳定性和线性：光接收器应稳定，线性在测量范围内的 ±1%。

A.2.3 输出：光谱辐射度计应能提供图形的或者数字的信息，从而计算出色品坐标。

A.2.4 会聚光学：通过限制接收锥角或使用远程色度计的光学方法收集光线辐射量。

A.2.5 滤光器：用于光谱辐射度计的校准滤光器，其相对光谱透射曲线的形状与测试样品的光谱反射比相似。形状相似可使样品的光谱反射比与滤光器的光谱透射比之比近似为常数。

A.3 投射光源

A.3.1 光源应为带有反射体和透镜的钨丝灯泡，为试样提供光谱功率分布符合 CIE 标准 A 光源（相关色温为 2856K 的钨丝灯）的垂直照明。在测试距离内，逆反射体样品上的垂直照度应均匀，且不超过平均垂直照度的 5%。

A.3.2 投射光源应装有一可变光阑，或一可选择的固定孔径。在测试期间，光线的强度应可调节，变化不应大于 1%。

A.4 测角计样品固定装置和其他支撑物

光源、远程色度计和样品应有适当的支撑物，以便按所需几何条件对样品进行校准和测试。

附录 B

（规范性附录）

仪器校准

B.1 远程色度计

远程色度计投入使用前应进行如下校准（见图 2）：

a） 在样品位置放置一块白色标准样板（$BaSO_4$ 板）。

b） 远程色度计应安装视场孔径，测量色度时聚焦在白色面板上。

c） 使用不同滤光器来得到远程色度计的读数。先得到 Y'读数（通常为 100），通过下式得到 $x'_{红}$、$x'_{蓝}$和 z'：

$$x'_{红} = 1.0445\ Y' \tag{B.1}$$

$$x'_{蓝} = 0.0538\ Y' \tag{B.2}$$

$$z' = 0.3555\ Y' \tag{B.3}$$

d） 插入一个参考滤光器，作为光谱光度计的标准颜色，把 $X_{参考}$、$Y_{参考}$、$Z_{参考}$赋值到滤光器附件中。

e） 依次使用光接收器前的滤光器，读出 $X''_{红}$、$X''_{蓝}$、Y''和 Z''的值。

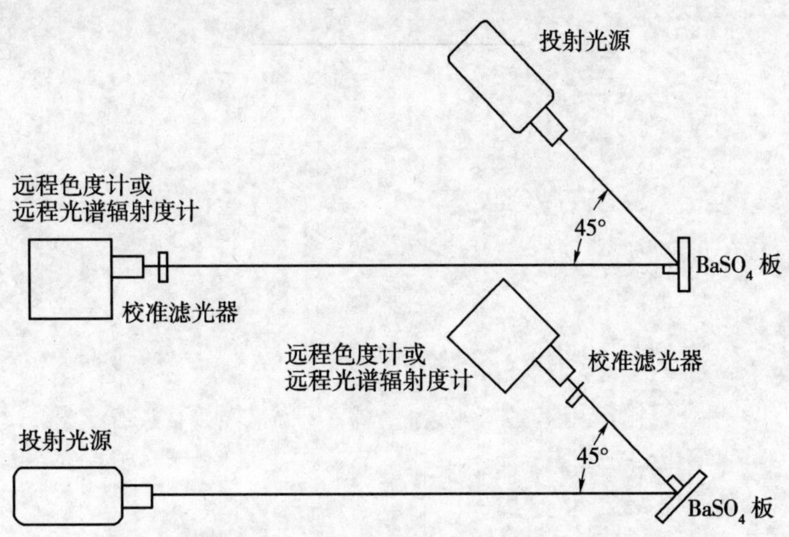

图 2 远程色度计或远程光谱辐射度计的两种校准方法

f） 按如下公式计算修正因子 CF_X，CF_Y 和 CF_Z 的值：

$$CF_X = X_{参考} / (X''_{红} + X''_{蓝}) \tag{B.4}$$

$$CF_Y = Y_{参考} / Y'' \tag{B.5}$$

$$CF_Z = Z_{参考} / Z'' \tag{B.6}$$

式中：CF_X、CF_Y、CF_Z——修正因子；

$X_{参考}$、$Y_{参考}$、$Z_{参考}$——参考滤光器的 X、Y、Z 值。该值由照明体 A 的光谱光度计和 CIE1931 标准观察者确定；

$X''_{红}$、$X''_{蓝}$、Y''和 Z''——带有各种滤光器的 A 光源的远程色度计的 $X_{红}$、$X_{蓝}$、Y 和 Z 读数。

注：颜色修正因子可使远程色度计读数和 CIE1931 标准观察者的光谱色三刺激值保持一致。

B.2 光谱辐射度计

B.2.1 光谱辐射度计应是线性的，应校准其波长分度。

B.2.2 校准远程光谱辐射度计波长精度和分度线性的方法是：使用 $BaSO_4$ 标准板将光源调为水平，插入带有已知色品的滤光器的光学系统中，通过透射比测量标准滤光器的色度。

B.3　投射光源

投射光源的相关色温应校准到2856K。校准可送至有资质的单位进行，也可通过测量照明光源的光谱功率分布来获得。

B.4　测角计

B.4.1　测角计在入射角为0°位置时，校准试样的垂直和水平平面。相对该位置进行所有测量，对测角计或投射光源的移动进行核查。测量要求的极限角为75°至接近90°时，测角计在入射角90°位置时的校准准确度最高。

B.4.2　校准时在试样位置放置一块边长300mm的正方形平面镜。镜面中心处的300mm的十字形可用照相用黑色底片制作。将一张中心有孔的边长600mm的正方形白纸放置在投射光源出瞳处，通过观测白纸，调整测角计，使十字形的影像能直接反射到投射光源的出瞳。测角计的水平位置即为试样的0°入射角。

ICS 93.080.01
P 66
备案号：

中华人民共和国交通行业标准

JT/T 693—2007

荧光反光膜和荧光反光标记材料昼间色度性能测试方法

Test method for daytime colorimetric properties of fluorescent retroreflective sheeting and marking materials

2007-06-28 发布　　2007-10-01 实施

中华人民共和国交通部　发布

ICS 93.080.01
P 66
备案号

中华人民共和国交通行业标准

JT/T 693—2007

荧光反光膜和荧光反光标记材料昼向色度性能测试方法

Test method for daytime colorimetric properties of fluorescent retroreflective sheeting and marking materials

2007-05-28 发布　　2007-10-01 实施

中华人民共和国交通部　发布

荧光反光膜和荧光反光标记材料昼间色度性能测试方法

1 范围

本标准规定了用于高可视性交通管理和人员安全的荧光反光膜和荧光反光标记材料的昼间色度性能的测试方法。

本标准适用于荧光反光膜和荧光反光标记材料的测试。

2 规范性引用文件

下列文件中的条款通过本标准的引用而成为本标准的条款。凡是注日期的引用文件,其随后所有的修改单(不包括勘误的内容)或修订版均不适用于本标准,然而,鼓励根据本标准达成协议的各方研究是否可使用这些文件的最新版本。凡是不注日期的引用文件,其最新版本适用于本标准。

GB/T 3978　标准照明体及照明观测条件
GB/T 3979　物体色的测量方法
GB/T 7922　照明光源颜色的测量方法
ASTM E2152　从双光谱光度数据计算得出物体荧光色的规范
ASTM E2153　获得双光谱光度数据为荧光色赋值的规范
CIE 15.2　色度学

3 测试原理

使用一个已校准的双光谱仪,照明体为 CIE D65 或昼光 15000K,采用照明观测条件为 45:0 或 0:45,来测量样品的 Donaldson 矩阵。通过 CIE1931 标准观察者下 CIE D65 或昼光 15000K 的各个 Donaldson 矩阵,来计算荧光、逆反射及荧光逆反射的三刺激值(XYZ)和色品坐标(x,y)。

4 测试仪器

4.1 双光谱仪

4.1.1 照明观测条件 45:0 或 0:45(见 GB/T 3978—1994)。45°时的允许偏差:±2°;0°时的允许偏差:±2°。

4.1.2 对于 45:0 照明观测条件下,照明体可以是环形、圆周形或单平面的(见图 1),以样品的法线为基准进行观测。对于 0:45 的照明几何条件,照明体以样品的法线为基准进行照明,并且观测的形式可以是环形、圆周形或单平面的。

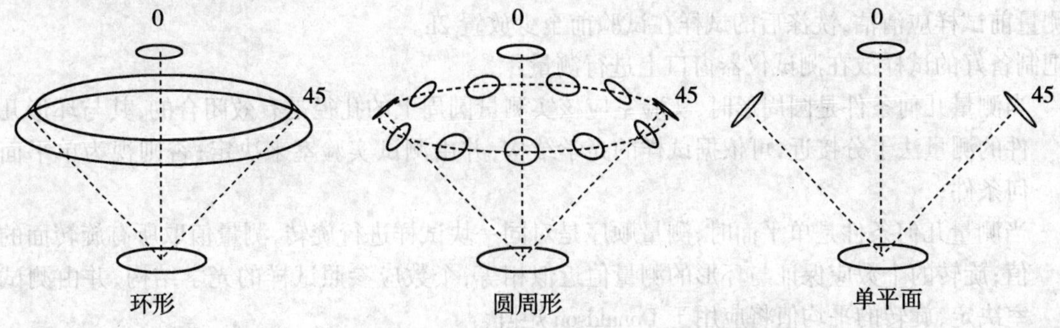

图 1　45:0 或 0:45 的三种照明观测几何形状

4.1.3 照明单色仪照射样品的波长范围 300nm ~ 780nm，波长间隔为 10nm。

4.1.4 观测单色仪探测样品辐射的波长范围 380nm ~ 780nm，波长间隔为 10nm。

4.1.5 试样被照射的最小面积为 $100mm^2$，尺寸不小于 5mm。

4.2 标准物质

依据 ASTM E2153 的要求，标准物质从仪器生产厂商处得到，或以其他标准方式获得。标准物质需定期到国家计量检定机构进行检定、校准。

4.3 校准仪器

依据 ASTM E2153 的要求对整个仪器系统进行校准。

5 试样制备

5.1 试样的制作应符合应用的目的，样品的应用与材料生产厂家的说明一致。

5.2 试样的数量最少三块。

5.3 试样抽取：

a) 用于交通管理的反光膜：长取 1m，宽取反光膜幅宽。从左下角、中间、右上角各取一块制成试样见图 2。在满足双光谱仪试样尺寸要求前提下，试样制成长 100mm，宽 100mm。

b) 用于人员安全的反光标记：长取 2m，宽取反光标记的宽。从端部、中部、尾部各取一段制成试样见图 3。试样尺寸参考 5.3a)。

5.4 试样应在温度 23℃ ± 2℃、湿度(50 ± 5)% 的条件下放置 24h。

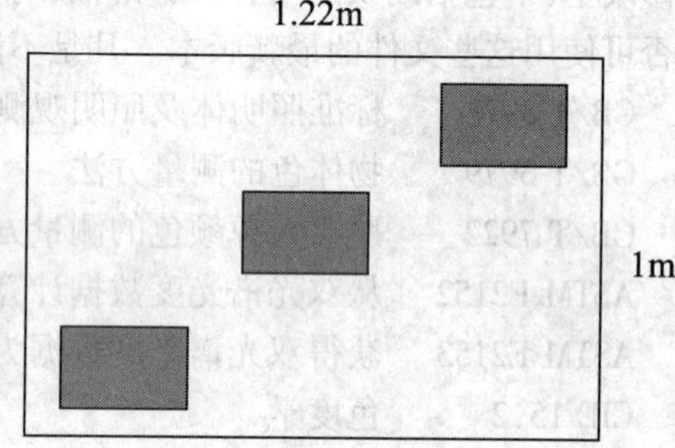

图 2 反光膜取样示意图

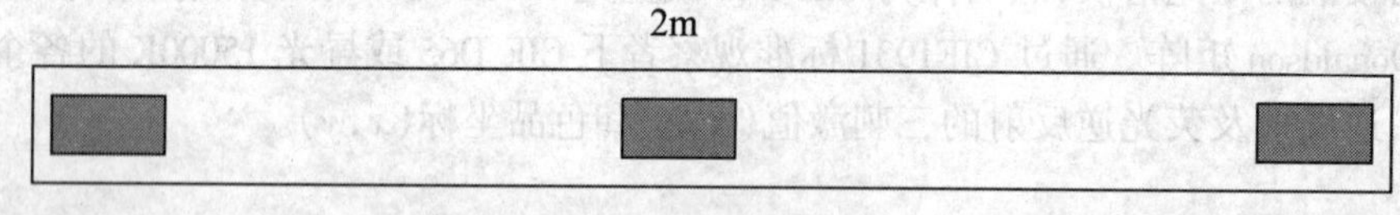

图 3 反光标记取样示意图

5.5 如果样品没有提供底板或者没有对底板提出要求，那么制作试样时可使用一块黑色的面板，如无特殊要求，底板的亮度因数应小于 4%。

6 测试步骤

6.1 拿取试样时，不要接触试样的测量部分。

6.2 测量前试样应清洁，洗涤后的试样在试验前至少放置 2h。

6.3 把制备好的试样放在测试仪器窗口上进行测量：

a) 当测量几何条件是圆周形时，实验室应核实测量圆周上的孔径是有效闭合的，其与环形几何条件的测量法十分接近，可依据试样的光学结构，并由测试实验室来决定；否则视为单平面的几何条件；

b) 当测量几何条件是单平面时，测量顺序是对同一块试样进行旋转，测量值取所有旋转面的平均值；旋转的个数应保证与环形的测量值近似相等，个数应参照试样的光学结构，并由测试实验室决定，旋转的平均值将应用于 Donaldson 矩阵。

6.4 通过测量获得标准照明体下，照明单色仪与观测单色仪波长间隔 10 nm 的每个试样的 Donaldson 矩阵，同时由计算机完成相关数值计算。

7 计算

7.1 三刺激值

7.1.1 CIE D65 照明体下的三刺激值：依照 CIE 1931 标准观察者下 CIE D65 的各个 Donaldson 矩阵对每个测试试样总的三刺激值$(XYZ)_T$、逆反射的三刺激值$(XYZ)_R$、荧光的三刺激值$(XYZ)_F$进行计算(见 ASTM E2152)。总的三刺激值计算见附录 A。

计算 CIE D65 照明体下试样的三刺激值均值。三刺激值均值取几个试样 X、Y、Z 的平均值，它包括总的三刺激值均值、逆反射的三刺激值均值、荧光的三刺激值均值，计算公式如下：

总的三刺激值均值：$X_{T\text{-均值}} = (\sum X_T)/n$；$Y_{T\text{-均值}} = (\sum Y_T)/n$；$Z_{T\text{-均值}} = (\sum Z_T)/n$。

逆反射的三刺激值均值：$X_{R\text{-均值}} = (\sum X_R)/n$；$Y_{R\text{-均值}} = (\sum Y_R)/n$；$Z_{R\text{-均值}} = (\sum Z_R)/n$。

荧光的三刺激值均值 $X_{F\text{-均值}} = (\sum X_F)/n$；$Y_{F\text{-均值}} = (\sum Y_F)/n$；$Z_{F\text{-均值}} = (\sum Z_F)/n$。

7.1.2 昼光 15000K 照明体下的三刺激值，依照 CIE 1931 标准观察者下昼光 15000K 的各个 Donaldson 矩阵，对每个测试试样总的三刺激值$(XYZ)_T$、逆反射的三刺激值$(XYZ)_R$、荧光的三刺激值$(XYZ)_F$进行计算(见 ASTM E2152)。总的三刺激值计算见附录 A。

7.1.2.1 CIE D65 与昼光 15000K 照明体按 10nm 间隔的相对光谱功率分布值见附录 B。

7.1.2.2 计算昼光 15000K 下试样的三刺激值均值。三刺激值均值取几个试样 X、Y、Z 的平均值，它包括总的三刺激值均值、逆反射的三刺激值均值、荧光的三刺激值均值。计算同 7.1.1。

7.2 色度量

7.2.1 计算 CIE1931 下 CIE D65 照明体的色品坐标$(x,y)_T$，从 CIE D65 总的三刺激值均值来计算色品坐标均值，计算见下式：

$$x = X/(X+Y+Z)$$

$$y = Y/(X+Y+Z)$$

7.2.2 计算 CIE1931 下昼光 15000K 照明体的色品坐标$(x,y)_T$，从昼光 15000K 总的三刺激值均值来计算色品坐标均值，计算同 7.2.1。

7.3 其他量

7.3.1 其他数值来自 Donaldson 矩阵，例如(光谱)斯托克司频移。

7.3.2 不同照明体下的三刺激值与色度量。

8 测试报告

测试报告应包括以下信息。

a) 试样说明

试样的生产厂家、商标、生产批次等。

b) 测量日期

c) 仪器说明

   1) 双光谱仪的仪器型号；

   2) 仪器照明观测条件(环形的、圆周形的、单平面形的)。

d) 校准和检定信息

   1) 仪器最近的校准日期；

   2) 仪器标样的校准、检定日期。

e) 测量结果

   1) Donaldson 矩阵；

   2) 计算 CIE D65 照明体下总的三刺激值均值$(XYZ)_T$，逆反射的三刺激值均值$(XYZ)_R$，荧光的三刺激值均值$(XYZ)_F$；

3) 计算 CIE 1931 下 CIE D65 照明体的色品坐标均值$(x,y)_T$;

4) 计算昼光 15000K 照明体下总的三刺激值均值$(XYZ)_T$,逆反射的三刺激值均值$(XYZ)_R$,荧光的三刺激值均值$(XYZ)_F$;

5) 计算 CIE 1931 下昼光 15000K 照明体的色品坐标均值$(x,y)_T$;

6) 无论是 CIE D65 或昼光 15000K 照明体下,若需要其他的色度量均可通过总的三刺激值均值$(XYZ)_T$,逆反射的三刺激值均值$(XYZ)_R$,荧光的三刺激值均值$(XYZ)_F$ 计算得出;

7) 其他需要的数值。

附 录 A

（规范性附录）

CIE 1931 标准观察者下 CIE 标准照明体荧光反光材料三刺激值计算公式

总的三刺激值计算公式如下：

$$X = k \sum_{\lambda=380}^{780} \bar{x}(\lambda) F(\lambda)$$

$$Y = k \sum_{\lambda=380}^{780} \bar{y}(\lambda) F(\lambda)$$

$$Z = k \sum_{\lambda=380}^{780} \bar{z}(\lambda) F(\lambda)$$

式中：k——归一化系数，$k = \dfrac{100}{\sum_{\lambda=380}^{780} \phi(\lambda)\bar{y}(\lambda)}$；

$\bar{x}(\lambda)$——色匹配函数（见 GB/T 7922）；

$F(\lambda)$——刺激函数，$F(\lambda) = \sum_{\mu=300}^{780} \phi(\mu) D(\mu,\lambda)$，其中 $\phi(\mu)$ 为照明单色仪相对光谱功率分布值；$D(\mu,\lambda) = D_R(\mu,\lambda) + D_F(\mu,\lambda)$，$D_R(\mu,\lambda)$ 为照射波长（μ）与观测波长（λ）在 Donaldson 矩阵中所对应的对角线上的数值，$D_F(\mu,\lambda)$ 为照射波长（μ）与观测波长（λ）在 Donaldson 矩阵中所对应的非对角线上的数值。

注：以上公式见 ASTM E2152。

附 录 B
（规范性附录）
相对光谱功率分布值

相对光谱功率分布值见表 B.1。

表 B.1 CIE D65 和昼光 15000K 照明体按 10nm 间隔的相对光谱功率分布值

波长(nm)	CIE D65	昼光 15000K	波长(nm)	CIE D65	昼光 15000K
300	0.03	0.08	560	100.00	100.00
310	3.29	16.27	570	96.33	92.88
320	20.24	77.21	580	95.79	88.32
330	37.05	145.16	590	88.69	83.26
340	39.95	143.92	600	90.01	80.65
350	44.91	149.80	610	89.60	78.15
360	46.64	141.40	620	87.70	73.77
370	52.09	158.07	630	83.29	67.79
380	49.98	142.97	640	83.70	67.00
390	54.65	137.24	650	80.03	64.55
400	82.75	181.87	660	80.21	63.39
410	91.49	198.08	670	82.28	62.35
420	93.43	194.21	680	78.28	59.79
430	86.68	171.08	690	69.72	52.51
440	104.86	186.55	700	71.61	53.05
450	117.01	196.45	710	74.35	55.31
460	117.81	189.74	720	61.60	45.98
470	114.86	176.16	730	69.89	52.71
480	115.92	168.89	740	75.09	57.03
490	108.81	153.07	750	63.59	48.51
500	109.35	144.96	760	46.42	34.98
510	107.80	136.72	770	66.81	50.30
520	104.79	123.18	780	63.38	47.97
530	107.69	120.54	790	64.30	48.68
540	104.41	113.50	800	59.45	45.15
550	104.05	108.06